Ingrid Kiefer
Michael Kunze

unter Mitarbeit von
Birgit Dieminger
Bettina Meidlinger

# Die
# Ka … -
# Fibel



## 5.000 Speisen

2

Sondertabellen: Cholesterin, Kochsalz

ISBN-10: 3-7088-0391-4
ISBN-13: 978-3-7088-0391-3

Werte nach dem Bundeslebensmittelschlüssel (BLS) unter Mithilfe des ernährungswissenschaftlichen Programms EWP®



Autoren: Univ.-Doz. Mag. Dr. Ingrid Kiefer
Univ.-Prof. Dr. Michael Kunze
Institut für Sozialmedizin der Medizinischen Universität Wien,
Rooseveltplatz 3, 1090 Wien

Grafik, technische Bearbeitung: WOW! Werbe Office Wilbold

Coverbild: Peter Bárci, Wien

Druck: Druckerei Theiss, A-9431 St. Stefan

8. erweiterte Auflage, zur Gänze neu recherchierte Daten

Leoben, Dezember 2006

# Inhalt

# Vorwort

Endlich eine Kalorien-Tabelle, die wie eine Speisekarte aufgebaut ist, nur dass statt des Preises die Kalorien angeführt sind! Wie einfach ist es, mit dieser Kalorien-Fibel Speisen den Energiegehalt zu ermitteln! Man braucht keine Rezepte mehr mühevoll selbst auszurechnen; ein Blick in die Tabelle genügt und man weiß, wie viele Kalorien man zum Beispiel zum Mittagessen aufgenommen hat.

Haben Sie gewusst, dass ein Stück Sachertorte mit Schlagobers (748 kcal) genauso viel Energie hat wie ein Wiener Schnitzel vom Kalb mit Salat? Oder dass eine Portion Käsespätzle 900 kcal und eine zwischendurch konsumierte Leberkäse-Semmel 450 kcal hat? Zwei Leberkäse-Semmeln sind also – wenn es um die Energie geht – einer Portion Käsespätzle gleichzusetzen.

Früher sprach man kaum von Kalorien. Heute, in der Zeit des Überflusses und des Übergewichtes, ist die Frage nach Kalorien zu einer Frage des Lebensstils geworden. Genießer essen gesund. Gesund zu essen bedeutet, kalorienbewusst zu essen. Und kalorienbewusst zu essen bedeutet, schlank zu sein.

Kalorienbewusst essen heißt aber nicht, auf alles Gute verzichten zu müssen! Neben dem Energiegehalt spielt jedoch auch die Qualität der Speisen eine wichtige Rolle.

Und genau diese Information findet man in der Kalorien-Fibel Speisen. Man kann die Speisen sehr leicht nach gesundheitlichen Aspekten bewerten, da auch der Eiweiß-, Fett- und Kohlenhydratgehalt angeführt wird. Als Benutzer dieser Tabelle wird man zum Experten, wenn es um Ernährung geht.

*Univ.-Prof. Dr. Michael Kunze*

# Einleitung

## Ermittlung der Werte

Für dieses Buch wurden über 5.000 Rezepte mit dem ernährungswissenschaftlichen Programm EWP der Firma dato Denkwerkzeuge berechnet.

## Genauigkeit der Werte

Bei den errechneten Werten handelt es sich um Richtwerte. Absolute Angaben sind nicht möglich, da es bereits in den Rohwaren Schwankungen geben kann, die durch Fütterung oder Bodenverhältnisse gegeben sind. Weiters spielen die Rezeptur und die Zubereitung eine entscheidende Rolle.

Ein Löffel Sahne mehr bedeutet bereits 25 Kalorien mehr, ein zusätzlicher Löffel Öl aber fast 100 Kalorien mehr. Will man die Nährwerte genauer wissen, ist es notwendig, die eigene Rezeptur mit Hilfe der Angaben der Kalorien-Fibel Nahrungsmittel selbst zu ermitteln.

## Portionsgröße

Für jede Speise finden Sie eine angegebene Portionsgröße. Diese wurde beim Frühstück, beim Müsli, bei der Jause bzw. bei Snacks genau definiert. Sie sehen sofort, wie schwer die Scheibe Brot ist und wie viel Gramm Streichfett aufgestrichen werden darf, um die errechneten Werte zu erhalten. Bei den Speisen, die nach Rezepturen berechnet wurden, ergibt sich die Portionsgröße aus der Summe der Zutaten (in Gramm), dividiert durch die Portionen (4 oder 6 Portionen). Deshalb gibt es zum Beispiel bei den Torten keine einheitliche Portionsgröße. So wiegt ein Stück Sachertorte 140 g und ein Stück Punschtorte beispielsweise 110 g. Bei einigen Fleischgerichten, wie Gulasch usw., finden Sie als Zusatzinformation die Rohfleischeinwaage, da diese für den Energiegehalt ausschlaggebend ist (z. B. Fleisch = 100 g).

| **Speisen / Gerichte** | Portionsgröße / Gewicht | kcal/ Portion | Nährstoffgehalt pro Portion | | | Pro 100 Gramm | |
|---|---|---|---|---|---|---|---|
| | | | EW | Fett | KH | kcal | Fett |
| **Gulasch** | 1 Port. (170 g)<br>Fleisch (133 g) | 371 | 29 g | 22 g | 6,9 g | 218 | 12,9 g |

# Sondertabellen – Gewichtsreduktion

Im Anhang finden Sie 4 Tagespläne mit jeweils ungefähr 1.000 und 1.500 kcal. Diese Tagespläne sollen als Beispiele dienen, wie man seinen Speiseplan auch während einer Gewichtsreduktion abwechslungsreich gestalten kann. Dabei soll es sich aber nur um eine Anregung handeln. Individuelle Abwandlungen sind nicht nur möglich, sondern erwünscht!

Will man über einen längeren Zeitraum mehr Gewicht reduzieren, geht man heute von 1.200 kcal als tägliche Mindestenergiezufuhr für Männer und 1.000 kcal für Frauen aus.

Für diese Pläne wurde neben dem Energiegehalt auch der Gehalt an Eiweiß, Fett und Kohlenhydraten ermittelt. Da es bei einigen Nahrungsbestandteilen (vor allem beim Kalzium und bei den Ballaststoffen) sehr leicht zu einer Unterversorgung kommen kann, sind auch diese Werte angeführt. Kritisch ist oft eine zu hohe Cholesterinzufuhr, deshalb finden Sie in der Kalorien-Fibel Speisen auch eine Cholesterintabelle. Achten Sie auf die tägliche Cholesterinzufuhr. 300 mg pro Tag sollten nicht wesentlich überschritten werden.

Das Verhältnis Eiweiß : Fett : Kohlenhydrate sollte idealerweise 15 % : 30 % : 55 % bezogen auf den Energiegehalt betragen. Das entspricht beim Fettkonsum bei einer Zufuhr von 1.500 kcal pro Tag 48 Gramm beziehungsweise bei 1.200 kcal 39 Gramm und bei 1.000 kcal 32 Gramm. Als Richtlinie während des Abnehmens gilt eine Fettzufuhr von rund 40 Gramm pro Tag.

Natürlich ist zu berücksichtigen, dass die Qualität einer Speise nicht nur von den energieliefernden Nährwerten bestimmt wird. So spielen z. B. der Vitamin- und Mineralstoffgehalt (Natrium!) auch eine große Rolle für die Gesundheit.

Die Nährwertangaben bei den Fertiggerichten, insbesondere bei jenen auf Trockenpulverbasis, beziehen sich nur auf den jeweiligen Packungsinhalt. Werden weitere Zutaten (z. B. Butter) dazugegeben, müssen deren Nährwerte zusätzlich addiert werden.

Problematisch, speziell bei einer geringen Tageskalorien-Zufuhr, ist die Eiweiß-Versorgung. Die Empfehlungen für einen Erwachsenen liegen bei 0,8 g Eiweiß pro kg Körpernormalgewicht pro Tag. Diese Empfehlung enthält eine Spannbreite von +/– 20 %. Mit dieser Angabe ist eine ausreichende Eiweiß-Versorgung sichergestellt, da bereits ein Sicherheitsfaktor mitberechnet wurde. Die Mindestaufnahme sollte bei 0,6 g Eiweiß pro kg Körpergewicht und Tag liegen.

**Dazu ein Beispiel:** Eine 70 kg schwere Frau sollte pro Tag mindestens 42 g, idealerweise aber 56 g Eiweiß aufnehmen.

Kritisch ist auch sehr oft die Versorgung mit Kalzium und Ballaststoffen. Die empfohlene tägliche Kalziumaufnahme liegt beim Erwachsenen bei rund 1.000 mg. Eine Mindestzufuhr von 500 mg Kalzium pro Tag sollte aber nie unterschritten werden, auch wenn Sie die Energiezufuhr drastisch einschränken. Die wichtigsten Kalziumquellen sind Milchprodukte. Magerprodukte haben mindestens so viel Kalzium wie fettreiche Produkte. Kalziumreich sind auch Gerichte mit Mohn, Sesam, Brunnenkresse und auch Feigen.

Bei den Ballaststoffen werden 30 g pro Tag empfohlen. Während einer Reduktionskost ist diese Menge sehr oft schwer zu erreichen. Hier gilt als Richtlinie: Pro 1.000 kcal 12,5 g Ballaststoffe, um Beschwerden, wie zum Beispiel Verstopfung, zu verhindern. Beachten Sie die Sondertabelle!

Sie können die Ballaststoffzufuhr erhöhen, wenn Sie zusätzlich Weizenkleie essen (im Müsli, Jogurt etc.). Diese kann ihre Wirkung aber nur entfallen, wenn ausreichend getrunken wird. Es ist besonders wichtig, genug zu trinken: mindestens 1 bis 1,5 Liter pro Tag. Die Flüssigkeit sollte keine Energie liefern, Tee oder Mineralwasser eignen sich am besten. Die Getränke wurden in den Tagesplänen nicht berücksichtigt. Gerade bei der Gewichtsreduktion ist die Flüssigkeitszufuhr wichtig, um eventuell giftige Stoffe, die im Fettgewebe gespeichert waren, schneller ausscheiden zu können. Je weniger man isst, desto mehr soll man trinken, da durch eine geringe Nahrungsaufnahme auch das Wasser aus den Lebensmitteln fehlt, weiters fehlt auch das so genannte Oxidationswasser, das beim Abbau der Nährstoffe entsteht.

# Hinweise zur Benutzung der Tabellen

Im ersten Teil des Buches sind über 5.000 Speisen wie auf einer Speisekarte aufgelistet – eingeteilt in Frühstück, Müsli und Zerealien, Jause und Snacks, Fastfood, Salate, Pizza und Baguette, Suppen und Suppeneinlagen, Vorspeisen, Hauptspeisen, Beilagen, Soßen, Desserts und Eis, Süße Speisen, Mehlspeisen und Kekse. Innerhalb der einzelnen Gruppen sind die Speisen alphabetisch geordnet.

Suchen Sie zum Beispiel eine Extrawurstsemmel – so finden Sie diese in der Gruppe »Jause und Snacks« unter »Semmel mit Extrawurst«. Das Wiener Schnitzel finden Sie bei den Hauptspeisen unter »W« bzw. unter der jeweiligen Fleischsorte.

| **Speisen / Gerichte** | Portionsgröße / Gewicht | kcal/ Portion | Nährstoffgehalt pro Portion | | | Pro 100 Gramm | |
|---|---|---|---|---|---|---|---|
| | | | EW | Fett | KH | kcal | Fett |
| **Semmel mit Extrawurst** | 1 Stk. (50 g)<br>1 Port. (50 g) | 265 | 9,9 g | 12 g | 27 g | 265 | 12 g |
| **Semmel mit Extrawurst leicht** | 1 Stk. (50 g)<br>1 Port. (50 g) | 218 | 10 g | 6,9 g | 26 g | 218 | 6,9 g |
| **Semmel mit Extrawurst leicht und Gurkerln** | 1 Stk. (50 g)<br>1 Port. (50 g)<br>1/2 Stk. (25 g) | 222 | 11 g | 6,9 g | 27 g | 178 | 5,5 g |

pro Portion | pro 100 Gramm

Speisen in alphabetischer Reihenfolge | übliche Portionsgröße | kcal | Eiweiß | Fett | Kohlenhydrate | kcal | Fett

## Reihenfolge

Pro Speise können Sie sehr leicht den Energie- und Nährwertgehalt von Eiweiß, Fett und Kohlenhydraten pro Portion sowie den Energie- und Fettgehalt pro 100 g ersehen.

- In der ersten Spalte steht die berechnete Speise. Fallweise sind alle Einzelkomponenten als eigene Portionsgröße beschrieben (z. B. Brot mit Butter und Honig). Bei Fertigprodukten werden die genaue Produktbezeichnung und der Firmenname angegeben.

- Die zweite Spalte enthält die Portionsgröße, z. B. ein Stück, eine Portion, eine Packung, ein Esslöffel usw., wobei in Klammer immer auch die entsprechende Menge angegeben ist.
- Die dritte Spalte bezieht sich auf den Kaloriengehalt (kcal) pro Portionsgröße. Hier sehen Sie auf einen Blick, wie viele Kalorien die jeweilige Speise hat.
- Die drei folgenden Spalten sind farbig unterlegt und geben den Nährstoffgehalt (Eiweiß/blau, Fett/rosa und Kohlenhydrate/gelb) pro Portion an.
- In den letzten beiden Spalten finden Sie den Energie- und Fettgehalt pro 100 g. Diese Werte sind vor allem von Vorteil, wenn Sie Speisen vergleichen wollen. Durch das Runden der Zahlen kann es zu kleinen Abweichungen kommen.

Aus ernährungsphysiologischer Sicht sind vor allem Speisen günstig, die wenig Fett liefern. Möchten Sie Kalorien einsparen, weil Sie gerade abnehmen, sollten Sie nur Produkte konsumieren, die wenig Energie und einen niedrigen Fettgehalt haben. Schauen Sie die Tabelle durch und wählen Sie vor allem jene Speisen aus, die wenig Fett enthalten.

Müssen Sie aufgrund einer Diät auf eiweißreiche Kost verzichten, sehen Sie auf einen Blick, welche Speisen einen hohen Eiweißgehalt haben. Bei den Nährwertangaben handelt es sich immer um Durchschnittswerte, die ausschließlich rechnerisch ermittelt wurden.

Wenn ein Firmenname angeführt ist, wurden uns diese Werte (pro 100 g) von der entsprechenden Firma zur Verfügung gestellt oder sie wurden der Verpackung bzw. der firmeneigenen Homepage entnommen. Die Umrechnung in die Portionsgrößen und die Ermittlung der entsprechenden Nährwertangaben erfolgte von uns. Wir möchten uns hier ganz herzlich bei allen Firmen bedanken, die uns ihre Nährwertangaben zur Verfügung gestellt haben. Trotz ausführlicher Recherche und sehr sorgfältiger Bearbeitung können wir aber keine Gewähr bezüglich Vollständigkeit und Richtigkeit der Werte geben.

# Zusammensetzung der Nahrung

Vernünftig und sinnvoll ist in erster Linie eine abwechslungsreiche Mischkost, da es kein einziges Lebensmittel gibt, in dem alle Nährstoffe entsprechend unseres täglichen Bedarfes enthalten sind. Dies trifft auf die Muttermilch in den ersten Lebenswochen zu. Jede Einseitigkeit auf Dauer schadet und stellt eine Gefährdung für die Gesundheit dar.

Kein Nahrungsmittel ist absolut verboten! Es gibt aber – sehr selten – schwer wiegende medizinische Gründe, die es ratsam erscheinen lassen, bestimmte Nahrungsmittel nicht zu essen (z. B. bei Nahrungsmittelallergien oder Stoffwechseldefekten).

Wichtig ist der richtige Umgang mit unseren Nahrungsmitteln!

Um sich gesund und abwechslungsreich zu ernähren, soll man täglich mindestens 200 g Obst, 200 g Gemüse oder Kartoffeln, ein Milchprodukt und ein Getreideprodukt (bevorzugt Vollkornprodukte) konsumieren. Fleisch- und Wurstwaren sollten höchstens 2-mal pro Woche gegessen werden und pro Woche sollte mindestens eine Fischmahlzeit am Speiseplan stehen. Als einfache Richtlinie gilt: Mehr von der Pflanze, weniger vom Tier.

# Abkürzungen in den Tabellen

| | | |
|---|---|---|
| EW | = | Eiweiß |
| F | = | Fett |
| KH | = | Kohlenhydrate |
| kcal | = | Kalorien |
| F. i. T. | = | Fett in der Trockenmasse |
| i. D. | = | im Durchschnitt |
| g | = | Gramm |
| mg | = | Milligramm |
| EL | = | Esslöffel |
| TL | = | Teelöffel |
| Msp. | = | Messerspitze |
| l | = | Liter |
| ml | = | Milliliter |
| Pkg. | = | Packung |
| Port. | = | Portion |
| Sch. | = | Scheibe |
| Stk. | = | Stück |
| Fl. | = | Flasche |
| Be. | = | Becher |
| SOD-Reihe | = | Schlank-ohne-Diät-Reihe |

# Frühstück

| Speisen / Gerichte | Portionsgröße / Gewicht | kcal/ Portion | Nährstoffgehalt pro Portion | | | Pro 100 Gramm | |
|---|---|---|---|---|---|---|---|
| | | | EW | Fett | KH | kcal | Fett |
| **Brot mit Margarine** | 1 Sch. (40 g)<br>2 TL (10 g) | 152 | 2,8 g | 7,7 g | 17 g | 304 | 15,4 g |
| **Brot mit Margarine und Marmelade** | 1 Sch. (40 g)<br>2 TL (10 g)<br>1 Port. (25 g) | 232 | 3,6 g | 7,8 g | 36 g | 309 | 10,4 g |
| **Brot mit Butter** | 1 Sch. (40 g)<br>2 TL (10 g) | 161 | 2,8 g | 8,7 g | 17 g | 322 | 17,4 g |
| **Brot mit Butter und Honig** | 1 Sch. (40 g)<br>2 TL (10 g)<br>2 TL (10 g) | 192 | 2,8 g | 8,7 g | 24 g | 320 | 14,5 g |
| **Brot mit Butter und Leichtkonfitüre** | 1 Sch. (40 g)<br>2 TL (10 g)<br>1 Port. (25 g) | 201 | 2,9 g | 8,8 g | 26 g | 268 | 11,8 g |
| **Brot mit Butter und Marmelade** | 1 Sch. (40 g)<br>2 TL (10 g)<br>1 Port. (25 g) | 240 | 3,6 g | 8,8 g | 36 g | 320 | 11,8 g |
| **Brot mit Leichtmargarine** | 1 Sch. (40 g)<br>2 TL (10 g) | 121 | 2,8 g | 4,4 g | 17 g | 242 | 8,8 g |
| **Brot mit Leichtmargarine und Honig** | 1 Sch. (40 g)<br>2 TL (10 g)<br>2 TL (10 g) | 153 | 2,8 g | 4,4 g | 24 g | 255 | 7,3 g |
| **Brot mit Leichtmargarine und Leichtkonfitüre** | 1 Sch. (40 g)<br>2 TL (10 g)<br>1 Port. (25 g) | 162 | 2,9 g | 4,5 g | 26 g | 216 | 6 g |
| **Brot mit Leichtmargarine und Marmelade** | 1 Sch. (40 g)<br>2 TL (10 g)<br>1 Port. (25 g) | 202 | 3,6 g | 4,5 g | 36 g | 269 | 6 g |
| **Brot mit Margarine und Honig** | 1 Sch. (40 g)<br>2 TL (10 g)<br>2 TL (10 g) | 183 | 2,8 g | 7,7 g | 24 g | 305 | 12,8 g |
| **Brot mit Margarine und Leichtkonfitüre** | 1 Sch. (40 g)<br>2 TL (10 g)<br>1 Port. (25 g) | 192 | 2,9 g | 7,8 g | 26 g | 256 | 10,4 g |
| **Brot mit Topfenaufstrich (Quark-)** | 1 Sch. (40 g)<br>1 Port. (50 g) | 164 | 6,6 g | 9,9 g | 18 g | 182 | 11 g |
| **Country Bagel** (D) (Burger King) | 1 Port. (221 g) | 530 | 25 g | 24 g | 55 g | 240 | 10,9 g |

| Speisen / Gerichte | Portionsgröße / Gewicht | kcal/ Portion | Nährstoffgehalt pro Portion | | | Pro 100 Gramm | |
|---|---|---|---|---|---|---|---|
| | | | EW | Fett | KH | kcal | Fett |
| **Egg McMuffin** (A) (McDonald's) | 1 Port. (148 g) | 363 | 21 g | 19 g | 27 g | 245 | 12,8 g |
| **Egg McMuffin** (D) (McDonald's) | 1 Port. (143 g) | 315 | 20 g | 15 g | 30 g | 220 | 10,5 g |
| **Früchtetee ohne Zucker** | 1 Tasse (150 ml) | 1 | 0,2 g | 0 g | 0 g | 0 | 0 g |
| **Ham & Cheese Bagel** (D) (Burger King) | 1 Port. (206 g) | 474 | 23 g | 19 g | 53 g | 230 | 9,2 g |
| **Ham & Eggs mit Semmel** (A) (McDonald's) | 1 Port. (264 g) | 577 | 36 g | 34 g | 26 g | 219 | 12,9 g |
| **Kakao** (3,5 % Fett) | 1 Port. (250 ml) | 210 | 8,5 g | 8,8 g | 22,5 g | 84 | 3,5 g |
| **Kipferl (Hörnchen) mit Margarine** | 1 Stk. (46 g)<br>1 EL (12 g) | 213 | 33,7 g | 9,9 g | 24 g | 367 | 17 g |
| **Kipferl (Hörnchen) mit Margarine und Marmelade** | 1 Stk. (46 g)<br>1 EL (12 g)<br>1 Port. (25 g) | 284 | 4,5 g | 9 g | 44 g | 342 | 10,4 g |
| **Kipferl (Hörnchen) mit Butter** | 1 Stk. (46 g)<br>1 EL (12 g) | 215 | 2,7 g | 9,9 g | 28 g | 371 | 17 g |
| **Kipferl (Hörnchen) mit Butter und Honig** | 1 Stk. (46 g)<br>1 EL (12 g)<br>2 TL (10 g) | 246 | 3,8 g | 9,9 g | 32 g | 362 | 14,6 g |
| **Kipferl (Hörnchen) mit Butter und Leichtkonfitüre** | 1 Stk. (46 g)<br>1 EL (12 g)<br>1 Port. (25 g) | 256 | 3,9 g | 9,9 g | 34 g | 308 | 12 g |
| **Kipferl (Hörnchen) mit Butter und Marmelade** | 1 Stk. (46 g)<br>1 EL (12 g)<br>1 Port. (25 g) | 295 | 4,5 g | 9,9 g | 44 g | 355 | 12 g |
| **Kipferl (Hörnchen) mit Leichtmargarine** | 1 Stk. (46 g)<br>1 EL (12 g) | 168 | 3,7 g | 5,1 g | 24 g | 290 | 8,8 g |
| **Kipferl (Hörnchen) mit Leichtmargarine und Honig** | 1 Stk. (46 g)<br>1 EL (12 g)<br>2 TL (10 g) | 199 | 3,8 g | 8,1 g | 32 g | 231 | 11,9 g |
| **Kipferl (Hörnchen) mit Leichtmargarine und Leichtkonfitüre** | 1 Stk. (46 g)<br>1 EL (12 g)<br>1 Port. (25 g) | 208 | 3,9 g | 5,1 g | 34 g | 251 | 6,1 g |
| **Kipferl (Hörnchen) mit Leichtmargarine und Marmelade** | 1 Stk. (46 g)<br>1 EL (12 g)<br>1 Port. (25 g) | 248 | 4,6 g | 5,1 g | 44 g | 299 | 6,1 g |
| **Kipferl (Hörnchen) mit Margarine und Honig** | 1 Stk. (46 g)<br>1 EL (12 g)<br>2 TL (10 g) | 235 | 3,7 g | 9,9 g | 32 g | 346 | 14,6 g |
| **Kipferl (Hörnchen) mit Margarine und Leichtkonfitüre** | 1 Stk. (46 g)<br>1 EL (12 g)<br>1 Port. (25 g) | 244 | 3,7 g | 9,1 g | 32 g | 294 | 11 g |
| **Kipferl mit Leichtmargarine** | 1 Sch. (10 g)<br>1 TL (6 g) | 55 | 1,2 g | 2,6 g | 5,9 g | 344 | 16,3 g |

| Speisen / Gerichte | Portionsgröße / Gewicht | kcal/ Portion | Nährstoffgehalt pro Portion | | | Pro 100 Gramm | |
|---|---|---|---|---|---|---|---|
| | | | EW | Fett | KH | kcal | Fett |
| **Knäckebrot mit Margarine** | 1 Sch. (10 g)<br>1 TL (6 g) | 73 | 1,2 g | 4,6 g | 5,9 g | 456 | 28,8 g |
| **Knäckebrot mit Margarine und Marmelade** | 1 Sch. (10 g)<br>1 TL (6 g)<br>2 TL (12,5 g) | 105 | 1,3 g | 4,6 g | 14 g | 368 | 16,1 g |
| **Knäckebrot mit Butter** | 1 Sch. (10 g)<br>1 TL (6 g) | 78 | 1,2 g | 5,2 g | 6 g | 488 | 32,5 g |
| **Knäckebrot mit Butter und Honig** | 1 Sch. (10 g)<br>1 TL (6 g)<br>1 TL (5 g) | 94 | 1,2 g | 5,2 g | 9,9 g | 448 | 24,8 g |
| **Knäckebrot mit Butter und Leichtkonfitüre** | 1 Sch. (10 g)<br>1 TL (6 g)<br>2 TL (12,5 g) | 98 | 1,3 g | 5,2 g | 11 g | 344 | 18,2 g |
| **Knäckebrot mit Butter und Marmelade** | 1 Sch. (10 g)<br>1 TL (6 g)<br>2 TL (12,5 g) | 112 | 1,3 g | 5,3 g | 14 g | 393 | 18,6 g |
| **Knäckebrot mit Leichtmargarine und Honig** | 1 Sch. (10 g)<br>1 TL (6 g)<br>1 TL (5 g) | 70 | 1,2 g | 2,6 g | 9,9 g | 333 | 12,4 g |
| **Knäckebrot mit Leichtmargarine und Leichtkonfitüre** | 1 Sch. (10 g)<br>1 TL (6 g)<br>2 TL (12,5 g) | 75 | 1,3 g | 2,6 g | 11 g | 263 | 9,1 g |
| **Knäckebrot mit Leichtmargarine und Marmelade** | 1 Sch. (10 g)<br>1 TL (6 g)<br>2 TL (12,5 g) | 87 | 1,3 g | 2,7 g | 14 g | 305 | 9,5 g |
| **Knäckebrot mit Margarine und Honig** | 1 Sch. (10 g)<br>1 TL (6 g)<br>1 TL (5 g) | 88 | 1,2 g | 4,6 g | 9,9 g | 419 | 21,9 g |
| **Knäckebrot mit Margarine und Leichtkonfitüre** | 1 Sch. (10 g)<br>1 TL (6 g)<br>2 TL (12,5 g) | 93 | 1,2 g | 4,6 g | 11 g | 326 | 16,4 g |
| **Knäckebrot mit Topfenaufstrich (Quark-)** | 1 Sch. (10 g)<br>1 Port. (50 g) | 112 | 5 g | 6,3 g | 7,4 g | 187 | 10,5 g |
| **Kornweckerl mit Margarine** | 1 Stk. (60 g)<br>1 EL (12 g) | 212 | 4,7 g | 9,6 g | 24 g | 294 | 13,3 g |
| **Kornweckerl mit Margarine und Marmelade** | 1 Stk. (60 g)<br>1 EL (12 g)<br>1 Port. (25 g) | 292 | 5,5 g | 9,6 g | 43 g | 301 | 9,9 g |
| **Kornweckerl mit Butter** | 1 Stk. (60 g)<br>1 EL (12 g) | 223 | 4,8 g | 11 g | 24 g | 310 | 15,3 g |
| **Kornweckerl mit Butter und Honig** | 1 Stk. (60 g)<br>1 EL (12 g)<br>2 TL (10 g) | 254 | 4,8 g | 11 g | 32 g | 310 | 13,4 g |
| **Kornweckerl mit Butter und Leichtkonfitüre** | 1 Stk. (60 g)<br>1 EL (12 g)<br>1 Port. (25 g) | 263 | 4,9 g | 11 g | 34 g | 271 | 11,3 g |
| **Kornweckerl mit Butter und Marmelade** | 1 Stk. (60 g)<br>1 EL (12 g)<br>1 Port. (25 g) | 303 | 5,6 g | 11 g | 43 g | 312 | 11,3 g |

| Speisen / Gerichte | Portionsgröße / Gewicht | kcal/ Portion | Nährstoffgehalt pro Portion | | | Pro 100 Gramm | |
|---|---|---|---|---|---|---|---|
| | | | EW | Fett | KH | kcal | Fett |
| **Kornweckerl mit Leichtmargarine** | 1 Stk. (60 g)<br>1 EL (12 g) | 175 | 4,8 g | 5,7 g | 24 g | 243 | 7,9 g |
| **Kornweckerl mit Leichtmargarine und Honig** | 1 Stk. (60 g)<br>1 EL (12 g)<br>2 TL (10 g) | 207 | 4,8 g | 5,7 g | 32 g | 252 | 7 g |
| **Kornweckerl mit Leichtmargarine und Leichtkonfitüre** | 1 Stk. (60 g)<br>1 EL (12 g)<br>1 Port. (25 g) | 216 | 4,9 g | 5,7 g | 34 g | 223 | 5,9 g |
| **Kornweckerl mit Leichtmargarine und Marmelade** | 1 Stk. (60 g)<br>1 EL (12 g)<br>1 Port. (25 g) | 256 | 5,6 g | 5,7 g | 43 g | 264 | 5,8 g |
| **Kornweckerl mit Margarine und Honig** | 1 Stk. (60 g)<br>1 EL (12 g)<br>2 TL (10 g) | 243 | 4,8 g | 9,6 g | 32 g | 296 | 11,7 g |
| **Kornweckerl mit Margarine und Leichtkonfitüre** | 1 Stk. (60 g)<br>1 EL (12 g)<br>1 Port. (25 g) | 252 | 4,9 g | 9,7 g | 34 g | 260 | 10 g |
| **Kornweckerl mit Topfenaufstrich (Quark-)** | 1 Stk. (60 g)<br>1 Port. (50 g) | 211 | 8,6 g | 7 g | 25 g | 192 | 6,4 g |
| **McCroissant** (A) (McDonald's) | 1 Port. (94 g) | 307 | 12 g | 18 g | 23 g | 327 | 19,1 g |
| **McCroissant** (D) (McDonald's) | 1 Port. (95 g) | 308 | 12 g | 18 g | 24 g | 324 | 18,9 g |
| **Milch 3,5 %** | 1 Port. (250 ml) | 160 | 8,3 g | 8,8 g | 12 g | 64 | 3,5 g |
| **Nutellabrot** | 1 Sch. (40 g)<br>1 Port. (25 g) | 215 | 4,4 g | 8 g | 31,6 g | 331 | 12,3 g |
| **Nutellasemmel** | 1 Stk. (50 g)<br>1 Port. (25 g) | 254 | 5,7 g | 8,2 g | 39 g | 340 | 10,9 g |
| **Ovomaltine, zubereitet mit Milch (1,5 % Fett)** | 1 Port. (20 g)<br>1 Port. (200 ml) | 166 | 9 g | 3,3 g | 24,8 g | 75 | 1,5 g |
| **Ovomaltine, zubereitet mit Milch (3,5 % Fett)** | 1 Port. (20 g)<br>1 Port. (200 ml) | 200 | 8,8 g | 7,3 g | 24,6 g | 91 | 3,3 g |
| **Salzstangerl mit Margarine** | 1 Stk. (48 g)<br>1 EL (12 g) | 209 | 3,9 g | 9,1 g | 25 g | 348 | 15,2 g |
| **Salzstangerl mit Butter** | 1 Stk. (48 g)<br>1 EL (12 g) | 220 | 3,9 g | 10 g | 25 g | 367 | 16,7 g |
| **Salzstangerl mit Leichtmargarine** | 1 Stk. (48 g)<br>1 EL (12 g) | 172 | 3,9 g | 5,2 g | 25 g | 287 | 8,7 g |
| **Salzstangerl mit Topfenaufstrich (Quark-)** | 1 Stk. (48 g)<br>1 Port. (50 g) | 204 | 7,7 g | 6,4 g | 27 g | 208 | 6,5 g |
| **Semmel mit Margarine** | 1 Stk. (50 g)<br>1 EL (12 g) | 223 | 4 g | 10 g | 26 g | 360 | 16,1 g |
| **Semmel mit Margarine und Marmelade** | 1 Stk. (50 g)<br>1 EL (12 g)<br>1 Port. (25 g) | 294 | 4,8 g | 9,1 g | 46 g | 338 | 10,5 g |

| Speisen / Gerichte | Portionsgröße / Gewicht | kcal/ Portion | Nährstoffgehalt pro Portion | | | Pro 100 Gramm | |
|---|---|---|---|---|---|---|---|
| | | | EW | Fett | KH | kcal | Fett |
| **Semmel mit Butter** | 1 Stk. (50 g)<br>1 EL (12 g) | 225 | 4 g | 10 g | 26 g | 363 | 16,1 g |
| **Semmel mit Butter und Honig** | 1 Stk. (50 g)<br>1 EL (12 g)<br>2 TL (10 g) | 256 | 4,1 g | 10 g | 34 g | 356 | 13,9 g |
| **Semmel mit Butter und Leichtkonfitüre** | 1 Stk. (50 g)<br>1 EL (12 g)<br>1 Port. (25 g) | 266 | 4,2 g | 10 g | 36 g | 306 | 11,5 g |
| **Semmel mit Butter und Marmelade** | 1 Stk. (50 g)<br>1 EL (12 g)<br>1 Port. (25 g) | 305 | 4,8 g | 10 g | 46 g | 351 | 11,5 g |
| **Semmel mit Leichtmargarine** | 1 Stk. (50 g)<br>1 EL (12 g) | 178 | 4 g | 5,2 g | 26 g | 287 | 8,4 g |
| **Semmel mit Leichtmargarine und Honig** | 1 Stk. (50 g)<br>1 EL (12 g)<br>2 TL (10 g) | 209 | 4,1 g | 5,2 g | 34 g | 290 | 7,2 g |
| **Semmel mit Leichtmargarine und Leichtkonfitüre** | 1 Stk. (50 g)<br>1 EL (12 g)<br>1 Port. (25 g) | 218 | 4,2 g | 5,2 g | 36 g | 251 | 6 g |
| **Semmel mit Leichtmargarine und Marmelade** | 1 Stk. (50 g)<br>1 EL (12 g)<br>1 Port. (25 g) | 258 | 4,9 g | 5,2 g | 46 g | 297 | 6 g |
| **Semmel mit Margarine und Honig** | 1 Stk. (50 g)<br>1 EL (12 g)<br>2 TL (10 g) | 245 | 4 g | 9,1 g | 34 g | 340 | 12,6 g |
| **Semmel mit Margarine und Leichtkonfitüre** | 1 Stk. (50 g)<br>1 EL (12 g)<br>1 Port. (25 g) | 254 | 4,2 g | 9,2 g | 36 g | 292 | 10,6 g |
| **Semmel mit Topfenaufstrich (Quark-)** | 1 Stk. (50 g)<br>1 Port. (50 g) | 213 | 7,9 g | 6,5 g | 28 g | 213 | 6,5 g |
| **Striezel mit Margarine** | 1 Sch. (30 g)<br>2 TL (10 g) | 149 | 2,3 g | 7,5 g | 16 g | 373 | 18,8 g |
| **Striezel mit Margarine und Marmelade** | 1 Sch. (30 g)<br>2 TL (10 g)<br>1 Port. (25 g) | 229 | 3,1 g | 7,5 g | 36 g | 352 | 11,5 g |
| **Striezel mit Butter** | 1 Sch. (30 g)<br>2 TL (10 g) | 158 | 2,3 g | 8,5 g | 16 g | 395 | 21,3 g |
| **Striezel mit Butter und Honig** | 1 Sch. (30 g)<br>2 TL (10 g)<br>2 TL (10 g) | 189 | 2,3 g | 8,5 g | 24 g | 378 | 17 g |
| **Striezel mit Butter und Leichtkonfitüre** | 1 Sch. (30 g)<br>2 TL (10 g)<br>1 Port. (25 g) | 198 | 2,4 g | 8,6 g | 26 g | 305 | 13,2 g |
| **Striezel mit Butter und Marmelade** | 1 Sch. (30 g)<br>2 TL (10 g)<br>1 Port. (25 g) | 238 | 3,1 g | 8,6 g | 36 g | 366 | 13,2 g |
| **Striezel mit Leichtkonfitüre** | 1 Sch. (30 g)<br>2 TL (10 g) | 118 | 2,3 g | 4,2 g | 16 g | 295 | 10,5 g |

| Speisen / Gerichte | Portionsgröße / Gewicht | kcal/ Portion | Nährstoffgehalt pro Portion | | | Pro 100 Gramm | |
|---|---|---|---|---|---|---|---|
| | | | EW | Fett | KH | kcal | Fett |
| **Striezel mit Leichtmargarine und Honig** | 1 Sch. (30 g)<br>2 TL (10 g)<br>2 TL (10 g) | 150 | 2,3 g | 4,2 g | 24 g | 300 | 8,4 g |
| **Striezel mit Leichtmargarine und Leichtkonfitüre** | 1 Sch. (30 g)<br>2 TL (10 g)<br>1 Port. (25 g) | 159 | 2,4 g | 4,3 g | 26 g | 245 | 6,6 g |
| **Striezel mit Leichtmargarine und Marmelade** | 1 Sch. (30 g)<br>2 TL (10 g)<br>1 Port. (25 g) | 199 | 3,1 g | 4,3 g | 36 g | 306 | 6,6 g |
| **Striezel mit Margarine und Honig** | 1 Sch. (30 g)<br>2 TL (10 g)<br>2 TL (10 g) | 180 | 2,3 g | 7,5 g | 24 g | 360 | 15 g |
| **Striezel mit Margarine und Leichtkonfitüre** | 1 Sch. (30 g)<br>2 TL (10 g)<br>1 Port. (25 g) | 189 | 2,4 g | 7,5 g | 26 g | 291 | 11,5 g |
| **Sweet Bagel mit Butter und Marmelade** (D) (Burger King) | 1 Stk. (90 g)<br>1 Port. (15 g)<br>1 Port. (25 g) | 463 | 10 g | 19 g | 63 g | 356 | 14,6 g |
| **Sweet Bagel mit Butter und Nutella** (D) (Burger King) | 1 Stk. (90 g)<br>1 Port. (15 g)<br>1 Port. (20 g) | 505 | 11 g | 25 g | 59 g | 389 | 20 g |
| **Sweet Breakfast mit Butter** (D) (McDonald's) | 1 Port. (110 g)<br>1 Port. (10 g) | 542 | 8 g | 36 g | 46 g | 452 | 30 g |
| **Sweet Breakfast mit Butter und Konfitüre** (D) (McDonald's) | 1 Port. (110 g)<br>1 Port. (10 g)<br>1 Port. (25 g) | 605 | 8 g | 36 g | 61 g | 417 | 24,8 g |
| **Sweet Breakfast mit Butter und Nutella** (D) (McDonald's) | 1 Port. (110 g)<br>1 Port. (10 g)<br>1 Port. (20 g) | 645 | 9 g | 42 g | 57 g | 445 | 30 g |
| **Sweet Breakfast mit Nutella** (D) (McDonald's) | 1 Port. (110 g)<br>1 Port. (20 g) | 571 | 9 g | 34 g | 57 g | 439 | 26,1 g |
| **Toast mit Margarine** | 1 Sch. (20 g)<br>1 TL (6 g) | 95 | 1,7 g | 5 g | 9,9 g | 365 | 19,2 g |
| **Toast mit Margarine und Marmelade** | 1 Sch. (20 g)<br>1 TL (6 g)<br>2 TL (12,5 g) | 135 | 2,1 g | 5,1 g | 20 g | 351 | 13,2 g |
| **Toast mit Butter** | 1 Sch. (20 g)<br>1 TL (6 g) | 101 | 1,7 g | 5,7 g | 9,9 g | 389 | 21,9 g |
| **Toast mit Butter und Honig** | 1 Sch. (20 g)<br>1 TL (6 g)<br>1 TL (5 g) | 116 | 1,8 g | 5,7 g | 14 g | 374 | 18,4 g |
| **Toast mit Butter und Leichtkonfitüre** | 1 Sch. (20 g)<br>1 TL (6 g)<br>2 TL (12,5 g) | 121 | 1,8 g | 5,7 g | 15 g | 314 | 14,8 g |
| **Toast mit Butter und Marmelade** | 1 Sch. (20 g)<br>1 TL (6 g)<br>2 TL (12,5 g) | 141 | 2,2 g | 5,7 g | 20 g | 366 | 14,8 g |
| **Toast mit Leichtmargarine** | 1 Sch. (20 g)<br>1 TL (6 g) | 77 | 1,8 g | 3,1 g | 9,9 g | 296 | 11,9 g |

| Speisen / Gerichte | Portionsgröße / Gewicht | kcal/ Portion | Nährstoffgehalt pro Portion | | | Pro 100 Gramm | |
|---|---|---|---|---|---|---|---|
| | | | EW | Fett | KH | kcal | Fett |
| **Toast mit Leichtmargarine und Honig** | 1 Sch. (20 g)<br>1 TL (6 g)<br>1 TL (5 g) | 93 | 1,8 g | 3,1 g | 14 g | 300 | 10 g |
| **Toast mit Leichtmargarine und Leichtkonfitüre** | 1 Sch. (20 g)<br>1 TL (6 g)<br>2 TL (12,5 g) | 97 | 1,8 g | 3,1 g | 15 g | 252 | 8 g |
| **Toast mit Leichtmargarine und Marmelade** | 1 Sch. (20 g)<br>1 TL (6 g)<br>2 TL (12,5 g) | 117 | 2,2 g | 3,1 g | 20 g | 304 | 8 g |
| **Toast mit Margarine und Honig** | 1 Sch. (20 g)<br>1 TL (6 g)<br>1 TL (5 g) | 111 | 1,8 g | 5 g | 14 g | 358 | 16,1 g |
| **Toast mit Margarine und Leichtkonfitüre** | 1 Sch. (20 g)<br>1 TL (6 g)<br>2 TL (12,5 g) | 115 | 1,8 g | 5,1 g | 15 g | 299 | 13,2 g |
| **Vollkornbrot mit Margarine** | 1 Sch. (40 g)<br>2 TL (10 g) | 155 | 3,1 g | 7,7 g | 16 g | 310 | 15,4 g |
| **Vollkornbrot mit Margarine und Marmelade** | 1 Sch. (40 g)<br>2 TL (10 g)<br>1 Port. (25 g) | 235 | 3,9 g | 7,8 g | 36 g | 313 | 10,4 g |
| **Vollkornbrot mit Butter** | 1 Sch. (40 g)<br>2 TL (10 g) | 163 | 3,1 g | 8,8 g | 16 g | 326 | 17,6 g |
| **Vollkornbrot mit Butter und Honig** | 1 Sch. (40 g)<br>2 TL (10 g)<br>2 TL (10 g) | 195 | 3,1 g | 8,8 g | 24 g | 325 | 14,7 g |
| **Vollkornbrot mit Butter und Leichtkonfitüre** | 1 Sch. (40 g)<br>2 TL (10 g)<br>1 Port. (25 g) | 204 | 3,2 g | 8,8 g | 26 g | 272 | 11,7 g |
| **Vollkornbrot mit Butter und Marmelade** | 1 Sch. (40 g)<br>2 TL (10 g)<br>1 Port. (25 g) | 244 | 3,9 g | 8,8 g | 36 g | 325 | 11,7 g |
| **Vollkornbrot mit Leichtmargarine** | 1 Sch. (40 g)<br>2 TL (10 g) | 125 | 3,1 g | 4,5 g | 16 g | 250 | 9 g |
| **Vollkornbrot mit Leichtmargarine und Honig** | 1 Sch. (40 g)<br>2 TL (10 g)<br>2 TL (10 g) | 156 | 3,1 g | 4,5 g | 24 g | 260 | 7,5 g |
| **Vollkornbrot mit Leichtmargarine und Leichtkonfitüre** | 1 Sch. (40 g)<br>2 TL (10 g)<br>1 Port. (25 g) | 165 | 3,2 g | 4,6 g | 26 g | 220 | 6,1 g |
| **Vollkornbrot mit Leichtmargarine und Marmelade** | 1 Sch. (40 g)<br>2 TL (10 g)<br>1 Port. (25 g) | 205 | 3,9 g | 4,6 g | 36 g | 273 | 6,1 g |
| **Vollkornbrot mit Margarine und Honig** | 1 Sch. (40 g)<br>2 TL (10 g)<br>2 TL (10 g) | 186 | 3,1 g | 7,7 g | 24 g | 310 | 12,8 g |
| **Vollkornbrot mit Margarine und Leichtkonfitüre** | 1 Sch. (40 g)<br>2 TL (10 g)<br>1 Port. (25 g) | 195 | 3,2 g | 7,8 g | 26 g | 260 | 10,4 g |

| Speisen / Gerichte | Portionsgröße / Gewicht | kcal/ Portion | Nährstoffgehalt pro Portion | | | Pro 100 Gramm | |
|---|---|---|---|---|---|---|---|
| | | | EW | Fett | KH | kcal | Fett |
| **Vollkornbrot mit Topfenaufstrich (Quark-)** | 1 Sch. (40 g)<br>1 Port. (50 g) | 167 | 6,9 g | 6,6 g | 18 g | 186 | 7,3 g |
| **Weißbrot mit Margarine** | 1 Sch. (30 g)<br>2 TL (10 g) | 147 | 2,4 g | 7,5 g | 16 g | 368 | 18,8 g |
| **Weißbrot mit Margarine und Marmelade** | 1 Sch. (30 g)<br>2 TL (10 g)<br>1 Port. (25 g) | 228 | 3,2 g | 7,5 g | 35 g | 351 | 11,5 g |
| **Weißbrot mit Butter** | 1 Sch. (30 g)<br>2 TL (10 g) | 156 | 2,4 g | 8,5 g | 16 g | 390 | 21,3 g |
| **Weißbrot mit Butter und Honig** | 1 Sch. (30 g)<br>2 TL (10 g)<br>2 TL (10 g) | 188 | 2,5 g | 8,5 g | 24 g | 376 | 17 g |
| **Weißbrot mit Butter und Leichtkonfitüre** | 1 Sch. (30 g)<br>2 TL (10 g)<br>1 Port. (25 g) | 197 | 2,6 g | 8,6 g | 25 g | 303 | 13,2 g |
| **Weißbrot mit Butter und Marmelade** | 1 Sch. (30 g)<br>2 TL (10 g)<br>1 Port. (25 g) | 237 | 3,3 g | 8,6 g | 35 g | 365 | 13,2 g |
| **Weißbrot mit Leichtmargarine** | 1 Sch. (30 g)<br>2 TL (10 g) | 117 | 2,5 g | 4,2 g | 16 g | 293 | 10,5 g |
| **Weißbrot mit Leichtmargarine und Honig** | 1 Sch. (30 g)<br>2 TL (10 g)<br>2 TL (10 g) | 149 | 2,5 g | 4,2 g | 16 g | 298 | 8,4 g |
| **Weißbrot mit Leichtmargarine und Leichtkonfitüre** | 1 Sch. (30 g)<br>2 TL (10 g)<br>1 Port. (25 g) | 158 | 2,6 g | 4,3 g | 25 g | 243 | 6,6 g |
| **Weißbrot mit Leichtmargarine und Marmelade** | 1 Sch. (30 g)<br>2 TL (10 g)<br>1 Port. (25 g) | 197 | 3,3 g | 4,3 g | 35 g | 303 | 6,6 g |
| **Weißbrot mit Margarine und Honig** | 1 Sch. (30 g)<br>2 TL (10 g)<br>2 TL (10 g) | 179 | 2,5 g | 7,5 g | 24 g | 358 | 15 g |
| **Weißbrot mit Margarine und Leichtkonfitüre** | 1 Sch. (30 g)<br>2 TL (10 g)<br>1 Port. (25 g) | 188 | 2,6 g | 7,5 g | 25 g | 289 | 11,5 g |
| **Weißbrot mit Nuss-Nougat-Creme** | 1 Sch. (30 g)<br>1 Port. (25 g) | 192 | 7 g | 4,8 g | 28 g | 349 | 8,7 g |
| **Weißbrot mit Schoko-Nougat-Kakao-Creme** | 1 Sch. (30 g)<br>1 Port. (25 g) | 181 | 4,4 g | 2,1 g | 35 g | 329 | 3,8 g |
| **Weißbrot mit Topfenaufstrich (Quark-)** | 1 Sch. (30 g)<br>1 Port. (50 g) | 160 | 6,3 g | 6,3 g | 17 g | 200 | 7,9 g |
| **Wiener Frühstück** (A) (Mc Donald's) | 1 Port. (134 g) | 428 | 7 g | 17 g | 60 g | 319 | 12,7 g |
| **Zwieback mit Margarine** | 1 Sch. (10 g)<br>1 TL (6 g) | 84 | 1,2 g | 5,1 g | 7,2 g | 525 | 31,9 g |
| **Zwieback mit Margarine und Marmelade** | 1 Sch. (10 g)<br>1 TL (6 g)<br>2 TL (12,5 g) | 124 | 1,6 g | 5,2 g | 17 g | 435 | 18,2 g |

| Speisen / Gerichte | Portionsgröße / Gewicht | kcal/ Portion | Nährstoffgehalt pro Portion | | | Pro 100 Gramm | |
|---|---|---|---|---|---|---|---|
| | | | EW | Fett | KH | kcal | Fett |
| **Zwieback mit Butter** | 1 Sch. (10 g)<br>1 TL (6 g) | 89 | 1,2 g | 5,8 g | 7,2 g | 556 | 36,3 g |
| **Zwieback mit Butter und Honig** | 1 Sch. (10 g)<br>1 TL (6 g)<br>1 TL (5 g) | 105 | 1,2 g | 5,8 g | 11 g | 500 | 27,6 g |
| **Zwieback mit Butter und Leichtkonfitüre** | 1 Sch. (10 g)<br>1 TL (6 g)<br>2 TL (12,5 g) | 109 | 1,2 g | 5,8 g | 12 g | 383 | 20,4 g |
| **Zwieback mit Butter und Marmelade** | 1 Sch. (10 g)<br>1 TL (6 g)<br>2 TL (12,5 g) | 129 | 1,6 g | 5,8 g | 17 g | 453 | 20,4 g |
| **Zwieback mit Leichtmargarine** | 1 Sch. (10 g)<br>1 TL (6 g) | 65 | 1,2 g | 3,2 g | 7,2 g | 406 | 20 g |
| **Zwieback mit Leichtmargarine und Honig** | 1 Sch. (10 g)<br>1 TL (6 g)<br>1 TL (5 g) | 81 | 1,2 g | 3,2 g | 11 g | 386 | 15,2 g |
| **Zwieback mit Leichtmargarine und Leichtkonfitüre** | 1 Sch. (10 g)<br>1 TL (6 g)<br>2 TL (12,5 g) | 86 | 1,2 g | 3,2 g | 12 g | 302 | 11,2 g |
| **Zwieback mit Leichtmargarine und Marmelade** | 1 Sch. (10 g)<br>1 TL (6 g)<br>2 TL (12,5 g) | 106 | 1,6 g | 3,2 g | 17 g | 372 | 11,2 g |
| **Zwieback mit Margarine und Honig** | 1 Sch. (10 g)<br>1 TL (6 g)<br>1 TL (5 g) | 99 | 1,2 g | 5,1 g | 11 g | 471 | 24,3 g |
| **Zwieback mit Margarine und Leichtkonfitüre** | 1 Sch. (10 g)<br>1 TL (6 g)<br>2 TL (12,5 g) | 104 | 1,2 g | 5,2 g | 12 g | 365 | 18,2 g |

# Müsli und Zerealien

| **Speisen / Gerichte** | Portionsgröße / Gewicht | kcal/ Portion | Nährstoffgehalt pro Portion | | | Pro 100 Gramm | |
|---|---|---|---|---|---|---|---|
| | | | EW | Fett | KH | kcal | Fett |
| **4-Korn Joghurt Ananas/ Melone** (Bauer) | 1 Be. (150 g) | 129 | 5,6 g | 4,4 g | 16,5 g | 86 | 2,9 g |
| **4-Korn Joghurt Apfel/ Banane** (Bauer) | 1 Be. (150 g) | 134 | 5,1 g | 3,9 g | 19,5 g | 89 | 2,6 g |
| **4-Korn Joghurt Bircher Müsli** (Bauer) | 1 Be. (150 g) | 143 | 5,3 g | 4,4 g | 20,7 g | 95 | 2,9 g |
| **4-Korn Joghurt Waldfrucht** (Bauer) | 1 Be. (150 g) | 141 | 5 g | 4,2 g | 20,2 g | 94 | 2,8 g |
| **Activia Apfel Cerealien** (Danone) | 1 Be. (125 g) | 125 | 4,6 g | 3,4 g | 18,9 g | 100 | 2,7 g |
| **Activia Cerealien** (Danone) | 1 Be. (125 g) | 126 | 4,9 g | 3,5 g | 18,8 g | 101 | 2,8 g |
| **Activia Cerealien 0,1 %** (Danone) | 1 Be. (125 g) | 105 | 5,5 g | 0,1 g | 19,2 g | 84 | 0,1 g |
| **Activia Joghurt Cerealien** (Danone) | 1 Be. (125 g) | 125 | 4,6 g | 3,4 g | 19 g | 100 | 2,7 g |
| **Activia Joghurt Müsli** (Danone) | 1 Be. (125 g) | 129 | 4,6 g | 3,8 g | 19 g | 103 | 3 g |
| **Activia Kiwi Cerealien** (Danone) | 1 Be. (125 g) | 126 | 4,9 g | 3,5 g | 18,9 g | 101 | 2,8 g |
| **Activia Müsli** (Danone) | 1 Be. (125 g) | 129 | 4,9 g | 4 g | 17,5 g | 103 | 3,2 g |
| **Almighurt Bircher Müsli** (Ehrmann) | 1 Be. (150 g) | 165 | 4,7 g | 4,2 g | 27 g | 110 | 2,8 g |
| **Almighurt Exotic Müsli** (Ehrmann) | 1 Be. (150 g) | 165 | 4,7 g | 4,2 g | 27 g | 110 | 2,8 g |
| **balance Joghurtdrink Cerealien** (NÖM) | 1 Fl. (100 g) | 78 | 3,1 g | 0,9 g | 14 g | 78 | 0,9 g |
| **Ballaststoff Früchte Müesli** (30% Fruchtanteil, ohne Rosinen) (Schneekoppe) **mit fettarmer Milch** | 1 Port. (50 g) 1 Port. (125 ml) | 195 | 9,6 g | 4,6 g | 28,4 g | 111 | 2,6 g |
| **Birchermüsli*** ** | 1 Port. (250 g) | 285 | 10 g | 6 g | 46 g | 114 | 2,4 g |

*** Rezept aus gelbem Schlank-ohne-Diät-Kochbuch

| Speisen / Gerichte | Portionsgröße / Gewicht | kcal/ Portion | Nährstoffgehalt pro Portion | | | Pro 100 Gramm | |
|---|---|---|---|---|---|---|---|
| | | | EW | Fett | KH | kcal | Fett |
| **Choco Lumbus Knusperflakes** (Hipp) **mit Vollmilch** | 1 Port. (30 g)<br>1 Port. (125 ml) | 215 | 6,8 g | 6,9 g | 31,4 g | 139 | 4,5 g |
| **Cornflakes mit Magermilch** | 1 Port. (25 g)<br>1 Port. (125 g) | 136 | 6,2 g | 0,3 g | 26 g | 91 | 0,2 g |
| **Cornflakes mit Magermilch und Zucker** | 1 Port. (25 g)<br>1 Port. (125 g)<br>1 EL (15 g) | 194 | 6,2 g | 0,3 g | 41 g | 118 | 0,2 g |
| **Cornflakes mit Milch** | 1 Port. (25 g)<br>1 Port. (125 g) | 176 | 6,1 g | 4,6 g | 25 g | 117 | 3,1 g |
| **Cornflakes mit Milch und Zucker** | 1 Port. (25 g)<br>1 Port. (125 g)<br>1 EL (15 g) | 234 | 6,1 g | 4,6 g | 40 g | 142 | 2,8 g |
| **Cranberry & Dinkel Müesli** (Schneekoppe) **mit fettarmer Milch** | 1 Port. (40 g)<br>1 Port. (125 ml) | 200 | 8 g | 4 g | 33 g | 121 | 2,4 g |
| **Crispy Croco Knusperflakes** (Hipp) **mit Vollmilch** | 1 Port. (30 g)<br>1 Port. (125 ml) | 211 | 7 g | 6 g | 32,3 g | 136 | 3,9 g |
| **Diät Vollkorn Joghurt Blutorange-Ananas** (Onken) | 1 Be. (500 g) | 295 | 24 g | 7 g | 34,5 g | 59 | 1,4 g |
| **Diät Vollkorn Joghurt Erdbeere** (Onken) | 1 Be. (500 g) | 295 | 24 g | 7 g | 34,5 g | 59 | 1,4 g |
| **Diät Vollkorn Joghurt Heidelbeere-Holunder** (Onken) | 1 Be. (500 g) | 300 | 24 g | 7 g | 35 g | 60 | 1,4 g |
| **Diät Vollkorn Joghurt Traube-Feige-Dattel** (Onken) | 1 Be. (500 g) | 295 | 24 g | 7 g | 33,5 g | 59 | 1,4 g |
| **Diät Vollkorn Quark Erdbeere** (Onken) | 1 Be. (150 g) | 99 | 12,2 g | 0,5 g | 11,6 g | 66 | 0,3 g |
| **Diät Vollkorn Quark Traube-Feige-Dattel** (Onken) | 1 Be. (150 g) | 99 | 12,2 g | 0,5 g | 11,6 g | 66 | 0,3 g |
| **Erdbeer & Joghurt Müesli** (Schneekoppe) **mit fettarmer Milch** | 1 Port. (40 g)<br>1 Port. (125 ml) | 195 | 9 g | 4 g | 30 g | 118 | 2,4 g |
| **Exquisa Frucht & Quark Diät, Bircher Müsli** (Karwendel) | 1 Be. (125 g) | 113 | 7,8 g | 3,6 g | 12,1 g | 90 | 2,9 g |
| **Exquisa Frühstücks-Quark, Bircher Müsli** (Karwendel) | 1 Be. (500 g) | 540 | 32,5 g | 15 g | 68,5 g | 108 | 3 g |
| **Exquisa Frühstücks-Quark, Frucht und Nuss** (Karwendel) | 1 Be. (500 g) | 465 | 32,5 g | 1,5 g | 80 g | 93 | 0,3 g |
| **Fitness Vollkorn Joghurt 0,1 % Bircher Müsli** (Onken) | 1 Be. (500 g) | 400 | 22,5 g | 1 g | 75 g | 80 | 0,2 g |
| **Fitness Vollkorn Joghurt 0,1 % Erdbeere-Rharbarber** (Onken) | 1 Be. (500 g) | 410 | 22,5 g | 1 g | 77,5 g | 82 | 0,2 g |

| Speisen / Gerichte | Portionsgröße / Gewicht | kcal/ Portion | Nährstoffgehalt pro Portion | | | Pro 100 Gramm | |
|---|---|---|---|---|---|---|---|
| | | | EW | Fett | KH | kcal | Fett |
| **Fitness Vollkorn Joghurt 0,1 % Traube-Feige-Dattel** (Onken) | 1 Be. (500 g) | 425 | 24 g | 1 g | 79,5 g | 85 | 0,2 g |
| **Fitness Vollkorn Joghurt 0,1 % Waldfrucht** (Onken) | 1 Be. (500 g) | 410 | 23 g | 1 g | 77,5 g | 82 | 0,2 g |
| **Flockenmüsli mit Beeren***** | 1 Port. (340 g) | 315 | 11 g | 4 g | 58 g | 93 | 1,2 g |
| **Fruchtjoghurt Banane Vielkorn** (Ja! Natürlich) | 1 Be. (500 g) | 530 | 18 g | 13,5 g | 80 g | 106 | 2,7 g |
| **Genuss Diät Fruchtquark Vollkorn, div. Sorten** (Ehrmann) | 1 Be. (125 g) | 121 | 7,5 g | 4,8 g | 12 g | 97 | 3,8 g |
| **Haferbrei mit Erdbeeren***** | 1 Port. (140 g) | 140 | 6 g | 2 g | 23 g | 100 | 1,4 g |
| **Hitghurt Erdbeer-Müsli** (Tirol Milch) | 1 Be. (200 g) | 128 | 6,8 g | 5,6 g | 12,6 g | 64 | 2,8 g |
| **Honey Moby Knusperflakes** (Hipp) **mit Vollmilch** | 1 Port. (30 g)<br>1 Port. (125 ml) | 210 | 7 g | 5,8 g | 32,5 g | 136 | 3,7 g |
| **Joghurt Birchermüsli** (Emmi) | 1 Be. (150 g) | 167 | 4,5 g | 4,5 g | 27 g | 111 | 3 g |
| **Joghurt mit der Ecke Caramel Choccies mit Vanilla-Joghurt** (Müller Milch) | 1 Be. (150 g) | 245 | 6,5 g | 8,4 g | 34,8 g | 163 | 5,6 g |
| **Joghurt mit der Ecke Crispy Crunch mit Joghurt Vanille-Sahne Geschmack** (Müller Milch) | 1 Be. (150 g) | 222 | 6,5 g | 6,2 g | 34,1 g | 148 | 4,1 g |
| **Joghurt mit der Ecke Honey Crush** (Müller Milch) | 1 Be. (150 g) | 252 | 7,2 g | 8,1 g | 36,6 g | 168 | 5,4 g |
| **Joghurt mit der Ecke Knusper Original** (Müller Milch) | 1 Be. (150 g) | 197 | 8,1 g | 8,9 g | 20 g | 131 | 5,9 g |
| **Joghurt mit der Ecke Knusperflakes mit Erdbeerjoghurt** (Müller Milch) | 1 Be. (150 g) | 171 | 6,5 g | 4,5 g | 25,1 g | 114 | 3 g |
| **Joghurt mit der Ecke Orange Choco Crunch mit Orangenjoghurt** (Müller Milch) | 1 Be. (150 g) | 237 | 6,5 g | 8,7 g | 32 g | 158 | 5,8 g |
| **Joghurt mit der Ecke Schoko Cringles mit Kirschjoghurt** (Müller Milch) | 1 Be. (150 g) | 224 | 6,8 g | 7,4 g | 31,4 g | 149 | 4,9 g |
| **Joghurt mit der Ecke Schoko Müsli** (Müller Milch) | 1 Be. (150 g) | 183 | 8,1 g | 8 g | 18,8 g | 122 | 5,3 g |
| **Joghurt mit der Ecke Schokoballs mit Joghurt-Vanillegeschmack** (Müller Milch) | 1 Be. (150 g) | 222 | 6,8 g | 7,7 g | 30,4 g | 148 | 5,1 g |

*** Rezept aus gelbem Schlank-ohne-Diät-Kochbuch

| Speisen / Gerichte | Portionsgröße / Gewicht | kcal/ Portion | Nährstoffgehalt pro Portion | | | Pro 100 Gramm | |
|---|---|---|---|---|---|---|---|
| | | | EW | Fett | KH | kcal | Fett |
| **Joghurt mit der Ecke Schokoflakes mit Joghurt Banane** (Müller Milch) | 1 Be. (150 g) | 206 | 6,5 g | 7,7 g | 26,6 g | 137 | 5,1 g |
| **Joghurt mit Lion Cerealien** (Nestlé) | 1 Be. (120 g) | 155 | 5 g | 6 g | 19 g | 129 | 5 g |
| **Joghurt mit Lion Cerealien** (Nestlé) | 1 Be. (120 g) | 155 | 5 g | 6 g | 19 g | 129 | 5 g |
| **Joghurt mit Nesquick Cerealien** (Nestlé) | 1 Be. (120 g) | 145 | 5 g | 6 g | 18 g | 121 | 5 g |
| **Joghurt mit Nesquick Cerealien** (Nestlé) | 1 Be. (120 g) | 145 | 5 g | 6 g | 18 g | 121 | 5 g |
| **Joghurt Müsli** (tutgut) | 1 Be. (150 g) | 74 | 6,2 g | 0,8 g | 9,6 g | 49 | 0,5 g |
| **Joghurt Müsli und Apfel/ Banane** (tutgut) | 1 Be. (150 g) | 66 | 5,7 g | 0,3 g | 9,3 g | 44 | 0,2 g |
| **Joghurt Müsli und Dörrpflaume** (tutgut) | 1 Be. (150 g) | 62 | 5,7 g | 0,3 g | 8,4 g | 41 | 0,2 g |
| **Joghurt Müsli und Kiwi** (tutgut) | 1 Be. (150 g) | 60 | 5,7 g | 0,3 g | 8,1 g | 40 | 0,2 g |
| **Kellogg's Chocos mit fettarmer Milch** | 1 Port. (30 g)<br>1 Port. (125 ml) | 172 | 7 g | 3 g | 31 g | 111 | 1,9 g |
| **Kellogg's Corn Flakes mit fettarmer Milch** | 1 Port. (30 g)<br>1 Port. (125 ml) | 170 | 6 g | 2 g | 32 g | 110 | 1,3 g |
| **Kellogg's Crunchy Nut Corn Flakes mit fettarmer Milch** | 1 Port. (30 g)<br>1 Port. (125 ml) | 175 | 6 g | 3 g | 32 g | 113 | 1,9 g |
| **Kellogg's DayVita Flakes mit fettarmer Milch** | 1 Port. (30 g)<br>1 Port. (125 ml) | 165 | 7 g | 3,5 g | 27 g | 107 | 2,3 g |
| **Kellogg's DayVita Flakes+Früchte mit fettarmer Milch** | 1 Port. (40 g)<br>1 Port. (125 ml) | 205 | 8 g | 4,5 g | 34 g | 124 | 2,7 g |
| **Kellogg's DayVita Sticks mit fettarmer Milch** | 1 Port. (40 g)<br>1 Port. (125 ml) | 187 | 10 g | 5 g | 26 g | 113 | 3 g |
| **Kellogg's Froot Loops (wenig Zucker) mit fettarmer Milch** | 1 Port. (30 g)<br>1 Port. (125 ml) | 174 | 7 g | 3 g | 31 g | 112 | 1,9 g |
| **Kellogg's Frosties (wenig Zucker) mit fettarmer Milch** | 1 Port. (30 g)<br>1 Port. (125 ml) | 170 | 6 g | 2 g | 32 g | 110 | 1,3 g |
| **Kellogg's Frosties Grrr Tiger-Kissen mit fettarmer Milch** | 1 Port. (30 g)<br>1 Port. (125 ml) | 187 | 7 g | 6 g | 27 g | 121 | 3,9 g |
| **Kellogg's Frosties mit fettarmer Milch** | 1 Port. (30 g)<br>1 Port. (125 ml) | 170 | 6 g | 2 g | 32 g | 110 | 1,3 g |
| **Kellogg's Honey Loops mit fettarmer Milch** | 1 Port. (30 g)<br>1 Port. (125 ml) | 169 | 7 g | 3 g | 30 g | 109 | 1,9 g |
| **Kellogg's Pops mit fettarmer Milch** | 1 Port. (30 g)<br>1 Port. (125 ml) | 174 | 6 g | 2,5 g | 33 g | 112 | 1,6 g |

| Speisen / Gerichte | Portionsgröße / Gewicht | kcal/ Portion | Nährstoffgehalt pro Portion | | | Pro 100 Gramm | |
|---|---|---|---|---|---|---|---|
| | | | EW | Fett | KH | kcal | Fett |
| **Kellogg's Rice Krispies mit fettarmer Milch** | 1 Port. (30 g)<br>1 Port. (125 ml) | 174 | 6 g | 2,5 g | 32 g | 112 | 1,6 g |
| **Kellogg's Smacks Choco Tresor mit fettarmer Milch** | 1 Port. (30 g)<br>1 Port. (125 ml) | 191 | 7 g | 7 g | 26 g | 123 | 4,5 g |
| **Kellogg's Smacks mit fettarmer Milch** | 1 Port. (30 g)<br>1 Port. (125 ml) | 171 | 6 g | 2,5 g | 31 g | 110 | 1,6 g |
| **Kellogg's Toppas Choco mit fettarmer Milch** | 1 Port. (40 g)<br>1 Port. (125 ml) | 212 | 8 g | 6 g | 32 g | 129 | 3,6 g |
| **Kellogg's Toppas mit fettarmer Milch** | 1 Port. (40 g)<br>1 Port. (125 ml) | 197 | 8 g | 3 g | 35 g | 119 | 1,8 g |
| **Kellogg's Toppas Traube mit fettarmer Milch** | 1 Port. (40 g)<br>1 Port. (125 ml) | 189 | 8 g | 3 g | 34 g | 115 | 1,8 g |
| **Kellog's Choco Krispies Cruncher mit fettarmer Milch** | 1 Port. (30 g)<br>1 Port. (125 ml) | 173 | 6 g | 3 g | 31 g | 112 | 1,9 g |
| **Kellog's Choco Krispies mit fettarmer Milch** | 1 Port. (30 g)<br>1 Port. (125 ml) | 174 | 6 g | 3 g | 32 g | 112 | 1,9 g |
| **Kellog's Special K Apricot Fruit mit fettarmer Milch** | 1 Port. (30 g)<br>1 Port. (125 ml) | 171 | 9 g | 2,5 g | 30 g | 110 | 1,6 g |
| **Kellog's Special K Choco mit fettarmer Milch** | 1 Port. (30 g)<br>1 Port. (125 ml) | 177 | 9 g | 4 g | 28 g | 114 | 2,6 g |
| **Kellog's Special K mit fettarmer Milch** | 1 Port. (30 g)<br>1 Port. (125 ml) | 171 | 9 g | 2,5 g | 29 g | 110 | 1,6 g |
| **Kellog's Special K Red Fruit mit fettarmer Milch** | 1 Port. (30 g)<br>1 Port. (125 ml) | 171 | 9 g | 2,5 g | 29 g | 110 | 1,6 g |
| **Knuspermüsli mit Milch (3,5 % Fett)** | 1 Port. (50 g)<br>1 Port. (125 g) | 295 | 10,5 g | 20,2 g | 49,8 g | 168 | 11,5 g |
| **Lion Cereals** (Nestlé) **mit fettarmer Milch** | 1 Port. (30 g)<br>1 Port. (125 ml) | 186 | 6,2 g | 4,9 g | 29,2 g | 120 | 3,2 g |
| **Mix'it Bananenjoghurt mit Schokoflakes** (Campina) | 1 Be. (175 g) | 224 | 7 g | 7,7 g | 31,5 g | 128 | 4,4 g |
| **Mix'it Joghurt mit Honeyballs** (Campina) | 1 Be. (175 g) | 182 | 8,6 g | 5,6 g | 24,5 g | 104 | 3,2 g |
| **Mix'it Joghurt mit Knuspermüsli** (Campina) | 1 Be. (175 g) | 193 | 8,6 g | 7,5 g | 22,8 g | 110 | 4,3 g |
| **Mix'it Joghurt mit Mini Zimt Chips** (Campina) | 1 Be. (175 g) | 191 | 8,6 g | 6,5 g | 24,5 g | 109 | 3,7 g |
| **Mix'it Joghurt mit White Flakes** (Campina) | 1 Be. (175 g) | 224 | 7 g | 7,7 g | 31,5 g | 128 | 4,4 g |
| **Mix'it Vanillejoghurt mit Schokoballs** (Campina) | 1 Be. (175 g) | 240 | 7,2 g | 7,9 g | 35 g | 137 | 4,5 g |
| **Müsli mit Joghurt 1 %** | 1 Port. (50 g)<br>1 Port. (125 g) | 253 | 10 g | 7,1 g | 33 g | 145 | 4,1 g |
| **Müsli mit Joghurt 1 % und Früchten** | 1 Port. (50 g)<br>1 Port. (125 g)<br>1 Port. (95 g) | 349 | 11 g | 7,5 g | 53 g | 129 | 2,8 g |

| Speisen / Gerichte | Portionsgröße / Gewicht | kcal/ Portion | Nährstoffgehalt pro Portion | | | Pro 100 Gramm | |
|---|---|---|---|---|---|---|---|
| | | | EW | Fett | KH | kcal | Fett |
| **Müsli mit Joghurt 1 % und Honig** | 1 Port. (50 g)<br>1 Port. (125 g)<br>1 EL (15 g) | 300 | 10 g | 7,1 g | 45 g | 125 | 3 g |
| **Müsli mit Joghurt 1 % und Zucker** | 1 Port. (50 g)<br>1 Port. (125 g)<br>1 EL (15 g) | 311 | 10 g | 7,1 g | 48 g | 164 | 3,7 g |
| **Müsli mit Joghurt 1 %, Früchten und Honig** | 1 Port. (50 g)<br>1 Port. (125 g)<br>1 Port. (95 g)<br>1 EL (15 g) | 327 | 11 g | 7,3 g | 50 g | 115 | 2,6 g |
| **Müsli mit Joghurt 1 %, Früchten und Zucker** | 1 Port. (50 g)<br>1 Port. (125 g)<br>1 Port. (95 g)<br>1 EL (15 g) | 407 | 11 g | 7,5 g | 68 g | 143 | 2,6 g |
| **Müsli mit Joghurt 3,6 %** | 1 Port. (50 g)<br>1 Port. (125 g) | 280 | 10 g | 10 g | 33 g | 160 | 5,7 g |
| **Müsli mit Joghurt 3,6 % und Früchten** | 1 Port. (50 g)<br>1 Port. (125 g)<br>1 Port. (95 g) | 378 | 11 g | 11 g | 53 g | 140 | 4,1 g |
| **Müsli mit Joghurt 3,6 % und Honig** | 1 Port. (50 g)<br>1 Port. (125 g)<br>1 EL (15 g) | 327 | 10 g | 10 g | 45 g | 172 | 5,3 g |
| **Müsli mit Joghurt 3,6 % und Zucker** | 1 Port. (50 g)<br>1 Port. (125 g)<br>1 EL (15 g) | 339 | 10 g | 10 g | 47 g | 178 | 5,3 g |
| **Müsli mit Joghurt 3,6 % Früchten und Honig** | 1 Port. (50 g)<br>1 Port. (125 g)<br>1 Port. (95 g)<br>1 EL (15 g) | 424 | 11 g | 11 g | 65 g | 149 | 3,9 g |
| **Müsli mit Joghurt 3,6 %, Früchten und Zucker** | 1 Port. (50 g)<br>1 Port. (125 g)<br>1 Port. (95 g)<br>1 EL (15 g) | 435 | 11 g | 11 g | 68 g | 153 | 3,9 g |
| **Müsli mit Magermilch** | 1 Port. (50 g)<br>1 Port. (125 g) | 243 | 10 g | 6 g | 34 g | 139 | 3,4 g |
| **Müsli mit Magermilch und Früchten** | 1 Port. (50 g)<br>1 Port. (125 g)<br>1 Port. (95 g) | 339 | 11 g | 6,4 g | 54 g | 126 | 2,4 g |
| **Müsli mit Magermilch und Honig** | 1 Port. (50 g)<br>1 Port. (125 g)<br>1 EL (15 g) | 290 | 10 g | 6,4 g | 46 g | 153 | 3,4 g |
| **Müsli mit Magermilch und Zucker** | 1 Port. (50 g)<br>1 Port. (125 g)<br>1 EL (15 g) | 301 | 10 g | 6 g | 49 g | 158 | 3,2 g |
| **Müsli mit Magermilch, Früchten und Honig** | 1 Port. (50 g)<br>1 Port. (125 g)<br>1 Port. (95 g)<br>1 EL (15 g) | 386 | 11 g | 6,4 g | 66 g | 135 | 2,2 g |

| Speisen / Gerichte | Portionsgröße / Gewicht | kcal/ Portion | Nährstoffgehalt pro Portion | | | Pro 100 Gramm | |
|---|---|---|---|---|---|---|---|
| | | | EW | Fett | KH | kcal | Fett |
| **Müsli mit Magermilch, Früchten und Zucker** | 1 Port. (50 g)<br>1 Port. (125 g)<br>1 Port. (95 g)<br>1 EL (15 g) | 397 | 11 g | 6,4 g | 69 g | 139 | 2,2 g |
| **Müsli mit Milch** | 1 Port. (50 g)<br>1 Port. (125 g) | 283 | 10 g | 10 g | 34 g | 162 | 5,7 g |
| **Müsli mit Milch und Früchten** | 1 Port. (50 g)<br>1 Port. (125 g)<br>1 Port. (95 g) | 379 | 11 g | 11 g | 54 g | 140 | 4,1 g |
| **Müsli mit Milch und Honig** | 1 Port. (50 g)<br>1 Port. (125 g)<br>1 EL (15 g) | 330 | 10 g | 10 g | 46 g | 174 | 5,3 g |
| **Müsli mit Milch und Zucker** | 1 Port. (50 g)<br>1 Port. (125 g)<br>1 EL (15 g) | 341 | 10 g | 10 g | 48 g | 180 | 5,3 g |
| **Müsli mit Milch, Früchten und Honig** | 1 Port. (50 g)<br>1 Port. (125 g)<br>1 Port. (95 g)<br>1 EL (15 g) | 426 | 11 g | 11 g | 66 g | 150 | 3,9 g |
| **Müsli mit Milch, Früchten und Zucker** | 1 Port. (50 g)<br>1 Port. (125 g)<br>1 Port. (95 g)<br>1 EL (15 g) | 437 | 11 g | 11 g | 69 g | 153 | 3,9 g |
| **Müsli mit Topfen (Quark)** | 1 Port. (50 g)<br>1 Port. (125 g) | 387 | 15 g | 20 g | 32 g | 221 | 11,4 g |
| **Müsli mit Topfen (Quark) und Früchten** | 1 Port. (50 g)<br>1 Port. (125 g)<br>1 Port. (95 g) | 483 | 16 g | 20 g | 52 g | 179 | 7,4 g |
| **Müsli mit Topfen (Quark) und Honig** | 1 Port. (50 g)<br>1 Port. (125 g)<br>1 EL (15 g) | 434 | 16 g | 20 g | 44 g | 228 | 10,5 g |
| **Müsli mit Topfen (Quark) und Zucker** | 1 Port. (50 g)<br>1 Port. (125 g)<br>1 EL (15 g) | 445 | 15 g | 20 g | 47 g | 234 | 10,5 g |
| **Müsli mit Topfen (Quark), Früchten und Honig** | 1 Port. (50 g)<br>1 Port. (125 g)<br>1 Port. (95 g)<br>1 EL (15 g) | 530 | 16 g | 20 g | 64 g | 186 | 7 g |
| **Müsli mit Topfen (Quark), Früchten und Zucker** | 1 Port. (50 g)<br>1 Port. (125 g)<br>1 Port. (95 g)<br>1 EL (15 g) | 541 | 16 g | 20 g | 67 g | 190 | 7 g |
| **Nestlé Choca Minis mit fettarmer Milch** | 1 Port. (30 g)<br>1 Port. (125 ml) | 172 | 6,2 g | 2,9 g | 30,2 g | 111 | 1,9 g |
| **Nestlé Chocolade-Clusters mit fettarmer Milch** | 1 Port. (30 g)<br>1 Port. (125 ml) | 178 | 6,8 g | 4,2 g | 28,2 g | 115 | 2,7 g |
| **Nestlé Chokella mit fettarmer Milch** | 1 Port. (30 g)<br>1 Port. (125 ml) | 183 | 6,1 g | 4,8 g | 28,8 g | 118 | 3,1 g |

| Speisen / Gerichte | Portionsgröße / Gewicht | kcal/ Portion | Nährstoffgehalt pro Portion | | | Pro 100 Gramm | |
|---|---|---|---|---|---|---|---|
| | | | EW | Fett | KH | kcal | Fett |
| **Nestlé Cini Minis mit fettarmer Milch** | 1 Port. (30 g)<br>1 Port. (125 ml) | 184 | 5,7 g | 5 g | 29 g | 119 | 3,2 g |
| **Nestlé Cookie Crisp mit fettarmer Milch** | 1 Port. (30 g)<br>1 Port. (125 ml) | 174 | 6,1 g | 3 g | 30,6 g | 112 | 1,9 g |
| **Nestlé Fitness & Berries mit fettarmer Milch** | 1 Port. (30 g)<br>1 Port. (125 ml) | 171 | 6,3 g | 2,4 g | 31,1 g | 110 | 1,5 g |
| **Nestlé Fitness & Fruits mit entrahmter Milch** | 1 Port. (30 g)<br>1 Port. (125 ml) | 186 | 6,8 g | 0,9 g | 37,4 g | 120 | 0,6 g |
| **Nestlé Fitness Chocolat mit entrahmter Milch** | 1 Port. (30 g)<br>1 Port. (125 ml) | 160 | 6,6 g | 1,7 g | 29,4 g | 103 | 1,1 g |
| **Nestlé Fitness mit entrahmter Milch** | 1 Port. (30 g)<br>1 Port. (125 ml) | 152 | 6,8 g | 0,5 g | 30,3 g | 98 | 0,3 g |
| **Nestlé Mandel-Nuss-Clusters mit fettarmer Milch** | 1 Port. (30 g)<br>1 Port. (125 ml) | 179 | 7,5 g | 5,1 g | 25,8 g | 116 | 3,3 g |
| **Nestlé Nesquick Knusper-Frühstück mit fettarmer Milch** | 1 Port. (30 g)<br>1 Port. (125 ml) | 175 | 6,5 g | 3,3 g | 29,9 g | 113 | 2,1 g |
| **Nestlé Trio mit fettarmer Milch** | 1 Port. (30 g)<br>1 Port. (125 ml) | 174 | 6,5 g | 2,7 g | 31,1 g | 112 | 1,7 g |
| **Nussmüsli mit Joghurt 1 %** | 1 Port. (55 g)<br>1 Port. (125 g) | 287 | 11 g | 10 g | 33 g | 159 | 5,6 g |
| **Nussmüsli mit Joghurt 1 % und Früchten** | 1 Port. (55 g)<br>1 Port. (125 g)<br>1 Port. (95 g) | 383 | 12 g | 11 g | 54 g | 139 | 4 g |
| **Nussmüsli mit Joghurt 1 % und Honig** | 1 Port. (55 g)<br>1 Port. (125 g)<br>1 EL (15 g) | 334 | 11 g | 10 g | 45 g | 171 | 5,1 g |
| **Nussmüsli mit Joghurt 1 % und Zucker** | 1 Port. (55 g)<br>1 Port. (125 g)<br>1 EL (15 g) | 345 | 11 g | 10 g | 48 g | 177 | 5,1 g |
| **Nussmüsli mit Joghurt 1 %, Früchten und Honig** | 1 Port. (55 g)<br>1 Port. (125 g)<br>1 Port. (95 g)<br>1 EL (15 g) | 361 | 11 g | 10 g | 51 g | 125 | 3,4 g |
| **Nussmüsli mit Joghurt 1 %, Früchten und Zucker** | 1 Port. (55 g)<br>1 Port. (125 g)<br>1 Port. (95 g)<br>1 EL (15 g) | 441 | 12 g | 11 g | 69 g | 152 | 3,8 g |
| **Nussmüsli mit Joghurt 3,6 %** | 1 Port. (55 g)<br>1 Port. (125 g) | 314 | 11 g | 13 g | 33 g | 174 | 7,2 g |
| **Nussmüsli mit Joghurt 3,6 % und Früchten** | 1 Port. (55 g)<br>1 Port. (125 g)<br>1 Port. (95 g) | 412 | 12 g | 14 g | 54 g | 150 | 5,1 g |
| **Nussmüsli mit Joghurt 3,6 % und Honig** | 1 Port. (55 g)<br>1 Port. (125 g)<br>1 EL (15 g) | 361 | 11 g | 13 g | 45 g | 185 | 6,7 g |

| Speisen / Gerichte | Portionsgröße / Gewicht | kcal/ Portion | Nährstoffgehalt pro Portion | | | Pro 100 Gramm | |
|---|---|---|---|---|---|---|---|
| | | | EW | Fett | KH | kcal | Fett |
| **Nussmüsli mit Joghurt 3,6 % und Zucker** | 1 Port. (55 g)<br>1 Port. (125 g)<br>1 EL (15 g) | 373 | 11 g | 13 g | 48 g | 191 | 6,7 g |
| **Nussmüsli mit Joghurt 3,6 % Früchten und Honig** | 1 Port. (55 g)<br>1 Port. (125 g)<br>1 Port. (95 g)<br>1 EL (15 g) | 458 | 12 g | 14 g | 66 g | 158 | 4,8 g |
| **Nussmüsli mit Joghurt 3,6 %, Früchten und Zucker** | 1 Port. (55 g)<br>1 Port. (125 g)<br>1 Port. (95 g)<br>1 EL (15 g) | 469 | 12 g | 14 g | 68 g | 162 | 4,8 g |
| **Nussmüsli mit Magermilch** | 1 Port. (55 g)<br>1 Port. (125 g) | 277 | 11 g | 9,1 g | 34 g | 154 | 5,1 g |
| **Nussmüsli mit Magermilch und Früchten** | 1 Port. (55 g)<br>1 Port. (125 g)<br>1 Port. (95 g) | 373 | 12 g | 9,5 g | 55 g | 136 | 3,5 g |
| **Nussmüsli mit Magermilch und Honig** | 1 Port. (55 g)<br>1 Port. (125 g)<br>1 EL (15 g) | 324 | 11 g | 9,1 g | 46 g | 166 | 4,7 g |
| **Nussmüsli mit Magermilch und Zucker** | 1 Port. (55 g)<br>1 Port. (125 g)<br>1 EL (15 g) | 335 | 11 g | 9,1 g | 49 g | 172 | 4,7 g |
| **Nussmüsli mit Magermilch, Früchten und Honig** | 1 Port. (55 g)<br>1 Port. (125 g)<br>1 Port. (95 g)<br>1 EL (15 g) | 420 | 12 g | 9,5 g | 67 g | 145 | 3,3 g |
| **Nussmüsli mit Magermilch, Früchten und Zucker** | 1 Port. (55 g)<br>1 Port. (125 g)<br>1 Port. (95 g)<br>1 EL (15 g) | 431 | 12 g | 9,5 g | 70 g | 149 | 3,3 g |
| **Nussmüsli mit Milch** | 1 Port. (55 g)<br>1 Port. (125 g) | 317 | 11 g | 13 g | 34 g | 176 | 7,2 g |
| **Nussmüsli mit Milch und Früchten** | 1 Port. (55 g)<br>1 Port. (125 g)<br>1 Port. (95 g) | 413 | 12 g | 14 g | 55 g | 150 | 5,1 g |
| **Nussmüsli mit Milch und Honig** | 1 Port. (55 g)<br>1 Port. (125 g)<br>1 EL (15 g) | 364 | 11 g | 13 g | 46 g | 187 | 6,7 g |
| **Nussmüsli mit Milch und Zucker** | 1 Port. (55 g)<br>1 Port. (125 g)<br>1 EL (15 g) | 375 | 11 g | 13 g | 49 g | 192 | 6,7 g |
| **Nussmüsli mit Milch Früchten und Honig** | 1 Port. (55 g)<br>1 Port. (125 g)<br>1 Port. (95 g)<br>1 EL (15 g) | 460 | 12 g | 14 g | 67 g | 159 | 4,8 g |
| **Nussmüsli mit Milch Früchten und Zucker** | 1 Port. (55 g)<br>1 Port. (125 g)<br>1 Port. (95 g)<br>1 EL (15 g) | 471 | 12 g | 14 g | 69 g | 162 | 4,8 g |

| Speisen / Gerichte | Portionsgröße / Gewicht | kcal/ Portion | Nährstoffgehalt pro Portion | | | Pro 100 Gramm | |
|---|---|---|---|---|---|---|---|
| | | | EW | Fett | KH | kcal | Fett |
| **Nussmüsli mit Topfen (Quark)** | 1 Port. (55 g)<br>1 Port. (125 g) | 421 | 16 g | 23 g | 32 g | 234 | 12,8 g |
| **Nussmüsli mit Topfen (Quark) und Früchten** | 1 Port. (55 g)<br>1 Port. (125 g)<br>1 Port. (95 g) | 517 | 17 g | 23 g | 53 g | 188 | 8,4 g |
| **Nussmüsli mit Topfen (Quark) und Honig** | 1 Port. (55 g)<br>1 Port. (125 g)<br>1 EL (15 g) | 468 | 16 g | 23 g | 44 g | 240 | 11,8 g |
| **Nussmüsli mit Topfen (Quark) und Zucker** | 1 Port. (55 g)<br>1 Port. (125 g)<br>1 EL (15 g) | 479 | 16 g | 23 g | 47 g | 246 | 11,8 g |
| **Nussmüsli mit Topfen (Quark), Früchten und Honig** | 1 Port. (55 g)<br>1 Port. (125 g)<br>1 Port. (95 g)<br>1 EL (15 g) | 564 | 17 g | 23 g | 65 g | 195 | 7,9 g |
| **Nussmüsli mit Topfen (Quark), Früchten und Zucker** | 1 Port. (55 g)<br>1 Port. (125 g)<br>1 Port. (95 g)<br>1 EL (15 g) | 575 | 17 g | 23 g | 68 g | 198 | 7,9 g |
| **Ovomaltine Crisp Müsli** (Wander) **mit Milchdrink** | 1 Port. (50 g)<br>1 Port. (250 ml) | 278 | 8,6 g | 9,6 g | 39 g | 93 | 3,2 g |
| **Quark mit Früchten und Vollkorn (Landliebe)** | 1 Be. (200 g) | 288 | 10,4 g | 12,2 g | 34 g | 144 | 6,1 g |
| **Schoko & Kakao Müesli** (Schneekoppe) **mit fettarmer Milch** | 1 Port. (40 g)<br>1 Port. (125 ml) | 197 | 10 g | 4 g | 29 g | 119 | 2,4 g |
| **Vitalinea Joghurt Früchte und Müsli** (Danone) | 1 Be. (160 g) | 93 | 5,6 g | 0,1 g | 11,8 g | 58 | 0,1 g |
| **Vitalis Ferner Zauber** (Dr. Oetker) **mit Vollmilch** | 1 Port. (40 g)<br>1 Port. (60 ml) | 170 | 24 g | 3,9 g | 28 g | 170 | 3,9 g |
| **Vitalis Flakes & Frucht** (Dr. Oetker) **mit Vollmilch** | 1 Port. (40 g)<br>1 Port. (60 ml) | 194 | 31 g | 7 g | 27 g | 194 | 7 g |
| **Vitalis Flakes & Nuss** (Dr. Oetker) **mit Vollmilch** | 1 Port. (40 g)<br>1 Port. (60 ml) | 210 | 28 g | 3,8 g | 25,5 g | 210 | 3,8 g |
| **Vitalis Flakes & Schoko** (Dr. Oetker) **mit Vollmilch** | 1 Port. (40 g)<br>1 Port. (60 ml) | 205 | 31 g | 6 g | 26 g | 205 | 6 g |
| **Vitalis Früchte Müsli** (Dr. Oetker) **mit Vollmilch** | 1 Port. (40 g)<br>1 Port. (60 ml) | 170 | 28 g | 5 g | 24 g | 170 | 5 g |
| **Vitalis Gartenliebe** (Dr. Oetker) **mit Vollmilch** | 1 Port. (40 g)<br>1 Port. (60 ml) | 160 | 25,5 g | 5 g | 31 g | 160 | 5 g |
| **Vitalis Joghurt Müsli** (Dr. Oetker) **mit Vollmilch** | 1 Port. (40 g)<br>1 Port. (60 ml) | 197 | 27 g | 6,3 g | 31 g | 197 | 6,3 g |
| **Vitalis Knusper Banane** (Dr. Oetker) **mit Vollmilch** | 1 Port. (40 g)<br>1 Port. (60 ml) | 210 | 29 g | 8 g | 28 g | 210 | 8 g |
| **Vitalis Knusper Flakes** (Dr. Oetker) **mit Vollmilch** | 1 Port. (40 g)<br>1 Port. (60 ml) | 210 | 31 g | 6,9 g | 28,7 g | 210 | 6,9 g |

| Speisen / Gerichte | Portionsgröße / Gewicht | kcal/ Portion | Nährstoffgehalt pro Portion | | | Pro 100 Gramm | |
|---|---|---|---|---|---|---|---|
| | | | EW | Fett | KH | kcal | Fett |
| **Vitalis Knusper Früchte** (Dr. Oetker) **mit Vollmilch** | 1 Port. (40 g)<br>1 Port. (60 ml) | 200 | 28 g | 6,2 g | 27,3 g | 200 | 6,2 g |
| **Vitalis Knusper Honeys** (Dr. Oetker) **mit Vollmilch** | 1 Port. (40 g)<br>1 Port. (60 ml) | 210 | 30 g | 5,6 g | 34 g | 210 | 5,6 g |
| **Vitalis Knusper Müsli** (Dr. Oetker) **mit Vollmilch** | 1 Port. (40 g)<br>1 Port. (60 ml) | 208 | 28 g | 8 g | 28 g | 208 | 8 g |
| **Vitalis Knusper Schoko** (Dr. Oetker) **mit Vollmilch** | 1 Port. (40 g)<br>1 Port. (60 ml) | 210 | 29 g | 7,6 g | 30 g | 210 | 7,6 g |
| **Vitalis Knusperkissen Nuss-Nougat Geschmack** (Dr. Oetker) **mit Vollmilch** | 1 Port. (40 g)<br>1 Port. (60 ml) | 215 | 29,7 g | 8 g | 29 g | 215 | 8 g |
| **Vitalis Knusperkissen Schoko Geschmack** (Dr. Oetker) **mit Vollmilch** | 1 Port. (40 g)<br>1 Port. (60 ml) | 215 | 30,3 g | 8 g | 29 g | 215 | 8 g |
| **Vitalis Knusperkissen Vanille Geschmack** (Dr. Oetker) **mit Vollmilch** | 1 Port. (40 g)<br>1 Port. (60 ml) | 216 | 31,1 g | 8 g | 28 g | 216 | 8 g |
| **Vitalis Müsli Plus** (Dr. Oetker) **mit Vollmilch** | 1 Port. (40 g)<br>1 Port. (60 ml) | 220 | 34 g | 7,6 g | 31 g | 220 | 7,6 g |
| **Vitalis Schoko Müsli** (Dr. Oetker) **mit Vollmilch** | 1 Port. (40 g)<br>1 Port. (60 ml) | 200 | 28,7 g | 7,7 g | 30,3 g | 200 | 7,7 g |
| **Vitalis Südseetraum** (Dr. Oetker) **mit Vollmilch** | 1 Port. (40 g)<br>1 Port. (60 ml) | 180 | 26 g | 7,6 g | 31,1 g | 180 | 7,6 g |
| **Vitalis Tropic Müsli** (Dr. Oetker) **mit Vollmilch** | 1 Port. (40 g)<br>1 Port. (60 ml) | 189 | 27,3 g | 8,1 g | 29,7 g | 189 | 8,1 g |
| **VollFrucht Hochwert Müesli (40% Fruchtanteil)** (Schneekoppe) **mit fettarmer Milch** | 1 Port. (40 g)<br>1 Port. (125 ml) | 203 | 8 g | 3 g | 33 g | 123 | 1,8 g |
| **Vollkorn Joghurt Birne** (Onken) | 1 Be. (500 g) | 540 | 20,5 g | 13,5 g | 84 g | 108 | 2,7 g |
| **Vollkorn Joghurt Erdbeere** (Onken) | 1 Be. (500 g) | 540 | 21 g | 13,5 g | 84 g | 108 | 2,7 g |
| **Vollkorn Joghurt Kirsche** (Onken) | 1 Be. (500 g) | 550 | 21 g | 13,5 g | 86 g | 110 | 2,7 g |
| **Vollkorn Joghurt Pfirsich** (Onken) | 1 Be. (500 g) | 555 | 20,5 g | 13,5 g | 88 g | 111 | 2,7 g |
| **Vollkorn Joghurt Pflaume** (Onken) | 1 Be. (500 g) | 550 | 20,5 g | 13,5 g | 87 g | 110 | 2,7 g |

# Jause / Snacks

| Speisen / Gerichte | Portionsgröße / Gewicht | kcal/ Portion | Nährstoffgehalt pro Portion | | | Pro 100 Gramm | |
|---|---|---|---|---|---|---|---|
| | | | EW | Fett | KH | kcal | Fett |
| **Augsburger** | 1 Stk. (150 g) | 408 | 16,5 g | 37,2 g | 3,2 g | 272 | 24,8 g |
| **Bagels** | 1 Stk. (85 g) | 283 | 9 g | 6 g | 47 g | 333 | 7,1 g |
| **Baguette mit Mozzarella und Tomaten** | 1 Stk. (200 g) | 420 | 19 g | 15 g | 45 g | 210 | 7,5 g |
| **Baguette mit Salami** | 1 Stk. (170 g) | 430 | 17 g | 21 g | 48 g | 253 | 12,4 g |
| **Baguette mit Schinken und Käse** | 1 Stk. (200 g) | 450 | 26 g | 21 g | 39 g | 225 | 10,5 g |
| **Bi-Fi Carazza** | 1 Stk. (40 g) | 369 | 11 g | 21 g | 34 g | 923 | 52,5 g |
| **Bratwurst** | 1 Stk. (150 g) | 525 | 20,6 g | 49,6 g | 0,5 g | 350 | 33,1 g |
| **Bratwürstel** | 1 Stk. (125 g) | 343 | 24,6 g | 27,1 g | 0,4 g | 274 | 21,7 g |
| **Brot mit Butter und Brie 45 %** | 1 Sch. (40 g)<br>2 TL (10 g)<br>1 Port. (50 g) | 306 | 13 g | 20 g | 17 g | 306 | 20 g |
| **Brot mit Butter und Brie 60 %** | 1 Sch. (40 g)<br>2 TL (10 g)<br>1 Port. (50 g) | 350 | 11 g | 25 g | 17 g | 350 | 25 g |
| **Brot mit Butter und Camembert 30 %** | 1 Sch. (40 g)<br>2 TL (10 g)<br>1 Port. (50 g) | 267 | 14 g | 15 g | 17 g | 267 | 15 g |
| **Brot mit Butter und Camembert 45 %** | 1 Sch. (40 g)<br>2 TL (10 g)<br>1 Port. (50 g) | 318 | 12 g | 17 g | 26 g | 318 | 17 g |
| **Brot mit Butter und Emmentaler 45 %** | 1 Sch. (40 g)<br>2 TL (10 g)<br>1 Port. (50 g) | 369 | 17 g | 24 g | 18 g | 369 | 24 g |
| **Brot mit Butter und Tilsiter 30 %** | 1 Sch. (40 g)<br>2 TL (10 g)<br>1 Port. (50 g) | 293 | 16 g | 17 g | 17 g | 293 | 17 g |
| **Brot mit Butter und Tilsiter 45 %** | 1 Sch. (40 g)<br>2 TL (10 g)<br>1 Port. (50 g) | 330 | 15 g | 21 g | 17 g | 330 | 21 g |

| Speisen / Gerichte | Portionsgröße / Gewicht | kcal/ Portion | Nährstoffgehalt pro Portion | | | Pro 100 Gramm | |
|---|---|---|---|---|---|---|---|
| | | | EW | Fett | KH | kcal | Fett |
| **Brot mit Eiaufstrich** | 1 Sch. (40 g)<br>1 Port. (50 g) | 283 | 5,3 g | 20 g | 17 g | 314 | 22,2 g |
| **Brot mit Extrawurst** | 1 Sch. (40 g)<br>1 Port. (50 g) | 216 | 8,7 g | 12 g | 17 g | 240 | 13,3 g |
| **Brot mit Extrawurst leicht** | 1 Sch. (40 g)<br>1 Port. (50 g) | 169 | 9,2 g | 6,9 g | 16 g | 188 | 7,7 g |
| **Brot mit Extrawurst leicht und Gurkerln** | 1 Sch. (40 g)<br>1 Port. (50 g)<br>1/2 Stk. (25 g) | 173 | 9,5 g | 7 g | 17 g | 150 | 6,1 g |
| **Brot mit Extrawurst und Gurkerln** | 1 Sch. (40 g)<br>1 Port. (50 g)<br>1/2 Stk. (25 g) | 221 | 9 g | 12 g | 18 g | 192 | 10,4 g |
| **Brot mit Hüttenkäse** | 1 Sch. (40 g)<br>1 Port. (50 g) | 135 | 7,7 g | 2,9 g | 18 g | 150 | 3,2 g |
| **Brot mit Jagdwurst** | 1 Sch. (40 g)<br>1 Port. (50 g) | 251 | 9,7 g | 15 g | 17 g | 279 | 16,7 g |
| **Brot mit Jagdwurst und Gurkerln** | 1 Sch. (40 g)<br>1 Port. (50 g)<br>1/2 Stk. (25 g) | 255 | 10 g | 15 g | 18 g | 222 | 13 g |
| **Brot mit Kantwurst** | 1 Sch. (40 g)<br>1 Port. (50 g) | 349 | 14 g | 25 g | 16 g | 388 | 27,8 g |
| **Brot mit Kantwurst und Gurkerln** | 1 Sch. (40 g)<br>1 Port. (50 g)<br>1/2 Stk. (25 g) | 353 | 14 g | 25 g | 17 g | 307 | 21,7 g |
| **Brot mit Käsewurst** | 1 Sch. (40 g)<br>1 Port. (50 g) | 270 | 12 g | 15 g | 16 g | 300 | 16,7 g |
| **Brot mit Käsewurst und Gurkerln** | 1 Sch. (40 g)<br>1 Port. (50 g)<br>1/2 Stk. (25 g) | 275 | 12 g | 15 g | 17 g | 239 | 13 g |
| **Brot mit Krakauer** | 1 Sch. (40 g)<br>1 Port. (50 g) | 163 | 13 g | 4,4 g | 17 g | 181 | 4,9 g |
| **Brot mit Krakauer und Gurkerln** | 1 Sch. (40 g)<br>1 Port. (50 g)<br>1/2 Stk. (25 g) | 167 | 13 g | 4,5 g | 18 g | 145 | 3,9 g |
| **Brot mit Leberpastete** | 1 Sch. (40 g)<br>1 Port. (40 g) | 212 | 9,1 g | 11 g | 17 g | 265 | 13,8 g |
| **Brot mit Leberstreichwurst** | 1 Sch. (40 g)<br>1 Port. (50 g) | 261 | 8,6 g | 15 g | 21 g | 290 | 16,7 g |
| **Brot mit Liptauer** | 1 Sch. (40 g)<br>1 Port. (50 g) | 273 | 5,1 g | 19 g | 18 g | 303 | 21,1 g |
| **Brot mit Putenextrawurst** | 1 Sch. (40 g)<br>1 Port. (50 g) | 158 | 9,4 g | 5,5 g | 16 g | 176 | 6,1 g |
| **Brot mit Putenextrawurst und Gurkerln** | 1 Sch. (40 g)<br>1 Port. (50 g)<br>1/2 Stk. (25 g) | 162 | 9,7 g | 5,5 g | 17 g | 141 | 4,8 g |
| **Brot mit Putenkrakauer** | 1 Sch. (40 g)<br>1 Port. (50 g) | 156 | 12 g | 3,9 g | 16 g | 173 | 4,3 g |

| Speisen / Gerichte | Portionsgröße / Gewicht | kcal/ Portion | Nährstoffgehalt pro Portion | | | Pro 100 Gramm | |
|---|---|---|---|---|---|---|---|
| | | | EW | Fett | KH | kcal | Fett |
| **Brot mit Putenkrakauer und Gurkerln** | 1 Sch. (40 g)<br>1 Port. (50 g)<br>1/2 Stk. (25 g) | 160 | 13 g | 4 g | 17 g | 139 | 3,5 g |
| **Brot mit Salami** | 1 Sch. (40 g)<br>1 Port. (50 g) | 344 | 15 g | 24 g | 16 g | 382 | 26,7 g |
| **Brot mit Salami und Gurkerln** | 1 Sch. (40 g)<br>1 Port. (50 g)<br>1/2 Stk. (25 g) | 348 | 16 g | 24 g | 17 g | 303 | 20,9 g |
| **Brot mit Schinken** | 1 Sch. (40 g)<br>1 Port. (50 g) | 225 | 13 g | 11 g | 16 g | 250 | 12,2 g |
| **Brot mit Schinken und Gurkerln** | 1 Sch. (40 g)<br>1 Port. (50 g)<br>1/2 Stk. (25 g) | 229 | 13 g | 11 g | 17 g | 199 | 9,6 g |
| **Brot mit Schinkenwurst** | 1 Sch. (40 g)<br>1 Port. (50 g) | 158 | 12 g | 4,4 g | 16 g | 176 | 4,9 g |
| **Brot mit Schinkenwurst und Gurkerln** | 1 Sch. (40 g)<br>1 Port. (50 g)<br>1/2 Stk. (25 g) | 162 | 12 g | 4,5 g | 17 g | 141 | 3,9 g |
| **Brot mit Schmalz** | 1 Sch. (40 g)<br>1 Port. (20 g) | 273 | 2,7 g | 20 g | 16 g | 455 | 33,3 g |
| **Brot mit Speck** | 1 Sch. (40 g)<br>1 Port. (50 g) | 413 | 7,2 g | 33 g | 16 g | 459 | 36,7 g |
| **Brot-Toast mit Käse** | 1 Port. (200 g) | 600 | 32,5 g | 44 g | 20,5 g | 300 | 22 g |
| **Brot-Toast mit Käse und Schinken** | 1 Port. (200 g) | 518 | 38 g | 32 g | 18 g | 260 | 16 g |
| **Burenwurst** | 1 Stk. (150 g) | 484 | 18,7 g | 45,9 g | 0,3 g | 323 | 30,6 g |
| **Cheeseburger** | 1 Port. (125 g) | 355 | 18,5 g | 16,5 g | 29,5 g | 284 | 13,2 g |
| **Clubsandwich mit Geflügel** | 1 Port. (200 g) | 470 | 17,2 g | 34,4 g | 23,4 g | 235 | 17,2 g |
| **Clubsandwich mit Tomaten und Mozzarella** | 1 Port. (200 g) | 380 | 20,6 g | 18,4 g | 28,6 g | 185 | 9,2 g |
| **Clubsandwich mit Tunfisch** | 1 Port. (200 g) | 532 | 25 g | 30 g | 40,4 g | 266 | 15 g |
| **Debreziner** | 1 Stk. (125 g) | 421 | 18,1 g | 39,2 g | 0,3 g | 337 | 31,4 g |
| **Dinkelvollkornbrot mit Leinsamen***** | 1 Sch. (50 g) | 90 | 4 g | 1 g | 17 g | 180 | 2 g |
| **Döner Kebab** | 1 Port. (350 g) | 665 | 42 g | 17 g | 84 g | 190 | 4,9 g |
| **Ei-Aufstrich***** | 1 Port. (30 g) | 15 | 2 g | 1 g | 0 g | 50 | 3,3 g |
| **Eier in Senfsauce** | 1 Port. (250 g) | 335 | 19,8 g | 25,5 g | 2,7 g | 135 | 10 g |

*** Rezept aus gelbem Schlank-ohne-Diät-Kochbuch

| Speisen / Gerichte | Portionsgröße / Gewicht | kcal/ Portion | Nährstoffgehalt pro Portion | | | Pro 100 Gramm | |
|---|---|---|---|---|---|---|---|
| | | | EW | Fett | KH | kcal | Fett |
| **Eier pochiert** (3 Stück) | 1 Port. (200 g) | 312 | 26 g | 22 g | 2 g | 156 | 11 g |
| **Frankfurter** | 1 Paar (98 g) | 252 | 12 g | 22,9 g | 0,7 g | 257 | 23,4 g |
| **Gefüllte Tomaten***** | 1 Stk. (105 g) | 105 | 6 g | 2 g | 15 g | 100 | 2 g |
| **Gefüllte Wraps mit Lachs und Kren***** | 1 Stk. (60 g) | 72 | 7 g | 2 g | 8 g | 120 | 3,3 g |
| **Gemüseburger** | 1 Stk. (110 g) | 130 | 4,4 g | 3,7 g | 19,1 g | 118 | 3,5 g |
| **Grahamweckerl mit Huhn und Senfcreme***** | 1 Port. (200 g) | 230 | 18 g | 2 g | 34 g | 115 | 1 g |
| **Grillwürstel** | 1 Paar (125 g) | 358 | 19,3 g | 31,3 g | 0,3 g | 286 | 25 g |
| **Hamburger** | 1 Port. (105 g) | 285 | 14,5 g | 12 g | 26,5 g | 270 | 12,5 g |
| **Hot Dog** | 1 Stk. (215 g) | 560 | 25 g | 32 g | 36 g | 261 | 14,9 g |
| **Karotten-Apfel-Nuss-Aufstrich***** | 1 Port. (25 g) | 15 | 2 g | 1 g | 2 g | 60 | 4 g |
| **Karotten-Walnuss-Brot***** | 1 Sch. (50 g) | 95 | 3 g | 1 g | 18 g | 190 | 2 g |
| **Käsebrötchen** (45 F. i. T.) | 1 Stk. (90 g) | 242 | 12,8 g | 9,2 g | 27,2 | 269 | 10,2 g |
| **Käsekrainer** | 1 Stk. (150 g) | 488 | 28,6 g | 42 g | 0 g | 325 | 28 g |
| **Käse-Nuss-Bällchen***** | 1 Stk. (30 g) | 50 | 5 g | 4 g | 0 g | 167 | 13,3 g |
| **Käsetoast** | 1 Port. (200 g) | 810 | 32 g | 60 g | 36 g | 405 | 30 g |
| **Käse-Toast** | 1 Port. (200 g) | 600 | 32,5 g | 44 g | 20,5 g | 300 | 22 g |
| **Klobasse** | 1 Stk. (150 g) | 370 | 23 g | 30,3 g | 2,1 g | 247 | 20,2 g |
| **Knackwurst** | 1 Stk. (125 g) | 310 | 15,6 g | 27,1 g | 1,3 g | 248 | 21,7 g |
| **Kornweckerl mit Butter und Brie 45 %** | 1 Stk. (60 g)<br>1 EL (12 g)<br>1 Port. (50 g) | 368 | 15 g | 22 g | 24 g | 302 | 18 g |
| **Kornweckerl mit Butter und Brie 60 %** | 1 Stk. (60 g)<br>1 EL (12 g)<br>1 Port. (50 g) | 412 | 13 g | 27 g | 24 g | 338 | 22,1 g |
| **Kornweckerl mit Butter und Camembert 30 %** | 1 Stk. (60 g)<br>1 EL (12 g)<br>1 Port. (50 g) | 329 | 16 g | 17 g | 24 g | 270 | 13,9 g |

*** Rezept aus gelbem Schlank-ohne-Diät-Kochbuch

| Speisen / Gerichte | Portionsgröße / Gewicht | kcal/ Portion | Nährstoffgehalt pro Portion | | | Pro 100 Gramm | |
|---|---|---|---|---|---|---|---|
| | | | EW | Fett | KH | kcal | Fett |
| **Kornweckerl mit Butter und Camembert 45 %** | 1 Stk. (60 g)<br>1 EL (12 g)<br>1 Port. (50 g) | 380 | 14 g | 19 g | 34 g | 312 | 15,6 g |
| **Kornweckerl mit Butter und Emmentaler** | 1 Stk. (60 g)<br>1 EL (12 g)<br>1 Port. (50 g) | 431 | 19 g | 26 g | 26 g | 353 | 21,3 g |
| **Kornweckerl mit Butter und Tilsiter 30 %** | 1 Stk. (60 g)<br>1 EL (12 g)<br>1 Port. (50 g) | 355 | 18 g | 19 g | 24 g | 291 | 15,6 g |
| **Kornweckerl mit Butter und Tilsiter 45 %** | 1 Stk. (60 g)<br>1 EL (12 g)<br>1 Port. (50 g) | 392 | 17 g | 24 g | 24 g | 321 | 19,7 g |
| **Kornweckerl mit Extrawurst** | 1 Stk. (60 g)<br>1 Port. (50 g) | 263 | 11 g | 13 g | 24 g | 239 | 11,8 g |
| **Kornweckerl mit Extrawurst leicht** | 1 Stk. (60 g)<br>1 Port. (50 g) | 215 | 11 g | 7,4 g | 24 g | 196 | 6,7 g |
| **Kornweckerl mit Extrawurst leicht und Gurkerln** | 1 Stk. (60 g)<br>1 Port. (50 g)<br>1/2 Stk. (25 g) | 220 | 11 g | 7,4 g | 25 g | 163 | 5,5 g |
| **Kornweckerl mit Extrawurst und Gurkerln** | 1 Stk. (60 g)<br>1 Port. (50 g)<br>1/2 Stk. (25 g) | 267 | 11 g | 13 g | 25 g | 198 | 9,6 g |
| **Kornweckerl mit Hüttenkäse** | 1 Stk. (60 g)<br>1 Port. (50 g) | 182 | 9,7 g | 3,4 g | 25 g | 166 | 3,1 g |
| **Kornweckerl mit Krakauer** | 1 Stk. (60 g)<br>1 Port. (50 g) | 209 | 15 g | 4,9 g | 24 g | 190 | 4,5 g |
| **Kornweckerl mit Krakauer und Gurkerln** | 1 Stk. (60 g)<br>1 Port. (50 g)<br>1/2 Stk. (25 g) | 214 | 15 g | 4,9 g | 25 g | 159 | 3,6 g |
| **Kornweckerl mit Liptauer** | 1 Stk. (60 g)<br>1 Port. (50 g) | 320 | 7 g | 20 g | 25 g | 291 | 18,2 g |
| **Kornweckerl mit Putenextrawurst** | 1 Stk. (60 g)<br>1 Port. (50 g) | 204 | 11 g | 5,9 g | 24 g | 186 | 5,4 g |
| **Kornweckerl mit Putenextrawurst und Gurkerln** | 1 Stk. (60 g)<br>1 Port. (50 g)<br>1/2 Stk. (25 g) | 209 | 12 g | 6 g | 25 g | 155 | 4,4 g |
| **Kornweckerl mit Putenkrakauer** | 1 Stk. (60 g)<br>1 Port. (50 g) | 202 | 14 g | 4,4 g | 24 g | 184 | 4 g |
| **Kornweckerl mit Putenkrakauer und Gurkerln** | 1 Stk. (60 g)<br>1 Port. (50 g)<br>1/2 Stk. (25 g) | 207 | 15 g | 4,4 g | 25 g | 153 | 3,3 g |
| **Kornweckerl mit Salami** | 1 Stk. (60 g)<br>1 Port. (50 g) | 390 | 17 g | 24 g | 24 g | 355 | 21,8 g |
| **Kornweckerl mit Salami und Gurkerln** | 1 Stk. (60 g)<br>1 Port. (50 g)<br>1/2 Stk. (25 g) | 395 | 17 g | 24 g | 25 g | 293 | 17,8 g |
| **Kornweckerl mit Schinken** | 1 Stk. (60 g)<br>1 Port. (50 g) | 271 | 15 g | 11 g | 24 g | 246 | 10 g |

| Speisen / Gerichte | Portionsgröße / Gewicht | kcal/ Portion | Nährstoffgehalt pro Portion | | | Pro 100 Gramm | |
|---|---|---|---|---|---|---|---|
| | | | EW | Fett | KH | kcal | Fett |
| **Kornweckerl mit Schinken und Gurkerln** | 1 Stk. (60 g)<br>1 Port. (50 g)<br>1/2 Stk. (25 g) | 276 | 15 g | 11 g | 25 g | 204 | 8,1 g |
| **Kornweckerl mit Schinkenwurst** | 1 Stk. (60 g)<br>1 Port. (50 g) | 204 | 14 g | 4,9 g | 24 g | 186 | 4,5 g |
| **Kornweckerl mit Schinkenwurst und Gurkerln** | 1 Stk. (60 g)<br>1 Port. (50 g)<br>1/2 Stk. (25 g) | 209 | 14 g | 4,9 g | 25 g | 155 | 3,6 g |
| **Krainer** | 1 Stk. (150 g) | 497 | 17,6 g | 47,8 g | 0,3 g | 331 | 31,9 g |
| **Kräuter-Aufstrich*** ** | 1 Port. (30 g) | 20 | 4 g | 0 g | 1 g | 67 | 0 g |
| **Liptauer** (50 % F.i.T.) | 1 Port. (25 g) | 65 | 1,5 g | 5,1 g | 1,4 g | 260 | 20,4 g |
| **Mettbrötchen (Hackepeterbrötchen)** | 1 Stk. (90 g) | 195 | 8,9 g | 4,9 g | 27,9 g | 217 | 5,4 g |
| **Pikante Sandwiches*** ** | 1 Port. (140 g) | 185 | 12 g | 3 g | 23 g | 132 | 2,1 g |
| **Pikanter Zigeuner-Aufstrich*** ** | 1 Port. (30 g) | 15 | 3 g | 0 g | 1 g | 50 | 0 g |
| **Pumpernickel-Brötchen mit Kräuteraufstrich*** ** | 1 Stk. (65 g) | 70 | 4 g | 0 g | 13 g | 108 | 0 g |
| **Putenfrankfurter** | 1 Paar (98 g) | 170 | 17,6 g | 11 g | 0 g | 174 | 11,2 g |
| **Putenknacker** | 1 Stk. (125 g) | 239 | 16,3 g | 19,6 g | 0 g | 191 | 15,7 g |
| **Rindfleischsülze** | 1 Port. (30 g) | 43 | 8 g | 1 g | 0 g | 143 | 3,3 g |
| **Rührei mit Gemüse, 2 Eier** | 1 Port. (200 g) | 246 | 14 g | 18 g | 4 g | 123 | 9 g |
| **Rührei mit Käse (45 % F.i.T.) und Schinken, 2 Eier** | 1 Port. (200 g) | 414 | 31,2 g | 31 g | 1 g | 207 | 15,5 g |
| **Rührei mit Käse (30 % F.i.T.) und Schinken, 2 Eier** | 1 Port. (200 g) | 385 | 32,4 g | 27,6 g | 0,8 g | 193 | 13,8 g |
| **Rührei mit Leberkäse, 2 Eier** | 1 Port. (200 g) | 398 | 26 g | 32 g | 2 g | 199 | 16 g |
| **Rührei mit Pfifferlingen und Speck, 2 Eier** | 1 Port. (200 g) | 312 | 16 g | 26 g | 2 g | 156 | 13 g |
| **Rührei mit Pilzen, 2 Eier** | 1 Port. (200 g) | 156 | 8 g | 12 g | 2 g | 78 | 6 g |
| **Rührei mit Schinkenspeck, 2 Eier** | 1 Port. (200 g) | 466 | 24 g | 40 g | 2 g | 233 | 20 g |
| **Rührei mit Speck, 2 Eier** | 1 Port. (200 g) | 558 | 20 g | 52 g | 2 g | 279 | 26 g |
| **Rührei mit Tomaten, 2 Eier** | 1 Port. (200 g) | 246 | 14 g | 18 g | 4 g | 123 | 9 g |

*** Rezept aus gelbem Schlank-ohne-Diät-Kochbuch

| Speisen / Gerichte | Portionsgröße / Gewicht | kcal/ Portion | Nährstoffgehalt pro Portion | | | Pro 100 Gramm | |
|---|---|---|---|---|---|---|---|
| | | | EW | Fett | KH | kcal | Fett |
| **Salzstangerl mit Butter und Brie 45 %** | 1 Stk. (48 g)<br>1 EL (12 g)<br>1 Port. (50 g) | 365 | 14 g | 21 g | 25 g | 332 | 19,1 g |
| **Salzstangerl mit Butter und Brie 60 %** | 1 Stk. (48 g)<br>1 EL (12 g)<br>1 Port. (50 g) | 409 | 12 g | 27 g | 25 g | 372 | 24,5 g |
| **Salzstangerl mit Butter und Camembert 30 %** | 1 Stk. (48 g)<br>1 EL (12 g)<br>1 Port. (50 g) | 326 | 15 g | 17 g | 25 g | 296 | 15,5 g |
| **Salzstangerl mit Butter und Camembert 45 %** | 1 Stk. (48 g)<br>1 EL (12 g)<br>1 Port. (50 g) | 377 | 13 g | 19 g | 35 g | 343 | 17,3 g |
| **Salzstangerl mit Butter und Emmentaler 45 %** | 1 Stk. (48 g)<br>1 EL (12 g)<br>1 Port. (50 g) | 428 | 18 g | 25 g | 27 g | 389 | 22,7 g |
| **Salzstangerl mit Butter und Tilsiter 30 %** | 1 Stk. (48 g)<br>1 EL (12 g)<br>1 Port. (50 g) | 352 | 18 g | 18 g | 25 g | 320 | 16,4 g |
| **Salzstangerl mit Butter und Tilsiter 45 %** | 1 Stk. (48 g)<br>1 EL (12 g)<br>1 Port. (50 g) | 389 | 16 g | 23 g | 25 g | 354 | 20,9 g |
| **Salzstangerl mit Extrawurst** | 1 Stk. (48 g)<br>1 Port. (50 g) | 260 | 9,8 g | 12 g | 26 g | 265 | 12,2 g |
| **Salzstangerl mit Extrawurst leicht** | 1 Stk. (48 g)<br>1 Port. (50 g) | 212 | 10 g | 6,9 g | 25 g | 216 | 7 g |
| **Salzstangerl mit Extrawurst leicht und Gurkerln** | 1 Stk. (48 g)<br>1 Port. (50 g)<br>1/2 Stk. (25 g) | 217 | 11 g | 6,9 g | 26 g | 176 | 5,6 g |
| **Salzstangerl mit Extrawurst und Gurkerln** | 1 Stk. (48 g)<br>1 Port. (50 g)<br>1/2 Stk. (25 g) | 264 | 10 g | 12 g | 27 g | 215 | 9,8 g |
| **Salzstangerl mit Hüttenkäse** | 1 Stk. (48 g)<br>1 Port. (50 g) | 179 | 8,8 g | 2,9 g | 27 g | 183 | 3 g |
| **Salzstangerl mit Jagdwurst** | 1 Stk. (48 g)<br>1 Port. (50 g) | 294 | 11 g | 15 g | 26 g | 300 | 15,3 g |
| **Salzstangerl mit Jagdwurst und Gurkerln** | 1 Stk. (48 g)<br>1 Port. (50 g)<br>1/2 Stk. (25 g) | 299 | 11 g | 15 g | 27 g | 243 | 12,2 g |
| **Salzstangerl mit Kantwurst** | 1 Stk. (48 g)<br>1 Port. (50 g) | 392 | 15 g | 25 g | 25 g | 400 | 25,5 g |
| **Salzstangerl mit Kantwurst und Gurkerln** | 1 Stk. (48 g)<br>1 Port. (50 g)<br>1/2 Stk. (25 g) | 397 | 15 g | 25 g | 26 g | 323 | 20,3 g |
| **Salzstangerl mit Käsewurst** | 1 Stk. (48 g)<br>1 Port. (50 g) | 314 | 13 g | 15 g | 25 g | 320 | 15,3 g |
| **Salzstangerl mit Käsewurst und Gurkerln** | 1 Stk. (48 g)<br>1 Port. (50 g)<br>1/2 Stk. (25 g) | 318 | 13 g | 15 g | 26 g | 259 | 12,2 g |

| Speisen / Gerichte | Portionsgröße / Gewicht | kcal/ Portion | Nährstoffgehalt pro Portion | | | Pro 100 Gramm | |
|---|---|---|---|---|---|---|---|
| | | | EW | Fett | KH | kcal | Fett |
| **Salzstangerl mit Krakauer** | 1 Stk. (48 g)<br>1 Port. (50 g) | 206 | 14 g | 4,4 g | 26 g | 210 | 4,5 g |
| **Salzstangerl mit Krakauer und Gurkerln** | 1 Stk. (48 g)<br>1 Port. (50 g)<br>1/2 Stk. (25 g) | 211 | 14 g | 4,4 g | 27 g | 172 | 3,6 g |
| **Salzstangerl mit Leberpastete** | 1 Stk. (48 g)<br>1 Port. (40 g) | 255 | 10 g | 11 g | 26 g | 290 | 12,5 g |
| **Salzstangerl mit Leberstreichwurst** | 1 Stk. (48 g)<br>1 Port. (40 g) | 283 | 9 g | 14 g | 26 g | 322 | 15,9 g |
| **Salzstangerl mit Liptauer** | 1 Stk. (48 g)<br>1 Port. (50 g) | 317 | 6,2 g | 19 g | 27 g | 324 | 19,4 g |
| **Salzstangerl mit Pariserwurst** | 1 Stk. (48 g)<br>1 Port. (50 g) | 257 | 9,8 g | 12 g | 26 g | 262 | 12,2 g |
| **Salzstangerl mit Pariserwurst und Gurkerln** | 1 Stk. (48 g)<br>1 Port. (50 g)<br>1/2 Stk. (25 g) | 262 | 10 g | 12 g | 27 g | 213 | 9,8 g |
| **Salzstangerl mit Putenextrawurst** | 1 Stk. (48 g)<br>1 Port. (50 g) | 201 | 10 g | 5,4 g | 25 g | 205 | 5,5 g |
| **Salzstangerl mit Putenextrawurst und Gurkerln** | 1 Stk. (48 g)<br>1 Port. (50 g)<br>1/2 Stk. (25 g) | 206 | 11 g | 5,4 g | 26 g | 168 | 4,4 g |
| **Salzstangerl mit Putenkrakauer** | 1 Stk. (48 g)<br>1 Port. (50 g) | 199 | 13 g | 3,9 g | 25 g | 203 | 4 g |
| **Salzstangerl mit Putenkrakauer und Gurkerln** | 1 Stk. (48 g)<br>1 Port. (50 g)<br>1/2 Stk. (25 g) | 204 | 14 g | 3,9 g | 26 g | 166 | 3,2 g |
| **Salzstangerl mit Salami** | 1 Stk. (48 g)<br>1 Port. (50 g) | 387 | 16 g | 24 g | 25 g | 395 | 24,5 g |
| **Salzstangerl mit Salami und Gurkerln** | 1 Stk. (48 g)<br>1 Port. (50 g)<br>1/2 Stk. (25 g) | 392 | 17 g | 24 g | 26 g | 319 | 19,5 g |
| **Salzstangerl mit Schinken** | 1 Stk. (48 g)<br>1 Port. (50 g) | 268 | 14 g | 11 g | 25 g | 274 | 11,2 g |
| **Salzstangerl mit Schinken und Gurkerln** | 1 Stk. (48 g)<br>1 Port. (50 g)<br>1/2 Stk. (25 g) | 273 | 14 g | 11 g | 26 g | 222 | 8,9 g |
| **Salzstangerl mit Schinkenwurst** | 1 Stk. (48 g)<br>1 Port. (50 g) | 201 | 13 g | 4,4 g | 25 g | 205 | 4,5 g |
| **Salzstangerl mit Schinkenwurst und Gurkerln** | 1 Stk. (48 g)<br>1 Port. (50 g)<br>1/2 Stk. (25 g) | 206 | 13 g | 4,4 g | 26 g | 168 | 3,6 g |
| **Salzstangerl mit Wienerwurst** | 1 Stk. (48 g)<br>1 Port. (50 g) | 278 | 12 g | 13 g | 25 g | 284 | 13,3 g |
| **Salzstangerl mit Wienerwurst und Gurkerln** | 1 Stk. (48 g)<br>1 Port. (50 g)<br>1/2 Stk. (25 g) | 282 | 13 g | 13 g | 26 g | 229 | 10,6 g |
| **Sandwich mit Geflügel** | 1 Stk. (70 g) | 165 | 6 g | 12 g | 9 g | 236 | 17,1 g |

| Speisen / Gerichte | Portionsgröße / Gewicht | kcal/ Portion | Nährstoffgehalt pro Portion | | | Pro 100 Gramm | |
|---|---|---|---|---|---|---|---|
| | | | EW | Fett | KH | kcal | Fett |
| **Sandwich mit Geflügelsalat** | 1 Stk. (50 g) | 140 | 4 g | 5 g | 18 g | 280 | 10 g |
| **Sandwich mit Mozzarella und Tomaten** | 1 Stk. (70 g) | 127 | 7 g | 6 g | 11 g | 181 | 8,6 g |
| **Sandwich mit Schinken und Käse** | 1 Stk. (70 g) | 170 | 10 g | 7 g | 16 g | 243 | 10 g |
| **Sandwich mit Tunfischsalat** | 1 Stk. (70 g) | 180 | 9 g | 10 g | 14 g | 257 | 14,3 g |
| **Schinken-Käse-Toast** | 1 Port. (200 g) | 518 | 38 g | 32 g | 18 g | 259 | 16 g |
| **Schinkenkipferl** | 1 Port. (115 g) | 258 | 11,5 g | 15 g | 20,7 g | 224 | 13 g |
| **Schinkenröllchen in Aspik** | 1 Stk. (30 g) | 35 | 5 g | 1 g | 0 g | 117 | 3,3 g |
| **Schinkenröllchen*** ** | 1 Port. (110 g) | 65 | 8 g | 2 g | 3 g | 59 | 1,8 g |
| **Semmel mit Butter und Brie 45 %** | 1 Stk. (50 g)<br>1 EL (12 g)<br>1 Port. (50 g) | 370 | 15 g | 21 g | 26 g | 330 | 18,8 g |
| **Semmel mit Butter und Brie 60 %** | 1 Stk. (50 g)<br>1 EL (12 g)<br>1 Port. (50 g) | 414 | 12 g | 27 g | 26 g | 370 | 24,1 g |
| **Semmel mit Butter und Camembert 30 %** | 1 Stk. (50 g)<br>1 EL (12 g)<br>1 Port. (50 g) | 332 | 15 g | 17 g | 26 g | 296 | 15,2 g |
| **Semmel mit Butter und Camembert 45 %** | 1 Stk. (50 g)<br>1 EL (12 g)<br>1 Port. (50 g) | 382 | 14 g | 19 g | 36 g | 341 | 17 g |
| **Semmel mit Butter und Emmentaler 45 %** | 1 Stk. (50 g)<br>1 EL (12 g)<br>1 Port. (50 g) | 433 | 18 g | 25 g | 28 g | 387 | 22,3 g |
| **Semmel mit Butter und Tilsiter 30 %** | 1 Stk. (50 g)<br>1 EL (12 g)<br>1 Port. (50 g) | 358 | 18 g | 18 g | 26 g | 320 | 16,1 g |
| **Semmel mit Butter und Tilsiter 45 %** | 1 Stk. (50 g)<br>1 EL (12 g)<br>1 Port. (50 g) | 395 | 16 g | 23 g | 26 g | 353 | 20,5 g |
| **Semmel mit Eiaufstrich** | 1 Stk. (50 g)<br>1 Port. (50 g) | 332 | 6,6 g | 20 g | 27 g | 332 | 20 g |
| **Semmel mit Extrawurst** | 1 Stk. (50 g)<br>1 Port. (50 g) | 265 | 9,9 g | 12 g | 27 g | 265 | 12 g |
| **Semmel mit Extrawurst leicht** | 1 Stk. (50 g)<br>1 Port. (50 g) | 218 | 10 g | 6,9 g | 26 g | 218 | 6,9 g |
| **Semmel mit Extrawurst leicht und Gurkerln** | 1 Stk. (50 g)<br>1 Port. (50 g)<br>1/2 Stk. (25 g) | 222 | 11 g | 6,9 g | 27 g | 178 | 5,5 g |

*** Rezept aus gelbem Schlank-ohne-Diät-Kochbuch

| Speisen / Gerichte | Portionsgröße / Gewicht | kcal/ Portion | Nährstoffgehalt pro Portion | | | Pro 100 Gramm | |
|---|---|---|---|---|---|---|---|
| | | | EW | Fett | KH | kcal | Fett |
| **Semmel mit Extrawurst und Gurkerln** | 1 Stk. (50 g)<br>1 Port. (50 g)<br>1/2 Stk. (25 g) | 270 | 10 g | 12 g | 28 g | 216 | 9,6 g |
| **Semmel mit Hühnerschnitzel** | 1 Stk. (50 g)<br>1 Port. (170 g) | 493 | 36 g | 16 g | 42 g | 224 | 7,3 g |
| **Semmel mit Hüttenkäse** | 1 Stk. (50 g)<br>1 Port. (50 g) | 184 | 8,9 g | 2,9 g | 28 g | 184 | 2,9 g |
| **Semmel mit Jagdwurst** | 1 Stk. (50 g)<br>1 Port. (50 g) | 300 | 11 g | 15 g | 27 g | 300 | 15 g |
| **Semmel mit Jagdwurst und Gurkerln** | 1 Stk. (50 g)<br>1 Port. (50 g)<br>1/2 Stk. (25 g) | 304 | 11 g | 15 g | 28 g | 243 | 12 g |
| **Semmel mit Kantwurst** | 1 Stk. (50 g)<br>1 Port. (50 g) | 398 | 15 g | 25 g | 26 g | 398 | 25 g |
| **Semmel mit Kantwurst und Gurkerln** | 1 Stk. (50 g)<br>1 Port. (50 g)<br>1/2 Stk. (25 g) | 402 | 15 g | 25 g | 27 g | 322 | 20 g |
| **Semmel mit Käsewurst** | 1 Stk. (50 g)<br>1 Port. (50 g) | 319 | 13 g | 15 g | 26 g | 319 | 15 g |
| **Semmel mit Käsewurst und Gurkerln** | 1 Stk. (50 g)<br>1 Port. (50 g)<br>1/2 Stk. (25 g) | 324 | 13 g | 15 g | 27 g | 259 | 12 g |
| **Semmel mit Krakauer** | 1 Stk. (50 g)<br>1 Port. (50 g) | 212 | 14 g | 4,4 g | 27 g | 212 | 4,4 g |
| **Semmel mit Krakauer und Gurkerln** | 1 Stk. (50 g)<br>1 Port. (50 g)<br>1/2 Stk. (25 g) | 216 | 14 g | 4,4 g | 28 g | 173 | 3,5 g |
| **Semmel mit Leberkäse** | 1 Stk. (50 g)<br>1 Port. (100 g) | 450 | 15 g | 27 g | 30 g | 300 | 18 g |
| **Semmel mit Leberpastete** | 1 Stk. (50 g)<br>1 Port. (40 g) | 261 | 10 g | 11 g | 27 g | 290 | 12,2 g |
| **Semmel mit Leberstreichwurst** | 1 Stk. (50 g)<br>1 Port. (40 g) | 288 | 9,1 g | 14 g | 27 g | 320 | 15,6 g |
| **Semmel mit Liptauer** | 1 Stk. (50 g)<br>1 Port. (50 g) | 322 | 6,3 g | 19 g | 28 g | 322 | 19 g |
| **Semmel mit Mortadella** | 1 Stk. (50 g)<br>1 Port. (50 g) | 308 | 11 g | 16 g | 26 g | 308 | 16 g |
| **Semmel mit Mortadella und Gurkerln** | 1 Stk. (50 g)<br>1 Port. (50 g)<br>1/2 Stk. (25 g) | 312 | 12 g | 16 g | 27 g | 250 | 12,8 g |
| **Semmel mit Pariserwurst** | 1 Stk. (50 g)<br>1 Port. (50 g) | 263 | 9,9 g | 12 g | 27 g | 263 | 12 g |
| **Semmel mit Pariserwurst und Gurkerln** | 1 Stk. (50 g)<br>1 Port. (50 g)<br>1/2 Stk. (25 g) | 267 | 10 g | 12 g | 28 g | 214 | 9,6 g |
| **Semmel mit Polnischer** | 1 Stk. (50 g)<br>1 Port. (50 g) | 308 | 13 g | 15 g | 26 g | 308 | 15 g |

| Speisen / Gerichte | Portionsgröße / Gewicht | kcal/ Portion | Nährstoffgehalt pro Portion | | | Pro 100 Gramm | |
|---|---|---|---|---|---|---|---|
| | | | EW | Fett | KH | kcal | Fett |
| **Semmel mit Polnischer und Gurkerln** | 1 Stk. (50 g)<br>1 Port. (50 g)<br>1/2 Stk. (25 g) | 312 | 14 g | 15 g | 27 g | 250 | 12 g |
| **Semmel mit Putenextrawurst** | 1 Stk. (50 g)<br>1 Port. (50 g) | 207 | 11 g | 5,4 g | 26 g | 207 | 5,4 g |
| **Semmel mit Putenextrawurst und Gurkerln** | 1 Stk. (50 g)<br>1 Port. (50 g)<br>1/2 Stk. (25 g) | 211 | 11 g | 5,4 g | 27 g | 169 | 4,3 g |
| **Semmel mit Putenkrakauer** | 1 Stk. (50 g)<br>1 Port. (50 g) | 205 | 14 g | 3,9 g | 26 g | 205 | 3,9 g |
| **Semmel mit Putenkrakauer und Gurkerln** | 1 Stk. (50 g)<br>1 Port. (50 g)<br>1/2 Stk. (25 g) | 209 | 14 g | 3,9 g | 27 g | 167 | 3,1 g |
| **Semmel mit Salami** | 1 Stk. (50 g)<br>1 Port. (50 g) | 393 | 16 g | 24 g | 26 g | 393 | 24 g |
| **Semmel mit Salami und Gurkerln** | 1 Stk. (50 g)<br>1 Port. (50 g)<br>1/2 Stk. (25 g) | 397 | 17 g | 24 g | 27 g | 318 | 19,2 g |
| **Semmel mit Schinken** | 1 Stk. (50 g)<br>1 Port. (50 g) | 274 | 14 g | 11 g | 26 g | 274 | 11 g |
| **Semmel mit Schinken und Gurkerln** | 1 Stk. (50 g)<br>1 Port. (50 g)<br>1/2 Stk. (25 g) | 278 | 14 g | 11 g | 27 g | 222 | 8,8 g |
| **Semmel mit Schinkenwurst** | 1 Stk. (50 g)<br>1 Port. (50 g) | 207 | 13 g | 4,4 g | 26 g | 207 | 4,4 g |
| **Semmel mit Schinkenwurst und Gurkerln** | 1 Stk. (50 g)<br>1 Port. (50 g)<br>1/2 Stk. (25 g) | 211 | 13 g | 4,4 g | 27 g | 169 | 3,5 g |
| **Semmel mit Wiener Schnitzel** | 1 Stk. (50 g)<br>1 Port. (170 g) | 545 | 33 g | 23 g | 42 g | 248 | 10,5 g |
| **Semmel mit Wienerwurst** | 1 Stk. (50 g)<br>1 Port. (50 g) | 283 | 12 g | 13 g | 26 g | 283 | 13 g |
| **Semmel mit Wienerwurst und Gurkerln** | 1 Stk. (50 g)<br>1 Port. (50 g)<br>1/2 Stk. (25 g) | 288 | 13 g | 13 g | 27 g | 230 | 10,4 g |
| **Soleier** | 1 Port. (120 g) | 185 | 15 | 13 | 0,8 | 154 | 11,2 g |
| **Toast Hawaii** | 1 Port. (200 g) | 472 | 22 g | 28 g | 30 g | 236 | 14 g |
| **Tunfisch-Aufstrich*** ** | 1 Port. (30 g) | 30 | 4 g | 1 g | 1 g | 100 | 3,3 g |
| **Tunfisch-Wraps*** ** | 1 Stk. (170 g) | 185 | 8 g | 4 g | 30 g | 109 | 2,4 g |
| **Vollkornbrot*** ** | 1 Sch. (50 g) | 90 | 4 g | 1 g | 17 g | 180 | 2 g |
| **Weißbrot mit Eiaufstrich** | 1 Stk. (30 g)<br>1 Port. (50 g) | 279 | 5 g | 20 g | 17 g | 349 | 25 g |

*** Rezept aus gelbem Schlank-ohne-Diät-Kochbuch

| Speisen / Gerichte | Portionsgröße / Gewicht | kcal/ Portion | Nährstoffgehalt pro Portion | | | Pro 100 Gramm | |
|---|---|---|---|---|---|---|---|
| | | | EW | Fett | KH | kcal | Fett |
| **Weißbrot mit Extrawurst** | 1 Stk. (30 g)<br>1 Port. (50 g) | 212 | 8,4 g | 12 g | 16 g | 265 | 15 g |
| **Weißbrot mit Extrawurst leicht** | 1 Stk. (30 g)<br>1 Port. (50 g) | 165 | 8,9 g | 6,7 g | 16 g | 206 | 8,4 g |
| **Weißbrot mit Extrawurst leicht und Gurkerln** | 1 Stk. (30 g)<br>1 Port. (50 g)<br>1/2 Stk. (25 g) | 169 | 9,2 g | 6,8 g | 17 g | 161 | 6,5 g |
| **Weißbrot mit Extrawurst und Gurkerln** | 1 Stk. (30 g)<br>1 Port. (50 g)<br>1/2 Stk. (25 g) | 217 | 8,7 g | 12 g | 17 g | 207 | 11,4 g |
| **Weißbrot mit Jagdwurst** | 1 Stk. (30 g)<br>1 Port. (50 g) | 247 | 9,4 g | 15 g | 16 g | 309 | 18,8 g |
| **Weißbrot mit Jagdwurst und Gurkerln** | 1 Stk. (30 g)<br>1 Port. (50 g)<br>1/2 Stk. (25 g) | 251 | 9,7 g | 15 g | 17 g | 239 | 14,3 g |
| **Weißbrot mit Kantwurst** | 1 Stk. (30 g)<br>1 Port. (50 g) | 345 | 13 g | 25 g | 16 g | 431 | 31,2 g |
| **Weißbrot mit Kantwurst und Gurkerln** | 1 Stk. (30 g)<br>1 Port. (50 g)<br>1/2 Stk. (25 g) | 349 | 14 g | 25 g | 17 g | 332 | 23,8 g |
| **Weißbrot mit Käsewurst** | 1 Stk. (30 g)<br>1 Port. (50 g) | 266 | 11 g | 15 g | 16 g | 333 | 18,8 g |
| **Weißbrot mit Käsewurst und Gurkerln** | 1 Stk. (30 g)<br>1 Port. (50 g)<br>1/2 Stk. (25 g) | 271 | 12 g | 15 g | 17 g | 258 | 14,3 g |
| **Weißbrot mit Krakauer** | 1 Stk. (30 g)<br>1 Port. (50 g) | 159 | 12 g | 4,2 g | 16 g | 199 | 5,3 g |
| **Weißbrot mit Krakauer und Gurkerln** | 1 Stk. (30 g)<br>1 Port. (50 g)<br>1/2 Stk. (25 g) | 163 | 13 g | 4,3 g | 17 g | 155 | 4,1 g |
| **Weißbrot mit Liptauer** | 1 Stk. (30 g)<br>1 Port. (50 g) | 269 | 4,7 g | 19 g | 17 g | 336 | 23,8 g |
| **Weißbrot mit Putenextrawurst** | 1 Stk. (30 g)<br>1 Port. (50 g) | 154 | 9 g | 5,3 g | 16 g | 193 | 6,6 g |
| **Weißbrot mit Putenextrawurst und Gurkerln** | 1 Stk. (30 g)<br>1 Port. (50 g)<br>1/2 Stk. (25 g) | 158 | 9,3 g | 5,3 g | 17 g | 151 | 5 g |
| **Weißbrot mit Putenkrakauer** | 1 Stk. (30 g)<br>1 Port. (50 g) | 152 | 12 g | 3,7 g | 16 g | 190 | 4,6 g |
| **Weißbrot mit Putenkrakauer und Gurkerln** | 1 Stk. (30 g)<br>1 Port. (50 g)<br>1/2 Stk. (25 g) | 156 | 12 g | 3,8 g | 17 g | 149 | 3,6 g |
| **Weißbrot mit Salami** | 1 Stk. (30 g)<br>1 Port. (50 g) | 340 | 15 g | 24 g | 16 g | 425 | 30 g |
| **Weißbrot mit Salami und Gurkerln** | 1 Stk. (30 g)<br>1 Port. (50 g)<br>1/2 Stk. (25 g) | 344 | 15 g | 24 g | 17 g | 328 | 22,9 g |

| Speisen / Gerichte | Portionsgröße / Gewicht | kcal/ Portion | Nährstoffgehalt pro Portion | | | Pro 100 Gramm | |
|---|---|---|---|---|---|---|---|
| | | | EW | Fett | KH | kcal | Fett |
| **Weißbrot mit Schinken** | 1 Stk. (30 g)<br>1 Port. (50 g) | 221 | 12 g | 11 g | 16 g | 276 | 13,8 g |
| **Weißbrot mit Schinken und Gurkerln** | 1 Stk. (30 g)<br>1 Port. (50 g)<br>1/2 Stk. (25 g) | 225 | 13 g | 11 g | 17 g | 214 | 10,5 g |
| **Weißbrot mit Schinkenwurst** | 1 Stk. (30 g)<br>1 Port. (50 g) | 154 | 11 g | 4,2 g | 16 g | 193 | 5,3 g |
| **Weißbrot mit Schinkenwurst und Gurkerln** | 1 Stk. (30 g)<br>1 Port. (50 g)<br>1/2 Stk. (25 g) | 158 | 12 g | 4,3 g | 17 g | 151 | 4,1 g |
| **Weißwurst, Münchner** | 1 Stk. (125 g) | 362 | 19,4 g | 31,8 g | 0,4 g | 290 | 25,4 g |
| **Zwiebelkuchen mit Federweißer** | 1 Port. (220 g) | 415 | 11,5 g | 24,2 g | 36 g | 190 | 11 g |

# Fastfood, Pizza, Baguette

| Speisen / Gerichte | Portionsgröße / Gewicht | kcal/ Portion | Nährstoffgehalt pro Portion | | | Pro 100 Gramm | |
|---|---|---|---|---|---|---|---|
| | | | EW | Fett | KH | kcal | Fett |
| **Backfisch-Baguette** (A, D) (Nordsee) | 1 Port. (168 g)* | 444 | 17 g | 18 g | 51 g | 264 | 11,1 g |
| **Baguette Avignon** (Iglo) | 2 Stk. (250 g) | 533 | 18,5 g | 23 g | 63,2 g | 213 | 9,1 g |
| **Baguette Camargue** (Iglo) | 2 Stk. (250 g) | 483 | 17,8 g | 20,3 g | 57,5 g | 193 | 8,1 g |
| **Baguette Korsika** (Iglo) | 2 Stk. (250 g) | 715 | 27,5 g | 35 g | 72,5 g | 286 | 14 g |
| **Baguette Nizza** (Iglo) | 2 Stk. (250 g) | 540 | 25,8 g | 17 g | 71,3 g | 216 | 6,8 g |
| **Baguette Provence** (Iglo) | 2 Stk. (250 g) | 560 | 20,3 g | 25,5 g | 62,3 g | 224 | 10,2 g |
| **Baguette Salami** (Iglo) | 2 Stk. (250 g) | 613 | 20 g | 22,5 g | 82,5 g | 245 | 9 g |
| **Baguette Toskana** (Iglo) | 2 Stk. (250 g) | 603 | 21,8 g | 24 g | 75 g | 241 | 9,6 g |
| **Best-Chicken** (Kochlöffel) | 1 Port. (210 g) | 424 | 24,5 g | 14,5 g | 48,6 g | 202 | 6,9 g |
| **Big Americans California** (D) (Dr. Oetker) | 1 Stk. (490 g)* | 1.201 | 49,5 g | 53,4 g | 129,4 g | 245 | 10,9 g |
| **Big Americans Hawaii** (D) (Dr. Oetker) | 1 Stk. (450 g)* | 1.040 | 37,8 g | 38,3 g | 134,6 g | 231 | 8,5 g |
| **Big Americans Supreme** (D) (Dr. Oetker) | 1 Stk. (450 g)* | 1.089 | 41 g | 46,8 g | 125,6 g | 242 | 10,4 g |
| **Big Americans Texas** (D) (Dr. Oetker) | 1 Stk. (435 g)* | 1.214 | 45,2 g | 58,3 g | 126,6 g | 279 | 13,4 g |
| **Big Burger mit Cocktailsauce** (Chef Menü) | 1 Port. (200 g) | 624 | 22,4 g | 36,6 g | 51 g | 312 | 18,3 g |
| **Big King** (A) (Burger King) | 1 Port. (208 g) | 580 | 29 g | 38 g | 33 g | 279 | 18,3 g |
| **BIG KING** (D) (Burger King) | 1 Port. (208 g) | 588 | 30 g | 38 g | 30 g | 283 | 18,3 g |
| **Big King XXL** (A) (Burger King) | 1 Port. (369 g) | 851 | 55 g | 64 g | 51 g | 231 | 17,3 g |
| **BIG KING XXL** (D) (Burger King) | 1 Port. (368 g) | 1.017 | 55 g | 65 g | 47 g | 276 | 17,7 g |

* lt. Herstellerangaben auf Portionsgröße umgerechnet

| Speisen / Gerichte | Portionsgröße / Gewicht | kcal/ Portion | Nährstoffgehalt pro Portion | | | Pro 100 Gramm | |
|---|---|---|---|---|---|---|---|
| | | | EW | Fett | KH | kcal | Fett |
| **Big Mac** (A) (McDonald's) | 1 Port. (218 g) | 484 | 26 g | 23 g | 43 g | 222 | 10,6 g |
| **Big Mäc** (D) (McDonald's) | 1 Port. (211 g) | 503 | 26 g | 25 g | 44 g | 238 | 12 g |
| **Big Pizza BBQ-Chicken** (Wagner) | 1 Stk. (420 g) | 979 | 40,3 | 34,9 | 126,4 | 233 | 8,3 g |
| **Big Pizza Boston** (Wagner) | 1 Stk. (420 g) | 1.168 | 36,1 | 62,6 | 115,1 | 278 | 14,9 g |
| **Big Pizza Cheese & Onion** (Wagner) | 1 Stk. (400 g) | 1.144 | 46 | 52,8 | 121,2 | 286 | 13,2 g |
| **Big Pizza Hawaii** (Wagner) | 1 Stk. (420 g) | 937 | 38,2 | 30,7 | 121,4 | 223 | 7,3 g |
| **Big Pizza Supreme** (Wagner) | 1 Stk. (410 g) | 947 | 39,4 | 39,4 | 109,5 | 231 | 9,6 g |
| **Big Pizza Texas** (Wagner) | 1 Stk. (400 g) | 1.072 | 40,4 | 49,2 | 116,8 | 268 | 12,3 g |
| **Big Pizza Thunfisch** (Wagner) | 1 Stk. (420 g) | 1.071 | 39,9 | 50,8 | 113,8 | 255 | 12,1 g |
| **Big Pizza Western** (Wagner) | 1 Stk. (420 g) | 1.004 | 39,5 | 39,5 | 122,6 | 239 | 9,4 g |
| **Big Tasty** (D) (McDonald's) | 1 Port. (355 g) | 866 | 46 g | 54 g | 50 g | 244 | 15 g |
| **Big Tasty Chicken** (D) (McDonald's) | 1 Port. (349 g) | 844 | 35 g | 49 g | 65 g | 242 | 14 g |
| **Bio-Steinofen-Flammkuchen Elsässer Art** (Wagner) | 1 Stk. (320 g) | 726 | 22,7 | 41,6 | 64,6 | 227 | 13 g |
| **Bio-Steinofen-Flammkuchen Käse-Lauch** (Wagner) | 1 Stk. (320 g) | 778 | 29,1 | 46,4 | 60,5 | 243 | 14,5 g |
| **Bio-Steinofen-Piccolinis Drei-Käse** (Wagner) | 1 Stk. (30 g) | 90 | 3,5 | 4,6 | 8,7 | 299 | 15,3 g |
| **Bio-Steinofen-Piccolinis Tomate-Mozzarella** (Wagner) | 1 Stk. (30 g) | 73 | 3,2 | 2,7 | 9 | 244 | 9 g |
| **Bio-Steinofen-Pizza Käse-Spinat** (Wagner) | 1 Stk. (350 g) | 707 | 33,6 | 27,3 | 81,9 | 202 | 7,8 g |
| **Bio-Steinofen-Pizza Margherita** (Wagner) | 1 Stk. (310 g) | 701 | 31,3 | 26 | 84,9 | 226 | 8,4 g |
| **Bio-Steinofen-Pizza Salami** (Wagner) | 1 Stk. (350 g) | 840 | 37,8 | 38,5 | 78,4 | 240 | 11 g |
| **Bio-Steinofen-Pizza Vegetaria** (Wagner) | 1 Stk. (350 g) | 735 | 33,2 | 27,3 | 89,2 | 210 | 7,8 g |
| **Bio-Steinofen-Pizzies Käse-Spinat** (Wagner) | 1 Stk. (150 g) | 297 | 13,7 | 11 | 36 | 198 | 7,3 g |
| **Bio-Steinofen-Pizzies Salami** (Wagner) | 1 Stk. (150 g) | 374 | 17 | 16,2 | 39,9 | 249 | 10,8 g |
| **Bio-Steinofen-Pizzies Salami** (Wagner) | 1 Stk. (150 g) | 342 | 17,1 | 13,8 | 37,4 | 228 | 9,2 g |

| Speisen / Gerichte | Portionsgröße / Gewicht | kcal/ Portion | Nährstoffgehalt pro Portion | | | Pro 100 Gramm | |
|---|---|---|---|---|---|---|---|
| | | | EW | Fett | KH | kcal | Fett |
| **Bismarck-Baguette** (A) (Nordsee) | 1 Port. (160 g)* | 238 | 14 g | 10 g | 22 g | 149 | 6,3 g |
| **Bismarck-Baguette** (D) (Nordsee) | 1 Port. (160 g)* | 283 | 15 g | 10 g | 31 g | 177 | 6,4 g |
| **Bistro Baguettes Bolognaise** (Dr. Oetker) | 1 Stk. (125 g)* | 264 | 9,3 g | 9,5 g | 35,5 g | 211 | 7,6 g |
| **Bistro Baguettes Champignons à la Normande** (Dr. Oetker) | 1 Stk. (125 g)* | 276 | 7,8 g | 11,6 g | 34,8 g | 221 | 9,3 g |
| **Bistro Baguettes Diavolo** (Dr. Oetker) | 1 Stk. (125 g)* | 286 | 8,5 g | 12,4 g | 35,1 g | 229 | 9,9 g |
| **Bistro Baguettes Gourmet Baguette Elsass** (Dr. Oetker) | 1 Stk. (125 g)* | 316 | 7,5 g | 16,3 g | 35 g | 253 | 13 g |
| **Bistro Baguettes Gourmet Baguette Méditerranée** (Dr. Oetker) | 1 Stk. (125 g)* | 281 | 8,4 g | 12,1 g | 34,5 g | 225 | 9,7 g |
| **Bistro Baguettes Gourmet Baguette Provence** (Dr. Oetker) | 1 Stk. (125 g)* | 341 | 13 g | 17 g | 34 g | 273 | 13,6 g |
| **Bistro Baguettes Hawaii** (Dr. Oetker) | 1 Stk. (125 g)* | 266 | 8,9 g | 8,9 g | 37,6 g | 213 | 7,1 g |
| **Bistro Baguettes Jambon à la Parisienne** (Dr. Oetker) | 1 Stk. (125 g)* | 254 | 9,3 g | 8,6 g | 34,8 g | 203 | 6,9 g |
| **Bistro Baguettes Salami à la Lyonnaise** (Dr. Oetker) | 1 Stk. (125 g)* | 299 | 9,4 g | 13,5 g | 34,9 g | 239 | 10,8 g |
| **Bistro Baguettes Thon à la Niçoise** (Dr. Oetker) | 1 Stk. (125 g)* | 293 | 10,5 g | 12,4 g | 34,6 g | 234 | 9,9 g |
| **Bistro Baguettes Tomate-Fromage** (Dr. Oetker) | 1 Stk. (125 g)* | 289 | 7,6 g | 13,1 g | 34,9 g | 231 | 10,5 g |
| **Blätterteig-Häppchen Garnelen** (COSTA) | 1 Stk. (24 g) | 65 | 1,7 g | 4,6 g | 5,6 g | 269 | 19,2 g |
| **Blätterteig-Häppchen Spinat-Lachs** (COSTA) | 1 Stk. (24 g) | 64 | 1,6 g | 4,7 g | 5,4 g | 268 | 19,6 g |
| **Blätterteig-Häppchen Thunfisch** (COSTA) | 1 Stk. (24 g) | 67 | 2,5 g | 4,8 g | 5 g | 278 | 19,8 g |
| **bo*Frühlingsrollen** (Bofrost) | 1 Stk. (120 g) | 168 | 7,9 g | 4,8 g | 23,4 g | 140 | 4 g |
| **Bon à Petit Lorraine** (Wagner) | 1 Stk. (30 g) | 80 | 2,9 | 4,5 | 7,1 | 268 | 15,1 g |
| **Bon à Petit Porree** (Wagner) | 1 Stk. (30 g) | 80 | 2,7 | 4,7 | 7 | 268 | 15,5 g |
| **Bratherings-Baguette** (D) (Nordsee) | 1 Port. (175 g)* | 313 | 18 g | 11 g | 33 g | 178 | 6,7 g |
| **Bremer** (A, D) (Nordsee) | 1 Port. (154 g)* | 342 | 14 g | 6 g | 53 g | 222 | 4,5 g |

* lt. Herstellerangaben auf Portionsgröße umgerechnet

| Speisen / Gerichte | Portionsgröße / Gewicht | kcal/ Portion | Nährstoffgehalt pro Portion | | | Pro 100 Gramm | |
|---|---|---|---|---|---|---|---|
| | | | EW | Fett | KH | kcal | Fett |
| **Calamares-Box** (A, D) (Nordsee) | 1 Port. (153 g)* | 454 | 15 g | 23 g | 44 g | 296 | 15,3 g |
| **Calzone** | 1 Stk. (290 g)* | 740 | 32,5 g | 39,7 g | 63,8 g | 255 | 13,7 g |
| **Cheeseburger** (A) (Burger King) | 1 Port. (127 g) | 322 | 17 g | 15 g | 31 g | 254 | 11,8 g |
| **Cheeseburger** (A) (McDonald's) | 1 Port. (121 g) | 296 | 17 g | 12 g | 31 g | 245 | 9,9 g |
| **Cheeseburger** (Bofrost) | 1 Stk. (140 g) | 361 | 17,1 g | 15,4 g | 38,5 g | 258 | 11 g |
| **Cheeseburger** (Chef Menü) | 1 Stk. (125 g) | 390 | 16,4 g | 20,9 g | 34,2 g | 312 | 16,7 g |
| **Cheeseburger** (D) (Burger King) | 1 Port. (128 g) | 327 | 17 g | 16 g | 29 g | 256 | 12,5 g |
| **Cheeseburger** (D) (McDonald's) | 1 Port. (120 g) | 312 | 16 g | 13 g | 33 g | 260 | 11 g |
| **Cheeseburger** (Kochlöffel) | 1 Port. (144 g) | 335 | 14,8 g | 15,3 g | 34,3 g | 233 | 10,6 g |
| **Chicken McNuggets** (A) (McDonald's) | 6 Stk. (111 g) | 266 | 21 g | 16 g | 13 g | 240 | 14,4 g |
| **Chicken McNuggets** (A) (McDonald's) | 9 Stk. (167 g) | 398 | 32 g | 24 g | 20 g | 238 | 14,4 g |
| **Chicken McNuggets** (A) (McDonald's) | 20 Stk. (370 g) | 885 | 71 g | 53 g | 43 g | 239 | 14,3 g |
| **Chicken McNuggets** (D) (McDonald's) | 6 Stk. (113 g) | 270 | 17 g | 15 g | 17 g | 239 | 13 g |
| **Chicken McNuggets** (D) (McDonald's) | 9 Stk. (169 g) | 404 | 26 g | 23 g | 25 g | 239 | 13 g |
| **Chicken McNuggets** (D) (McDonald's) | 20 Stk. (376 g) | 899 | 57 g | 50 g | 55 g | 239 | 13 g |
| **Chicken Nugget Burger** (D) (Burger King) | 1 Port. (130 g) | 365 | 13 g | 19 g | 36 g | 281 | 14,6 g |
| **Chicken Whopper** (A) (Burger King) | 1 Port. (257 g) | 526 | 36 g | 23 g | 43 g | 205 | 8,9 g |
| **Chicken Whopper mit Käse** (A) (Burger King) | 1 Port. (282 g) | 609 | 41 g | 30 g | 45 g | 216 | 10,6 g |
| **Chicken Wrap** (D) (Burger King) | 1 Port. (195 g) | 301 | 23 g | 9 g | 34 g | 154 | 4,6 g |
| **Chickenburger** (A) (McDonald's) | 1 Port. (161 g) | 397 | 16 g | 19 g | 44 g | 247 | 11,8 g |
| **Chickenburger mit Chili Sauce** (D) (McDonald's) | 1 Port. (146 g) | 313 | 13 g | 10 g | 45 g | 216 | 7 g |
| **Chicken-Wings** (Kochlöffel) | 6 Stk. (258 g) | 551 | 59,5 g | 33,6 g | 2,6 g | 214 | 13 g |
| **Chili Cheese Nuggets** (D) (Burger King) | 6 Stk. (120 g) | 409 | 12 g | 28 g | 28 g | 341 | 23,3 g |

| Speisen / Gerichte | Portionsgröße / Gewicht | kcal/ Portion | Nährstoffgehalt pro Portion | | | Pro 100 Gramm | |
|---|---|---|---|---|---|---|---|
| | | | EW | Fett | KH | kcal | Fett |
| **Chinesische Frühlingsrollen** (Kochlöffel) | 6 Stk. (120 g) | 151 | 2,6 g | 4,8 g | 24,2 g | 126 | 4 g |
| **Country Burger** (A) (Burger King) | 1 Port. (153 g)* | 454 | 15 g | 23 g | 44 g | 296 | 15,3 g |
| **Country Burger** (D) (Burger King) | 1 Port. (232 g)* | 537 | 13 g | 28 g | 59 g | 232 | 12,1 g |
| **Country Potatoes** (A) (Burger King) | 1 Port. (118 g) | 212 | 4 g | 9 g | 28 g | 180 | 7,6 g |
| **Country Potatoes** (A) (Burger King) | 1 Port. (136 g) | 245 | 4 g | 11 g | 33 g | 180 | 8,1 g |
| **Crispy Chicken** (A) (Burger King) | 1 Port. (183 g) | 516 | 17 g | 33 g | 40 g | 282 | 18 g |
| **Crispy Chicken** (D) (Burger King) | 1 Port. (183 g) | 493 | 18 g | 30 g | 37 g | 269 | 16,4 g |
| **Crispy Chicken mit Käse** (A) (Burger King) | 1 Port. (195 g) | 558 | 19 g | 36 g | 41 g | 286 | 18,5 g |
| **Culinaria Chicken Barbecue** (D) (Dr. Oetker) | 1 Stk. (370 g)* | 818 | 34,8 g | 34,4 g | 91 g | 221 | 9,3 g |
| **Culinaria Greek Style mit Tzatziki** (D) (Dr. Oetker) | 1 Stk. (355 g)* | 770 | 32,7 g | 33,4 g | 84,5 g | 217 | 9,4 g |
| **Culinaria Ham Hollandaise** (D) (Dr. Oetker) | 1 Stk. (365 g)* | 843 | 32,9 g | 40,1 g | 87,2 g | 231 | 11 g |
| **Culinaria Indian Style** (D) (Dr. Oetker) | 1 Stk. (415 g)* | 876 | 34,4 g | 36,9 g | 100,4 g | 211 | 8,9 g |
| **Culinaria Turkish Style** (D) (Dr. Oetker) | 1 Stk. (400 g)* | 852 | 30 g | 41,2 g | 89,2 g | 213 | 10,3 g |
| **Deli Roastbeef Sandwich** (Subway) | 1 Port. (170 g) | 248 | 16 g | 3,1 g | 39 g | 146 | 1,8 g |
| **Deli Schinken Sandwich** (Subway) | 1 Port. (160 g) | 225 | 11 g | 2,9 g | 39 g | 141 | 1,8 g |
| **Deli Thunfisch Sandwich** (Subway) | 1 Port. (180 g) | 370 | 14 g | 18 g | 39 g | 206 | 10 g |
| **Deli Truthahn Sandwich** (Subway) | 1 Port. (170 g) | 236 | 14 g | 2,8 g | 39 g | 139 | 1,6 g |
| **Die Ofenfrische Peperoni-Hackfleisch** (D) (Dr. Oetker) | 1 Stk. (390 g)* | 745 | 34,3 g | 20,7 g | 105,3 g | 191 | 5,3 g |
| **Die Ofenfrische Peperoni-Salami** (D) (Dr. Oetker) | 1 Stk. (400 g)* | 884 | 36,8 g | 35 g | 106 g | 221 | 8,7 g |
| **Die Ofenfrische Salami** (D) (Dr. Oetker) | 1 Stk. (380 g)* | 878 | 36 g | 33,8 g | 106,8 g | 231 | 8,9 g |
| **Die Ofenfrische Schinken-Ananas** (D) (Dr. Oetker) | 1 Stk. (380 g)* | 790 | 30,8 g | 25,5 g | 109,4 g | 208 | 6,7 g |
| **Die Ofenfrische Schinken-Champignon** (D) (Dr. Oetker) | 1 Stk. (380 g)* | 707 | 32,3 g | 17,5 g | 104,1 g | 186 | 4,6 g |
| **Die Ofenfrische Speziale** (D) (Dr. Oetker) | 1 Stk. (405 g)* | 859 | 37,7 g | 32 g | 105,3 g | 212 | 7,9 g |

* lt. Herstellerangaben auf Portionsgröße umgerechnet

| Speisen / Gerichte | Portionsgröße / Gewicht | kcal/ Portion | Nährstoffgehalt pro Portion | | | Pro 100 Gramm | |
|---|---|---|---|---|---|---|---|
| | | | EW | Fett | KH | kcal | Fett |
| **Die Ofenfrische Spinat** (D) (Dr. Oetker) | 1 Stk. (385 g)* | 793 | 25,8 g | 30,4 g | 103,6 g | 206 | 7,9 g |
| **Die Ofenfrische Thunfisch** (D) (Dr. Oetker) | 1 Stk. (420 g)* | 794 | 39,9 g | 23,1 g | 107,1 g | 189 | 5,5 g |
| **Die Ofenfrische Vier-Käse** (D) (Dr. Oetker) | 1 Stk. (395 g)* | 877 | 36,7 g | 34 g | 105,9 g | 222 | 8,6 g |
| **Double Cheeseburger** (D) (Burger King) | 1 Port. (181 g) | 486 | 29 g | 27 g | 29 g | 269 | 14,9 g |
| **Double WHOPPER** (D) (Burger King) | 1 Port. (354 g) | 837 | 46 g | 52 g | 47 g | 236 | 14,7 g |
| **Double-Whopper** (A) (Burger King) | 1 Port. (355 g) | 855 | 45 g | 54 g | 47 g | 241 | 15,2 g |
| **Double-Whopper mit Käse** (A) (Burger King) | 1 Port. (380 g) | 938 | 50 g | 61 g | 49 g | 247 | 16,1 g |
| **Eck – Ei – Rucola** (Mann) | 1 Stk. (220 g) | 394 | 28,2 g | 16,3 g | 49,9 g | 179 | 7,4 g |
| **Eck – India** (Mann) | 1 Stk. (220 g) | 343 | 25,7 g | 11,4 g | 49,5 g | 156 | 5,2 g |
| **Eck – Pikant** (Mann) | 1 Stk. (220 g) | 328 | 24,6 g | 6,6 g | 55,9 g | 149 | 3 g |
| **Eck – Vital** (Mann) | 1 Stk. (220 g) | 429 | 27,3 g | 18 g | 54,8 g | 195 | 8,2 g |
| **Ei Sandwich** (Wojnar) | 1 Port. (130 g) | 300 | 10 g | 12,4 g | 36,8 g | 231 | 9,5 g |
| **Elsässer Flammküchle** (Bofrost) | 1 Stk. (125 g) | 341 | 10 g | 19 g | 32,5 g | 273 | 15,2 g |
| **Farm Kartoffeln** (D) (McDonald's) | 1 Port. (125 g) | 260 | 13 g | 13 g | 33 g | 208 | 10 g |
| **Fisch McNuggets** (D) (McDonald's) | 1 Port. (76 g) | 165 | 12 g | 8 g | 11 g | 217 | 11 g |
| **Fischmäc** (D) (McDonald's) | 1 Port. (146 g) | 359 | 14 g | 16 g | 39 g | 245 | 11 g |
| **Fish & Chips mit 3 Stk. Backfisch** (A) (Nordsee) | 1 Port. (236 g)* | 483 | 13 g | 16 g | 71 g | 205 | 7 g |
| **Fish & Chips mit 3 Stk. Backfisch** (D) (Nordsee) | 1 Port. (235 g)* | 459 | 14 g | 16 g | 63 g | 195 | 7 g |
| **Fish & Chips mit 4 Stk. Backfisch** (A) (Nordsee) | 1 Port. (256 g)* | 525 | 15 g | 17 g | 76 g | 205 | 6,9 g |
| **Fish & Chips mit 4 Stk. Backfisch** (D) (Nordsee) | 1 Port. (260 g)* | 508 | 14 g | 18 g | 71 g | 195 | 7 g |
| **Fish King** (A) (Burger King) | 1 Port. (185 g) | 478 | 19 g | 25 g | 60 g | 258 | 13,5 g |
| **Fish KING** (D) (Burger King) | 1 Port. (185 g) | 455 | 17 g | 24 g | 42 g | 246 | 13 g |
| **Fish King mit Käse** (A) (Burger King) | 1 Port. (197 g) | 520 | 21 g | 28 g | 61 g | 264 | 14,2 g |

lt. Herstellerangaben auf Portionsgröße umgerechnet

| Speisen / Gerichte | Portionsgröße / Gewicht | kcal/ Portion | Nährstoffgehalt pro Portion | | | Pro 100 Gramm | |
|---|---|---|---|---|---|---|---|
| | | | EW | Fett | KH | kcal | Fett |
| **FishMac** (A) (McDonald's) | 1 Port. (152 g) | 374 | 17 g | 17 g | 38 g | 246 | 11,2 g |
| **Flammkuchen Käse & Lauch** (Wagner) | 1 Stk. (320 g) | 861 | 30,7 | 49 | 73,9 | 269 | 15,3 g |
| **Flammkuchen Unser Original** (Wagner) | 1 Stk. (300 g) | 768 | 20,7 | 46,2 | 67,5 | 256 | 15,4 g |
| **Fleischbällchen Sandwich** (Subway) | 1 Port. (293 g) | 441 | 23 g | 18 g | 46 g | 151 | 6,1 g |
| **Garnelen-Baguette** (A) (Nordsee) | 1 Port. (155 g) * | 236 | 13 g | 9 g | 23 g | 152 | 6,4 g |
| **Garnelenbaguette** (D) (Nordsee) | 1 Port. (155 g) * | 281 | 14 g | 10 g | 32 g | 181 | 6,5 g |
| **Garnelen-Baguettes** (COSTA) | 1 Stk. (130 g) | 260 | 9,4 g | 9 g | 35,5 g | 200 | 6,9 g |
| **Garnelen-Box** (A, D) (Nordsee) | 1 Port. (183 g) * | 582 | 19 g | 32 g | 51 g | 318 | 18 g |
| **Gemüseburger mit Sauce Tartar** (Chef Menü) | 1 Port. (150 g) | 411 | 10,5 g | 21,6 g | 43,7 g | 274 | 14,4 g |
| **Hähnchen-Baguette** (D) (Nordsee) | 1 Port. (175 g) * | 345 | 24 g | 12 g | 32 g | 197 | 7,4 g |
| **Hähnchen-Krossies** (Kochlöffel) | 6 Stk. (120 g) | 256 | 18,8 g | 13 g | 15,8 g | 213 | 10,8 g |
| **Hamburger** (A) (Burger King) | 1 Port. (114 g) | 281 | 15 g | 12 g | 30 g | 247 | 10,5 g |
| **Hamburger** (A) (McDonald's) | 1 Port. (107 g) | 247 | 14 g | 7 g | 31 g | 231 | 6,5 g |
| **Hamburger** (D) (Burger King) | 1 Port. (115 g) | 280 | 15 g | 12 g | 28 g | 244 | 10,4 g |
| **Hamburger** (D) (McDonald's) | 1 Port. (105 g) | 259 | 13 g | 9 g | 32 g | 246 | 9 g |
| **Hamburger** (Kochlöffel) | 1 Port. (131 g) | 294 | 12,3 g | 12 g | 33,9 g | 224 | 9,2 g |
| **Hamburger Royal** (D) (McDonald's) | 1 Port. (205 g) | 514 | 32 g | 27 g | 37 g | 251 | 13 g |
| **Hamburger Royal TS** (A) (McDonald's) | 1 Port. (255 g) | 531 | 30 g | 31 g | 34 g | 208 | 12,2 g |
| **Hamburger Royal TS** (D) (McDonald's) | 1 Port. (250 g) | 566 | 30 g | 35 g | 35 g | 226 g | 14 g |
| **Hamburger Royal TS mit Käse** (A) (McDonald's) | 1 Port. (208 g) | 487 | 32 g | 24 g | 35 g | 234 | 11,5 g |
| **Happy Snack Hot Dog** (Wagner) | 1 Stk. (35 g) | 83 | 3 | 3,6 | 9,6 | 236 | 10,3 g |
| **Happy Snack Salami** (Wagner) | 1 Stk. (35 g) | 103 | 3,5 | 4,8 | 11,2 | 293 | 13,8 g |
| **Happy Snack Sweet & Sour** (Wagner) | 1 Stk. (35 g) | 66 | 2,1 | 1,5 | 10,9 | 189 | 4,4 g |

* lt. Herstellerangaben auf Portionsgröße umgerechnet

| Speisen / Gerichte | Portionsgröße / Gewicht | kcal/ Portion | Nährstoffgehalt pro Portion | | | Pro 100 Gramm | |
|---|---|---|---|---|---|---|---|
| | | | EW | Fett | KH | kcal | Fett |
| **Hawaii-Burger** (Kochlöffel) | 1 Port. (178 g) | 355 | 14,9 g | 15,3 g | 38,7 g | 199 | 8,6 g |
| **Heißer Backfisch XXL** (A, D) (Nordsee) | 1 Port. (245 g)* | 583 | 26 g | 24 g | 65 g | 238 | 9,8 g |
| **Holländische Kroketten** (Kochlöffel) | 4 Stk. (140 g) | 235 | 9,8 g | 11,2 g | 26,6 g | 168 | 8 g |
| **Intermezzo-classic Paprika-Hackfleisch-Sauerrahm** (Dr. Oetker) | 1 Stk. (118 g)* | 314 | 8,9 g | 16,4 g | 32,7 g | 267 | 14 g |
| **Intermezzo-classic Salami-Paprika-Sauerrahm** (Dr. Oetker) | 1 Stk. (120 g)* | 304 | 9,1 g | 15 g | 33 g | 253 | 12,5 g |
| **Intermezzo-classic Schinken-Ananas-Sauerrahm** (Dr. Oetker) | 1 Stk. (128 g)* | 292 | 9,2 g | 12,5 g | 35,7 g | 229 | 9,8 g |
| **Intermezzo-classic Schinken-Sauerrahm** (Dr. Oetker) | 1 Stk. (113 g)* | 278 | 7,8 g | 13,1 g | 32,3 g | 247 | 11,6 g |
| **Intermezzo-classic Spinat-Sauerrahm** (Dr. Oetker) | 1 Stk. (128 g)* | 289 | 7,9 g | 14,3 g | 32,3 g | 227 | 11,2 g |
| **Intermezzo-classic Thunfisch-Sauerrahm** (Dr. Oetker) | 1 Stk. (125 g)* | 309 | 9,3 g | 15,3 g | 33,4 g | 247 | 12,2 g |
| **Intermezzo-quick Cheese & Onion** (Dr. Oetker) | 1 Stk. (125 g)* | 395 | 10,9 g | 23,1 g | 35,8 g | 316 | 18,5 g |
| **Intermezzo-quick Chicken Barbecue** (Dr. Oetker) | 1 Stk. (120 g)* | 308 | 7,8 g | 11,9 g | 42,6 g | 257 | 9,9 g |
| **Intermezzo-quick Hawaii** (Dr. Oetker) | 1 Stk. (135 g)* | 363 | 10,9 g | 17,4 g | 40,4 g | 269 | 12,9 g |
| **Italian BMT Sandwich** (Subway) | 1 Port. (254 g) | 446 | 21 g | 23 g | 39 g | 176 | 9,1 g |
| **Kartoffel-Box** (A, D) (Nordsee) | 1 Port. (143 g)* | 295 | 4 g | 9 g | 49 g | 206 | 6,3 g |
| **Käsepizza** | 1 Stk. (350 g) | 695 | 22 g | 32 g | 43 g | 199 | 9,2 g |
| **Kentucky Cheeseburger gebratene Frikadelle mit Käse im Sesambrötchen** (Zimbo Schnell & Fein) | 1 Stk. (140 g) | 552 | 22,4 g | 30,8 g | 46,2 g | 394 | 22 g |
| **Kentucky Hot Dog Bockwürstchen in Eigenhaut mit Käse im Brötchen** (Zimbo Schnell & Fein) | 1 Stk. (110 g) | 319 | 12,1 g | 19,8 g | 23,1 g | 290 | 18 g |
| **King Nuggets** (A) (Burger King) | 6 Stk. (90 g) | 246 | 14 g | 16 g | 11 g | 273 | 17,8 g |
| **King Nuggets** (A) (Burger King) | 9 Stk. (135 g) | 369 | 22 g | 25 g | 16 g | 273 | 18,5 g |

* lt. Herstellerangaben auf Portionsgröße umgerechnet

| Speisen / Gerichte | Portionsgröße / Gewicht | kcal/ Portion | Nährstoffgehalt pro Portion | | | Pro 100 Gramm | |
|---|---|---|---|---|---|---|---|
| | | | EW | Fett | KH | kcal | Fett |
| **King Nuggets** (A) (Burger King) | 20 Stk. (300 g) | 819 | 48 g | 55 g | 35 g | 273 | 18,3 g |
| **KING Nuggets** (D) (Burger King) | 6 Stk. (90 g) | 258 | 15 g | 17 g | 12 g | 287 | 18,9 g |
| **KING Nuggets** (D) (Burger King) | 9 Stk. (135 g) | 388 | 22 g | 25 g | 18 g | 287 | 18,5 g |
| **King Wings** (A) (Burger King) | 6 Stk. (172 g) | 411 | 39 g | 26 g | 5 g | 239 | 15,1 g |
| **King Wings** (A) (Burger King) | 9 Stk. (258 g) | 617 | 59 g | 39 g | 7 g | 239 | 15,1 g |
| **King Wings** (A) (Burger King) | 20 Stk. (573 g) | 1.369 | 131 g | 87 g | 15 g | 239 | 15,2 g |
| **KING Wings** (D) (Burger King) | 6 Stk. (172 g) | 401 | 35 g | 27 g | 5 g | 233 | 15,7 g |
| **KING Wings** (D) (Burger King) | 9 Stk. (258 g) | 601 | 52 g | 41 g | 7 g | 233 | 15,9 g |
| **Knorr Express Burger Chicken** | 1 Stk. (140 g) | 400 | 16 g | 18 g | 44 g | 286 | 12,9 g |
| **Knorr Express Burger Classic** | 1 Stk. (140 g) | 382 | 20 g | 18 g | 35 g | 273 | 12,9 g |
| **Knusper-Pockets** (Bofrost) | 1 Stk. (75 g) | 147 | 2,3 g | 9 g | 14,3 g | 196 | 12 g |
| **La Margherita** (A) (Dr. Oetker) | 1 Stk. (265 g)* | 636 | 26,2 g | 18,8 g | 90,1 g | 240 | 7,1 g |
| **La Pizza Duetti** (Wagner) | 1 Stk. (370 g) | 829 | 38,9 | 28,5 | 104,3 | 224 | 7,7 g |
| **La Pizza Peperoncini Picante** (Wagner) | 1 Stk. (370 g) | 884 | 43,3 | 34 | 101,8 | 239 | 9,2 g |
| **La Pizza Pomodori-Mozzarella** (Wagner) | 1 Stk. (370 g) | 792 | 35,1 | 29,6 | 96,2 | 214 | 8 g |
| **La Pizza Prosciutto-Rucola-Pesto** (Wagner) | 1 Stk. (370 g) | 792 | 38,1 | 26,3 | 100,6 | 214 | 7,1 g |
| **La Pizza Salame-Cipolla** (Wagner) | 1 Stk. (370 g) | 903 | 40,3 | 37,7 | 100,6 | 244 | 10,2 g |
| **La Pizza Tonno Classico** (Wagner) | 1 Stk. (370 g) | 851 | 40,3 | 30,7 | 103,2 | 230 | 8,3 g |
| **Lachs-Baguettes** (COSTA) | 1 Stk. (130 g) | 264 | 10,3 g | 9,4 g | 34,6 g | 203 | 7,2 g |
| **Lachs-Spinat-Pizza** (COSTA) | 1 Stk. (395 g) | 873 | 36,3 g | 41,5 g | 87,3 g | 221 | 10,5 g |
| **Long Chicken** (D) (Burger King) | 1 Port. (212 g) | 583 | 23 g | 34 g | 49 g | 275 | 16 g |
| **Matjes-Baguette** (A) (Nordsee) | 1 Port. (180 g)* | 230 | 14 g | 8 g | 22 g | 128 | 4,9 g |
| **Matjesbaguette** (D) (Nordsee) | 1 Port. (180 g)* | 275 | 16 g | 9 g | 32 g | 153 | 5 g |

* lt. Herstellerangaben auf Portionsgröße umgerechnet

| Speisen / Gerichte | Portionsgröße / Gewicht | kcal/ Portion | Nährstoffgehalt pro Portion | | | Pro 100 Gramm | |
|---|---|---|---|---|---|---|---|
| | | | EW | Fett | KH | kcal | Fett |
| **McChicken** (A) (McDonald's) | 1 Port. (192 g) | 490 | 24 g | 23 g | 52 g | 255 | 12 g |
| **McChicken** (D) (McDonald's) | 1 Port. (177 g) | 454 | 22 g | 22 g | 42 g | 257 | 12 g |
| **McRib** (D) (McDonald's) | 1 Port. (210 g) | 485 | 27 g | 22 g | 46 g | 231 | 11 g |
| **Meeresfrüchte & Krabben Sandwich** (Subway) | 1 Port. (261 g) | 365 | 14 g | 13 g | 50 g | 140 | 5 g |
| **Meeresfrüchtepizza** | 1 Stk. (465 g) | 936 | 48 g | 43 g | 75 g | 201 | 9,2 g |
| **Meeresfrüchte-Pizza** (COSTA) | 1 Stk. (390 g) | 932 | 40,6 g | 48 g | 84,2 g | 239 | 12,3 g |
| **Mini Calzoni Prosciutto** (Freschetta) | 1 Stk. (115 g) | 320 | 17 g | 14 g | 32 g | 256 | 11 g |
| **Mini Calzoni Salame** (Freschetta) | 1 Stk. (115 g) | 356 | 16 g | 20 g | 30 g | 292 | 16 g |
| **Mini Calzoni Speciale** (Freschetta) | 1 Stk. (115 g) | 336 | 14 g | 17 g | 33 g | 269 | 13 g |
| **Mini-Bifteki** (Bofrost) | 1 Stk. (17 g) | 49 | 3 g | 3,4 g | 1,6 g | 287 | 19,8 g |
| **Minuteria Pepperoni-Salami** (Wagner) | 1 Stk. (300 g) | 669 | 30,9 | 24,6 | 80,7 | 223 | 8,2 g |
| **Minuteria Tomato-Mozzarella** (Wagner) | 1 Stk. (310 g) | 614 | 29,8 | 19,2 | 80,9 | 198 | 6,2 g |
| **Mix-Box** (A, D) (Nordsee) | 1 Port. (195 g) * | 479 | 16 g | 21 g | 55 g | 246 | 11,1 g |
| **Mozzarella Sticks** (D) (McDonald's) | 1 Port. (96 g) | 296 | 15 g | 15 g | 24 g | 308 | 16 g |
| **Mozzarella-Ciabatta** (A) (Nordsee) | 1 Port. (190 g)* | 280 | 14 g | 10 g | 30 g | 147 | 5,6 g |
| **Mozzarella-Ciabatta** (D) (Nordsee) | 1 Port. (190 g)* | 330 | 17 g | 10 g | 40 g | 174 | 5,7 g |
| **Nordseekrabben-Baguette** (D) (Nordsee) | 1 Port. (115 g)* | 314 | 12 g | 15 g | 32 g | 273 | 13,2 g |
| **Oliva Rustica** (Mann) | 1 Stk. (68 g) | 199 | 8,4 g | 2,4 g | 38 g | 293 | 3,5 g |
| **Pausenbrot mit Hähnchenbrust** (Herta) | 1 Port. (100 g) | 272 | 11 g | 16 g | 21 g | 272 | 16 g |
| **Pausenbrot mit Kochschinken** (Herta) | 1 Port. (100 g) | 269 | 11 g | 16 g | 21 g | 269 | 16 g |
| **Pausenbrot Spezial Country Bagel** (Herta) | 1 Port. (100 g) | 269 | 10 g | 13 g | 28 g | 269 | 13 g |
| **Pausenbrot Spezial Pita Bombay** (Herta) | 1 Port. (100 g) | 240 | 10 g | 8 g | 32 g | 240 | 8 g |
| **Pausenbrot Spezial Texas Bagel** (Herta) | 1 Port. (100 g) | 339 | 10 g | 23 g | 23 g | 339 | 23 g |

* lt. Herstellerangaben auf Portionsgröße umgerechnet

| Speisen / Gerichte | Portionsgröße / Gewicht | kcal/ Portion | Nährstoffgehalt pro Portion | | | Pro 100 Gramm | |
|---|---|---|---|---|---|---|---|
| | | | EW | Fett | KH | kcal | Fett |
| **Piccolinis Diavolo** (Wagner) | 1 Stk. (30 g) | 74 | 3 | 3,3 | 8,1 | 246 | 11 g |
| **Piccolinis Drei Käse** (Wagner) | 1 Stk. (30 g) | 89 | 3,7 | 4,4 | 8,6 | 295 | 14,6 g |
| **Piccolinis Elsässer Art** (Wagner) | 1 Stk. (30 g) | 82 | 2,3 | 4,2 | 8,7 | 273 | 14 g |
| **Piccolinis Salami** (Wagner) | 1 Stk. (30 g) | 78 | 3,4 | 3,8 | 7,7 | 261 | 12,5 g |
| **Piccolinis Schinken** (Wagner) | 1 Stk. (30 g) | 70 | 3,4 | 2,8 | 7,7 | 232 | 9,4 g |
| **Piccolinis Thunfisch** (Wagner) | 1 Stk. (30 g) | 73 | 3,2 | 2,9 | 8,6 | 242 | 9,5 g |
| **Pietro Pizzi Steinofen 3-Käse** (A) (Dr. Oetker) | 1 Stk. (345 g)* | 797 | 35 g | 31 g | 97 g | 231 | 9 g |
| **Pietro Pizzi Steinofen Cardinale** (A) (Dr. Oetker) | 1 Stk. (375 g)* | 773 | 41 g | 23 g | 101 g | 206 | 6 g |
| **Pietro Pizzi Steinofen Diavolo** (A) (Dr. Oetker) | 1 Stk. (380 g)* | 879 | 38 g | 34 g | 103 g | 231 | 9 g |
| **Pietro Pizzi Steinofen Gemüse** (A) (Dr. Oetker) | 1 Stk. (375 g)* | 690 | 30 g | 19 g | 101 g | 184 | 5 g |
| **Pietro Pizzi Steinofen Margherita** (A) (Dr. Oetker) | 1 Stk. (260 g)* | 640 | 26 g | 21 g | 88,4 g | 246 | 8 g |
| **Pietro Pizzi Steinofen Pizza 3-Käse** (Iglo) | 1 Port. (370 g)* | 844 | 40,7 g | 22,6 g | 118,8 g | 228 | 6,1 g |
| **Pietro Pizzi Steinofen Pizza Cardinale** (Iglo) | 1 Port. (375 g)* | 743 | 37,1 g | 22,5 g | 96 g | 198 | 6 g |
| **Pietro Pizzi Steinofen Pizza Diavolo** (Iglo) | 1 Port. (380 g)* | 798 | 37,6 g | 25,5 g | 104,9 g | 210 | 6,7 g |
| **Pietro Pizzi Steinofen Pizza Gemüse** (Iglo) | 1 Port. (375 g)* | 705 | 33,8 g | 9,8 g | 120 g | 188 | 2,6 g |
| **Pietro Pizzi Steinofen Pizza Margherita** (Iglo) | 1 Port. (260 g)* | 621 | 23,4 g | 20,3 g | 86,1 g | 239 | 7,8 g |
| **Pietro Pizzi Steinofen Pizza Provinciale** (Iglo) | 1 Port. (360 g)* | 882 | 37,8 g | 29,9 g | 115,6 g | 245 | 8,3 g |
| **Pietro Pizzi Steinofen Pizza Quattro Stagioni** (Iglo) | 1 Port. (375 g)* | 713 | 34,5 g | 21 g | 93,8 g | 190 | 5,6 g |
| **Pietro Pizzi Steinofen Pizza Salami** (Iglo) | 1 Port. (345 g)* | 897 | 37,3 g | 41,4 g | 92,8 g | 260 | 12 g |
| **Pietro Pizzi Steinofen Pizza Tonno** (Iglo) | 1 Port. (350 g)* | 756 | 31,1 g | 26,6 g | 93,8 g | 216 | 7,6 g |
| **Pietro Pizzi Steinofen Provinciale** (A) (Dr. Oetker) | 1 Stk. (360 g)* | 864 | 36 g | 36 g | 101 g | 240 | 10 g |
| **Pietro Pizzi Steinofen Quattro Stagioni** (A) (Dr. Oetker) | 1 Stk. (375 g)* | 758 | 38 g | 23 g | 101 g | 202 | 6 g |

* lt. Herstellerangaben auf Portionsgröße umgerechnet

| Speisen / Gerichte | Portionsgröße / Gewicht | kcal/ Portion | Nährstoffgehalt pro Portion | | | Pro 100 Gramm | |
|---|---|---|---|---|---|---|---|
| | | | EW | Fett | KH | kcal | Fett |
| **Pietro Pizzi Steinofen Salami** (A) (Dr. Oetker) | 1 Stk. (345 g)* | 928 | 41 g | 41 g | 97 g | 269 | 12 g |
| **Pietro Pizzi Steinofen Tonno** (A) (Dr. Oetker) | 1 Stk. (350 g)* | 753 | 35 g | 25 g | 98 g | 215 | 7 g |
| **Pikante Schweineöhrchen** (Bofrost) | 1 Stk. (40 g) | 129 | 4,9 g | 7,8 g | 9,9 g | 323 | 19,5 g |
| **Pizza al Tonno** | 1 Stk. (235 g) | 740 | 19 g | 39 g | 69 g | 315 | 16,6 g |
| **Pizza Capricciosa** | 1 Stk. (365 g) | 740 | 25 g | 36 g | 70 g | 203 | 9,9 g |
| **Pizza Cardinale** | 1 Stk. (365 g) | 915 | 32 g | 53 g | 70 g | 251 | 14,5 g |
| **Pizza Classico** (Ditsch) | 1 Stk. (185 g) | 246 | 9,7 g | 10,8 g | 29,5 g | 133 | 5,8 g |
| **Pizza Frutti di Mare** | 1 Stk. (465 g) | 936 | 48 g | 43 g | 75 g | 201 | 9,2 g |
| **Pizza Margherita** | 1 Stk. (350 g) | 695 | 22 g | 32 g | 71 g | 199 | 9,1 g |
| **Pizza mit Tomaten, Käse und Anchovis** | 1 Port. (250 g) | 568 | 22,5 g | 37,5 g | 32,5 g | 227 | 15 g |
| **Pizza mit Tomaten, Käse und Salami** | 1 Port. (250 g) | 668 | 20 g | 35 g | 67,5 g | 267 | 14 g |
| **Pizza mit Tomaten, Käse und Wurst** | 1 Port. (250 g) | 548 | 22,5 g | 30 g | 45 g | 219 | 12 g |
| **Pizza Originale 6 Formaggi** (Freschetta) | 1/2 Stk. (125 g) | 300 | 15,4 g | 14 g | 28,2 g | 252 | 11,7 g |
| **Pizza Originale Italiano Classico** (Freschetta) | 1/2 Stk. (123 g) | 313 | 14,2 g | 15,8 g | 28,4 g | 263 | 13,3 g |
| **Pizza Originale Rusticale** (Freschetta) | 1/2 Stk. (135 g) | 284 | 14 g | 12,4 g | 29 g | 216 | 9,5 g |
| **Pizza Pane Kräuter** (Freschetta) | 1 Stk. (230 g) | 629 | 20,4 g | 22,8 g | 81,2 g | 274 | 9,9 g |
| **Pizza Prosciutto** | 1 Stk. (365 g) | 797 | 29 g | 40 g | 70 g | 218 | 11 g |
| **Pizza Provinciale** | 1 Stk. (370 g) | 934 | 27 g | 52 g | 78 g | 252 | 14,1 g |
| **Pizza Quattro Stagioni** | 1 Stk. (425 g) | 675 | 25 g | 28 g | 72 g | 159 | 6,6 g |
| **Pizza Roma Bolognese** (Freschetta) | 1 Stk. (400 g) | 798 | 35 g | 22 g | 115 g | 204 | 5,6 g |
| **Pizza Roma Formaggi Pomodori** (Freschetta) | 1 Stk. (400 g) | 911 | 42 g | 26 g | 129 g | 233 | 6,6 g |
| **Pizza Roma Royale** (Freschetta) | 1 Stk. (400 g) | 825 | 42 g | 20 g | 119 g | 211 | 5,2 g |
| **Pizza Roma Salame** (Freschetta) | 1 Stk. (400 g) | 993 | 43 g | 35 g | 127 g | 254 | 8,9 g |

* lt. Herstellerangaben auf Portionsgröße umgerechnet

| Speisen / Gerichte | Portionsgröße / Gewicht | kcal/ Portion | Nährstoffgehalt pro Portion | | | Pro 100 Gramm | |
|---|---|---|---|---|---|---|---|
| | | | EW | Fett | KH | kcal | Fett |
| **Pizza Roma Speciale** (Freschetta) | 1 Stk. (400 g) | 939 | 44 g | 30 g | 123 g | 239 | 7,6 g |
| **Pizza XXL Barbecue** (Freschetta) | 1/2 Stk. (375 g) | 864 | 39 g | 22 g | 130 g | 220 | 5,6 g |
| **Pizza XXL Pomodori Mozzarella** (Freschetta) | 1/2 Stk. (375 g) | 883 | 34 g | 38 g | 102 g | 225 | 9,6 g |
| **Pizza XXL Quattro Formaggi** (Freschetta) | 1/2 Stk. (380 g) | 960 | 46 g | 33 g | 130 g | 246 | 8,5 g |
| **Pizza XXL-Speciale** (Freschetta) | 1/2 Stk. (400 g) | 816 | 42 g | 29 g | 96 g | 204 | 7,3 g |
| **Pizzaboden** | 1 Stk. (135 g) | 378 | 10 g | 6,9 g | 64 g | 280 | 5,1 g |
| **Rahmkuchen Elsässer Art** (Ditsch) | 1 Stk. (125 g) | 243 | 9,6 g | 9,2 g | 30,2 g | 194 | 7,4 g |
| **Räucherlachs-Ecke** (A, D) (Nordsee) | 1 Port. (160 g)* | 416 | 24 g | 18 g | 39 g | 260 | 11,3 g |
| **Ristorante Calzone Speciale** (D) (Dr. Oetker) | 1 Stk. (290 g)* | 745 | 32,5 g | 39,7 g | 63,8 g | 257 | 13,7 g |
| **Ristorante Funghi** (D) (Dr. Oetker) | 1 Stk. (365 g)* | 850 | 28,5 g | 44,5 g | 82,9 g | 233 | 12,3 g |
| **Ristorante Hawaii** (D) (Dr. Oetker) | 1 Stk. (355 g)* | 760 | 31,2 g | 29,8 g | 90,2 g | 214 | 8,4 g |
| **Ristorante Mozzarella** (D) (Dr. Oetker) | 1 Stk. (335 g)* | 911 | 38,5 g | 48,2 g | 80,4 g | 272 | 14,4 g |
| **Ristorante Pasta** (D) (Dr. Oetker) | 1 Stk. (410 g)* | 914 | 32,8 g | 35,7 g | 114 g | 223 | 8,7 g |
| **Ristorante Pepperoni Salame** (D) (Dr. Oetker) | 1 Stk. (320 g)* | 858 | 34,2 g | 43,5 g | 81,6 g | 268 | 13,6 g |
| **Ristorante Pepperoni Salame Piccante** (D) **(Dr. Oetker)** | 1 Stk. (340 g)* | 836 | 31,6 g | 42,2 g | 81,9 g | 246 | 12,4 g |
| **Ristorante Piccola Pepperoni Salame Piccante** (D) (Dr. Oetker) | 1/2 Stk. (150 g)* | 366 | 13,9 g | 18,6 g | 35,4 g | 244 | 12,4 g |
| **Ristorante Piccola Pizza Mozzarella** (D) (Dr. Oetker) | 1/2 Stk. (155 g)* | 386 | 16,6 g | 19,8 g | 34,9 g | 249 | 12,8 g |
| **Ristorante Piccola Pizza Salame** (D) (Dr. Oetker) | 1/2 Stk. (140 g)* | 368 | 14,4 g | 18,8 g | 35,3 g | 263 | 13,4 g |
| **Ristorante Piccola Pizza Spinaci** (D) (Dr. Oetker) | 1/2 Stk. (160 g)* | 309 | 11,4 g | 13,4 g | 35 g | 193 | 8,4 g |
| **Ristorante Pollo** (D) (Dr. Oetker) | 1 Stk. (355 g)* | 753 | 30,5 g | 32,7 g | 82,7 g | 212 | 9,2 g |
| **Ristorante Pomodori** (D) (Dr. Oetker) | 1 Stk. (345 g)* | 738 | 27,9 g | 32,8 g | 82,5 g | 214 | 9,5 g |
| **Ristorante Prosciutto** (D) (Dr. Oetker) | 1 Stk. (330 g)* | 746 | 35,6 g | 30,4 g | 81,2 g | 226 | 9,2 g |

* lt. Herstellerangaben auf Portionsgröße umgerechnet

| Speisen / Gerichte | Portionsgröße / Gewicht | kcal/ Portion | Nährstoffgehalt pro Portion | | | Pro 100 Gramm | |
|---|---|---|---|---|---|---|---|
| | | | EW | Fett | KH | kcal | Fett |
| **Ristorante Quattro Formaggi** (D) (Dr. Oetker) | 1 Stk. (340 g)* | 904 | 36,7 g | 47,9 g | 81,3 g | 266 | 14,1 g |
| **Ristorante Quattro Stagioni** (D) (Dr. Oetker) | 1 Stk. (370 g)* | 833 | 33,3 g | 40,7 g | 82,5 g | 225 | 11 g |
| **Ristorante Salame – 50 % Fett** (D) (Dr. Oetker) | 1 Stk. (290 g)* | 595 | 29,3 g | 17,4 g | 79,9 g | 205 | 6,2 g |
| **Ristorante Salame** (D) (Dr. Oetker) | 1 Stk. (320 g)* | 870 | 33 g | 44,8 g | 83,2 g | 272 | 14 g |
| **Ristorante Speciale** (D) (Dr. Oetker) | 1 Stk. (330 g)* | 828 | 35,6 g | 41,9 g | 76,2 g | 251 | 12,7 g |
| **Ristorante Speziale – 50 % Fett** (D) (Dr. Oetker) | 1 Stk. (330 g)* | 620 | 33,7 g | 18,5 g | 79,5 g | 188 | 5,6 g |
| **Ristorante Spinaci** (D) (Dr. Oetker) | 1 Stk. (390 g)* | 772 | 29,6 g | 34,7 g | 83,8 g | 198 | 8,9 g |
| **Ristorante Tonno** (D) (Dr. Oetker) | 1 Stk. (355 g)* | 944 | 34,4 g | 51,5 g | 85,2 g | 266 | 14,5 g |
| **Ristorante Vegetale** (D) (Dr. Oetker) | 1 Stk. (385 g)* | 758 | 25,8 g | 34,6 g | 84,7 g | 197 | 9 g |
| **Ristorante Vegetale Piccante** (D) (Dr. Oetker) | 1 Stk. (350 g)* | 707 | 25,6 g | 29,8 g | 84 g | 202 | 8,5 g |
| **Roast Beef Sandwich (fettarm)** (Subway) | 1 Port. (235 g) | 283 | 21 g | 3,9 g | 44 g | 120 | 1,7 g |
| **Roasted Chicken Sandwich (fettarm)** (Subway) | 1 Port. (249 g) | 303 | 25 g | 5,2 g | 42 g | 122 | 2,1 g |
| **Rösti-Baguettes** (Bofrost) | 1 Stk. (100 g) | 205 | 3,7 g | 13,2 g | 17,9 g | 205 | 13,2 g |
| **Rösti-Sandwich** (Bofrost) | 1 Stk. (200 g) | 510 | 13,6 g | 30 g | 46,6 g | 255 | 15 g |
| **Rösti-Sandwich** (Bofrost) | 1 Stk. (200 g) | 510 | 13,6 g | 30 g | 46,6 g | 255 | 15 g |
| **Salamipizza** | 1 Stk. (250 g) | 668 | 20 g | 35 g | 67,5 g | 267 | 14 g |
| **Scampi-Pizza** (COSTA) | 1 Stk. (370 g) | 821 | 3,3 g | 37,7 g | 86,2 g | 222 | 10,2 g |
| **Schinken Salat (fettarm, ohne Dressing)** (Subway) | 1 Port. (290 g) | 98 | 11 g | 2,1 g | 9 g | 34 | 0,7 g |
| **Schinken Sandwich (fettarm)** (Subway) | 1 Port. (235 g) | 261 | 16 g | 3,9 g | 43 g | 111 | 1,7 g |
| **Schinken-Käse Sandwich** (Wojnar) | 1 Port. (130 g) | 363 | 11,3 g | 18,7 g | 36,8 g | 279 | 14,4 g |
| **Schinken-Käse-Croissant** (Ditsch) | 1 Stk. (85 g) | 355 | 10,5 g | 21,1 g | 30,8 g | 418 | 24,8 g |
| **Schinken-Käse-Croissant** (Müller Brot) | 1 Stk. (125 g) | 440 | 17,6 g | 28 g | 29,5 g | 352 | 22,4 g |
| **Schinken-Pizzettis** (Bofrost) | 1 Stk. (30 g) | 68 | 3,3 g | 2,8 g | 7,6 g | 228 | 9,2 g |

* lt. Herstellerangaben auf Portionsgröße umgerechnet

| Speisen / Gerichte | Portionsgröße / Gewicht | kcal/ Portion | Nährstoffgehalt pro Portion | | | Pro 100 Gramm | |
|---|---|---|---|---|---|---|---|
| | | | EW | Fett | KH | kcal | Fett |
| **Schinken-Stange** (Ditsch) | 1 Stk. (153 g) | 279 | 11,8 g | 9,2 g | 36,8 g | 182 | 6 g |
| **Schlemmerzunge** (Ditsch) | 1 Stk. (128 g) | 299 | 11,6 g | 11 g | 38 g | 234 | 8,6 g |
| **Seelachs-Ei-Baguette** (D) (Nordsee) | 1 Port. (140 g)* | 298 | 16 g | 12 g | 29 g | 212 | 9 g |
| **Spezialitäten Hefeteig für Kuchen** (Wagner) | 500 g | 1.300 | 30,5 | 26 | 236,5 | 260 | 5,2 g |
| **Spezialitäten Pizza-Teig** (Wagner) | 500 g | 1.175 | 31,5 | 19,5 | 218 | 235 | 3,9 g |
| **Spinatpizza** | 1/2 Stk. (160 g)* | 310 | 11,4 g | 13,4 g | 35 g | 194 | 8,4 g |
| **Star-Burger** (Kochlöffel) | 1 Port. (297 g) | 615 | 27,2 g | 33,8 g | 50,6 g | 207 | 11,4 g |
| **Steak & Käse Sandwich** (Subway) | 1 Port. (261 g) | 330 | 23 g | 9 g | 38 g | 126 | 3,4 g |
| **Steinofen Balance Geflügelsalami** (Wagner) | 1 Stk. (300 g) | 579 | 30,6 | 15,6 | 79,2 | 193 | 5,2 g |
| **Steinofen Balance Grüner Spargel** (Wagner) | 1 Stk. (340 g) | 575 | 27,5 | 14,6 | 83,3 | 169 | 4,3 g |
| **Steinofen Balance Hähnchen Wokgemüse** (Wagner) | 1 Stk. (340 g) | 568 | 32,6 | 9,9 | 86,7 | 167 | 2,9 g |
| **Steinofen Bolognese** (Wagner) | 1 Stk. (360 g) | 731 | 34,2 | 28,1 | 85,3 | 203 | 7,8 g |
| **Steinofen Capricciosa** (Wagner) | 1 Stk. (350 g) | 707 | 33,2 | 29,8 | 77 | 202 | 8,5 g |
| **Steinofen Champignon** (Wagner) | 1 Stk. (350 g) | 749 | 30,4 | 32,5 | 83,7 | 214 | 9,3 g |
| **Steinofen Chicken** (Wagner) | 1 Stk. (350 g) | 725 | 35,7 | 24,5 | 90,7 | 207 | 7 g |
| **Steinofen Diavolo** (Wagner) | 1 Stk. (350 g) | 802 | 33,2 | 36,8 | 84,3 | 229 | 10,5 g |
| **Steinofen Fantastica** (Wagner) | 1 Stk. (300 g) | 684 | 27,6 | 30 | 76,2 | 228 | 10 g |
| **Steinofen Hawaii** (Wagner) | 1 Stk. (380 g) | 764 | 33,4 | 27,7 | 95,4 | 201 | 7,3 g |
| **Steinofen Käse-Quartett** (Wagner) | 1 Stk. (350 g) | 875 | 41,6 | 39,9 | 87,5 | 250 | 11,4 g |
| **Steinofen Mozzarella** (Wagner) | 1 Stk. (350 g) | 749 | 32,2 | 34 | 79,1 | 214 | 9,7 g |
| **Steinofen Paprika Peperoni** (Wagner) | 1 Stk. (350 g) | 683 | 27,6 | 26,2 | 83,7 | 195 | 7,5 g |
| **Steinofen Peperoni** (Wagner) | 1 Stk. (320 g) | 806 | 33 | 37,8 | 83,8 | 252 | 11,8 g |
| **Steinofen Pizzies Hawaii** (Wagner) | 1 Stk. (150 g) | 312 | 15,2 | 12 | 35,7 | 208 | 8 g |

* lt. Herstellerangaben auf Portionsgröße umgerechnet

| Speisen / Gerichte | Portionsgröße / Gewicht | kcal/ Portion | Nährstoffgehalt pro Portion | | | Pro 100 Gramm | |
|---|---|---|---|---|---|---|---|
| | | | EW | Fett | KH | kcal | Fett |
| **Steinofen Pizzies Käse-Spinat** (Wagner) | 1 Stk. (150 g) | 290 | 12 | 12,8 | 31,5 | 193 | 8,5 g |
| **Steinofen Pizzies Salami** (Wagner) | 1 Stk. (150 g) | 347 | 16,2 | 16,4 | 33,8 | 231 | 10,9 g |
| **Steinofen Pizzies Schinken** (Wagner) | 1 Stk. (150 g) | 305 | 14,7 | 12,6 | 33,5 | 203 | 8,4 g |
| **Steinofen Pizzies Speciale** (Wagner) | 1 Stk. (150 g) | 321 | 15,6 | 14,1 | 32,7 | 214 | 9,4 g |
| **Steinofen Pizzies Thunfisch** (Wagner) | 1 Stk. (150 g) | 345 | 15,6 | 16,5 | 33,6 | 230 | 11 g |
| **Steinofen Salami** (Wagner) | 1 Stk. (320 g) | 794 | 33,6 | 37,4 | 80,3 | 248 | 11,7 g |
| **Steinofen Schinken** (Wagner) | 1 Stk. (350 g) | 805 | 36,8 | 33,6 | 88,9 | 230 | 9,6 g |
| **Steinofen Speciale** (Wagner) | 1 Stk. (350 g) | 819 | 36,1 | 37,8 | 83,3 | 234 | 10,8 g |
| **Steinofen Spinat Feta** (Wagner) | 1 Stk. (390 g) | 718 | 29,2 | 26,9 | 89,7 | 184 | 6,9 g |
| **Steinofen Thunfisch** (Wagner) | 1 Stk. (360 g) | 878 | 35,6 | 44,6 | 83,5 | 244 | 12,4 g |
| **Steinofen Vegetaria** (Wagner) | 1 Stk. (370 g) | 722 | 28,1 | 30,7 | 83,6 | 195 | 8,3 g |
| **Steinofen Vier-Jahreszeiten Pizza** (Wagner) | 1 Stk. (400 g) | 828 | 31,6 | 40,4 | 84,8 | 207 | 10,1 g |
| **Subway Melt Sandwich (Truthahn, Schinken, Speck, Käse)** (Subway) | 1 Port. (266 g) | 350 | 23 g | 10 g | 41 g | 132 | 3,8 g |
| **Thunfisch Sandwich** (Subway) | 1 Port. (261 g) | 514 | 20 g | 31 g | 39 g | 197 | 11,9 g |
| **Thunfisch Sandwich** (Wojnar) | 1 Port. (130 g) | 320 | 12,9 g | 13,4 g | 28,3 g | 246 | 10,3 g |
| **Tolle Tüte mit Pommes, Ketchup, 2 Fischstäbchen** (A) (Nordsee) | 1 Port. (175 g)* | 465 | 12 g | 15 g | 68 g | 265 | 8,8 g |
| **Tolle Tüte mit Pommes, Ketchup, 2 Fischstäbchen** (D) (Nordsee) | 1 Port. (185 g)* | 382 | 12 g | 14 g | 51 g | 206 | 7,7 g |
| **Tolle Tüte mit Pommes, Ketchup, 4 Fischstäbchen** (A) (Nordsee) | 1 Port. (222 g)* | 575 | 20 g | 20 g | 77 g | 259 | 9,2 g |
| **Tolle Tüte mit Pommes, Ketchup, 4 Fischstäbchen** (D) (Nordsee) | 1 Port. (232 g)* | 491 | 20 g | 19 g | 59 g | 212 | 8,3 g |
| **Tomaten-Stange** (Ditsch) | 1 Stk. (143 g) | 243 | 9,7 g | 7,1 g | 34,5 g | 170 | 5 g |
| **Toscanini** (Mann) | 1 Stk. (260 g) | 437 | 48,6 g | 13,5 g | 57,5 g | 168 | 5,2 g |

* lt. Herstellerangaben auf Portionsgröße umgerechnet

| Speisen / Gerichte | Portionsgröße / Gewicht | kcal/ Portion | Nährstoffgehalt pro Portion | | | Pro 100 Gramm | |
|---|---|---|---|---|---|---|---|
| | | | EW | Fett | KH | kcal | Fett |
| **Triple WHOPPER** (D) (Burger King) | 1 Port. (435 g) | 1.066 | 65 g | 69 g | 47 g | 245 | 15,9 g |
| **Truthahn & Schinken Sandwich (fettarm)** (Subway) | 1 Port. (244 g) | 271 | 19 g | 3,8 g | 43 g | 111 | 1,6 g |
| **Truthahn Sandwich (fettarm)** (Subway) | 1 Port. (235 g) | 264 | 19 g | 3,4 g | 43 g | 112 | 1,4 g |
| **Thunfischpizza** | 1 Stk. (235 g) | 740 | 19 g | 39 g | 69 g | 315 | 29 g |
| **Veggi King** (A) (Burger King) | 1 Port. (228 g) | 527 | 12 g | 28 g | 56 g | 231 | 12,3 g |
| **Veggi King mit Käse** (A) (Burger King) | 1 Port. (240 g) | 569 | 14 g | 31 g | 57 g | 237 | 12,9 g |
| **Veggie Delite Sandwich (fettarm)** (Subway) | 1 Port. (178 g) | 210 | 7 g | 2,7 g | 42 g | 118 | 1,5 g |
| **Whopper** (A) (Burger King) | 1 Port. (274 g) | 634 | 27 g | 38 g | 47 g | 231 | 13,9 g |
| **WHOPPER** (D) (Burger King) | 1 Port. (274 g) | 611 | 27 g | 35 g | 47 g | 223 | 12,8 g |
| **WHOPPER Jr.** (D) (Burger King) | 1 Port. (153 g) | 349 | 15 g | 19 g | 29 g | 228 | 12,4 g |
| **Whopper Junior** (A) (Burger King) | 1 Port. (152 g) | 363 | 15 g | 20 g | 30 g | 239 | 13,2 g |
| **Whopper Junior mit Käse** (A) (Burger King) | 1 Port. (164 g) | 405 | 17 g | 23 g | 31 g | 247 | 14 g |
| **Whopper mit Käse** (A) (Burger King) | 1 Port. (299 g) | 717 | 32 g | 45 g | 49 g | 240 | 15,1 g |
| **Wikinger** (Nordsee) | 1 Port. (245 g)* | 576 | 22 g | 23 g | 68 g | 235 | 9,6 g |
| **Wraps Chicken & Bacon Ranch** (Subway) | 1 Port. (256 g) | 374 | 34 g | 20 g | 10 g | 146 | 7,8 g |
| **Wraps Thunfisch** (Subway) | 1 Port. (210 g) | 406 | 21 g | 31 g | 8 g | 193 | 14,8 g |
| **Wraps Truthahn** (Subway) | 1 Port. (184 g) | 157 | 20 g | 3,7 g | 8 g | 85 | 2 g |
| **Zwiebel-Stange** (Ditsch) | 1 Stk. (153 g) | 253 | 9,6 g | 7,6 g | 36 g | 165 | 5 g |

* lt. Herstellerangaben auf Portionsgröße umgerechnet

# Suppen und Suppeneinlagen

| Speisen / Gerichte | Portionsgröße / Gewicht | kcal/ Portion | Nährstoffgehalt pro Portion | | | Pro 100 Gramm | |
|---|---|---|---|---|---|---|---|
| | | | EW | Fett | KH | kcal | Fett |
| **Aktiv Suppe Gemüse** (Schneekoppe) | 1 Port. (150 ml) | 57 | 1,5 g | 1,1 g | 10,5 g | 38 | 0,7 g |
| **Aktiv Suppe Kartoffel** (Schneekoppe) | 1 Port. (150 ml) | 83 | 1,5 g | 2,6 g | 13,5 g | 55 | 1,7 g |
| **Allgäuer Käsesuppe** | 1 Port. (250 ml) | 178 | 3,7 g | 4,9 g | 3 g | 71 | 2 g |
| **Allgäuer Käsesuppentopf** | 1 Port. (300 g) | 312 | 22,5 g | 16,2 g | 19,2 g | 104 | 5,5 g |
| **Alpenländer Käsecreme Suppe** (D) (Knorr, Feinschmecker)**, zubereitet** | 1 Teller (250 ml) | 154 | 3 g | 11 g | 11 g | 62 | 4,4 g |
| **Apfelsuppe** | 1 Port. (250 ml) | 132 | 0,3 g | 0,4 g | 32 g | 53 | 0,2 g |
| **Asia** (Maggi, Kohlsuppe), **zubereitet** | 1 Port. (410 ml) | 115 | 4,9 g | 2,9 g | 1 g | 28 | 0,7 g |
| **Asiatische Hühnersuppe mit Ingwer & Koriander** (Maggi, Feel good)**, zubereitet** | 1 Port. (200 ml) | 94 | 3,6 g | 0,6 g | 4,6 g | 47 | 0,3 g |
| **Asiatische Kohlsuppe** (Erasco) | 1 Port. (215 ml) | 43 | 1,3 g | 1,3 g | 6,5 g | 20 | 0,6 g |
| **Avocadocremesuppe** | 1 Port. (250 ml) | 315 | 1,2 g | 12,8 g | 0,4 g | 126 | 5,1 g |
| **Backerbsensuppe, Rindsuppe** | 1 Port. (250 ml) | 182 | 7,6 g | 13 g | 5,6 g | 73 | 5,2 g |
| **Backerbsensuppe, Würfel** | 1 Port. (250 ml) | 91 | 3,2 g | 5,5 g | 6,3 g | 36 | 2,2 g |
| **Bärlauchcreme Suppe mit Crème Fraîche** (A) (Knorr, Vitamin plus)**, zubereitet** | 1 Teller (250 ml) | 65 | 3 g | 2 g | 9 g | 26 | 0,9 g |
| **Bärlauch-Creme-Suppe** (Erasco) | 1 Port. (195 ml) | 84 | 1,2 g | 5,5 g | 7,8 g | 43 | 2,8 g |
| **Bauernsuppe** | 1 Port. (250 ml) | 277 | 11 g | 1,5 g | 51 g | 111 | 0,6 g |
| **Bauernsuppe mit geröstetem Grieß** (Maggi, Guten Appetit)**, zubereitet** | 1 Port. (250 ml) | 45 | 1,8 g | 0,8 g | 7,8 g | 18 | 0,3 g |

| Speisen / Gerichte | Portionsgröße / Gewicht | kcal/ Portion | Nährstoffgehalt pro Portion | | | Pro 100 Gramm | |
|---|---|---|---|---|---|---|---|
| | | | EW | Fett | KH | kcal | Fett |
| **Bayrische Brennsuppe** | 1 Port. (250 ml) | 113 | 1 g | 3,2 g | 3,1 g | 45 | 1,3 g |
| **Berliner Kartoffelsuppe mit Bockwurst** | 1 Port. (400 g) | 288 | 10,8 g | 18,8 g | 19,2 g | 72 | 4,6 g |
| **Biersuppe** | 1 Port. (250 ml) | 214 | 4,1 g | 6,3 g | 18 g | 86 | 2,5 g |
| **Bihunsuppe Indonesia** (Maggi, Magic Asia), **zubereitet** | 1 Port. (400 ml) | 208 | 6,4 g | 6,8 g | 1,9 g | 52 | 1,7 g |
| **Bihun-Suppe mit Hühnerfleisch** (Sonnen Bassermann) | 1 Port. (200 ml) | 100 | 3,8 g | 4,8 g | 10,2 g | 50 | 2,4 g |
| **Biskuitschöberlsuppe, Rindsuppe** | 1 Port. (250 ml) | 213 | 9,2 g | 12 g | 13 g | 85 | 4,8 g |
| **Biskuitschöberlsuppe, Würfel** | 1 Port. (250 ml) | 122 | 4,8 g | 4,6 g | 14 g | 49 | 1,8 g |
| **Blumenkohl-Broccoli Suppe mit Schinken** (Maggi, Meisterklasse), **zubereitet** | 1 Port. (250 ml) | 150 | 3,3 g | 9 g | 2,3 g | 60 | 3,6 g |
| **Blumenkohl-Broccolicreme Suppe** (D) (Knorr, Feinschmecker), **zubereitet** | 1 Teller (250 ml) | 140 | 3 g | 9 g | 11 g | 56 | 3,6 g |
| **Blumenkohlcremesuppe** | 1 Port. (250 ml) | 142 | 2,4 g | 3,2 g | 4 g | 57 | 1,3 g |
| **Blutwurstsuppe** | 1 Port. (250 ml) | 98 | 4,4 g | 1,8 g | 1,1 g | 39 | 0,7 g |
| **Bohnensuppe** (Inzersdorfer) | 1 Port. (200 g) | 152 | 7,8 g | 7 g | 14,4 g | 76 | 3,5 g |
| **Bohnensuppe mit Einbrenn (Mehlschwitze), Rindsuppe** | 1 Port. (250 ml) | 300 | 16 g | 14 g | 24 g | 120 | 5,6 g |
| **Bohnensuppe mit Einbrenn (Mehlschwitze), Würfel** | 1 Port. (250 ml) | 208 | 11 g | 5,9 g | 25 g | 83 | 2,4 g |
| **Bohnensuppe mit pikanter Wurst und Kartoffeln** (A) (Knorr, Party Kessel) | 1 Teller (250 ml) | 246 | 10 g | 15 g | 18 g | 98 | 6 g |
| **Borschtsch** | 1 Port. (250 ml) | 100 | 10 g | 3 g | 6 g | 40 | 1,2 g |
| **Bouillabaisse (Fischsuppe)** | 1 Port. (250 ml) | 162 | 20 g | 6,4 g | 2,2 g | 65 | 2,6 g |
| **Bouillon mit Ei** | 1 Port. (250 ml) | 190 | 12 g | 14 g | 0,4 g | 76 | 5,6 g |
| **Broccoli Creme Suppe mit Croûtons** (A) (Knorr, Heiße Tasse), **zubereitet** | 1 Tasse (150 ml) | 66 | 1 g | 3 g | 9 g | 44 | 2 g |
| **Broccoli Suppe** (Maggi, Guten Appetit), **zubereitet** | 1 Port. (250 ml) | 73 | 1,8 g | 3,5 g | 8,8 g | 29 | 1,4 g |

| Speisen / Gerichte | Portionsgröße / Gewicht | kcal/ Portion | Nährstoffgehalt pro Portion | | | Pro 100 Gramm | |
|---|---|---|---|---|---|---|---|
| | | | EW | Fett | KH | kcal | Fett |
| **Broccolicreme Suppe** (D) (Knorr, activ)**, zubereitet** | 1 Teller (250 ml) | 152 | 3 g | 10 g | 12 g | 61 | 4 g |
| **Broccolicreme Suppe** (D) (Knorr, Feinschmecker)**, zubereitet** | 1 Teller (250 ml) | 158 | 3 g | 10 g | 13 g | 63 | 4 g |
| **Broccoli-Creme-Suppe** (Erasco) | 1 Port. (200 ml) | 100 | 2,6 g | 7,6 g | 5,4 g | 50 | 3,8 g |
| **Broccoli-Cremesuppe** (Maggi, Meisterklasse)**, zubereitet** | 1 Port. (250 ml) | 120 | 3 g | 7 g | 1,7 g | 48 | 2,8 g |
| **Broccolicreme-Suppe mit Knusper-Croûtons** (D) (Knorr, activ)**, zubereitet** | 1 Teller (150 ml) | 95 | 1 g | 6 g | 8 g | 63 | 4 g |
| **Broccoli-Cremesuppe mit Sahne** (Sonnen Bassermann) | 1 Port. (200 ml) | 122 | 1,6 g | 9,2 g | 8,4 g | 61 | 4,6 g |
| **Buchstaben Suppe** (Maggi, Guten Appetit)**, zubereitet** | 1 Port. (250 ml) | 95 | 3,5 g | 1,3 g | 17,8 g | 38 | 0,5 g |
| **Buchstabensuppe** (D) (Knorr, Suppenliebe)**, zubereitet** | 1 Teller (250 ml) | 93 | 4 g | 1 g | 17 g | 37 | 0,4 g |
| **Bunte Gemüse Suppe** (D) (Knorr, Gemüse satt)**, zubereitet** | 1 Teller (180 ml) | 88 | 3 g | 2 g | 15 g | 49 | 1 g |
| **Buttermilchkaltschale** | 1 Port. (250 ml) | 158 | 3,2 g | 0,5 g | 10,6 g | 63 | 0,2 g |
| **Buttermilchsuppe** | 1 Port. (250 ml) | 140 | 2,7 g | 1,5 g | 7,5 g | 56 | 0,6 g |
| **Butternockerlsuppe, Rindsuppe** | 1 Port. (250 ml) | 359 | 11 g | 14 g | 20 g | 144 | 5,6 g |
| **Butternockerlsuppe, Würfel** | 1 Port. (250 ml) | 268 | 6,5 g | 16 g | 21 g | 107 | 6,4 g |
| **Champignon Creme-Suppe** (Maggi, Guten Appetit)**, zubereitet** | 1 Port. (250 ml) | 63 | 1,8 g | 2,3 g | 9,3 g | 25 | 0,9 g |
| **Champignoncreme Suppe** (A) (Knorr, Bitte zu Tisch)**, zubereitet** | 1 Teller (250 ml) | 80 | 2 g | 4 g | 9 g | 32 | 2 g |
| **Champignoncreme Suppe** (D) (Knorr, Feinschmecker)**, zubereitet** | 1 Teller (250 ml) | 117 | 2 g | 8 g | 10 g | 47 | 3 g |
| **Champignoncreme-Suppe** (D) (Knorr, activ)**, zubereitet** | 1 Teller (150 ml) | 68 | 1 g | 2 g | 11 g | 45 | 1,3 g |
| **Champignon-Cremesuppe** (Maggi, Meisterklasse)**, zubereitet** | 1 Port. (250 ml) | 120 | 2,8 g | 6,3 g | 2,2 g | 48 | 2,5 g |
| **Champignon-Cremesuppe mit Sahne** (Sonnen Bassermann) | 1 Port. (200 ml) | 122 | 1,2 g | 10,2 g | 6,4 g | 61 | 5,1 g |

| Speisen / Gerichte | Portionsgröße / Gewicht | kcal/ Portion | Nährstoffgehalt pro Portion | | | Pro 100 Gramm | |
|---|---|---|---|---|---|---|---|
| | | | EW | Fett | KH | kcal | Fett |
| **Chinesische Gemüse Suppe süß-sauer** (A) (Knorr, Heiße Tasse), **zubereitet** | 1 Tasse (150 ml) | 35 | 1 g | 0 g | 6 g | 23 | 0 g |
| **Chinesische Gemüsesuppe** (D) (Knorr, activ), **zubereitet** | 1 Teller (150 ml) | 64 | 1 g | < 1 g | 13 g | 43 | < 1 g |
| **Chinesische Gemüsesuppe** (Maggi, Meisterklasse), **zubereitet** | 1 Port. (250 ml) | 58 | 1,3 g | 3,3 g | 0,9 g | 23 | 1,3 g |
| **Chinesische Nudel Suppe** (D) (Knorr, activ), **zubereitet** | 1 Teller (200 ml) | 110 | 3 g | 2 g | 20 g | 55 | 1 g |
| **Chinesische Wan-Tan Suppe** (Maggi, Meisterklasse), **zubereitet** | 1 Port. (250 ml) | 103 | 3,5 g | 2,3 g | 2,8 g | 41 | 0,9 g |
| **Classic** (Maggi, Kohlsuppe), **zubereitet** | 1 Port. (410 ml) | 98 | 4,9 g | 2,1 g | 0,9 g | 24 | 0,5 g |
| **Cremesuppe Spargelduett** (Maggi, Meisterklasse), **zubereitet** | 1 Port. (250 ml) | 120 | 1,5 g | 8,5 g | 1,5 g | 48 | 3,4 g |
| **Debreziner Würstelsuppe** (A) (Knorr, Meister Kessel) | 1 Teller (250 ml) | 214 | 6 g | 15 g | 15 g | 86 | 6 g |
| **Deftige Gemüsesuppe mit Kartoffeln** (A) (Knorr, Meister Kessel) | 1 Teller (250 ml) | 176 | 4 g | 12 g | 14 g | 70 | 5 g |
| **Deftiger Erbsentopf mit Speck** (D) (Knorr, Suppenliebe), **zubereitet** | 1 Teller (300 ml) | 180 | 13 g | 3 g | 27 g | 60 | 1 g |
| **Deftiger Kartoffeltopf mit Röstzwiebeln und Speck** (D) (Knorr, Suppenliebe), **zubereitet** | 1 Teller (300 ml) | 177 | 4 g | 8 g | 23 g | 59 | 2,7 g |
| **Deftiger Linseneintopf mit Speck** (D) (Knorr, Suppenliebe), **zubereitet** | 1 Teller (300 ml) | 197 | 14 g | 3 g | 29 g | 66 | 1 g |
| **Deftiger Linsen-Eintopf mit Speck** (Maggi, Wirtshaus), **zubereitet** | 1 Port. (300 ml) | 210 | 12,9 g | 3,9 g | 31 g | 70 | 1,3 g |
| **Eier-Flädle** (Settele) | 1 Port. (100 g) | 188 | 7 g | 7 g | 24 g | 188 | 7 g |
| **Eiermuschel Suppe** (Maggi, Guten Appetit), **zubereitet** | 1 Port. (250 ml) | 48 | 2,3 g | 1 g | 7,5 g | 19 | 0,4 g |
| **Eiermuschelsuppe** (D) (Knorr, Suppenliebe), **zubereitet** | 1 Teller (250 ml) | 62 | 3 g | 1 g | 10 g | 25 | 0,4 g |
| **Eierstich** (Bofrost) | 1 Port. (100 g) | 110 | 9,3 g | 7,4 g | 1,6 g | 110 | 7,4 g |
| **Einbrennsuppe, Rindsuppe** | 1 Port. (250 ml) | 262 | 8,8 g | 13 g | 23 g | 105 | 5,2 g |
| **Einbrennsuppe, Würfel** | 1 Port. (250 ml) | 170 | 4,4 g | 5,5 g | 24 g | 68 | 2,2 g |

* lt. Herstellerangaben auf Portionsgröße umgerechnet

| Speisen / Gerichte | Portionsgröße / Gewicht | kcal/ Portion | Nährstoffgehalt pro Portion | | | Pro 100 Gramm | |
|---|---|---|---|---|---|---|---|
| | | | EW | Fett | KH | kcal | Fett |
| **Erbsencreme Suppe mit Kartoffeln und Kräutern** (D) (Knorr, activ), **zubereitet** | 1 Teller (250 ml) | 151 | 5 g | 7 g | 18 g | 60 | 2,8 g |
| **Erbsen-Cremesuppe** (Maggi, Sommersuppe), **zubereitet** | 1 Port. (400 ml) | 236 | 8,4 g | 11,2 g | 1,6 g | 59 | 2,8 g |
| **Erbsensuppe** | 1 Teller (250 ml) | 110 | 2,4 g | 2,4 g | 3 g | 44 | 1 g |
| **Erbsensuppe mit Würstchen***** | 1 Port. (305 g) | 175 | 15 g | 4 g | 19 g | 57 | 1,3 g |
| **Erbsensuppe püriert** | 1 Port. (250 ml) | 110 | 2,4 g | 2,4 g | 3 g | 44 | 1 g |
| **Exotische Kürbiscremesuppe***** | 1 Port. (275 g) | 40 | 2 g | 0 g | 7 g | 15 | 0 g |
| **Faverlsuppe, Rindsuppe** | 1 Port. (250 ml) | 218 | 9,1 g | 12 g | 16 g | 87 | 4,8 g |
| **Faverlsuppe, Würfel** | 1 Port. (250 ml) | 127 | 4,6 g | 3,9 g | 17 g | 51 | 1,6 g |
| **Feine Rindsuppe mit Frittaten** (A) (Knorr, Kaiser Teller), **zubereitet** | 1 Teller (250 ml) | 134 | 5 g | 8 g | 10 g | 45 | 3 g |
| **Feine Rindsuppe mit Grießnockerln** (A) (Knorr, Kaiser Teller), **zubereitet** | 1 Teller (310 ml)* | 172 | 5 g | 10 g | 16 g | 55 | 3 g |
| **Festtagssuppe mit Butterpilz- und Kräuterklößchen** (Maggi, Meisterklasse), **zubereitet** | 1 Port. (250 ml) | 50 | 3,8 g | 1 g | 1,2 g | 20 | 0,4 g |
| **Festtagssuppe, Einlage** (Settele) | 1 Port. (100 g) | 199 | 8 g | 10 g | 19 g | 199 | 10 g |
| **Feurige Thai-Suppe** (Erasco) | 1 Port. (195 ml) | 66 | 3,9 g | 3,1 g | 5,9 g | 34 | 1,6 g |
| **Fiesta Mexicana Feurige Bohnensuppe** (A) (Knorr, Meister Kessel) | 1 Teller (250 ml) | 296 | 9 g | 20 g | 20 g | 118 | 8 g |
| **Flädle (Frittaten)** | 1 Port. (100 g) | 150 | 4,6 g | 7,5 g | 16,4 g | 150 | 7,5 g |
| **Flädlesuppe (Frittatensuppe)** | 1 Port. (300 g) | 210 | 8,1 | 10,8 | 18 | 70 | 3,6 |
| **Flädlesuppe** (D) (Knorr, Feinschmecker), **zubereitet** | 1 Teller (250 ml) | 108 | 3 g | 7 g | 9 g | 43 | 2,8 g |
| **Flädlesuppe mit Schnittlauch** (Maggi, Meisterklasse), **zubereitet** | 1 Port. (250 ml) | 48 | 2,3 g | 0,8 g | 1,3 g | 19 | 0,3 g |
| **Fleischklößchen** (Bofrost) | 1 Port. (100 g) | 204 | 12,5 g | 15,1 g | 4,6 g | 204 | 15,1 g |
| **Fleischklößchen Suppe** (Maggi, Guten Appetit), **zubereitet** | 1 Port. (250 ml) | 50 | 2,5 g | 1 g | 8 g | 20 | 0,4 g |

* lt. Herstellerangaben auf Portionsgröße umgerechnet   *** Rezept aus gelbem Schlank-ohne-Diät-Kochbuch

| Speisen / Gerichte | Portionsgröße / Gewicht | kcal/ Portion | Nährstoffgehalt pro Portion | | | Pro 100 Gramm | |
|---|---|---|---|---|---|---|---|
| | | | EW | Fett | KH | kcal | Fett |
| **Fleischklößchensuppe** (D) (Knorr, Suppenliebe), **zubereitet** | 1 Teller (250 ml) | 46 | 3 g | 1 g | 7 g | 18 | 0,4 g |
| **Fleischstrudelsuppe, Rindsuppe** | 1 Port. (250 ml) | 314 | 16 g | 18 g | 16 g | 126 | 7,2 g |
| **Fleischstrudelsuppe, Würfel** | 1 Port. (250 ml) | 222 | 11 g | 11 g | 17 g | 89 | 4,4 g |
| **Fränkische Grünkerncreme Suppe** (D) (Knorr, Feinschmecker), **zubereitet** | 1 Teller (250 ml) | 158 | 4 g | 11 g | 12 g | 63 | 4,4 g |
| **Französische Knoblauch Suppe** (A) (Knorr, Heiße Tasse), **zubereitet** | 1 Tasse (150 ml) | 69 | 1 g | 3 g | 9 g | 46 | 2 g |
| **Französische Zwiebelsuppe, Rindsuppe** | 1 Port. (250 ml) | 358 | 17 g | 19 g | 25 g | 143 | 7,6 g |
| **Französische Zwiebelsuppe, Würfel** | 1 Port. (250 ml) | 267 | 12 g | 11 g | 26 g | 107 | 4,4 g |
| **Frittaten (Flädle)** | 1 Port. (100 g) | 150 | 4,6 g | 7,5 g | 16,4 g | 150 | 7,5 g |
| **Frittaten Suppe** (A) (Knorr, Heiße Tasse), **zubereitet** | 1 Tasse (150 ml) | 39 | 2 g | 1 g | 6 g | 26 | <1 g |
| **Frittaten Suppe** (A) (Knorr, Kaiser Teller), **zubereitet** | 1 Teller (250 ml) | 52 | 2 g | 1 g | 8 g | 21 | <1 g |
| **Frittatensuppe, Rindsuppe** | 1 Port. (250 ml) | 260 | 10 g | 15 g | 18 g | 104 | 6 g |
| **Frittatensuppe, Würfel** | 1 Port. (250 ml) | 169 | 5,5 g | 7,1 g | 19 g | 68 | 2,8 g |
| **Frühling Suppe** (Maggi, Guten Appetit), **zubereitet** | 1 Port. (250 ml) | 55 | 2 g | 1,3 g | 9 g | 22 | 0,5 g |
| **Frühlings Gemüse Suppe** (D) (Knorr, Gemüse satt), **zubereitet** | 1 Teller (250 ml) | 111 | 3 g | 2 g | 19 g | 44 | 0,8 g |
| **Frühlings-Gemüsesuppe** (Erasco, Suppremo) | 1 Port. (250 ml) | 40 | 2,5 g | 1,3 g | 4,8 g | 16 | 0,5 g |
| **Frühlingssuppe** (D) (Knorr, Suppenliebe), **zubereitet** | 1 Teller (250 ml) | 58 | 3 g | 1 g | 10 g | 23 | 0,4 g |
| **Frühlingssuppe mit Fleischklößchen** (Maggi, Meisterklasse), **zubereitet** | 1 Port. (250 ml) | 83 | 3,3 g | 1,5 g | 2,2 g | 33 | 0,6 g |
| **Garnelencremesuppe** | 1 Port. (250 ml) | 520 | 41 g | 39 g | 2 g | 208 | 15,6 g |
| **Gartengemüse Suppe** (D) (Knorr, Gemüse satt), **zubereitet** | 1 Teller (180 ml) | 84 | 3 g | 2 g | 14 g | 47 | 1,1 g |
| **Gartengemüsesuppe mit Nudeln** (D) (Knorr, activ), **zubereitet** | 1 Teller (250 ml) | 66 | 4 g | 1 g | 10 g | 26 | 0,4 g |

| Speisen / Gerichte | Portionsgröße / Gewicht | kcal/ Portion | Nährstoffgehalt pro Portion | | | Pro 100 Gramm | |
|---|---|---|---|---|---|---|---|
| | | | EW | Fett | KH | kcal | Fett |
| **Gazpacho (kalte Gemüsesuppe)** | 1 Port. (250 ml) | 98 | 2 g | 4,3 g | 9,6 g | 39 | 1,7 g |
| **Gebundene Gemüsesuppe** (A) (Knorr, Bitte zu Tisch), **zubereitet** | 1 Teller (250 ml)* | 53 | 2 g | 2 g | 8 g | 21 | 0,8 g |
| **Gebundene Ochsenschwanzsuppe** (Erasco) | 1 Port. (195 ml) | 84 | 5,9 g | 3,3 g | 7,6 g | 43 | 1,7 g |
| **Geeiste Gurkensuppe** | 1 Port. (250 ml) | 133 | 7 g | 6,4 g | 10 g | 53 | 2,6 g |
| **Geflügelcremesuppe** | 1 Port. (250 ml) | 150 | 1,7 g | 4,7 g | 2,4 g | 60 | 1,9 g |
| **Gemüsecreme Suppe mit Croûtons** (A) (Knorr, Vitamin plus), **zubereitet** | 1 Tasse (150 ml) | 71 | 0,9 g | 3,8 g | 8,3 g | 47 | 2,5 g |
| **Gemüsecremesuppe** | 1 Port. (250 ml) | 75 | 0,9 g | 1,6 g | 2,7 g | 30 | 0,6 g |
| **Gemüsecreme-Suppe** (Du darfst), **zubereitet** | 1 Port. (200 g) | 115 | 3 g | 2 g | 19 g | 57,5 | 1 g |
| **Gemüsecreme-Suppe mit Knusper-Croûtons** (D) (Knorr, activ), **zubereitet** | 1 Teller (150 ml) | 93 | 1 g | 4 g | 13 g | 62 | 2,7 g |
| **Gemüsemaultaschen** (Settele) | 1 Port. (100 g) | 169 | 7 g | 2 g | 30 g | 169 | 2 g |
| **Gemüsesuppe „Toskana"** (Maggi, Sommersuppe), **zubereitet** | 1 Port. (400 ml) | 124 | 3,6 g | 4 g | 1,2 g | 31 | 1 g |
| **Gemüsesuppe Asia** (Maggi), **zubereitet** | 1 Port. (410 g) | 176 | 9 g | 3,7 g | 20,1 g | 43 | 0,9 g |
| **Gemüsesuppe China** (Maggi, Magic Asia), **zubereitet** | 1 Port. (400 ml) | 208 | 5,2 g | 6 g | 2,1 g | 52 | 1,5 g |
| **Gemüsesuppe Italienische Art** (D) (Knorr, Suppenliebe), **zubereitet** | 1 Teller (250 ml) | 39 | 2 g | 1 g | 2 g | 16 | 0,4 g |
| **Gemüsesuppe Mediterran** (Maggi), **zubereitet** | 1 Port. (420 g) | 176 | 8,8 g | 6,3 g | 21,4 g | 42 | 1,5 g |
| **Gemüsesuppe mit Einbrenn (Mehlschwitze), Rindsuppe** | 1 Port. (250 ml) | 276 | 9,8 g | 19 g | 12 g | 110 | 7,6 g |
| **Gemüsesuppe mit Einbrenn (Mehlschwitze), Würfel** | 1 Port. (250 ml) | 184 | 5,4 g | 11 g | 13 g | 74 | 4,4 g |
| **Gemüsesuppe mit Huhn** (Inzersdorfer) | 1 Port. (200 g) | 82 | 4,8 g | 5,8 g | 3,8 g | 41 | 2,9 g |
| **Gemüsesuppe, gebunden** | 1 Teller (250 ml) | 52 | 2 g | 2 g | 8 g | 21 | 0,8 g |
| **Gemüsesuppe, Rindsuppe** | 1 Port. (250 ml) | 160 | 8,3 g | 12 g | 2,7 g | 64 | 4,8 g |

| Speisen / Gerichte | Portionsgröße / Gewicht | kcal/ Portion | Nährstoffgehalt pro Portion | | | Pro 100 Gramm | |
|---|---|---|---|---|---|---|---|
| | | | EW | Fett | KH | kcal | Fett |
| **Gemüsesuppe, Würfel** | 1 Port. (250 ml) | 69 | 3,9 g | 4 g | 3,5 g | 28 | 1,6 g |
| **Gerstensuppe Bündner Art** | 1 Port. (250 ml) | 83 | 3 g | 3 g | 11 g | 33 | 1,2 g |
| **Graupensuppe** | 1 Port. (250 ml) | 123 | 6 g | 4 g | 15 g | 49 | 1,6 g |
| **Graupensuppe, Rindsuppe** | 1 Port. (250 ml) | 172 | 7,5 g | 8,3 g | 14 g | 69 | 3,3 g |
| **Graupensuppe, Würfel** | 1 Port. (250 ml) | 81 | 3,1 g | 0,6 g | 15 g | 32 | 0,2 g |
| **Grießklößchen Suppe** (D) (Knorr, Feinschmecker), **zubereitet** | 1 Teller (250 ml) | 78 | 2,5 g | 2,5 g | 7,5 g | 31 | 1 g |
| **Grießklößchen Suppe** (Maggi, Guten Appetit), **zubereitet** | 1 Port. (250 ml) | 53 | 2,3 g | 2 g | 6,5 g | 21 | 0,8 g |
| **Grießklößchen Suppe** (Maggi, Meisterklasse) | 1 Port. (250 ml) | 85 | 3,3 g | 4 g | 1,4 g | 34 | 1,6 g |
| **Grießklößchensuppe** (D) (Knorr, Suppenliebe), **zubereitet** | 1 Teller (250 ml) | 40 | 2 g | 2 g | 4 g | 16 | 0,8 g |
| **Grießknödel** (Settele) | 1 Port. (100 g) | 124 | 5 g | 5 g | 15 g | 124 | 5 g |
| **Grießknödelsuppe, Rindsuppe, 2 Knödel** | 1 Port. (250 ml) | 307 | 10 g | 14 g | 30 g | 123 | 5,6 g |
| **Grießknödelsuppe, Würfel, 2 Knödel** | 1 Port. (250 ml) | 216 | 5,5 g | 6,7 g | 31 g | 86 | 2,7 g |
| **Grießnockerl Suppe** (A) (Knorr, Bitte zu Tisch), **zubereitet** | 1 Teller (250 ml)* | 52 | 2 g | 2 g | 6 g | 21 | 0,8 g |
| **Grießnockerlsuppe, Rindsuppe, 2 Nockerln** | 1 Port. (250 ml) | 250 | 10 g | 14 g | 16 g | 100 | 5,6 g |
| **Grießnockerlsuppe, Würfel, 2 Nockerln** | 1 Port. (250 ml) | 158 | 5,8 g | 6,5 g | 17 g | 63 | 2,6 g |
| **Grießsuppe** | 1 Teller (250 ml) | 70 | 0,4 g | 1,9 g | 2,2 g | 28 | 0,8 g |
| **Grießsuppe eingebrannt** | 1 Port. (250 ml) | 70 | 0,4 g | 1,9 g | 2,2 g | 28 | 0,8 g |
| **Grießsuppe mit Gemüseeinlage** | 1 Port. (250 ml) | 120 | 7 g | 5 g | 12 g | 48 | 2 g |
| **Grüne Nudel-Suppe mit Käse** (D) (Knorr, activ), **zubereitet** | 1 Teller (200 ml) | 150 | 5 g | 5 g | 23 g | 75 | 2,5 g |
| **Grünkernsuppe** | 1 Port. (250 ml) | 119 | 4,9 g | 1,1 g | 21 g | 48 | 0,4 g |

* lt. Herstellerangaben auf Portionsgröße umgerechnet

| **Speisen / Gerichte** | Portionsgröße / Gewicht | kcal/ Portion | Nährstoffgehalt pro Portion | | | Pro 100 Gramm | |
|---|---|---|---|---|---|---|---|
| | | | EW | Fett | KH | kcal | Fett |
| **Gulasch-Creme mit zartem Rindfleisch & Waldpilzen** (Erasco) | 1 Port. (250 ml) | 105 | 5,8 g | 5,5 g | 8,5 g | 42 | 2,2 g |
| **Gulaschsuppe** | 1 Port. (250 ml) | 220 | 13 g | 13 g | 10 g | 88 | 5,2 g |
| **Gulaschsuppe „Wiener Art“** (Sonnen Bassermann) | 1 Port. (200 ml) | 144 | 6,8 g | 10,2 g | 6,2 g | 72 | 5,1 g |
| **Gulaschsuppe** (A) (Knorr, Meister Kessel) | 1 Teller (250 ml)* | 181 | 11 g | 8 g | 17 g | 72 | 3 g |
| **Gulaschsuppe** (Felix Austria) | 1 Port. (225 g) | 203 | 13,5 g | 11,3 g | 11,3 g | 90 | 5 g |
| **Gulaschsuppe** (Inzersdorfer) | 1 Port. (200 g) | 180 | 7,6 g | 10 g | 14 g | 90 | 5 g |
| **Gurkenrahmsuppe mit Dill** | 1 Port. (250 ml) | 520 | 1,6 g | 20,1 g | 5,6 g | 208 | 8 g |
| **Haferflockensuppe** | 1 Port. (250 ml) | 643 | 2,7 g | 24,2 g | 7,8 g | 257 | 9,7 g |
| **Haferschleimsuppe** | 1 Port. (250 ml) | 23 | 0,4 g | 0,2 g | 1,3 g | 9 | 0,1 g |
| **Hamburger Aalsuppe** | 1 Port. (250 ml) | 210 | 4,8 g | 4,8 g | 4,8 g | 84 | 1,9 g |
| **Heidensterzsuppe, Rindsuppe** | 1 Port. (250 ml) | 293 | 9,6 g | 12 g | 32 g | 117 | 4,8 g |
| **Heidensterzsuppe, Würfel** | 1 Port. (250 ml) | 201 | 5,2 g | 4,4 g | 33 g | 80 | 1,8 g |
| **Heißer Becher Nudelsuppe Gemüse** (Maggi)**, zubereitet** | 1 Port. (200 ml) | 156 | 3 g | 5,4 g | 23,4 g | 78 | 2,7 g |
| **Heißer Becher Nudelsuppe Huhn** (Maggi)**, zubereitet** | 1 Port. (200 ml) | 158 | 3,4 g | 5,8 g | 22,8 g | 79 | 2,9 g |
| **Heißer Becher Nudelsuppe Rind** (Maggi)**, zubereitet** | 1 Port. (200 ml) | 154 | 3,2 g | 6,4 g | 22,6 g | 77 | 3,2 g |
| **Herzhafte Leberknödelsuppe** (Erasco) | 1 Port. (200 ml) | 116 | 7,2 g | 6,8 g | 6,6 g | 58 | 3,4 g |
| **Herzhafte Nudelsuppe mit Klößchen** (Maggi, Wirtshaus)**, zubereitet** | 1 Port. (300 ml) | 156 | 6,6 g | 5,7 g | 21,9 g | 52 | 1,9 g |
| **Hessische Metzelsuppe** | 1 Port. (250 ml) | 200 | 9 g | 16 g | 5 g | 80 | 6,4 g |
| **Hirsefrittatensuppe, Rindsuppe** | 1 Port. (250 ml) | 260 | 10 g | 15 g | 17 g | 104 | 6 g |
| **Hirsefrittatensuppe, Würfel** | 1 Port. (250 ml) | 169 | 5,6 g | 7,6 g | 17 g | 68 | 3 g |
| **Hirsesuppe, Rindsuppe** | 1 Port. (250 ml) | 243 | 8,6 g | 12 g | 22 g | 97 | 4,8 g |
| **Hirsesuppe, Würfel** | 1 Port. (250 ml) | 151 | 4,1 g | 4,2 g | 23 g | 60 | 1,7 g |

* lt. Herstellerangaben auf Portionsgröße umgerechnet

| Speisen / Gerichte | Portionsgröße / Gewicht | kcal/ Portion | Nährstoffgehalt pro Portion | | | Pro 100 Gramm | |
|---|---|---|---|---|---|---|---|
| | | | EW | Fett | KH | kcal | Fett |
| **Hochzeitssuppe** | 1 Teller (250 ml) | 60 | 2 | 1,2 | 7,9 | 24 | 0,5 |
| **Hochzeitssuppe** (Maggi, Guten Appetit)**, zubereitet** | 1 Port. (250 ml) | 50 | 2 g | 1,3 g | 7,8 g | 20 | 0,5 g |
| **Hochzeitssuppe mit feinem Gemüse und Geflügelklößchen** (Sonnen Bassermann) | 1 Port. (200 ml) | 70 | 3,4 g | 3,4 g | 6,4 g | 35 | 1,7 g |
| **Hochzeitsuppe, Einlage** (Settele) | 1 Port. (100 g) | 158 | 4 g | 10 g | 13 g | 158 | 10 g |
| **Holundersuppe** | 1 Port. (250 ml) | 129 | 7,4 g | 1,1 g | 22 g | 52 | 0,4 g |
| **Hühner Nudel Suppe** (D) (Knorr, activ)**, zubereitet** | 1 Teller (200 ml) | 94 | 4 g | 1 g | 17 g | 47 | 0,5 g |
| **Hühner Suppe** (Maggi, Guten Appetit)**, zubereitet** | 1 Port. (250 ml) | 55 | 2,3 g | 0,5 g | 10 g | 22 | 0,2 g |
| **Hühner-Bouillon mit Hühnerfleisch und Geflügelklößchen** (Sonnen Bassermann) | 1 Port. (200 ml) | 76 | 5 g | 5 g | 2,6 g | 38 | 2,5 g |
| **Hühnerbouillon mit Nudeln** (Maggi)**, zubereitet** | 1 Port. (350 ml) | 165 | 6 g | 2,5 g | 29,4 g | 47 | 0,7 g |
| **Hühner-Nudel-Suppe** (Du darfst)**, zubereitet** | 1 Port. (200 g) | 88 | 4 g | 1 g | 15 g | 44 | 0,5 g |
| **Hühnersuppe** (D) (Knorr, Suppenliebe)**, zubereitet** | 1 Teller (250 ml) | 72 | 3 g | 1 g | 13 g | 29 | 0,4 g |
| **Hühnersuppe mit Nudeln** (D) (Knorr, activ)**, zubereitet** | 1 Teller (150 ml) | 34 | 1 g | < 1 g | 7 g | 23 | < 1 g |
| **Hühnersuppe mit Nudeln** (Maggi, Meisterklasse)**, zubereitet** | 1 Port. (250 ml) | 45 | 2 g | 1 g | 1,1 g | 18 | 0,4 g |
| **Hühnersuppe mit Nudeln und Gemüse** (A) (Knorr, Bitte zu Tisch)**, zubereitet** | 1 Teller (250 ml)* | 58 | 2 g | 1 g | 9 g | 23 | < 1 g |
| **Hühnersuppe mit Tierfiguren** (Maggi, Guten Appetit)**, zubereitet** | 1 Port. (250 ml) | 93 | 3,8 g | 1 g | 17,5 g | 37 | 0,4 g |
| **Hühnersuppen-Eintopf** (Bofrost) | 1 Port. (400 g) | 240 | 20,4 g | 10,8 g | 15,2 g | 60 | 2,7 g |
| **Hummersuppe** | 1 Port. (250 ml) | 250 | 10,4 g | 6 g | 1,1 g | 100 | 2,4 g |
| **Indonesische Bihun Suppe** (Erasco) | 1 Port. (195 ml) | 86 | 3,9 g | 4,5 g | 7,6 g | 44 | 2,3 g |
| **Italienische Tomaten-Gnocchi-Suppe** (Erasco) | 1 Port. (200 ml) | 78 | 2,2 g | 2,2 g | 12,2 g | 39 | 1,1 g |
| **Kalbscreme Suppe** (A) (Knorr, Bitte zu Tisch)**, zubereitet** | 1 Teller (250 ml)* | 60 | 2 g | 2 g | 8 g | 24 | 0,8 g |

* lt. Herstellerangaben auf Portionsgröße umgerechnet

| Speisen / Gerichte | Portionsgröße / Gewicht | kcal/ Portion | Nährstoffgehalt pro Portion | | | Pro 100 Gramm | |
|---|---|---|---|---|---|---|---|
| | | | EW | Fett | KH | kcal | Fett |
| **Kalte Gurkensuppe mit Milchhäubchen*** ** | 1 Port. (350 ml) | 88 | 6 g | 2 g | 10 g | 26 | 0,6 g |
| **Karfiolcreme Suppe** (A) (Knorr, Kaiser Teller), **zubereitet** | 1 Teller (250 ml)* | 71 | 2 g | 3 g | 9 g | 31 | 1,2 g |
| **Karfiolcremesuppe*** ** | 1 Port. (330 ml) | 77 | 5 g | 4 g | 6 g | 23 | 1,2 g |
| **Karfiolcremesuppe, Rindsuppe** | 1 Port. (250 ml) | 201 | 8 g | 15 g | 5,4 g | 80 | 6 g |
| **Karfiolcremesuppe, Würfel** | 1 Port. (250 ml) | 106 | 3,2 g | 7,3 g | 5,5 g | 42 | 2,9 g |
| **Karfiolsuppe, Rindsuppe** | 1 Port. (250 ml) | 176 | 7,4 g | 13 g | 4,7 g | 70 | 5,2 g |
| **Karfiolsuppe, Würfel** | 1 Port. (250 ml) | 85 | 3 g | 5,3 g | 5,5 g | 34 | 2,1 g |
| **Karottencremesuppe, Rindsuppe** | 1 Port. (250 ml) | 142 | 7 g | 10 g | 2,9 g | 57 | 4 g |
| **Karottencremesuppe, Würfel** | 1 Port. (250 ml) | 51 | 2,6 g | 2,5 g | 3,7 g | 20 | 1 g |
| **Karottensuppe mit Einbrenn, Rindsuppe** | 1 Port. (250 ml) | 222 | 7,9 g | 14 g | 12 g | 89 | 5,6 g |
| **Karottensuppe mit Einbrenn, Würfel** | 1 Port. (250 ml) | 131 | 3,4 g | 6,6 g | 13 g | 52 | 2,6 g |
| **Karottensuppe mit Reis** | 1 Port. (250 ml) | 203 | 1,7 g | 6,4 g | 3,6 g | 81 | 2,6 g |
| **Karottensuppe*** ** | 1 Port. (320 g) | 80 | 3 g | 3 g | 9 g | 25 | 0,9 g |
| **Kartoffel Crème fraîche Suppe** (D) (Knorr, Feinschmecker), **zubereitet** | 1 Teller (250 ml) | 180 | 3 g | 13 g | 12 g | 72 | 5,2 g |
| **Kartoffel Creme Suppe mit Schnittlauch** (Maggi, Meisterklasse), **zubereitet** | 1 Port. (250 ml) | 135 | 1,8 g | 7,8 g | 2,4 g | 54 | 3,1 g |
| **Kartoffel Lauch Suppe** (D) (Knorr, Gemüse satt), **zubereitet** | 1 Teller (180 ml) | 72 | 2 g | 1 g | 13 g | 40 | 0,6 g |
| **Kartoffel Lauch Suppe mit Petersilie** (D) (Knorr, Gemüse satt), **zubereitet** | 1 Teller (250 ml) | 93 | 3 g | 2 g | 16 g | 37 | 0,8 g |
| **Kartoffel Steinpilzcreme Suppe** (D) (Knorr, Feinschmecker), **zubereitet** | 1 Teller (250 ml) | 164 | 3 g | 11 g | 14 g | 66 | 4,4 g |
| **Kartoffelcreme Suppe mit Bärlauch** (D) (Knorr, activ), **zubereitet** | 1 Teller (250 ml) | 146 | 3 g | 8 g | 16 g | 58 | 3 g |
| **Kartoffel-Creme Suppe mit Rucola** (Maggi, Meisterklasse), **zubereitet** | 1 Port. (250 ml) | 95 | 2,5 g | 4,3 g | 2 g | 38 | 1,7 g |

*** Rezept aus gelbem Schlank-ohne-Diät-Kochbuch

| Speisen / Gerichte | Portionsgröße / Gewicht | kcal/ Portion | Nährstoffgehalt pro Portion | | | Pro 100 Gramm | |
|---|---|---|---|---|---|---|---|
| | | | EW | Fett | KH | kcal | Fett |
| **Kartoffel-Creme-Suppe** (Erasco) | 1 Port. (195 ml) | 168 | 4,3 g | 13,1 g | 9 g | 86 | 6,7 g |
| **Kartoffel-Cremesuppe** (Sonnen Bassermann) | 1 Port. (200 ml) | 128 | 3 g | 6,8 g | 13,8 g | 64 | 3,4 g |
| **Kartoffelcreme-Suppe mit Knusper-Croûtons** (D) (Knorr, activ)**, zubereitet** | 1 Teller (150 ml) | 88 | 1 g | 3 g | 14 g | 59 | 2 g |
| **Kartoffelgulasch mit Frankfurter Würsteln** (A) (Knorr, Party Kessel) | 1 Teller (250 ml)* | 258 | 5 g | 18 g | 19 g | 103 | 7 g |
| **Kartoffel-Lauch-Suppe** (Du darfst)**, zubereitet** | 1 Port. (200 g) | 94 | 2 g | 3 g | 15 g | 47 | 1,5 g |
| **Kartoffelsuppe** (Inzersdorfer) | 1 Port. (200 g) | 130 | 4 g | 6,6 g | 16,4 g | 65 | 3,3 g |
| **Kartoffelsuppe mit Pilzen** (A) (Knorr, Meister Kessel) | 1 Teller (250 ml)* | 171 | 4 g | 9 g | 18 g | 68 | 4 g |
| **Kartoffelsuppe mit Räucherspeck** (D) (Knorr, Feinschmecker)**, zubereitet** | 1 Teller (250 ml)* | 113 | 2 g | 6 g | 13 g | 45 | 2,4 g |
| **Kartoffelsuppe mit Wiener Würstchen** (Bofrost) | 1 Port. (350 g) | 326 | 12,3 g | 20,6 g | 22,8 g | 93 | 5,9 g |
| **Kartoffelsuppe, Rindsuppe** | 1 Port. (250 ml) | 334 | 11 g | 13 g | 38 g | 134 | 5,2 g |
| **Kartoffelsuppe, westfälisch** | 1 Port. (300 g) | 201 | 7 g | 10,8 g | 18,5 g | 67 | 3,6 g |
| **Kartoffelsuppe, Würfel** | 1 Port. (250 ml) | 242 | 6,1 g | 5,4 g | 39 g | 97 | 2,2 g |
| **Käse-Lauchsuppe** (Bofrost) | 1 Port. (300 g) | 309 | 15,9 g | 20,7 g | 14,7 g | 103 | 6,9 g |
| **Käsesuppe** | 1 Port. (250 ml) | 190 | 7,8 g | 16 g | 1,6 g | 76 | 6,4 g |
| **Klare Hühner-Nudel-Suppe** (Erasco) | 1 Port. (195 ml) | 74 | 4,7 g | 3,3 g | 6,2 g | 38 | 1,7 g |
| **Klare Kartoffel-Waldpilz-Suppe** (Erasco) | 1 Port. (200 ml) | 52 | 2,2 g | 0,2 g | 10,2 g | 26 | 0,1 g |
| **Klare Markklößchen-Suppe** (Erasco) | 1 Port. (195 ml) | 103 | 3,1 g | 6,2 g | 8,8 g | 53 | 3,2 g |
| **Klare Rindsuppe ohne Beilage** | 1 Port. (250 ml) | 102 | 5,6 g | 8 g | 0 g | 41 | 3,2 g |
| **Klare Suppe ohne Beilage, Würfel** | 1 Port. (250 ml) | 10 | 1,2 g | 0,3 g | 0,8 g | 4 | 0,1 g |
| **Klassische Kohlsuppe** (Erasco) | 1 Port. (215 ml) | 37 | 1,5 g | 1,3 g | 4,9 g | 17 | 0,6 g |
| **Knoblauchcreme Suppe** (A) (Knorr, Kaiser Teller)**, zubereitet** | 1 Teller (250 ml)* | 118 | 3 g | 6 g | 13 g | 47 | 2,5 g |

* lt. Herstellerangaben auf Portionsgröße umgerechnet

| Speisen / Gerichte | Portionsgröße / Gewicht | kcal/ Portion | Nährstoffgehalt pro Portion | | | Pro 100 Gramm | |
|---|---|---|---|---|---|---|---|
| | | | EW | Fett | KH | kcal | Fett |
| **Kohlsuppe, Rindsuppe** | 1 Port. (250 ml) | 199 | 7,2 g | 13 g | 10 g | 80 | 5,2 g |
| **Kohlsuppe, Würfel** | 1 Port. (250 ml) | 108 | 2,8 g | 5,3 g | 11 g | 43 | 2,1 g |
| **Krabbensuppe** | 1 Port. (250 ml) | 308 | 27 g | 19 g | 6 g | 123 | 7,6 g |
| **Kräftige Rindsuppe mit Nudeln, Gemüse und Rindfleisch** (A) (Knorr, Meister Kessel) | 1 Teller (250 ml)* | 100 | 9 g | 4 g | 7 g | 40 | 2 g |
| **Kräftiger Hühner Nudel-Topf** (Maggi, Wirtshaus), **zubereitet** | 1 Port. (300 ml) | 135 | 5,4 g | 0,9 g | 26,1 g | 45 | 0,3 g |
| **Kräutercremesuppe** (D) (Knorr, Feinschmecker), **zubereitet** | 1 Teller (250 ml) | 118 | 2 g | 7 g | 12 g | 47 | 2,8 g |
| **Kräutersuppe** | 1 Port. (250 ml) | 79 | 3 g | 3,5 g | 9,1 g | 32 | 1,4 g |
| **Krautsuppe** | 1 Port. (250 ml) | 143 | 1,6 g | 4,1 g | 3,4 g | 57 | 1,6 g |
| **Krautsuppe** (A) (Knorr, Meister Kessel) | 1 Teller (240 ml) | 60 | 2 g | 3,5 g | 5 g | 25 | 1,4 g |
| **Kürbis-Creme Suppe** (Maggi, Meisterklasse), **zubereitet** | 1 Port. (250 ml) | 85 | 3 g | 1,5 g | 2,4 g | 34 | 0,6 g |
| **Kürbiscremesuppe***** | 1 Port. (280 g) | 65 | 2 g | 3 g | 7 g | 24 | 1,1 g |
| **Kürbissuppe** | 1 Port. (250 ml) | 163 | 2,1 g | 0,3 g | 37 g | 65 | 0,1 g |
| **Lachs-Creme Suppe** (Maggi, Meisterklasse), **zubereitet** | 1 Port. (250 ml) | 103 | 3,8 g | 3,5 g | 2,2 g | 41 | 1,4 g |
| **Lauchcreme Suppe** (D) (Knorr, Feinschmecker), **zubereitet** | 1 Teller (250 ml) | 116 | 2 g | 7 g | 10 g | 46 | 3 g |
| **Lauch-Creme Suppe** (Maggi, Meisterklasse), **zubereitet** | 1 Port. (250 ml) | 110 | 1,5 g | 7,3 g | 1,5 g | 44 | 2,9 g |
| **Lauch-Cremesuppe mit Käse** (Sonnen Bassermann) | 1 Port. (220 ml) | 112 | 5,1 g | 7,5 g | 5,9 g | 51 | 3,4 g |
| **Lauchcreme-Suppe mit Knusper-Croûtons** (D) (Knorr, activ), **zubereitet** | 1 Teller (150 ml) | 80 | 1 g | 3 g | 11 g | 53 | 2 g |
| **Lauchcremesuppe, Rindsuppe** | 1 Port. (250 ml) | 155 | 7,7 g | 10 g | 5,6 g | 62 | 4 g |
| **Lauchcremesuppe, Würfel** | 1 Port. (250 ml) | 64 | 3,3 g | 2,6 g | 6,3 g | 26 | 1 g |
| **Lauchsuppe mit Einbrenn (Mehlschwitze), Rindsuppe** | 1 Port. (250 ml) | 199 | 7,2 g | 15 g | 5,3 g | 80 | 6 g |
| **Lauchsuppe mit Einbrenn (Mehlschwitze), Würfel** | 1 Port. (250 ml) | 108 | 2,8 g | 7,7 g | 6 g | 43 | 3,1 g |

*** Rezept aus gelbem Schlank-ohne-Diät-Kochbuch

| Speisen / Gerichte | Portionsgröße / Gewicht | kcal/ Portion | Nährstoffgehalt pro Portion | | | Pro 100 Gramm | |
|---|---|---|---|---|---|---|---|
| | | | EW | Fett | KH | kcal | Fett |
| **Leberknödel** (Iglo) | 6 Stk. (200 g) | 382 | 24,4 g | 16,2 g | 34,6 g | 191 | 8,1 g |
| **Leberknödel** (Settele) | 1 Port. (100 g) | 276 | 12 g | 16 g | 21 g | 276 | 16 g |
| **Leberknödel Suppe** (A) (Knorr, Meister Kessel) | 1 Teller (250 ml)* | 102 | 6 g | 5 g | 8 g | 41 | 2 g |
| **Leberknödelsuppe** (Inzersdorfer) | 1 Port. (200 g) | 312 | 8,4 g | 24 g | 15,2 g | 156 | 12 g |
| **Leberknödelsuppe, Rindsuppe, 1 großer Knödel** | 1 Port. (250 ml) | 364 | 19 g | 15 g | 33 g | 146 | 6 g |
| **Leberknödelsuppe, Würfel, 1 großer Knödel** | 1 Port. (250 ml) | 272 | 14 g | 7,3 g | 33 g | 109 | 2,9 g |
| **Lebernockerl Suppe** (A) (Knorr, Kaiser Teller), **zubereitet** | 1 Teller (250 ml)* | 74 | 4 g | 4 g | 6 g | 30 | 2 g |
| **Lebernockerlsuppe, Rindsuppe** | 1 Port. (250 ml) | 238 | 13 g | 15 g | 9 g | 95 | 6 g |
| **Lebernockerlsuppe, Würfel** | 1 Port. (250 ml) | 147 | 8,7 g | 7,2 g | 9,8 g | 59 | 2,9 g |
| **Leberreissuppe** | 1 Teller (250 ml) | 95 | 7,7 g | 3,9 g | 7 g | 38 | 1,6 g |
| **Leberreissuppe, Rindsuppe** | 1 Port. (250 ml) | 276 | 14 g | 14 g | 19 g | 110 | 5,6 g |
| **Leberreissuppe, Würfel** | 1 Port. (250 ml) | 184 | 9,3 g | 6,4 g | 20 g | 74 | 2,6 g |
| **Leberschöberlsuppe, Rindsuppe** | 1 Port. (250 ml) | 226 | 11 g | 16 g | 6,5 g | 90 | 6,4 g |
| **Leberschöberlsuppe, Würfel** | 1 Port. (250 ml) | 135 | 6,6 g | 8 g | 7,3 g | 54 | 3,2 g |
| **Leberspätzle** (Settele) | 1 Port. (100 g) | 206 | 9 g | 14 g | 11 g | 206 | 14 g |
| **Linsen Kartoffel Suppe** (D) (Knorr, Gemüse satt), **zubereitet** | 1 Teller (250 ml) | 130 | 6 g | 2 g | 21 g | 52 | 0,8 g |
| **Linsensuppe** | 1 Teller (250 ml) | 55 | 1,5 g | 0,2 g | 2,9 g | 22 | 0,1 g |
| **Linsensuppe** (Bofrost) | 1 Port. (400 g) | 352 | 18,4 g | 11,6 g | 43,6 g | 88 | 2,9 g |
| **Lübecker Hochzeits-Suppe** (Erasco) | 1 Port. (200 ml) | 68 | 3,4 g | 3,6 g | 5,6 g | 34 | 1,8 g |
| **Lungenstrudelsuppe** | 1 Teller (250 ml) | 297 | 14 g | 18 g | 16 g | 119 | 7,2 g |
| **Lungenstrudelsuppe, Rindsuppe** | 1 Port. (250 ml) | 297 | 14 g | 18 g | 16 g | 119 | 7,2 g |
| **Lungenstrudelsuppe, Würfel** | 1 Port. (250 ml) | 206 | 9,3 g | 9,9 g | 17 g | 82 | 4 g |

* lt. Herstellerangaben auf Portionsgröße umgerechnet

| **Speisen / Gerichte** | Portionsgröße / Gewicht | kcal/ Portion | Nährstoffgehalt pro Portion | | | Pro 100 Gramm | |
|---|---|---|---|---|---|---|---|
| | | | EW | Fett | KH | kcal | Fett |
| **Markklößchen** (Bofrost) | 1 Port. (100 g) | 353 | 8,8 g | 22 g | 30 g | 353 | 22 g |
| **Markknödelsuppe, Rindsuppe, 2 Knödel** | 1 Port. (250 ml) | 151 | 8,9 g | 9,5 g | 4,9 g | 60 | 3,8 g |
| **Markknödelsuppe, Würfel, 2 Knödel** | 1 Port. (250 ml) | 60 | 4,4 g | 1,7 g | 5,7 g | 24 | 0,7 g |
| **Mediterran** (Maggi, Kohlsuppe)**, zubereitet** | 1 Port. (410 ml) | 98 | 4,5 g | 1,6 g | 1 g | 24 | 0,4 g |
| **Mediterrane Gemüsesuppe** (Maggi)**, zubereitet** | 1 Port. (350 ml) | 144 | 5,6 g | 1,1 g | 28,7 g | 41 | 0,3 g |
| **Mediterrane Gemüsesuppe mit Basilikum & Olivenöl** (Maggi, Feel good)**, zubereitet** | 1 Port. (200 ml) | 82 | 2,8 g | 0,4 g | 4,2 g | 41 | 0,2 g |
| **Mediterrane Gemüsesuppe mit Basilikum und Salbei** (Maggi, Feel good)**, zubereitet** | 1 Port. (250 ml) | 68 | 2,8 g | 0,5 g | 2,2 g | 27 | 0,2 g |
| **Mehlnockerlsuppe, Rindsuppe** | 1 Port. (250 ml) | 244 | 10 g | 14 g | 16 g | 98 | 5,6 g |
| **Mehlnockerlsuppe, Würfel** | 1 Port. (250 ml) | 153 | 5,8 g | 6,1 g | 17 g | 61 | 2,4 g |
| **Milznockerlsuppe, Rindsuppe** | 1 Port. (250 ml) | 232 | 13 g | 15 g | 8,5 g | 93 | 6 g |
| **Milznockerlsuppe, Würfel** | 1 Port. (250 ml) | 141 | 8,2 g | 7 g | 9,3 g | 56 | 2,8 g |
| **Milzschnittensuppe, Rindsuppe** | 1 Port. (250 ml) | 240 | 12 g | 12 g | 17 g | 96 | 4,8 g |
| **Milzschnittensuppe, Würfel** | 1 Port. (250 ml) | 149 | 7,2 g | 4,5 g | 18 g | 60 | 1,8 g |
| **Minestrone** (A) (Knorr, Bärenschöpfer)**, zubereitet** | 1 Teller (250 ml)* | 82 | 2 g | 4 g | 13 g | 33 | 1 g |
| **Minestrone*** ** | 1 Port. (300 ml) | 165 | 6 g | 4 g | 25 g | 55 | 1,3 g |
| **Minestrone, Rindsuppe** | 1 Port. (250 ml) | 199 | 12 g | 7 g | 19 g | 80 | 2,8 g |
| **Minestrone, Würfel** | 1 Port. (250 ml) | 107 | 7,6 g | 1,5 g | 15 g | 43 | 0,6 g |
| **Montafoner Gerstensuppe** | 1 Port. (250 ml) | 481 | 17 g | 32 g | 25 g | 192 | 12,8 g |
| **Mostsuppe** | 1 Port. (250 ml) | 363 | 2 g | 7,1 g | 10,9 g | 145 | 2,8 g |
| **Nordfriesische Buttermilchsuppe** | 1 Port. (300 ml) | 294 | 10,2 g | 11,1 g | 35,7 g | 98 | 3,7 g |
| **Nudelsuppe, Rindsuppe** | 1 Port. (250 ml) | 142 | 6,8 g | 8,2 g | 7,9 g | 57 | 3,3 g |
| **Nudelsuppe, Würfel** | 1 Port. (250 ml) | 50 | 2,4 g | 0,5 g | 8,6 g | 20 | 0,2 g |

* lt. Herstellerangaben auf Portionsgröße umgerechnet   *** Rezept aus gelbem Schlank-ohne-Diät-Kochbuch

| Speisen / Gerichte | Portionsgröße / Gewicht | kcal/ Portion | Nährstoffgehalt pro Portion | | | Pro 100 Gramm | |
|---|---|---|---|---|---|---|---|
| | | | EW | Fett | KH | kcal | Fett |
| **Ochsenschwanz Suppe** (Maggi, Guten Appetit), **zubereitet** | 1 Port. (250 ml) | 83 | 2,5 g | 4,3 g | 8,8 g | 33 | 1,7 g |
| **Ochsenschwanzsuppe gebunden** | 1 Port. (250 ml) | 98 | 8 g | 6 g | 3 g | 39 | 2,4 g |
| **Ochsenschwanzsuppe klar** | 1 Port. (250 ml) | 92 | 10 g | 5 g | 2 g | 37 | 2 g |
| **Ochsenschwanz-Suppe mit Madeira** (Sonnen Bassermann) | 1 Port. (200 ml) | 124 | 9,6 g | 5,6 g | 8,8 g | 62 | 2,8 g |
| **Original schwäbische Maultaschen** (Bofrost) | 1 Stk. (60 g) | 133 | 4,6 g | 5,6 g | 16,1 g | 222 | 9,3 g |
| **Pfifferling Cremesuppe mit Frühlingskräutern** (D) (Knorr, Feinschmecker)**, zubereitet** | 1 Teller (250 ml) | 151 | 3 g | 10 g | 13 g | 60 | 4 g |
| **Pfifferling-Creme Suppe** (Maggi, Meisterklasse), **zubereitet** | 1 Port. (250 ml) | 123 | 1,3 g | 7,5 g | 2 g | 49 | 3 g |
| **Pfifferling-Cremesuppe mit Sahne** (Sonnen Bassermann) | 1 Port. (200 ml) | 126 | 1,4 g | 10 g | 7,8 g | 63 | 5 g |
| **Pfifferling-Rahm-Suppe** (Erasco) | 1 Port. (195 ml) | 96 | 2,5 g | 7,4 g | 4,9 g | 49 | 3,8 g |
| **Pflaumensuppe** | 1 Teller (250 ml) | 90 | 0,8 g | 0,2 g | 20 g | 36 | 0,1 g |
| **Provenzalische Gemüse Suppe** (D) (Knorr, Gemüse satt)**, zubereitet** | 1 Teller (250 ml) | 94 | 3 g | 2 g | 16 g | 38 | 0,8 g |
| **Rahmsuppe** | 1 Port. (250 ml) | 123 | 3,2 g | 4,4 g | 16 g | 49 | 1,8 g |
| **Reibgerstlsuppe** | 1 Port. (250 ml) | 153 | 7,8 g | 9,1 g | 7,3 g | 61 | 3,6 g |
| **Reisknödelsuppe, Rindsuppe** | 1 Port. (250 ml) | 212 | 8,2 g | 12 g | 16 g | 85 | 4,8 g |
| **Reisknödelsuppe, Würfel** | 1 Port. (250 ml) | 121 | 3,8 g | 3,8 g | 16 g | 48 | 1,5 g |
| **Reisschleimsuppe** | 1 Port. (250 ml) | 105 | 1,6 g | 2,6 g | 18 g | 42 | 1 g |
| **Reissuppe** | 1 Port. (250 ml) | 55 | 1,1 g | 0,6 g | 2,9 g | 22 | 0,2 g |
| **Reissuppe, Rindsuppe** | 1 Port. (250 ml) | 175 | 7 g | 8,1 g | 16 g | 70 | 3,2 g |
| **Reissuppe, Würfel** | 1 Port. (250 ml) | 84 | 2,6 g | 0,4 g | 16 g | 34 | 0,2 g |
| **Rheinische Buttermilchsuppe mit Backpflaumen** | 1 Port. (300 g) | 165 | 6 g | 1,2 g | 29,7 g | 55 | 0,4 g |
| **Rheinische Kartoffelsuppe** | 1 Port. (250 ml) | 120 | 0,8 g | 2,6 g | 5,2 g | 48 | 1 g |

| **Speisen / Gerichte** | Portionsgröße / Gewicht | kcal/ Portion | Nährstoffgehalt pro Portion | | | Pro 100 Gramm | |
|---|---|---|---|---|---|---|---|
| | | | EW | Fett | KH | kcal | Fett |
| **Rinder-Kraftbrühe mit Fleischklößchen** (Sonnen Bassermann) | 1 Port. (200 ml) | 90 | 3,2 g | 7,2 g | 3,2 g | 45 | 3,6 g |
| **Rindfleisch Suppe** (Maggi, Guten Appetit)**, zubereitet** | 1 Port. (250 ml) | 73 | 2,5 g | 1 g | 13,3 g | 29 | 0,4 g |
| **Rindfleischsuppe** (D) (Knorr, Suppenliebe)**, zubereitet** | 1 Teller (250 ml) | 78 | 3 g | 1 g | 14 g | 31 | 0,4 g |
| **Rindfleischsuppe mit Fleischklößchen** (Maggi, Meisterklasse)**, zubereitet** | 1 Port. (250 ml) | 83 | 3,3 g | 1,5 g | 2,2 g | 33 | 0,6 g |
| **Rote-Rüben-Suppe** | 1 Port. (250 ml) | 133 | 3,5 g | 2,6 g | 3,1 g | 53 | 1 g |
| **Saure Milchsuppe** | 1 Port. (250 ml) | 103 | 4,9 g | 0,7 g | 18 g | 41 | 0,3 g |
| **Schlickkrapfensuppe, Rindsuppe** | 1 Port. (250 ml) | 244 | 13 g | 14 g | 12 g | 98 | 5,6 g |
| **Schlickkrapfensuppe, Würfel** | 1 Port. (250 ml) | 152 | 9 g | 6,1 g | 13 g | 61 | 2,4 g |
| **Schwammerlsuppe Jäger Art** (A) (Knorr, Bitte zu Tisch)**, zubereitet** | 1 Teller (250 ml) | 70 | 2 g | 3 g | 8 g | 28 | 1 g |
| **Schwammerlsuppe, Rindsuppe** | 1 Port. (250 ml) | 228 | 8,2 g | 14 g | 13 g | 91 | 5,6 g |
| **Schwammerlsuppe, Würfel** | 1 Port. (250 ml) | 134 | 3,8 g | 6,8 g | 14 g | 54 | 2,7 g |
| **Schwarzwurzelcremesuppe, Rindsuppe** | 1 Port. (250 ml) | 138 | 6,5 g | 10 g | 3,1 g | 55 | 4 g |
| **Schwarzwurzelcremesuppe, Würfel** | 1 Port. (250 ml) | 48 | 2,1 g | 2,4 g | 3,9 g | 19 | 1 g |
| **Schwarzwurzelsuppe mit Einbrenn (Mehlschwitze), Rindsuppe** | 1 Port. (250 ml) | 219 | 7,3 g | 14 g | 12 g | 88 | 5,6 g |
| **Schwarzwurzelsuppe mit Einbrenn (Mehlschwitze), Würfel** | 1 Port. (250 ml) | 128 | 2,9 g | 6,5 g | 13 g | 51 | 2,6 g |
| **Schwarzwurzelsuppe, Rindsuppe** | 1 Port. (250 ml) | 114 | 5,9 g | 8,1 g | 2,4 g | 46 | 3,2 g |
| **Schwarzwurzelsuppe, Würfel** | 1 Port. (250 ml) | 22 | 1,5 g | 0,4 g | 3,2 g | 9 | 0,2 g |
| **Selleriecremesuppe** | 1 Port. (250 ml) | 51 | 2 g | 4 g | 2 g | 20 | 1,6 g |
| **Semmelknödelsuppe, Rindsuppe** | 1 Port. (250 ml) | 377 | 13 g | 17 g | 37 g | 151 | 6,8 g |
| **Semmelknödelsuppe, Würfel** | 1 Port. (250 ml) | 285 | 9 g | 9,3 g | 38 g | 114 | 3,7 g |
| **Semmelschöberlsuppe, Rindsuppe** | 1 Port. (250 ml) | 282 | 11 g | 18 g | 15 g | 113 | 7,2 g |

| Speisen / Gerichte | Portionsgröße / Gewicht | kcal/ Portion | Nährstoffgehalt pro Portion | | | Pro 100 Gramm | |
|---|---|---|---|---|---|---|---|
| | | | EW | Fett | KH | kcal | Fett |
| **Semmelschöberlsuppe, Würfel** | 1 Port. (250 ml) | 190 | 6,9 g | 10 g | 16 g | 76 | 4 g |
| **Serbische Bohnensuppe** | 1 Port. (250 ml) | 240 | 8,4 g | 15 g | 14 g | 96 | 6 g |
| **Serbische Bohnensuppe** (A) (Knorr, Meister Kessel) | 1 Teller (250 ml)* | 262 | 10 g | 17 g | 19 g | 105 | 7 g |
| **Serbische Bohnensuppe** (Erasco) | 1 Port. (370 ml) | 244 | 14,8 g | 8,1 g | 28,1 g | 66 | 2,2 g |
| **Skandinavische Krabbensuppe** (Maggi, Meisterklasse), **zubereitet** | 1 Port. (250 ml) | 115 | 3,5 g | 6,5 g | 1,7 g | 46 | 2,6 g |
| **Sommer Gemüse Suppe** (D) (Knorr, Gemüse satt), **zubereitet** | 1 Teller (250 ml) | 95 | 3 g | 2 g | 16 g | 38 | 0,8 g |
| **Sommergemüse-Suppe ohne Fleisch** (Sonnen Bassermann) | 1 Port. (200 ml) | 74 | 2,8 g | 2,4 g | 10,4 g | 37 | 1,2 g |
| **Sonnentomaten Suppe** (D) (Knorr, Gemüse satt), **zubereitet** | 1 Teller (180 ml) | 65 | 3 g | < 1 g | 11 g | 36 | < 1 g |
| **Sonntags-Maultaschen** (Bofrost) | 1 Stk. (80 g) | 179 | 7,6 g | 9,3 g | 16,3 g | 224 | 11,6 g |
| **Spargel Creme Suppe** (Maggi, Guten Appetit), **zubereitet** | 1 Port. (250 ml) | 73 | 1,5 g | 2,5 g | 10,8 g | 29 | 1 g |
| **Spargelcreme Suppe** (A) (Knorr, Bitte zu Tisch), **zubereitet** | 1 Teller (250 ml)* | 66 | 2 g | 3 g | 8 g | 26 | 1 g |
| **Spargelcreme Suppe** (A) (Knorr, Die Schnelle Feine), **zubereitet** | 1 Teller (265 ml)* | 151 | 2 g | 11 g | 11 g | 57 | 4 g |
| **Spargelcreme Suppe** (D) (Knorr, Feinschmecker), **zubereitet** | 1 Teller (250 ml) | 139 | 3 g | 9 g | 11 g | 56 | 3,6 g |
| **Spargelcreme Suppe** (D) (Knorr, Suppenliebe), **zubereitet** | 1 Teller (250 ml) | 110 | < 2,5 g | 7,5 g | 12,5 g | 44 | 3 g |
| **Spargel-Creme Suppe** (Maggi, Meisterklasse), **zubereitet** | 1 Port. (250 ml) | 85 | 1 g | 4,3 g | 1,7 g | 34 | 1,7 g |
| **Spargelcreme-Suppe** (D) (Knorr, activ), **zubereitet** | 1 Teller (150 ml) | 63 | < 1 g | 2 g | 11 g | 42 | 1,3 g |
| **Spargel-Creme-Suppe** (Erasco) | 1 Port. (200 ml) | 84 | 1,6 g | 6 g | 6,2 g | 42 | 3 g |
| **Spargel-Cremesuppe Butterfein** (Sonnen Bassermann) | 1 Port. (200 ml) | 112 | 1,2 g | 9,2 g | 6 g | 56 | 4,6 g |

* lt. Herstellerangaben auf Portionsgröße umgerechnet

| Speisen / Gerichte | Portionsgröße / Gewicht | kcal/ Portion | Nährstoffgehalt pro Portion | | | Pro 100 Gramm | |
|---|---|---|---|---|---|---|---|
| | | | EW | Fett | KH | kcal | Fett |
| **Spargelcremesuppe, Rindsuppe** | 1 Port. (250 ml) | 138 | 7,5 g | 10 g | 1,9 g | 55 | 4 g |
| **Spargelcremesuppe, Würfel** | 1 Port. (250 ml) | 46 | 3,1 g | 2,5 g | 2,6 g | 18 | 1 g |
| **Spargelsuppe aus Instantpulver** | 1 Port. (250 ml) | 28 | 1,2 g | 0,3 g | 0,9 g | 11 | 0,1 g |
| **Spargelsuppe mit Einbrenn (Mehlschwitze), Rindsuppe** | 1 Port. (250 ml) | 218 | 8,3 g | 14 g | 11 g | 87 | 5,6 g |
| **Spargelsuppe mit Einbrenn (Mehlschwitze), Würfel** | 1 Port. (250 ml) | 126 | 3,9 g | 6,6 g | 12 g | 50 | 2,6 g |
| **Spargelsuppe, Rindsuppe** | 1 Port. (250 ml) | 113 | 6,9 g | 8,1 g | 1,2 g | 45 | 3,2 g |
| **Spargelsuppe, Würfel** | 1 Port. (250 ml) | 21 | 2,5 g | 0,4 g | 1,9 g | 8 | 0,2 g |
| **Speckknödel Suppe "Tiroler Art"** (A) (Knorr, Kaiser Teller), **zubereitet** | 1 Teller (250 ml)* | 75 | 3 g | 5 g | 5 g | 30 | 2 g |
| **Speckknödelsuppe "Tiroler Art"** (Inzersdorfer) | 1 Port. (200 g) | 130 | 5,4 g | 3,4 g | 19,4 g | 65 | 1,7 g |
| **Spinatcreme mit mit Knoblauch & Sonnenblumenöl** (Maggi, Feel good)**, zubereitet** | 1 Port. (200 ml) | 128 | 4,4 g | 3 g | 5,3 g | 64 | 1,5 g |
| **Spinatcremesuppe mit Knoblauch und Sonnenblumenöl** (Maggi, Feel good)**, zubereitet** | 1 Port. (250 ml) | 75 | 3,3 g | 1,8 g | 1,9 g | 30 | 0,7 g |
| **Spinat-Nudel-Suppe** (Du darfst)**, zubereitet** | 1 Port. (200 g) | 136 | 3 g | 5 g | 19 g | 68 | 2,5 g |
| **Steinpilz Suppe** (A) (Knorr, Bitte zu Tisch)**, zubereitet** | 1 Teller (250 ml)* | 63 | 2 g | 2 g | 8 g | 25 | 1 g |
| **Steinpilz Suppe** (Maggi, Guten Appetit)**, zubereitet** | 1 Port. (250 ml) | 70 | 1,8 g | 2,3 g | 10,5 g | 28 | 0,9 g |
| **Steirische Stoßsuppe** | 1 Port. (250 ml) | 199 | 5,3 g | 2,4 g | 36 g | 80 | 1 g |
| **Sternchensuppe** (D) (Knorr, Suppenliebe)**, zubereitet** | 1 Teller (250 ml) | 97 | 4 g | 1 g | 18 g | 39 | 0,4 g |
| **Stoßsuppe** | 1 Port. (250 ml) | 110 | 1,9 g | 1,7 g | 4,8 g | 44 | 0,7 g |
| **Strauchtomaten Suppe** (D) (Knorr, Gemüse satt), **zubereitet** | 1 Teller (250 ml) | 74 | 4 g | < 1 g | 13 g | 30 | < 1 g |
| **Südtiroler Bauernsuppe** (A) (Knorr, Meister Kessel) | 1 Teller (250 ml)* | 330 | 10 g | 24 g | 19 g | 132 | 10 g |
| **Suppe mit Roggenflocken, Rindsuppe** | 1 Port. (250 ml) | 141 | 4,2 g | 5,6 g | 18 g | 56 | 2,2 g |

* lt. Herstellerangaben auf Portionsgröße umgerechnet

| **Speisen / Gerichte** | Portionsgröße / Gewicht | kcal/ Portion | Nährstoffgehalt pro Portion | | | Pro 100 Gramm | |
|---|---|---|---|---|---|---|---|
| | | | EW | Fett | KH | kcal | Fett |
| **Suppenmaultaschen** (Settele) | 1 Port. (100 g) | 212 | 7 g | 6 g | 32 g | 212 | 6 g |
| **Szegediner Krautsuppe** (A) (Knorr, Party Kessel) | 1 Teller (250 ml)* | 215 | 9 g | 15 g | 12 g | 86 | 6 g |
| **Thailändische Hühner Suppe mit Nudeln** (D) (Knorr, Feinschmecker), **zubereitet** | 1 Teller (250 ml) | 76 | 3 g | 3 g | 14 g | 30 | 1,2 g |
| **Thai-Nudel-Suppe** (Du darfst), **zubereitet** | 1 Port. (200 g) | 115 | 3 g | 3 g | 19 g | 58 | 1,5 g |
| **Thai-Suppe** (Sonnen Bassermann) | 1 Port. (200 ml) | 84 | 4,4 g | 4,4 g | 6,6 g | 42 | 2,2 g |
| **Thaisuppe mit Ingwer & Zitronengras** (Maggi, Feel good), **zubereitet** | 1 Port. (200 ml) | 82 | 2,8 g | 0,6 g | 4,2 g | 41 | 0,3 g |
| **Tirolerknödelsuppe, Rindsuppe** | 1 Port. (250 ml) | 412 | 17 g | 19 g | 37 g | 165 | 7,6 g |
| **Tirolerknödelsuppe, Würfel** | 1 Port. (250 ml) | 320 | 12 g | 11 g | 38 g | 128 | 4,4 g |
| **Tomate-Mozzarella Suppe mit Basilikum & Olivenöl** (Maggi, Feel good), **zubereitet** | 1 Port. (200 ml) | 138 | 3,2 g | 4,8 g | 5,1 g | 69 | 2,4 g |
| **Tomaten Creme Suppe** (Maggi, Guten Appetit), **zubereitet** | 1 Port. (250 ml) | 75 | 2 g | 1,3 g | 14 g | 30 | 0,5 g |
| **Tomaten Mozzarella Suppe** (D) (Knorr, Feinschmecker), **zubereitet** | 1 Teller (250 ml) | 121 | 5 g | 4 g | 15 g | 48 | 2 g |
| **Tomaten Mozzarella-Suppe mit Nudeln und Basilikum** (D) (Knorr, activ), **zubereitet** | 1 Teller (200 ml) | 99 | 4 g | 1 g | 17 g | 50 | 0,5 g |
| **Tomaten-Creme** (Erasco, Suppremo) | 1 Port. (250 ml) | 90 | 2,5 g | 3,5 g | 11,8 g | 36 | 1,4 g |
| **Tomatencreme Suppe "Mallorca"** (D) (Knorr, Feinschmecker), **zubereitet** | 1 Teller (250 ml) | 122 | 3 g | 4 g | 18 g | 49 | 1,6 g |
| **Tomatencreme Suppe** (D) (Knorr, Suppenliebe), **zubereitet** | 1 Teller (250 ml) | 73 | < 2,5 g | < 2,5 g | 12,5 g | 29 | < 1 g |
| **Tomatencreme Suppe mit Muschelnudeln** (D) (Knorr, activ), **zubereitet** | 1 Teller (250 ml) | 147 | 5 g | 2 g | 26 g | 59 | 0,8 g |
| **Tomatencreme Suppe mit Nudeln** (D) (Knorr, activ), **zubereitet** | 1 Teller (200 ml) | 126 | 4 g | 1 g | 24 g | 63 | 0,5 g |
| **Tomatencremesuppe** | 1 Port. (250 ml) | 70 | 1,5 g | 1,7 g | 1,4 g | 28 | 0,7 g |
| **Tomaten-Creme-Suppe** (Erasco) | 1 Port. (195 ml) | 70 | 1,6 g | 3,1 g | 9 g | 36 | 1,6 g |

* lt. Herstellerangaben auf Portionsgröße umgerechnet

| Speisen / Gerichte | Portionsgröße / Gewicht | kcal/ Portion | Nährstoffgehalt pro Portion | | | Pro 100 Gramm | |
|---|---|---|---|---|---|---|---|
| | | | EW | Fett | KH | kcal | Fett |
| **Tomatencremesuppe** (Inzersdorfer) | 1 Port. (200 g) | 88 | 2,2 g | 3,6 g | 11,6 g | 44 | 1,8 g |
| **Tomatencreme-Suppe mit Knusper-Croûtons** (D) (Knorr, activ)**, zubereitet** | 1 Teller (150 ml) | 96 | 2 g | 3 g | 16 g | 64 | 2 g |
| **Tomaten-Cremesuppe mit Ricotta und Basilikum** (Maggi, Sommersuppe)**, zubereitet** | 1 Port. (400 ml) | 236 | 5,6 g | 14 g | 1,4 g | 59 | 3,5 g |
| **Tomaten-Cremesuppe mit Sahne** (Sonnen Bassermann) | 1 Port. (200 ml) | 86 | 1,4 g | 2,8 g | 13,6 g | 43 | 1,4 g |
| **Tomatencremesuppe, Rindsuppe** | 1 Port. (250 ml) | 216 | 7,6 g | 15 g | 9,5 g | 86 | 6 g |
| **Tomatencremesuppe, Würfel** | 1 Port. (250 ml) | 125 | 3,2 g | 7,3 g | 10 g | 50 | 2,9 g |
| **Tomaten-Mozzarella Suppe** (Maggi, Meisterklasse)**, zubereitet** | 1 Port. (250 ml) | 125 | 2,3 g | 5,3 g | 2,7 g | 50 | 2,1 g |
| **Tomaten-Nudel-Suppe** (Du darfst)**, zubereitet** | 1 Port. (200 g) | 127 | 4 g | 1 g | 24,4 g | 63,5 | 0,5 g |
| **Tomatensuppe "Andalusia"** (Maggi, Meisterklasse)**, zubereitet** | 1 Port. (250 ml) | 120 | 3 g | 3,8 g | 3 g | 48 | 1,5 g |
| **Tomatensuppe Gärtnerinnen Art** (Maggi, Meisterklasse)**, zubereitet** | 1 Port. (250 ml) | 78 | 2,5 g | 1,8 g | 2,1 g | 31 | 0,7 g |
| **Tomatensuppe mit Basilikum & Olivenöl** (Maggi, Feel good)**, zubereitet** | 1 Port. (200 ml) | 132 | 4,2 g | 2,2 g | 5,9 g | 66 | 1,1 g |
| **Tomatensuppe mit Basilikum und Olivenöl** (Maggi, Feel good)**, zubereitet** | 1 Port. (250 ml) | 73 | 1,8 g | 1 g | 2,3 g | 29 | 0,4 g |
| **Tomatensuppe mit Einbrenn, Rindsuppe** | 1 Port. (250 ml) | 245 | 9 g | 13 g | 19 g | 98 | 5,2 g |
| **Tomatensuppe mit Einbrenn, Würfel** | 1 Port. (250 ml) | 154 | 4,6 g | 5,5 g | 20 g | 62 | 2,2 g |
| **Tomatensuppe mit Nudeln** (Maggi)**, zubereitet** | 1 Port. (350 ml) | 179 | 5,3 g | 2,1 g | 35 g | 51 | 0,6 g |
| **Tomatensuppe mit Reis** (D) (Knorr, Feinschmecker)**, zubereitet** | 1 Teller (250 ml) | 70 | 3 g | 1 g | 13 g | 28 | 0,4 g |
| **Tomatensuppe mit Reis** (Maggi, Meisterklasse)**, zubereitet** | 1 Port. (250 ml) | 93 | 2 g | 1 g | 3 g | 37 | 0,4 g |
| **Tomatensuppe mit Teigmuscheln** (A) (Knorr, Meister Kessel) | 1 Teller (250 ml)* | 111 | 4 g | 3 g | 17 g | 48 | 1,4 g |

| Speisen / Gerichte | Portionsgröße / Gewicht | kcal/ Portion | Nährstoffgehalt pro Portion | | | Pro 100 Gramm | |
|---|---|---|---|---|---|---|---|
| | | | EW | Fett | KH | kcal | Fett |
| **Tomatensuppe Toscana** (D) (Knorr, Feinschmecker), **zubereitet** | 1 Teller (250 ml) | 84 | 3 g | 2 g | 13 g | 34 | 0,8 g |
| **Tomato Soup** (Heinz) | 1 Port. (200 ml) | 113 | 1,8 g | 5,9 g | 13,3 g | 57 | 3 g |
| **Trockenobstsuppe mit Speck** | 1 Port. (250 ml) | 315 | 11 g | 15 g | 32 g | 126 | 6 g |
| **Ungarische Fischsuppe** | 1 Port. (250 ml) | 184 | 28 g | 3,6 g | 6,3 g | 74 | 1,4 g |
| **Ungarische Gulaschsuppe** (Erasco) | 1 Port. (195 ml) | 90 | 7 g | 4,1 g | 6,4 g | 46 | 2,1 g |
| **Ungarische Krautsuppe** | 1 Port. (250 ml) | 132 | 3,2 g | 7,2 g | 12 g | 53 | 2,9 g |
| **Vanillesuppe** | 1 Port. (250 ml) | 208 | 3,6 g | 4,3 g | 7,3 g | 83 | 1,7 g |
| **Waldpilz Suppe** (D) (Knorr, Feinschmecker), **zubereitet** | 1 Teller (250 ml) | 152 | 3 g | 10 g | 12 g | 61 | 4 g |
| **Waldpilz-Creme Suppe** (Maggi, Meisterklasse), **zubereitet** | 1 Port. (250 ml) | 140 | 3,5 g | 8 g | 2,2 g | 56 | 3,2 g |
| **Weinsuppe** | 1 Port. (250 ml) | 58 | 0,2 g | 0,2 g | 5,2 g | 23 | 0,1 g |
| **Westfälische Buttermilchsuppe** | 1 Port. (300 ml) | 375 | 8,4 g | 21 g | 37,8 g | 125 | 7 g |
| **Wiener Festtagssuppe** (A) (Knorr, Kaiser Teller), **zubereitet** | 1 Teller (250 ml)* | 74 | 3 g | 2,4 g | 10 g | 30 | 1 g |
| **Würziger Nudeltopf mit Klößchen** (D) (Knorr, Suppenliebe), **zubereitet** | 1 Teller (300 ml) | 156 | 7 g | 5 g | 22 g | 52 | 1,7 g |
| **Zahlensuppe** (D) (Knorr, Suppenliebe), **zubereitet** | 1 Teller (250 ml) | 94 | 4 g | 1 g | 17 g | 38 | 0,4 g |
| **Zucchinicremesuppe** | 1 Teller (250 ml) | 380 | 10 g | 30 g | 5 g | 152 | 12 g |
| **Zucchinicremesuppe mit Ricottanockerln*** ** | 1 Port. (335 ml) | 133 | 12 g | 6 g | 8 g | 40 | 1,8 g |
| **Zwiebel Suppe Französische Art** (A) (Knorr, Kaiser Teller), **zubereitet** | 1 Teller (250 ml)* | 43 | 2 g | 1 g | 6 g | 17 | 0,4 g |
| **Zwiebelsuppe** (D) (Knorr, Feinschmecker), **zubereitet** | 1 Teller (250 ml) | 73 | 2 g | 3 g | 9 g | 29 | 1,2 g |
| **Zwiebel-Suppe** (Sonnen Bassermann) | 1 Port. (200 ml) | 92 | 1,8 g | 6 g | 7,6 g | 46 | 3 g |
| **Zwiebelsuppe Feinschmecker Art** (Maggi, Meisterklasse), **zubereitet** | 1 Port. (250 ml) | 45 | 1,8 g | 1 g | 1,1 g | 18 | 0,4 g |

* lt. Herstellerangaben auf Portionsgröße umgerechnet  *** Rezept aus gelbem Schlank-ohne-Diät-Kochbuch

# Vorspeisen

| Speisen / Gerichte | Portionsgröße / Gewicht | kcal/ Portion | Nährstoffgehalt pro Portion | | | Pro 100 Gramm | |
|---|---|---|---|---|---|---|---|
| | | | EW | Fett | KH | kcal | Fett |
| Antipasti vegetarisch | 1 Port. (200 g) | 280 | 3 g | 35 g | 6 g | 140 | 17,5 g |
| Apfel-Karotten-Rohkost | 1 Port. (205 g) | 88 | 0,9 g | 0,6 g | 18 g | 43 | 0,3 g |
| Apfel-Sellerie-Rohkost | 1 Port. (260 g) | 99 | 1,7 g | 0,7 g | 20 g | 38 | 0,3 g |
| Carpaccio | 1 Port. (80 g) | 210 | 15 g | 15 g | 0,8 g | 263 | 18,8 g |
| Fenchel-Apfel-Rohkost | 1 Port. (250 g) | 103 | 4,1 g | 1,8 g | 16 g | 41 | 0,7 g |
| Frühlingsrolle | 1 Stk. (100 g) | 330 | 10 g | 25 g | 20 g | 330 | 25 g |
| Frühlingsrolle in Reisteig | 1 Stk. (80 g) | 130 | 7,3 g | 5,2 g | 11,3 g | 163 | 6,5 g |
| Gebratene Paprikaschoten (Peperoni arrostiti) | 1 Port. (150 g) | 293 | 6 g | 27 g | 8 g | 195 | 18 g |
| Geflügelsalat | 1 Port. (120 g) | 219 | 20 g | 12 g | 2,4 g | 183 | 10 g |
| Geflügeltaschen indisch | 1 Stk. (110 g) | 380 | 11,4 g | 26,9 g | 21,9 g | 346 | 24,5 g |
| Gefüllte Eier | 1 Stk. (40 g) | 110 | 4,2 g | 9,5 g | 0,5 g | 275 | 23,8 g |
| Gefüllte Kohlrabi | 1 Stk. (200 g) | 227 | 11 g | 17 g | 5,5 g | 114 | 8,5 g |
| Gefüllte Teigtaschen indisch | 1 Stk. (40 g) | 85 | 7,3 g | 1,8 g | 11,5 g | 213 | 4,5 g |
| Gefüllte Tomaten | 1 Port. (200 g) | 203 | 13 g | 12 g | 7,4 g | 102 | 6 g |
| Gefüllte Weinblätter | 1 Port. (125 g) | 372 | 4,4 g | 24 g | 32 g | 298 | 19,2 g |
| Gefüllte Wraps mit Lachs und Kren*** | 1 Stk. (60 g) | 72 | 7 g | 2 g | 8 g | 120 | 3,3 g |
| Heringsalat | 1 Port. (285 g) | 364 | 11 g | 25 g | 18 g | 128 | 8,8 g |
| Käse-Nuss-Bällchen*** | 1 Stk. (30 g) | 50 | 5 g | 4 g | 0 g | 167 | 13,3 g |

*** Rezept aus gelbem Schlank-ohne-Diät-Kochbuch

| Speisen / Gerichte | Portionsgröße / Gewicht | kcal/ Portion | Nährstoffgehalt pro Portion | | | Pro 100 Gramm | |
|---|---|---|---|---|---|---|---|
| | | | EW | Fett | KH | kcal | Fett |
| **Käsesalat** | 1 Port. (175 g) | 204 | 14 g | 11 g | 9,2 g | 117 | 6,3 g |
| **Krabbencocktail mit Mayonnaise** | 1 Port. (150 g) | 240 | 9 g | 19 g | 7 g | 160 | 12,7 g |
| **Lachscarpaccio** | 1 Port. (80 g) | 244 | 14 g | 19 g | 0,8 g | 305 | 23,8 g |
| **Meeresfrüchtecocktail** | 1 Port. (150 g) | 198 | 15 g | 13 g | 3 g | 132 | 8,7 g |
| **Mozzarella mit Tomaten** | 1 Port. (205 g) | 300 | 15 g | 23 g | 4,5 g | 146 | 11,2 g |
| **Püree (Kartoffeln/Erdäpfel)** | 1 Port. (190 g) | 186 | 4,3 g | 5,5 g | 27 g | 98 | 2,9 g |
| **Reisbällchen thailändisch** | 1 Port. (150 g) | 243 | 9,4 g | 1 g | 50,3 g | 162 | 0,7 g |
| **Samosas** | 1 Stk. (45 g) | 92 | 2,1 g | 4,3 g | 12,5 g | 204 | 9,6 g |
| **Sauerkraut-Apfel-Rohkost** | 1 Port. (285 g) | 84 | 2,9 g | 0,9 g | 14 g | 30 | 0,3 g |
| **Schinkenröllchen***** | 1 Port. (110 g) | 65 | 8 g | 2 g | 3 g | 59 | 1,8 g |
| **Schinkenrolle mit Gemüsesalat** | 1 Stk. (80 g) | 154 | 6,8 g | 13 g | 2 g | 193 | 16,2 g |
| **Schinkenrolle mit Gervais** | 1 Stk. (105 g) | 319 | 11 g | 28 g | 3,6 g | 304 | 26,7 g |
| **Schinkenrolle mit Topfenkren (Quark-)** | 1 Stk. (55 g) | 123 | 7,8 g | 9,2 g | 0,8 g | 224 | 16,7 g |
| **Shrimpscocktail** | 1 Port. (195 g) | 260 | 28 g | 12 g | 4,3 g | 133 | 6,2 g |
| **Tzatziki** | 1 Port. (135 g) | 143 | 3,4 g | 12 g | 4,4 g | 106 | 8,9 g |
| **Überbackene Muscheln (Cozze gratinate)** | 1 Port. (180 g) | 572 | 25 g | 33 g | 45 g | 318 | 18,3 g |
| **Verlorene Eier** | 1 Port. (200 g) | 312 | 26 g | 22 g | 2 g | 156 | 11 g |
| **Waldorfsalat** | 1 Port. (160 g) | 140 | 1,5 g | 9,5 g | 11 g | 88 | 5,9 g |
| **Wan Tan chinesisch** | 1 Port. (120 g) | 310 | 17,2 g | 11,5 g | 31,3 g | 258 | 9,6 g |
| **Wan Tan thailändlich** | 1 Port. (120 g) | 484 | 17,5 g | 27,2 g | 28,5 g | 403 | 22,7 g |
| **Wan-Tan-Hüllen** | 1 Port. (80 g) | 215 | 8,7 g | 4,3 g | 35,1 g | 269 | 5,4 g |
| **Weinbergschnecken** | 1 Port. (168 g) | 433 | 1,5 g | 9,5 g | 11 g | 258 | 5,7 g |
| **Zwiebelkuchen mit Federweißer** | 1 Port. (220 g) | 415 | 11,5 g | 24,2 g | 36 g | 190 | 11 g |

*** Rezept aus gelbem Schlank-ohne-Diät-Kochbuch

# Salate

| Speisen / Gerichte | Portionsgröße / Gewicht | kcal/ Portion | Nährstoffgehalt pro Portion | | | Pro 100 Gramm | |
|---|---|---|---|---|---|---|---|
| | | | EW | Fett | KH | kcal | Fett |
| **Apfel-Karotten-Rohkostsalat***** | 1 Port. (130 g) | 115 | 1 g | 4 g | 19 g | 89 | 3 g |
| **Backhendlsalat** | 1 Port. (220 g) | 254 | 9,6 g | 15,6 g | 11,2 g | 115 | 7 g |
| **Balance Fleischsalat** (Nadler) | 1 Pkg. (150 g) | 308 | 6 g | 25,5 g | 13,5 g | 205 | 17 g |
| **Balance Geflügelsalat** (Nadler) | 1 Pkg. (150 g) | 270 | 12 g | 18 g | 15 g | 180 | 12 g |
| **Balance Kartoffelsalat** (Nadler) | 1/2 Pkg. (200 g) | 326 | 2,6 g | 20 g | 34 g | 163 | 10 g |
| **Balance Schinken-Spargel-Salat** (Nadler) | 1 Pkg. (150 g) | 284 | 7,5 g | 22,5 g | 25,5 g | 189 | 15 g |
| **Balance Thunfischsalat** (Nadler) | 1 Pkg. (150 g) | 326 | 12 g | 25,5 g | 12 g | 217 | 17 g |
| **Bauernkartoffelsalat mit Räucherspeck** (Nadler) | 1/2 Pkg. (200 g) | 516 | 4 g | 44 g | 26 g | 258 | 22 g |
| **Bayerischer Kartoffelsalat** (Nadler) | 1/2 Pkg. (250 g) | 275 | 2,5 g | 15 g | 32,5 g | 110 | 6 g |
| **Bayerischer Krautsalat** (Nadler) | 1/2 Pkg. (200 g) | 236 | 2 g | 12 g | 30 g | 118 | 6 g |
| **Bayrischer Wurstsalat** | 1 Port. (100 g) | 307 | 12 g | 28 g | 1 g | 307 | 28 g |
| **Beilagensalat mit Joghurt Kräuter Dressing** (A) (Nordsee) | 1 Port. (124 g)* 1 Port. (50 ml) | 131 | 2 g | 10 g | 6 g | 75 | 5,7 g |
| **Beilagensalat mit Rotweindressing** (A) (Nordsee) | 1 Port. (124 g)* 1 Port. (50 ml) | 82 | 1 g | 3 g | 8 g | 47 | 1,7 g |
| **Beilagensalat mit Paprika, Tomate, Gurke mit Cocktaildressing** (D) (Nordsee) | 1 Port. (131 g)* 1 Port. (50 ml) | 128 | 1 g | 9 g | 6 g | 71 | 5 g |
| **Beilagensalat mit Paprika, Tomate, Gurke mit Cocktaildressing 75 ml** (D) (Nordsee) | 1 Port. (131 g)* 1 Port. (75 ml) | 176 | 2 g | 14 g | 8 g | 85 | 6,8 g |

* lt. Herstellerangaben auf Portionsgröße umgerechnet   *** Rezept aus gelbem Schlank-ohne-Diät-Kochbuch

| Speisen / Gerichte | Portionsgröße / Gewicht | kcal/ Portion | Nährstoffgehalt pro Portion | | | Pro 100 Gramm | |
|---|---|---|---|---|---|---|---|
| | | | EW | Fett | KH | kcal | Fett |
| **Beilagensalat mit Paprika, Tomate, Gurke mit Joghurt Dressing** (D) (Nordsee) | 1 Port. (131 g)*<br>1 Port. (50 ml) | 173 | 2 g | 14 g | 6 g | 96 | 7,7 g |
| **Beilagensalat mit Paprika, Tomate, Gurke mit Joghurt Dressing 75 ml** (D) (Nordsee) | 1 Port. (131 g)*<br>1 Port. (75 ml) | 198 | 2 g | 16 g | 7 g | 96 | 7,8 g |
| **Beilagensalat mit Paprika, Tomate, Gurke mit Kräuter Dressing** (D) (Nordsee) | 1 Port. (131 g)*<br>1 Port. (50 ml) | 78 | 1 g | 3 g | 8 g | 43 | 1,7 g |
| **Beilagensalat mit Paprika, Tomate, Gurke mit Kräuter Dressing 75 ml** (D) (Nordsee) | 1 Port. (131 g)*<br>1 Port. (75 ml) | 87 | 1 g | 5 g | 7 g | 42 | 2,4 g |
| **Beilagensalat mit Radieschen, Paprika, Mais mit Cocktaildressing** (D) (Nordsee) | 1 Port. (125 g)*<br>1 Port. (50 ml) | 137 | 1 g | 9 g | 7 g | 78 | 5,1 g |
| **Beilagensalat mit Radieschen, Paprika, Mais mit Cocktaildressing 75 ml** (D) (Nordsee) | 1 Port. (125 g)*<br>1 Port. (75 ml) | 185 | 2 g | 14 g | 9 g | 93 | 7 g |
| **Beilagensalat mit Radieschen, Paprika, Mais mit Joghurt Dressing** (D) (Nordsee) | 1 Port. (125 g)*<br>1 Port. (50 ml) | 182 | 2 g | 14 g | 7 g | 104 | 8 g |
| **Beilagensalat mit Radieschen, Paprika, Mais mit Joghurt Dressing 75 ml** (D) (Nordsee) | 1 Port. (125 g)*<br>1 Port. (75 ml) | 207 | 2 g | 16 g | 8 g | 104 | 8 g |
| **Beilagensalat mit Radieschen, Paprika, Mais mit Kräuter Dressing** (D) (Nordsee) | 1 Port. (125 g)*<br>1 Port. (50 ml) | 87 | 1 g | 3 g | 9 g | 50 | 1,7 g |
| **Beilagensalat mit Radieschen, Paprika, Mais mit Kräuter Dressing 75 ml** (D) (Nordsee) | 1 Port. (125 g)*<br>1 Port. (75 ml) | 96 | 1 g | 5 g | 8 g | 48 | 2,5 g |
| **Beilagensalat mit Tomaten, Gurke, Mais mit Cocktaildressing** (D) (Nordsee) | 1 Port. (122 g)*<br>1 Port. (50 ml) | 140 | 1 g | 9 g | 8 g | 81 | 5,2 g |
| **Beilagensalat mit Tomaten, Gurke, Mais mit Cocktaildressing 75 ml** (D) (Nordsee) | 1 Port. (122 g)*<br>1 Port. (75 ml) | 188 | 2 g | 14 g | 10 g | 95 | 7,1 g |
| **Beilagensalat mit Tomaten, Gurke, Mais mit Joghurt Dressing** (D) (Nordsee) | 1 Port. (122 g)*<br>1 Port. (50 ml) | 185 | 2 g | 14 g | 8 g | 108 | 8,1 g |
| **Beilagensalat mit Tomaten, Gurke, Mais mit Joghurt Dressing 75 ml** (D) (Nordsee) | 1 Port. (122 g)*<br>1 Port. (75 ml) | 210 | 2 g | 16 g | 9 g | 107 | 8,1 g |

* lt. Herstellerangaben auf Portionsgröße umgerechnet

| Speisen / Gerichte | Portionsgröße / Gewicht | kcal/ Portion | Nährstoffgehalt pro Portion | | | Pro 100 Gramm | |
|---|---|---|---|---|---|---|---|
| | | | EW | Fett | KH | kcal | Fett |
| **Beilagensalat mit Tomaten, Gurke, Mais mit Kräuter Dressing** (D) (Nordsee) | 1 Port. (122 g)* 1 Port. (50 ml) | 90 | 1 g | 3 g | 10 g | 52 | 1,7 g |
| **Beilagensalat mit Tomaten, Gurke, Mais mit Kräuter Dressing 75 ml** (D) (Nordsee) | 1 Port. (122 g)* 1 Port. (75 ml) | 99 | 1 g | 5 g | 9 g | 50 | 2,5 g |
| **Beilagensalat mit Weißkraut, Tomate, Gurke, Mais mit Cocktaildressing** (D) (Nordsee) | 1 Port. (133 g)* 1 Port. (50 ml) | 143 | 1 g | 10 g | 7 g | 78 | 5,5 g |
| **Beilagensalat mit Weißkraut, Tomate, Gurke, Mais mit Cocktaildressing 75 ml** (D) (Nordsee) | 1 Port. (133 g)* 1 Port. (75 ml) | 191 | 2 g | 15 g | 9 g | 92 | 7,2 g |
| **Beilagensalat mit Weißkraut, Tomate, Gurke, Mais mit Joghurt Dressing** (D) (Nordsee) | 1 Port. (133 g)* 1 Port. (50 ml) | 188 | 2 g | 15 g | 7 g | 103 | 8,2 g |
| **Beilagensalat mit Weißkraut, Tomate, Gurke, Mais mit Joghurt Dressing 75 ml** (D) (Nordsee) | 1 Port. (133 g)* 1 Port. (75 ml) | 213 | 2 g | 17 g | 8 g | 102 | 8,2 g |
| **Beilagensalat mit Weißkraut, Tomate, Gurke, Mais mit Kräuter Dressing** (D) (Nordsee) | 1 Port. (133 g)* 1 Port. (50 ml) | 93 | 1 g | 4 g | 9 g | 51 | 2,2 g |
| **Beilagensalat mit Weißkraut, Tomate, Gurke, Mais mit Kräuter Dressing 75 ml** (D) (Nordsee) | 1 Port. (133 g)* 1 Port. (75 ml) | 102 | 1 g | 6 g | 8 g | 49 | 2,9 g |
| **Bohnensalat mit Essig und Öl** | 1 Port. (110 g) | 201 | 11 g | 5,8 g | 23 g | 183 | 5,3 g |
| **Brathähnchen-Kraut-Salat** (Nadler) | 1 Pkg. (200 g) | 500 | 14 g | 44 g | 12 g | 250 | 22 g |
| **Budapester Salat** (Nadler) | 1 Pkg. (200 g) | 566 | 8 g | 54 g | 12 g | 283 | 27 g |
| **Bunter Bohnensalat** (Bofrost) | 1/3 Pkg. (250 g) | 290 | 8 g | 25 g | 8,5 g | 116 | 10 g |
| **Bunter Krautsalat** (Felix) | 1 Port. (145 g) | 16 | 1,5 g | 0,1 g | 2,2 g | 11 | 0,1 g |
| **Bunter Nudelsalat** (Nadler) | 1/4 Pkg. (250 g) | 670 | 5 g | 60 g | 22,5 g | 268 | 24 g |
| **Champignonsalat** (Homann) | 1 Pkg. (200 g) | 422 | 3,4 g | 41 g | 9,4 g | 211 | 20,5 g |
| **Chefsalat mit Balsamico-Dressing** (A) (McDonald's) | 1 Port. (145 g) 1 Port. (30 ml) | 182 | 13 g | 12 g | 6 g | 104 | 6,9 g |
| **Chefsalat mit Balsamico-Dressing, fettreduziert** (D) (McDonald's) | 1 Port. (208 g) 1 Port. (30 ml) | 176 | 15 g | 10 g | 8 g | 74 | 4,2 g |

* lt. Herstellerangaben auf Portionsgröße umgerechnet

| Speisen / Gerichte | Portionsgröße / Gewicht | kcal/ Portion | Nährstoffgehalt pro Portion | | | Pro 100 Gramm | |
|---|---|---|---|---|---|---|---|
| | | | EW | Fett | KH | kcal | Fett |
| **Chefsalat mit Caesar-Dressing** (A) (McDonald's) | 1 Port. (145 g)<br>1 Port. (75 ml) | 214 | 15 g | 13 g | 9 g | 97 | 5,9 g |
| **Chefsalat mit Caesar-Dressing fettreduziert** (D) (McDonald's) | 1 Port. (208 g)<br>1 Port. (75 ml) | 208 | 17 g | 11 g | 11 g | 74 | 3,9 g |
| **Chefsalat mit Hausdressing** (A) (McDonald's) | 1 Port. (145 g)<br>1 Port. (50 ml) | 228 | 14 g | 17 g | 6 g | 117 | 8,7 g |
| **Chefsalat mit Hausdressing** (D) (McDonald's) | 1 Port. (208 g)<br>1 Port. (50 ml) | 220 | 16 g | 15 g | 8 g | 85 | 5,8 g |
| **Chicken-Teriyaki-Salat (fettarm) mit Dressing** (Subway) | 1 Port. (325 g)<br>1 Port. (50 g) | 261 | 19 g | 13 g | 15 g | 70 | 3,5 g |
| **Chicoréesalat mit Essig und Öl** | 1 Port. (150 g) | 215 | 2 g | 21 g | 5 g | 143 | 14 g |
| **Chili-Fleischsalat** (Homann) | 1 Pkg. (200 g) | 604 | 7,2 g | 59 g | 10,8 g | 302 | 29,5 g |
| **Chinakohl-Salat mit Essig und Öl** | 1 Port. (150 g) | 215 | 2 g | 21 g | 5 g | 143 | 14 g |
| **Cocktail-Krabbensalat** (Homann) | 1 Pkg. (150 g) | 377 | 8,6 g | 32 g | 13,1 g | 251 | 21,3 g |
| **Country Salat mit Thousand Islands Dressing** (A) (Burger King) | 1 Port. (178 g)<br>1 Port. (60 g) | 201 | 2 g | 15 g | 13 g | 85 | 6,3 g |
| **Country Salat mit French Dressing** (A) (Burger King) | 1 Port. (178 g)<br>1 Port. (60 g) | 208 | 2 g | 16 g | 12 g | 87 | 6,7 g |
| **Country Salat mit Joghurt-Dressing** (A) (Burger King) | 1 Port. (178 g)<br>1 Port. (60 g) | 166 | 2 g | 11 g | 11 g | 70 | 4,6 g |
| **Country Salat mit Kräuter-Dressing** (A) (Burger King) | 1 Port. (178 g)<br>1 Port. (60 g) | 54 | 1 g | 0 g | 9 g | 23 | 0 g |
| **Crispy Chicken Caesar Salad mit Balsamico-Dressing** (A) (McDonald's) | 1 Port. (289 g)<br>1 Port. (30 ml) | 339 | 26 g | 15 g | 24 g | 106 | 4,7 g |
| **Crispy Chicken Caesar Salad mit Balsamico-Dressing, fettreduziert** (D) (McDonald's) | 1 Port. (289 g)<br>1 Port. (30 ml) | 320 | 27 g | 17 g | 17 g | 100 | 5,3 g |
| **Crispy Chicken Caesar Salad mit Caesar-Dressing** (A) (McDonald's) | 1 Port. (289 g)<br>1 Port. (75 ml) | 371 | 28 g | 16 g | 27 g | 102 | 4,4 g |
| **Crispy Chicken Caesar Salad mit Caesar-Dressing, fettreduziert** (D) (McDonald's) | 1 Port. (289 g)<br>1 Port. (75 ml) | 352 | 29 g | 18 g | 20 g | 97 | 4,9 g |
| **Crispy Chicken Caesar Salad mit Croûtons und Balsamico-Dressing** (A) (McDonald's) | 1 Port. (289 g)<br>1 Port. (14 g)<br>1 Port. (30 ml) | 398 | 27 g | 17 g | 34 g | 120 | 5,1 g |

| Speisen / Gerichte | Portionsgröße / Gewicht | kcal/ Portion | Nährstoffgehalt pro Portion | | | Pro 100 Gramm | |
|---|---|---|---|---|---|---|---|
| | | | EW | Fett | KH | kcal | Fett |
| **Crispy Chicken Caesar Salad mit Croûtons und Balsamico-Dressing, fettreduziert** (D) (McDonald's) | 1 Port. (289 g)<br>1 Port. (14 g)<br>1 Port. (30 ml) | 382 | 29 g | 19 g | 27 g | 115 | 5,7 g |
| **Crispy Chicken Caesar Salad mit Croûtons und Caesar Dressing** (A) (McDonald's) | 1 Port. (289 g)<br>1 Port. (14 g)<br>1 Port. (75 ml) | 430 | 29 g | 18 g | 37 g | 114 | 4,8 g |
| **Crispy Chicken Caesar Salad mit Croûtons und Caesar-Dressing, fettreduziert** (D) (McDonald's) | 1 Port. (289 g)<br>1 Port. (14 g)<br>1 Port. (75 ml) | 414 | 31 g | 20 g | 30 g | 110 | 5,3 g |
| **Crispy Chicken Caesar Salad mit Croûtons und Hausdressing** (A) (McDonald's) | 1 Port. (289 g)<br>1 Port. (14 g)<br>1 Port. (50 ml) | 444 | 28 g | 22 g | 34 g | 126 | 6,2 g |
| **Crispy Chicken Caesar Salad mit Croûtons und Hausdressing** (D) (McDonald's) | 1 Port. (289 g)<br>1 Port. (14 g)<br>1 Port. (50 ml) | 426 | 30 g | 26 g | 27 g | 80 | 4,9 g |
| **Crispy Chicken Caesar Salad mit Hausdressing** (A) (McDonald's) | 1 Port. (289 g)<br>1 Port. (50 ml) | 385 | 27 g | 20 g | 24 g | 114 | 5,9 g |
| **Crispy Chicken Caesar Salad mit Hausdressing** (D) (McDonald's) | 1 Port. (289 g)<br>1 Port. (50 ml) | 364 | 28 g | 24 g | 17 g | 107 | 7,1 g |
| **Curry-Fleischsalat mit Gurken und Äpfeln** (Homann) | 1 Pkg. (200 g) | 544 | 7,4 g | 51,6 g | 11,8 g | 272 | 25,8 g |
| **Curry-Geflügelsalat** (Homann) | 1 Pkg. (200 g) | 342 | 14,4 g | 22,4 g | 20 g | 171 | 11,2 g |
| **Curry-Putenbrustsalat mit Joghurt** (Homann) | 1 Pkg. (200 g) | 334 | 15,2 g | 19,6 g | 23,2 g | 167 | 9,8 g |
| **Danga Astoria-Salat** (Vitaquell) | 1 Port. (125 g) | 270 | 1,3 g | 23,8 g | 12,5 g | 216 | 19 g |
| **Danga Gemüse-Salat** (Vitaquell) | 1 Port. (125 g) | 203 | 1,3 g | 17,5 g | 10 g | 162 | 14 g |
| **Danga Karottensalat** (Vitaquell) | 1 Port. (125 g) | 268 | 1,3 g | 21,3 g | 17,5 g | 214 | 17 g |
| **Delight Salad mit Jogurt-Dressing** (D) (Burger King) | 1 Port. (203 g)<br>1 Port. (25 g) | 93 | 3 g | 6 g | 9 g | 41 | 2,6 g |
| **Delight Salad mit Balsamico-Vinaigrette** (D) (Burger King) | 1 Port. (203 g)<br>1 Port. (100 g) | 111 | 2 g | 3 g | 20 g | 37 | 1 g |
| **Delight Salad mit Joghurt-Dressing** (D) (Burger King) | 1 Port. (203 g)<br>1 Port. (100 g) | 132 | 4 g | 6 g | 17 g | 44 | 2 g |
| **Delight Salad mit Kräuter-Dressing** (D) (Burger King) | 1 Port. (203 g)<br>1 Port. (25 g) | 47 | 2 g | 1 g | 8 g | 21 | 0,4 g |
| **Delight Salad mit Lemon-Vinaigrette** (D) (Burger King) | 1 Port. (203 g)<br>1 Port. (100 g) | 126 | 2 g | 3 g | 23 g | 42 | 1 g |

| Speisen / Gerichte | Portionsgröße / Gewicht | kcal/ Portion | Nährstoffgehalt pro Portion | | | Pro 100 Gramm | |
|---|---|---|---|---|---|---|---|
| | | | EW | Fett | KH | kcal | Fett |
| **Delikatess-Fleischsalat mit Joghurt** (Homann) | 1 Pkg. (200 g) | 464 | 11,6 g | 37,6 g | 19 g | 232 | 18,8 g |
| **Eferdinger Bohnensalat** (Efko) | 1 Port. (144 g) | 112 | 8,1 g | 0,3 g | 19 g | 78 | 0,2 g |
| **Eiersalat** | 1 Port. (100 g) | 330 | 6 g | 32 g | 4 g | 330 | 32 g |
| **Eiersalat** (Du darfst) | 1 Pkg. (200 g) | 294 | 14,2 g | 18 g | 14,2 g | 147 | 9 g |
| **Eier-Salat** (Nadler) | 1 Pkg. (200 g) | 456 | 12 g | 40 g | 12 g | 228 | 20 g |
| **Eiersalat** (Weight Watchers) | 1 Port. (150 g) | 159 | 9 g | 9,8 g | 9 g | 106 | 6,5 g |
| **Eiersalat mit Schinken** (Homann) | 1 Pkg. (200 g) | 424 | 15,6 g | 34 g | 13 g | 212 | 17 g |
| **Eisbergsalat mit Essig und Öl** | 1 Port. (95 g) | 58 | 0,8 g | 5,1 g | 1,5 g | 61 | 5,4 g |
| **Eisbergsalat mit Frenchdressing** | 1 Port. (105 g) | 110 | 0,9 g | 10 g | 2,5 g | 105 | 9,5 g |
| **Eisbergsalat mit Jogurtdressing** | 1 Port. (105 g) | 43 | 1,9 g | 2,4 g | 2,8 g | 41 | 2,3 g |
| **Eisbergsalat mit Rahmdressing** | 1 Port. (105 g) | 65 | 1,7 g | 4,5 g | 3,7 g | 62 | 4,3 g |
| **Endiviensalat mit Essig und Öl** | 1 Port. (95 g) | 57 | 1,1 g | 5,1 g | 1,2 g | 60 | 5,4 g |
| **Exotic Fitness Salat** (Wojnar) | 1 Pkg. (200 g) | 264 | 2,2 g | 22,4 g | 12,6 g | 132 | 11,2 g |
| **Farmer Salat** (Nadler) | 1 Pkg. (250 g) | 540 | 2,5 g | 50 g | 20 g | 216 | 20 g |
| **Feiner Eiersalat mit Joghurt** (Homann) | 1 Pkg. (200 g) | 382 | 12,8 g | 27,6 g | 19,8 g | 191 | 13,8 g |
| **Feiner Nudelsalat** (Homann) | 1/2 Pkg. (200 g) | 516 | 6,2 g | 41,8 g | 28,2 g | 258 | 20,9 g |
| **Feiner Pellkartoffelsalat** (Homann) | 1 Pkg. (200 g) | 306 | 3,8 g | 19,6 g | 28,2 g | 153 | 9,8 g |
| **Feldsalat (Vogerlsalat) mit Speck** | 1 Port. (100 g) | 308 | 2,4 g | 33,2 g | 0,3 g | 308 | 33,2 g |
| **Fischsalat mit Gemüse und Mayonnaise** | 1 Port. (100 g) | 96 | 10 g | 5 g | 3 g | 96 | 5 g |
| **Fisolensalat** (Felix) | 1 Port. (145 g) | 30 | 1,5 g | 0,1 g | 5,8 g | 21 | 0,1 g |
| **Fisolensalat (grüne Bohnen-) mit Essig und Öl** | 1 Port. (110 g) | 75 | 2 g | 5,2 g | 4 g | 68 | 4,7 g |
| **Fitness-Salat mit Buntbarsch mit Joghurt Kräuter Dressing** (A) (Nordsee) | 1 Port. (263 g)*<br>1 Port. (50 ml) | 376 | 12 g | 23 g | 3 g | 120 | 7,3 g |

| Speisen / Gerichte | Portionsgröße / Gewicht | kcal/ Portion | Nährstoffgehalt pro Portion | | | Pro 100 Gramm | |
|---|---|---|---|---|---|---|---|
| | | | EW | Fett | KH | kcal | Fett |
| **Fitness-Salat mit Buntbarsch mit Rotweindressing** (A) (Nordsee) | 1 Port. (263 g)* 1 Port. (50 ml) | 327 | 11 g | 16 g | 5 g | 104 | 5,1 g |
| **Fitnesssalat mit Balsamico-Dressing** (A) (McDonald's) | 1 Port. (145 g) 1 Port. (30 ml) | 64 | 2 g | 2 g | 10 g | 37 | 1,1 g |
| **Fitnesssalat mit Caesar-Dressing** (A) (McDonald's) | 1 Port. (145 g) 1 Port. (75 ml) | 96 | 3 g | 3 g | 16 g | 44 | 1,4 g |
| **Fitnesssalat mit Hausdressing** (A) (McDonald's) | 1 Port. (145 g) 1 Port. (50 ml) | 110 | 3 g | 7 g | 10 g | 56 | 3,6 g |
| **Fleischsalat** | 1 Port. (115 g) | 205 | 17 g | 13 g | 0,9 g | 178 | 11,3 g |
| **Fleischsalat** (Du darfst) | 1 Pkg. (200 g) | 404 | 9,2 g | 34 g | 14,4 g | 202 | 17 g |
| **Fleischsalat** (Weight Watchers) | 1 Port. (75 g) | 104 | 2,9 g | 7,4 g | 6,7 g | 139 | 9,9 g |
| **Fleischsalat Low Fat** (Popp) | 1 Pkg. (150 g) | 284 | 7,5 g | 22,5 g | 13,5 g | 189 | 15 g |
| **Fleischsalat mit Käse und Paprika** (Du darfst) | 1 Pkg. (150 g) | 254 | 7,1 g | 19,5 g | 12,5 g | 169 | 13 g |
| **Fleischsalat mit Kräutern** (Nadler) | 1 Pkg. (200 g) | 604 | 8 g | 60 g | 8 g | 302 | 30 g |
| **Fleischsalat mit Salatcreme** (Nadler) | 1 Pkg. (200 g) | 604 | 8 g | 60 g | 8 g | 302 | 30 g |
| **Frankfurter Kartoffelsalat** (Homann) | 1/2 Pkg. (200 g) | 426 | 5,4 g | 34,6 g | 22,8 g | 213 | 17,3 g |
| **Französischer Salat** | 1 Port. (145 g) | 185 | 4,1 g | 11 g | 15 g | 128 | 7,6 g |
| **Frisch gemischter Salat mit Balsamico-Dressing** (Kochlöffel) | 1 Port. (217 g) 1 Port. (75 ml) | 263 | 2,1 g | 20,1 g | 18,2 g | 90 | 6,9 g |
| **Frisch gemischter Salat mit Curry-Dressing** (Kochlöffel) | 1 Port. (217 g) 1 Port. (75 ml) | 377 | 2,6 g | 37,1 g | 9,1 g | 129 | 12,7 g |
| **Frisch gemischter Salat mit Joghurt-Dressing** (Kochlöffel) | 1 Port. (217 g) 1 Port. (75 ml) | 372 | 3,6 g | 35 g | 8,7 g | 127 | 12 g |
| **Frischer Gurkensalat** (Nadler) | 1 Pkg. (400 g) | 348 | 4 g | 12 g | 56 g | 87 | 3 g |
| **Frischer Krautsalat** (Nadler) | 1 Pkg. (400 g) | 436 | 4 g | 20 g | 60 g | 109 | 5 g |
| **Frischer Rohkostsalat** (Homann) | 1 Pkg. (400 g) | 344 | 3,2 g | 14,8 g | 46,8 g | 86 | 3,7 g |
| **Frischer Weißkrautsalat** (Homann) | 1 Pkg. (400 g) | 480 | 3,6 g | 22,8 g | 62,8 g | 120 | 5,7 g |

* lt. Herstellerangaben auf Portionsgröße umgerechnet

| Speisen / Gerichte | Portionsgröße / Gewicht | kcal/ Portion | Nährstoffgehalt pro Portion | | | Pro 100 Gramm | |
|---|---|---|---|---|---|---|---|
| | | | EW | Fett | KH | kcal | Fett |
| **Fruchtiger Geflügelsalat mit Joghurt** (Homann) | 1 Pkg. (200 g) | 308 | 14,6 g | 18,4 g | 20 g | 154 | 9,2 g |
| **Fruchtiger Käsesalat** (Homann) | 1 Pkg. (200 g) | 570 | 12,6 g | 48,6 g | 19,8 g | 285 | 24,3 g |
| **Fruchtiger Krabbencocktail** (Homann) | 1 Pkg. (150 g) | 252 | 7,7 g | 17,7 g | 14,9 g | 168 | 11,8 g |
| **Fruchtiger Krautsalat** (Nadler) | 1/2 Pkg. (200 g) | 506 | 2 g | 50 g | 12 g | 253 | 25 g |
| **Fruchtiger Mailändersalat** (Homann) | 1 Pkg. (200 g) | 504 | 8,4 g | 41,6 g | 23,4 g | 252 | 20,8 g |
| **Gabelrollmops in Aspik** (Homann) | 1 Pkg. (200 g) | 258 | 18 g | 19,2 g | 1,6 g | 129 | 9,6 g |
| **Gartensalat mit Balsamico-Dressing** (A) (McDonald's) | 1 Port. (90 g)<br>1 Port. (30 ml) | 36 | 1 g | 1 g | 5 g | 30 | 0,8 g |
| **Gartensalat mit Balsamico-Dressing fettreduziert** (D) (McDonald's) | 1 Port. (90 g)<br>1 Port. (30 ml) | 35 | 1 g | 1 g | 5 g | 29 | 0,8 g |
| **Gartensalat mit Caesar-Dressing** (A) (McDonald's) | 1 Port. (90 g)<br>1 Port. (75 ml) | 71 | 2 g | 2 g | 11 g | 43 | 1,2 g |
| **Gartensalat mit Caesar-Dressing, fettreduziert** (D) (McDonald's) | 1 Port. (90 g)<br>1 Port. (75 ml) | 67 | 3 g | 2 g | 8 g | 41 | 1,2 g |
| **Gartensalat mit Hausdressing** (A) (McDonald's) | 1 Port. (90 g)<br>1 Port. (50 ml) | 82 | 2 g | 6 g | 5 g | 59 | 4,3 g |
| **Gartensalat mit Hausdressing** (D) (McDonald's) | 1 Port. (90 g)<br>1 Port. (50 ml) | 79 | 2 g | 6 g | 5 g | 56 | 4,3 g |
| **Geflügelfleisch Salat** (Homann) | 1 Pkg. (200 g) | 630 | 7,6 g | 62 g | 10,4 g | 315 | 31 g |
| **Geflügelsalat** (Du darfst) | 1 Pkg. (200 g) | 272 | 14,4 g | 14,8 g | 19,2 g | 136 | 7,4 g |
| **Geflügelsalat** (Nadler) | 1 Pkg. (200 g) | 394 | 12 g | 34 g | 10 g | 197 | 17 g |
| **Geflügelsalat** (Weight Watchers) | 1 Port. (150 g) | 168 | 11 g | 7,2 g | 14,7 g | 112 | 4,8 g |
| **Geflügelsalat Hawaii** (Homann) | 1 Pkg. (200 g) | 572 | 11,2 g | 50,6 g | 17,2 g | 286 | 25,3 g |
| **Geflügelsalat mit Ananas und Mandarinen** (Nadler) | 1 Pkg. (200 g) | 394 | 12 g | 34 g | 10 g | 197 | 17 g |
| **Geflügelsalat mit Mayonnaise** | 1 Port. (100 g) | 265 | 17 g | 19 g | 5 g | 265 | 19 g |
| **Geflügelsalat mit Walnüssen und Sahne** | 1 Port. (150 g) | 393 | 25 g | 29 g | 8 g | 262 | 19,3 g |
| **Gemischter Salat** | 1 Port. (95 g) | 61 | 0,8 g | 5,1 g | 2,2 g | 64 | 5,4 g |

| Speisen / Gerichte | Portionsgröße / Gewicht | kcal/ Portion | Nährstoffgehalt pro Portion | | | Pro 100 Gramm | |
|---|---|---|---|---|---|---|---|
| | | | EW | Fett | KH | kcal | Fett |
| **Gemischter Salat mit Schinken***** | 1 Port. (200 g) | 215 | 24 g | 10 g | 7 g | 53 | 2,5 g |
| **Gemischter Salat mit Essig und Öl** | 1 Port. (95 g) | 61 | 0,8 g | 5,1 g | 2,2 g | 64 | 5,4 g |
| **Gemischter Salat mit Frenchdressing** | 1 Port. (105 g) | 113 | 0,9 g | 10 g | 3,3 g | 108 | 9,5 g |
| **Gemischter Salat mit Joghurtdressing** | 1 Port. (105 g) | 45 | 1,9 g | 2,4 g | 3,5 g | 43 | 2,3 g |
| **Gemischter Salat mit Rahmdressing** | 1 Port. (105 g) | 67 | 1,7 g | 4,5 g | 4,4 g | 64 | 4,3 g |
| **Gemüse-Fitness-Salat** (Nadler) | 1 Pkg. (400 g) | 340 | 4 g | 20 g | 36 g | 85 | 5 g |
| **Gemüsesalat mit Mayonnaise** | 1 Port. (110 g) | 99 | 3 g | 7 g | 5 g | 90 | 6 g |
| **Gourmet Bohnensalat** (Felix) | 1 Port. (130 g) | 39 | 2 g | 0,7 g | 6,5 g | 30 | 0,5 g |
| **Gourmet Paprikasalat** (Felix) | 1 Port. (130 g) | 26 | 1,3 g | 0,4 g | 3,9 g | 20 | 0,3 g |
| **Griechischer Bauernsalat** | 1 Port. (230 g) | 249 | 7,3 g | 21,1 g | 5,3 g | 108 | 9,2 g |
| **Griechischer Bauernsalat** (Bofrost) | 1/3 Pkg. (250 g) | 210 | 7,3 g | 17 g | 7 g | 84 | 6,8 g |
| **Griechischer Hirtensalat** (Nadler) | 1 Pkg. (400 g) | 472 | 16 g | 24 g | 48 g | 118 | 6 g |
| **Griechischer Krautsalat** (Homann) | 1 Pkg. (400 g) | 448 | 3,2 g | 35,6 g | 26,4 g | 112 | 8,9 g |
| **Griechischer Salat** | 1 Port. (230 g) | 249 | 7,3 g | 21,1 g | 5,3 g | 108 | 9,2 g |
| **Griechischer Salat***** | 1 Port. (360 g) | 200 | 11 g | 13 g | 8 g | 56 | 3.6 g |
| **Grill Salat** (Efko) | 1 Port. (144 g) | 32 | 0,6 g | 0,1 g | 9,6 g | 22 | 0,1 g |
| **Grilled Chicken Caesar Salad mit Balsamico Dressing fettreduziert** (D) (McDonald's) | 1 Port. (196 g)<br>1 Port. (30 ml) | 247 | 27 g | 8 g | 17 g | 109 | 3,5 g |
| **Grilled Chicken Caesar Salad mit Balsamico-Dressing** (A) (McDonald's) | 1 Port. (288 g)<br>1 Port. (30 ml) | 252 | 28 g | 10 g | 12 g | 79 | 3,1 g |
| **Grilled Chicken Caesar Salad mit Caesar Dressing** (A) (McDonald's) | 1 Port. (288 g)<br>1 Port. (75 ml) | 284 | 30 g | 11 g | 15 g | 78 | 3 g |
| **Grilled Chicken Caesar Salad mit Caesar Dressing fettreduziert** (D) (McDonald's) | 1 Port. (196 g)<br>1 Port. (75 ml) | 279 | 29 g | 9 g | 20 g | 103 | 3,3 g |

*** Rezept aus gelbem Schlank-ohne-Diät-Kochbuch

| Speisen / Gerichte | Portionsgröße / Gewicht | kcal/ Portion | Nährstoffgehalt pro Portion | | | Pro 100 Gramm | |
|---|---|---|---|---|---|---|---|
| | | | EW | Fett | KH | kcal | Fett |
| **Grilled Chicken Caesar Salad mit Croûtons und Balsamico Dressing** (A) (McDonald's) | 1 Port. (288 g)<br>1 Port. (14 g)<br>1 Port. (30 ml) | 311 | 29 g | 12 g | 22 g | 94 | 3,6 g |
| **Grilled Chicken Caesar Salad mit Croûtons und Balsamico-Dressing, fettreduziert** (D) (McDonald's) | 1 Port. (196 g)<br>1 Port. (14 g)<br>1 Port. (30 ml) | 309 | 29 g | 10 g | 27 g | 129 | 4,2 g |
| **Grilled Chicken Caesar Salad mit Croûtons und Caesar-Dressing** (A) (McDonald's) | 1 Port. (288 g)<br>1 Port. (14 g)<br>1 Port. (75 ml) | 343 | 31 g | 13 g | 25 g | 91 | 3,4 g |
| **Grilled Chicken Caesar Salad mit Croûtons und Caesar-Dressing, fettreduziert** (D) (McDonald's) | 1 Port. (196 g)<br>1 Port. (14 g)<br>1 Port. (75 ml) | 341 | 31 g | 11 g | 30 g | 120 | 3,9 g |
| **Grilled Chicken Caesar Salad mit Croûtons und Hausdressing** (A) (McDonald's) | 1 Port. (288 g)<br>1 Port. (14 g)<br>1 Port. (50 ml) | 357 | 30 g | 17 g | 22 g | 101 | 4,8 g |
| **Grilled Chicken Caesar Salad mit Croûtons und Hausdressing** (D) (McDonald's) | 1 Port. (196 g)<br>1 Port. (14 g)<br>1 Port. (50 ml) | 353 | 30 g | 15 g | 27 g | 136 | 5,8 g |
| **Grilled Chicken Caesar Salad mit Hausdressing** (A) (McDonald's) | 1 Port. (288 g)<br>1 Port. (50 ml) | 298 | 29 g | 15 g | 12 g | 88 | 4,4 g |
| **Grilled Chicken Caesar Salad mit Hausdressing** (D) (McDonald's) | 1 Port. (196 g)<br>1 Port. (50 ml) | 291 | 28 g | 13 g | 17 g | 118 | 5,3 g |
| **Grilled Chicken Delight Salad und Joghurt-Dressing** (D) (Burger King) | 1 Port. (275 g)<br>1 Port. (100 g) | 228 | 21 g | 9 g | 18 g | 61 | 2,4 g |
| **Grilled Chicken Delight Salad und Balsamico-Vinaigrette** (D) (Burger King) | 1 Port. (275 g)<br>1 Port. (100 g) | 207 | 19 g | 6 g | 21 g | 55 | 1,6 g |
| **Grilled Chicken Delight Salad und Jogurt-Dressing** (D) (Burger King) | 1 Port. (275 g)<br>1 Port. (25 g) | 189 | 20 g | 9 g | 10 g | 63 | 3 g |
| **Grilled Chicken Delight Salad und Kräuter-Dressing** (D) (Burger King) | 1 Port. (275 g)<br>1 Port. (25 g) | 143 | 19 g | 4 g | 9 g | 48 | 1,3 g |
| **Grilled Chicken Delight Salad und Lemon-Vinaigrette** (D) (Burger King) | 1 Port. (275 g)<br>1 Port. (100 g) | 222 | 19 g | 6 g | 24 g | 59 | 1,6 g |
| **Grilled Shrimps Delight Salad und Joghurt-Dressing** (D) (Burger King) | 1 Port. (288 g)<br>1 Port. (100 g) | 239 | 23 g | 9 g | 19 g | 62 | 2,3 g |

| Speisen / Gerichte | Portionsgröße / Gewicht | kcal/ Portion | Nährstoffgehalt pro Portion | | | Pro 100 Gramm | |
|---|---|---|---|---|---|---|---|
| | | | EW | Fett | KH | kcal | Fett |
| **Grilled Shrimps Delight Salad und Balsamico-Vinaigrette** (D) (Burger King) | 1 Port. (288 g)<br>1 Port. (100 g) | 218 | 21 g | 6 g | 22 g | 56 | 1,5 g |
| **Grilled Shrimps Delight Salad und Jogurt-Dressing** (D) (Burger King) | 1 Port. (288 g)<br>1 Port. (25 g) | 200 | 22 g | 9 g | 11 g | 64 | 2,9 g |
| **Grilled Shrimps Delight Salad und Kräuter-Dressing** (D) (Burger King) | 1 Port. (288 g)<br>1 Port. (25 g) | 154 | 21 g | 4 g | 10 g | 49 | 1,3 g |
| **Grilled Shrimps Delight Salad und Lemon-Vinaigrette** (D) (Burger King) | 1 Port. (288 g)<br>1 Port. (100 g) | 233 | 21 g | 6 g | 25 g | 60 | 1,5 g |
| **Grüner Salat mit Essig und Öl** | 1 Port. (105 g) | 43 | 2,1 g | 2,4 g | 2,7 g | 41 | 2,3 g |
| **Grüner Salat mit Frenchdressing** | 1 Port. (105 g) | 110 | 1,1 g | 10 g | 2,5 g | 105 | 9,5 g |
| **Grüner Salat mit Joghurtdressing** | 1 Port. (105 g) | 43 | 2,1 g | 2,4 g | 2,7 g | 41 | 2,3 g |
| **Grüner Salat mit Rahmdressing** | 1 Port. (105 g) | 65 | 1,9 g | 4,5 g | 3,6 g | 62 | 4,3 g |
| **Grüner Salat mit Essig und Öl** | 1 Port. (105 g) | 43 | 2,1 g | 2,4 g | 2,7 g | 41 | 2,3 g |
| **Grüner Salat mit Jogurtdressing** | 1 Port. (105 g) | 43 | 2,1 g | 2,4 g | 2,7 g | 41 | 2,3 g |
| **Gurkensalat** (Homann) | 1 Pkg. (400 g) | 952 | 2,8 g | 86,4 g | 38,8 g | 238 | 21,6 g |
| **Gurkensalat mit Essig und Öl** | 1 Port. (95 g) | 56 | 0,5 g | 5,1 g | 1,3 g | 59 | 5,4 g |
| **Gurkensalat mit Joghurtdressing** | 1 Port. (105 g) | 40 | 1,6 g | 2,4 g | 2,6 g | 38 | 2,3 g |
| **Gurkensalat mit Rahmdressing** | 1 Port. (105 g) | 60 | 1,3 g | 4,4 g | 3,2 g | 57 | 4,2 g |
| **Gutsherren Salat** (Vitaquell) | 1 Port. (200 g) | 540 | 8 g | 52 g | 10 g | 270 | 26 g |
| **Gyros-Salat** (Nadler) | 1 Pkg. (200 g) | 502 | 12 g | 46 g | 10 g | 251 | 23 g |
| **Hähnchenbrustsalat** (Homann) | 1 Pkg. (200 g) | 360 | 18,6 g | 23,8 g | 16,8 g | 180 | 11,9 g |
| **Hähnchen-Brust-Salat** (Nadler) | 1 Pkg. (200 g) | 472 | 16 g | 20 g | 12 g | 236 | 10 g |
| **Hamburger Kartoffelsalat** (Homann) | 1/2 Pkg. (200 g) | 398 | 3,6 g | 33 g | 21,4 g | 199 | 16,5 g |
| **Hawaii Salat** (Vitaquell) | 1 Port. (200 g) | 490 | 6 g | 42 g | 22 g | 245 | 21 g |
| **Heringsalat mit Apfel***** | 1 Port. (360 g) | 280 | 21 g | 11 g | 22 g | 78 | 3 g |

*** Rezept aus gelbem Schlank-ohne-Diät-Kochbuch

| Speisen / Gerichte | Portionsgröße / Gewicht | kcal/ Portion | Nährstoffgehalt pro Portion | | | Pro 100 Gramm | |
|---|---|---|---|---|---|---|---|
| | | | EW | Fett | KH | kcal | Fett |
| **Heringsalat mit Apfel und Zwiebel** | 1 Port. (150 g) | 268 | 21 g | 19 g | 3 g | 179 | 12,7 g |
| **Heringssalat mit roter Bete** (Nadler) | 1 Pkg. (200 g) | 534 | 10 g | 46 g | 20 g | 267 | 23 g |
| **Herzhafter Krautsalat mit Peperoni, Pfeffer und Joghurtsauce** (Nadler) | 1/2 Pkg. (200 g) | 506 | 2 g | 50 g | 12 g | 253 | 25 g |
| **Hummersalat mit Mayonnaise** | 1 Port. (150 g) | 196 | 17 g | 12 g | 5 g | 131 | 8 g |
| **Indisch Salat** (Vitaquell) | 1 Port. (200 g) | 644 | 10 g | 60 g | 16 g | 322 | 30 g |
| **Italienischer Nudelsalat** (Homann) | 1 Pkg. (200 g) | 456 | 5 g | 36 g | 27,6 g | 228 | 18 g |
| **Joghurt-Farmersalat** (Homann) | 1 Pkg. (200 g) | 404 | 1,8 g | 36 g | 17,6 g | 202 | 18 g |
| **Joghurt-Kartoffelsalat mit Bärlauch** (Homann) | 1 Pkg. (400 g) | 588 | 6,8 g | 38,8 g | 51,6 g | 147 | 9,7 g |
| **Joghurt-Krautsalat mit Sellerie und Mais** (Homann) | 1 Pkg. (200 g) | 330 | 1,8 g | 27,2 g | 18 g | 165 | 13,6 g |
| **Joghurt-Nudelsalat mit Gemüse** (Homann) | 1 Pkg. (400 g) | 652 | 14,4 g | 36 g | 66,8 g | 163 | 9 g |
| **Joghurt-Partysalat** (Homann) | 1 Pkg. (200 g) | 362 | 2,6 g | 30 g | 20 g | 181 | 15 g |
| **Karfiolsalat (Blumenkohl-) mit Essig und Öl** | 1 Port. (190 g) | 128 | 3,8 g | 10,4 g | 3,6 g | 67 | 5,5 g |
| **Karfiolsalat (Blumenkohl-) mit Frenchdressing** | 1 Port. (210 g) | 220 | 2,6 g | 20 g | 4,8 g | 105 | 9,5 g |
| **Karfiolsalat (Blumenkohl-) mit Joghurtdressing** | 1 Port. (210 g) | 92 | 5,8 g | 4,8 g | 5,8 g | 44 | 2,3 g |
| **Karfiolsalat (Blumenkohl-) mit Rahmdressing** | 1 Port. (210 g) | 130 | 4,2 g | 9 g | 6,8 g | 62 | 4,3 g |
| **Karotten-Salat** (Felix) | 1 Port. (145 g) | 22 | 0,7 g | 0,1 g | 4,4 g | 15 | 0,1 g |
| **Karottensalat mit Essig und Öl** | 1 Port. (95 g) | 69 | 0,8 g | 5,1 g | 4,2 g | 73 | 5,4 g |
| **Karottensalat mit Frenchdressing** | 1 Port. (105 g) | 121 | 0,9 g | 10 g | 5,3 g | 115 | 9,5 g |
| **Karottensalat mit Joghurtdressing** | 1 Port. (105 g) | 50 | 1,8 g | 2,4 g | 4,8 g | 48 | 2,3 g |
| **Karottensalat mit Rahmdressing** | 1 Port. (105 g) | 72 | 1,6 g | 4,4 g | 5,7 g | 69 | 4,2 g |
| **Kartoffelsalat** (A) (Nordsee) | 1 Port. (200 g)* | 164 | 2 g | 4 g | 27 g | 83 | 2 g |
| **Kartoffelsalat** (Efko) | 1 Port. (144 g) | 85 | 1,6 g | 0,4 g | 18,4 g | 59 | 0,3 g |

* lt. Herstellerangaben auf Portionsgröße umgerechnet

| Speisen / Gerichte | Portionsgröße / Gewicht | kcal/ Portion | Nährstoffgehalt pro Portion | | | Pro 100 Gramm | |
|---|---|---|---|---|---|---|---|
| | | | EW | Fett | KH | kcal | Fett |
| **Kartoffelsalat** (Felix) | 1 Port. (145 g) | 128 | 1,5 g | 3,8 g | 21,8 g | 88 | 2,6 g |
| **Kartoffelsalat** (Weight Watchers) | 1 Port. (100 g) | 100 | 2,2 g | 3 g | 16 g | 100 | 3 g |
| **Kartoffelsalat mit Essig und Öl** | 1 Port. (190 g) | 220 | 3,2 g | 10,2 g | 26 g | 116 | 5,4 g |
| **Kartoffelsalat mit Mayonnaise** | 1 Port. (210 g) | 410 | 4 g | 28 g | 30 g | 195 | 13,3 g |
| **Kartoffelsalat mit Crème fraîche** (Homann) | 1 Pkg. (200 g) | 414 | 3 g | 31,8 g | 28,6 g | 207 | 15,9 g |
| **Kartoffelsalat mit Crème fraîche** (Nadler) | 1/2 Pkg. (200 g) | 382 | 6 g | 30 g | 22 g | 191 | 15 g |
| **Kartoffelsalat mit Crème fraîche und Schnittlauch** (Du darfst) | 1/2 Pkg. (200 g) | 276 | 3,2 g | 15,8 g | 30 g | 138 | 7,9 g |
| **Kartoffelsalat mit Ei und Gurke** (Nadler) | 1/2 Pkg. (250 g) | 465 | 5 g | 35 g | 30 g | 186 | 14 g |
| **Kartoffelsalat mit Essig und Öl** (Nadler) | 1/2 Pkg. (250 g) | 275 | 3 g | 15 g | 32,5 g | 110 | 6 g |
| **Kartoffelsalat mit Joghurt und Schnittlauch** (Nadler) | 1 Pkg. (240 g) | 295 | 4,8 g | 16,8 g | 31,2 g | 123 | 7 g |
| **Kartoffelsalat mit Lauch und Vorderschinken** (Nadler) | 1/2 Pkg. (200 g) | 250 | 4,8 g | 14 g | 26 g | 125 | 7 g |
| **Kartoffelsalat mit Mayonnaise** (D) (Nordsee) | 1 Port. (200 g)* | 316 | 3 g | 24 g | 22 g | 158 | 12 g |
| **Kartoffelsalat mit Paprika, Gurke und Joghurt** (Du darfst) | 1/2 Pkg. (200 g) | 218 | 3,4 g | 11,2 g | 26 g | 109 | 5,6 g |
| **Kartoffelsalat mit Salatcreme** (Nadler) | 1/2 Pkg. (200 g) | 598 | 12 g | 54 g | 16 g | 299 | 27 g |
| **Kartoffelsalat mit Speck** (D) (Nordsee) | 1 Port. (200 g)* | 189 | 3 g | 8,8 g | 24 g | 94 | 4,4 g |
| **Kartoffelsalat mit Speck** (Homann) | 1/5 Pkg. (150 g) | 137 | 2,7 g | 5,6 g | 18,6 g | 91 | 3,7 g |
| **Kartoffelsalat natur** (D) (Nordsee) | 1 Port. (200 g)* | 164 | 3 g | 6,2 g | 24 g | 82 | 3,1 g |
| **Käsesalat** | 1 Port. (175 g) | 204 | 14 g | 11 g | 9,2 g | 117 | 6,3 g |
| **Käsesalat** (Nadler) | 1 Pkg. (200 g) | 564 | 10 g | 52 g | 14 g | 282 | 26 g |
| **Kichererbsensalat**** | 1 Port. (240 g) | 255 | 12 g | 7 g | 34 g | 106 | 3 g |
| **Klassischer Kartoffelsalat** (Homann) | 1/2 Pkg. (250 g) | 473 | 3,5 g | 37,5 g | 30 g | 189 | 15 g |
| **Klassischer Nudelsalat mit Schinkenwurst & buntem Gemüse** (Du darfst) | 1/2 Pkg. (200 g) | 298 | 6,8 g | 19,4 g | 24 g | 149 | 9,7 g |

* lt. Herstellerangaben auf Portionsgröße umgerechnet  *** Rezept aus gelbem Schlank-ohne-Diät-Kochbuch

| Speisen / Gerichte | Portionsgröße / Gewicht | kcal/ Portion | Nährstoffgehalt pro Portion | | | Pro 100 Gramm | |
|---|---|---|---|---|---|---|---|
| | | | EW | Fett | KH | kcal | Fett |
| **Krabbensalat** | 1 Port. (175 g) | 650 | 12,3 g | 63 g | 12,3 g | 371 | 36 g |
| **Krabbensalat** (Du darfst) | 1 Pkg. (150 g) | 222 | 9,2 g | 15 g | 11 g | 148 | 10 g |
| **Krabbensalat** (Nadler) | 1 Pkg. (175 g) | 665 | 12,3 g | 63 g | 12,3 g | 380 | 36 g |
| **Krabbensalat in Cocktailsauce** (Nadler) | 1 Pkg. (175 g) | 523 | 12,3 g | 50,8 g | 12,3 g | 299 | 29 g |
| **Krabbensalat in feiner Salatcreme** (Nadler) | 1 Pkg. (175 g) | 634 | 12,3 g | 59,5 g | 12,3 g | 362 | 34 g |
| **Kräuter-Fleischsalat** (Homann) | 1 Pkg. (200 g) | 580 | 7,2 g | 56 g | 11,6 g | 290 | 28 g |
| **Krautsalat** | 1 Port. (190 g) | 136 | 2,6 g | 10,4 g | 6,6 g | 72 | 5,5 g |
| **Krautsalat** (Weight Watchers) | 1 Port. (100 g) | 67 | 1,3 g | 3,8 g | 6,9 g | 67 | 3,8 g |
| **Krautsalat mit Kümmel und Speck** (Homann) | 1 Pkg. (400 g) | 328 | 6,4 g | 18,4 g | 30,4 g | 82 | 4,6 g |
| **Krautsalat mit Speck** | 1 Port. (200 g) | 190 | 6 g | 16 g | 6 g | 95 | 8 g |
| **Krautsalat mit Speck** (Iglo) | 1/2 Pkg. (225 g) | 160 | 2,5 g | 12 g | 10,4 g | 71 | 5,3 g |
| **Lauch-Apfel-Salat** (Vitaquell) | 1 Port. (200 g) | 546 | 10 g | 48 g | 18 g | 273 | 24 g |
| **Lauch-Krabben-Salat** (Nadler) | 1 Pkg. (175 g) | 555 | 12,3 g | 50,8 g | 12,3 g | 317 | 29 g |
| **Leichtsalat Farmer** (Efko) | 1 Pkg. (200 g) | 284 | 2,4 g | 27,4 g | 7,4 g | 142 | 13,7 g |
| **Leichtsalat Gemüse** (Efko) | 1 Pkg. (200 g) | 258 | 6,6 g | 22 g | 8,2 g | 129 | 11 g |
| **Leichtsalat Wurst** (Efko) | 1 Pkg. (200 g) | 386 | 6,4 g | 37,2 g | 6,4 g | 193 | 18,6 g |
| **Linsensalat mit Essig und Öl** | 1 Port. (95 g) | 143 | 6,6 g | 5,4 g | 15 g | 151 | 5,7 g |
| **Maissalat mit Essig und Öl** | 1 Port. (95 g) | 116 | 2,3 g | 5,8 g | 13 g | 122 | 6,1 g |
| **Maissalat mit Frenchdressing** | 1 Port. (105 g) | 168 | 2,5 g | 11 g | 14 g | 160 | 10,5 g |
| **Maissalat mit Joghurtdressing** | 1 Port. (105 g) | 95 | 3,5 g | 3 g | 14 g | 91 | 2,9 g |
| **Maissalat mit Rahmdressing** | 1 Port. (105 g) | 122 | 3,2 g | 5,1 g | 15 g | 116 | 4,9 g |
| **Maissalat*** ** | 1 Port. (410 g) | 210 | 9 g | 3 g | 36 g | 51 | 0,7 g |
| **Matjessalat** (Nadler) | 1/5 Pkg. (200 g) | 316 | 16 g | 22 g | 10 g | 158 | 11 g |

*** Rezept aus gelbem Schlank-ohne-Diät-Kochbuch

| Speisen / Gerichte | Portionsgröße / Gewicht | kcal/ Portion | Nährstoffgehalt pro Portion | | | Pro 100 Gramm | |
|---|---|---|---|---|---|---|---|
| | | | EW | Fett | KH | kcal | Fett |
| **Mediterraner Nudelsalat*** ** | 1 Port. (340 g) | 360 | 613 g | 6 g | 61 g | 106 | 1,8 g |
| **Meerrettich-Fleischsalat** (Homann) | 1 Pkg. (200 g) | 598 | 8 g | 58,2 g | 10 g | 299 | 29,1 g |
| **Mexico-Salat** (Vitaquell) | 1 Port. (200 g) | 224 | 8 g | 14 g | 16 g | 112 | 7 g |
| **Mexikanischer Salat** (Efko) | 1 Port. (144 g) | 111 | 4,8 g | 1,7 g | 18,3 g | 77 | 1,2 g |
| **Milder Weißkrautsalat** (Homann) | 1/2 Pkg. (200 g) | 432 | 2,2 g | 38 g | 19,4 g | 216 | 19 g |
| **Münchner Kartoffelsalat** (Homann) | 1/2 Pkg. (200 g) | 204 | 3,2 g | 11 g | 22,6 g | 102 | 5,5 g |
| **Nordseekrabben-Salat** (Homann) | 1 Pkg. (125 g) | 364 | 10,9 g | 32 g | 7,8 g | 291 | 25,6 g |
| **Nordsee-Krabben-Salat** (Nadler) | 1 Pkg. (175 g) | 714 | 14 g | 70 g | 7 g | 408 | 40 g |
| **Nordsee-Salat** (Vitaquell) | 1 Port. (200 g) | 422 | 4 g | 38 g | 16 g | 211 | 19 g |
| **Nudelsalat** | 1 Port. (190 g) | 506 | 19,6 g | 20 g | 54 g | 266 | 10,5 g |
| **Nudelsalat** (Nadler) | 1 Pkg. (240 g) | 634 | 5 g | 58 g | 24 g | 264 | 24 g |
| **Nudelsalat** (Weight Watchers) | 1 Port. (100 g) | 132 | 3,6 g | 3,9 g | 20,8 g | 132 | 3,9 g |
| **Nudelsalat mit Fleischbrät** (Nadler) | 1 Pkg. (240 g) | 566 | 4,8 g | 48 g | 28,8 g | 236 | 20 g |
| **Nudelsalat mit Tomaten & italienischen Kräutern** (Du darfst) | 1 Pkg. (100 g) | 144 | 2,8 g | 8,7 g | 14 g | 144 | 8,7 g |
| **Ochsenmaulsalat** (Nadler) | 1 Pkg. (200 g) | 90 | 16 g | 2 g | 2 g | 45 | 1 g |
| **Paprika-Salat** (Efko) | 1 Port. (144 g) | 25 | 1 g | 0,4 g | 3,3 g | 17 | 0,3 g |
| **Paprikasalat** (Felix) | 1 Port. (145 g) | 29 | 1,5 g | 0,4 g | 4,4 g | 20 | 0,3 g |
| **Pikanter Budapester Salat** (Homann) | 1 Pkg. (200 g) | 564 | 5,4 g | 50,8 g | 20,6 g | 282 | 25,4 g |
| **Pikanter Eiersalat** (Homann) | 1/2 Pkg. (200 g) | 536 | 17,2 g | 45,2 g | 14,4 g | 268 | 22,6 g |
| **Pikanter Matjessalat** (Homann) | 1 Pkg. (200 g) | 396 | 16,6 g | 33,2 g | 6,8 g | 198 | 16,6 g |
| **Pikanter Mexicosalat** (Homann) | 1 Pkg. (400 g) | 844 | 11,6 g | 61,6 g | 60 g | 211 | 15,4 g |
| **Pikanter Weißkrautsalat** (Homann) | 1 Pkg. (300 g) | 333 | 2,7 g | 16,5 g | 41,1 g | 111 | 5,5 g |

*** Rezept aus gelbem Schlank-ohne-Diät-Kochbuch

| Speisen / Gerichte | Portionsgröße / Gewicht | kcal/ Portion | Nährstoffgehalt pro Portion | | | Pro 100 Gramm | |
|---|---|---|---|---|---|---|---|
| | | | EW | Fett | KH | kcal | Fett |
| **Pilzsalat mit Essig und Öl** | 1 Port. (95 g) | 65 | 2,2 g | 5,2 g | 1,4 g | 68 | 5,5 g |
| **Premium Salat mit Thousand Islands Dressing** (A) (Burger King) | 1 Port. (139 g)<br>1 Port. (60 g) | 268 | 11 g | 21 g | 9 g | 135 | 10,6 g |
| **Premium Salat mit French Dressing** (A) (Burger King) | 1 Port. (139 g)<br>1 Port. (60 g) | 275 | 11 g | 22 g | 8 g | 138 | 11,1 g |
| **Premium Salat mit Joghurt Dressing** (A) (Burger King) | 1 Port. (139 g)<br>1 Port. (60 g) | 233 | 11 g | 17 g | 7 g | 117 | 8,5 g |
| **Premium Salat mit Kräuter Dressing** (A) (Burger King) | 1 Port. (139 g)<br>1 Port. (60 g) | 121 | 10 g | 6 g | 5 g | 61 | 3 g |
| **Pußta-Salat** (Efko) | 1 Port. (144 g) | 14 | 0,9 g | 0,3 g | 1,4 g | 10 | 0,2 g |
| **Putenbrustsalat** (Weight Watchers) | 1 Port. (150 g) | 180 | 9,3 g | 8,6 g | 16,7 g | 120 | 5,7 g |
| **Putenbrustsalat mit Mais und Paprika** (Nadler) | 1 Pkg. (200 g) | 528 | 12 g | 44 g | 12 g | 264 | 22 g |
| **Putensalat** (Du darfst) | 1 Pkg. (200 g) | 272 | 16 g | 14,6 g | 18,2 g | 136 | 7,3 g |
| **Radicchiosalat mit Essig und Öl** | 1 Port. (95 g) | 58 | 1 g | 5,2 g | 1,4 g | 61 | 5,5 g |
| **Radicchiosalat mit Frenchdressing** | 1 Port. (105 g) | 110 | 1,1 g | 10 g | 2,5 g | 105 | 9,5 g |
| **Radicchiosalat mit Joghurtdressing** | 1 Port. (105 g) | 43 | 2,1 g | 2,4 g | 2,7 g | 41 | 2,3 g |
| **Radicchiosalat mit Rahmdressing** | 1 Port. (105 g) | 65 | 1,9 g | 4,5 g | 3,6 g | 62 | 4,3 g |
| **Rettichsalat mit Essig und Öl** | 1 Port. (95 g) | 56 | 0,8 g | 5,1 g | 1 g | 59 | 5,4 g |
| **Riesenbohnensalat** (Efko) | 1 Port. (144 g) | 114 | 10,7 g | 0,7 g | 15,8 g | 79 | 0,5 g |
| **Riesenbohnensalat** (Felix) | 1 Port. (145 g) | 183 | 13,8 g | 1 g | 29,9 g | 126 | 0,7 g |
| **Rindfleisch-Bohnen-Salat***** | 1 Port. (285 g) | 225 | 33 g | 7 g | 6 g | 79 | 2,5 g |
| **Rindfleischsalat mit Essig und Öl** | 1 Port. (100 g) | 245 | 18 g | 18 g | 3 g | 245 | 18 g |
| **Rohkostsalat mit Essig und Öl** | 1 Port. (150 g) | 49 | 2 g | 3 g | 3 g | 33 | 2 g |
| **Roter Herings-Salat** (Homann) | 1 Pkg. (200 g) | 482 | 9,8 g | 43,4 g | 12,4 g | 241 | 21,7 g |
| **Roter Rüben Salat** (Felix) | 1 Port. (145 g) | 35 | 1,5 g | 0,1 g | 7,3 g | 24 | 0,1 g |
| **Rote-Rüben-Salat** (Efko) | 1 Port. (144 g) | 30 | 1,2 g | 0,1 g | 5,3 g | 21 | 0,1 g |

*** Rezept aus gelbem Schlank-ohne-Diät-Kochbuch

| Speisen / Gerichte | Portionsgröße / Gewicht | kcal/ Portion | Nährstoffgehalt pro Portion | | | Pro 100 Gramm | |
|---|---|---|---|---|---|---|---|
| | | | EW | Fett | KH | kcal | Fett |
| **Rote-Rüben-Salat mit Essig und Öl** | 1 Port. (95 g) | 76 | 1,3 g | 5,1 g | 5,5 g | 80 | 5,4 g |
| **Rustikal Salat** (Vitaquell) | 1 Port. (200 g) | 572 | 10 g | 50 g | 20 g | 286 | 25 g |
| **Salad Shaker mit Thousand Islands Dressing** (A) (Burger King) | 1 Port. (69 g)<br>1 Port. (60 g) | 182 | 3 g | 15 g | 10 g | 141 | 11,6 g |
| **Salad Shaker mit French Dressing** (A) (Burger King) | 1 Port. (69 g)<br>1 Port. (60 g) | 189 | 3 g | 16 g | 9 g | 147 | 12,4 g |
| **Salad Shaker mit Joghurt Dressing** (A) (Burger King) | 1 Port. (69 g)<br>1 Port. (60 g) | 147 | 3 g | 11 g | 8 g | 114 | 8,5 g |
| **Salad Shaker mit Kräuter Dressing** (A) (Burger King) | 1 Port. (69 g)<br>1 Port. (60 g) | 35 | 2 g | 0 g | 6 g | 27 | 0 g |
| **Salat India mit Balsamico-Dressing** (Kochlöffel) | 1 Port. (276 g)<br>1 Port. (75 ml) | 357 | 25,4 g | 8,3 g | 27,1 g | 102 | 2,4 g |
| **Salat India mit Curry-Dressing** (Kochlöffel) | 1 Port. (276 g)<br>1 Port. (75 ml) | 471 | 25,9 g | 33,2 g | 18 g | 134 | 9,5 g |
| **Salat India mit Joghurt-Dressing** (Kochlöffel) | 1 Port. (276 g)<br>1 Port. (75 ml) | 466 | 26,9 g | 31,1 g | 17,6 g | 133 | 8,9 g |
| **Salat mit Garnelen mit Joghurt Kräuter Dressing** (A) (Nordsee) | 1 Port. (342 g)*<br>1 Port. (50 ml) | 281 | 21 g | 17 g | 11 g | 72 | 4,3 g |
| **Salat mit Garnelen mit Rotweindressing** (A) (Nordsee) | 1 Port. (342 g)*<br>1 Port. (50 ml) | 232 | 20 g | 10 g | 13 g | 59 | 2,6 g |
| **Salat mit Garnelen mit Cocktaildressing** (D) (Nordsee) | 1 Port. (320 g)*<br>1 Port. (50 ml) | 283 | 17 g | 18 g | 8 g | 76 | 4,9 g |
| **Salat mit Garnelen mit Cocktaildressing 75 ml** (D) (Nordsee) | 1 Port. (320 g)*<br>1 Port. (75 ml) | 331 | 18 g | 23 g | 10 g | 84 | 5,8 g |
| **Salat mit Garnelen mit Joghurt Dressing** (D) (Nordsee) | 1 Port. (320 g)*<br>1 Port. (50 ml) | 328 | 18 g | 23 g | 8 g | 89 | 6,2 g |
| **Salat mit Garnelen mit Joghurt Dressing 75 ml** (D) (Nordsee) | 1 Port. (320 g)*<br>1 Port. (75 ml) | 353 | 18 g | 25 g | 9 g | 89 | 6,3 g |
| **Salat mit Garnelen mit Kräuter Dressing** (D) (Nordsee) | 1 Port. (320 g)*<br>1 Port. (50 ml) | 233 | 17 g | 12 g | 10 g | 63 | 3,2 g |
| **Salat mit Garnelen mit Kräuter Dressing 75 ml** (D) (Nordsee) | 1 Port. (320 g)*<br>1 Port. (75 ml) | 242 | 17 g | 14 g | 9 g | 61 | 3,5 g |
| **Salat mit Hähnchen und Früchten mit Cocktaildressing** (D) (Nordsee) | 1 Port. (332 g)*<br>1 Port. (50 ml) | 253 | 21 g | 11 g | 11 g | 66 | 2,9 g |

* lt. Herstellerangaben auf Portionsgröße umgerechnet

| Speisen / Gerichte | Portionsgröße / Gewicht | kcal/ Portion | Nährstoffgehalt pro Portion | | | Pro 100 Gramm | |
|---|---|---|---|---|---|---|---|
| | | | EW | Fett | KH | kcal | Fett |
| **Salat mit Hähnchen und Früchten mit Cocktaildressing 75 ml** (D) (Nordsee) | 1 Port. (332 g)*<br>1 Port. (75 ml) | 301 | 22 g | 16 g | 13 g | 74 | 3,9 g |
| **Salat mit Hähnchen und Früchten mit Joghurt Dressing** (D) (Nordsee) | 1 Port. (332 g)*<br>1 Port. (50 ml) | 298 | 22 g | 16 g | 11 g | 78 | 4,2 g |
| **Salat mit Hähnchen und Früchten mit Joghurt Dressing 75 ml** (D) (Nordsee) | 1 Port. (332 g)*<br>1 Port. (75 ml) | 323 | 22 g | 18 g | 12 g | 79 | 4,4 g |
| **Salat mit Hähnchen und Früchten mit Kräuter Dressing** (D) (Nordsee) | 1 Port. (332 g)*<br>1 Port. (50 ml) | 203 | 21 g | 5 g | 13 g | 53 | 1,3 g |
| **Salat mit Hähnchen und Früchten mit Kräuter Dressing 75 ml** (D) (Nordsee) | 1 Port. (332 g)*<br>1 Port. (75 ml) | 212 | 21 g | 7 g | 12 g | 52 | 1,7 g |
| **Salat mit Mozzarella mit Joghurt Kräuter Dressing** (A) (Nordsee) | 1 Port. (315 g)*<br>1 Port. (50 ml) | 340 | 18 g | 25 g | 9 g | 93 | 6,8 g |
| **Salat mit Mozzarella mit Rotweindressing** (A) (Nordsee) | 1 Port. (315 g)*<br>1 Port. (50 ml) | 291 | 17 g | 18 g | 11 g | 80 | 4,9 g |
| **Salat mit Mozzarella mit Cocktaildressing** (D) (Nordsee) | 1 Port. (399 g)*<br>1 Port. (50 ml) | 394 | 19 g | 28 g | 13 g | 88 | 6,2 g |
| **Salat mit Mozzarella mit Cocktaildressing** (D) (Nordsee) | 1 Port. (399 g)*<br>1 Port. (50 ml) | 394 | 19 g | 28 g | 13 g | 88 | 6,2 g |
| **Salat mit Mozzarella mit Cocktaildressing 75 ml** (D) (Nordsee) | 1 Port. (399 g)*<br>1 Port. (75 ml) | 442 | 20 g | 33 g | 15 g | 93 | 7 g |
| **Salat mit Mozzarella mit Joghurt Dressing** (D) (Nordsee) | 1 Port. (399 g)*<br>1 Port. (50 ml) | 439 | 20 g | 33 g | 13 g | 98 | 7,3 g |
| **Salat mit Mozzarella mit Joghurt Dressing 75 ml** (D) (Nordsee) | 1 Port. (399 g)*<br>1 Port. (75 ml) | 464 | 20 g | 35 g | 14 g | 98 | 7,4 g |
| **Salat mit Mozzarella mit Kräuter Dressing** (D) (Nordsee) | 1 Port. (399 g)*<br>1 Port. (50 ml) | 344 | 19 g | 22 g | 15 g | 77 | 4,9 g |
| **Salat mit Mozzarella mit Kräuter Dressing 75 ml** (D) (Nordsee) | 1 Port. (399 g)*<br>1 Port. (75 ml) | 353 | 19 g | 24 g | 14 g | 74 | 5,1 g |
| **Salat mit Putenbruststreifen****** | 1 Port. (220 g) | 165 | 27 g | 4 g | 3 g | 75 | 1,8 g |
| **Salat mit Thunfisch mit Joghurt Kräuter Dressing** (A) (Nordsee) | 1 Port. (316 g)*<br>1 Port. (50 ml) | 369 | 24 g | 26 g | 8 g | 101 | 7,1 g |

* lt. Herstellerangaben auf Portionsgröße umgerechnet    *** Rezept aus gelbem Schlank-ohne-Diät-Kochbuch

| Speisen / Gerichte | Portionsgröße / Gewicht | kcal/ Portion | Nährstoffgehalt pro Portion | | | Pro 100 Gramm | |
|---|---|---|---|---|---|---|---|
| | | | EW | Fett | KH | kcal | Fett |
| **Salat mit Thunfisch mit Rotweindressing** (A) (Nordsee) | 1 Port. (316 g)*<br>1 Port. (50 ml) | 320 | 23 g | 19 g | 10 g | 87 | 5,2 g |
| **Salat mit Thunfisch mit Cocktaildressing** (D) (Nordsee) | 1 Port. (215 g)*<br>1 Port. (50 ml) | 283 | 17 g | 18 g | 8 g | 107 | 6,8 g |
| **Salat mit Thunfisch mit Cocktaildressing 75 ml** (D) (Nordsee) | 1 Port. (215 g)*<br>1 Port. (75 ml) | 331 | 18 g | 23 g | 10 g | 114 | 7,9 g |
| **Salat mit Thunfisch mit Joghurt Dressing** (D) (Nordsee) | 1 Port. (215 g)*<br>1 Port. (50 ml) | 328 | 18 g | 23 g | 8 g | 124 | 8,7 g |
| **Salat mit Thunfisch mit Joghurt Dressing 75 ml** (D) (Nordsee) | 1 Port. (215 g)*<br>1 Port. (75 ml) | 353 | 18 g | 25 g | 9 g | 122 | 8,6 g |
| **Salat mit Thunfisch mit Kräuter Dressing** (D) (Nordsee) | 1 Port. (215 g)*<br>1 Port. (50 ml) | 233 | 17 g | 12 g | 10 g | 88 | 4,5 g |
| **Salat mit Thunfisch mit Kräuter Dressing 75 ml** (D) (Nordsee) | 1 Port. (215 g)*<br>1 Port. (75 ml) | 242 | 17 g | 14 g | 9 g | 83 | 4,8 g |
| **Salat Piccolo mit Balsamico-Dressing** (Kochlöffel) | 1 Port. (140 g)<br>1 Port. (75 ml) | 152 | 4,3 g | 8,3 g | 14,6 g | 71 | 3,9 g |
| **Salat Piccolo mit Curry-Dressing** (Kochlöffel) | 1 Port. (140 g)<br>1 Port. (75 ml) | 266 | 4,8 g | 25,3 g | 5,5 g | 124 | 11,8 g |
| **Salat Piccolo mit Joghurt-Dressing** (Kochlöffel) | 1 Port. (140 g)<br>1 Port. (75 ml) | 261 | 5,8 g | 23,2 g | 5,1 g | 121 | 10,8 g |
| **Salatplatte** | 1 Port. (230 g) | 153 | 2,3 g | 10 g | 11 g | 67 | 4,3 g |
| **Salatplatte mit Joghurtdressing** | 1 Port. (250 g) | 123 | 4,6 g | 4,8 g | 13 g | 49 | 1,9 g |
| **Salatplatte mit Rahmdressing** | 1 Port. (260 g) | 170 | 4,2 g | 9 g | 16 g | 65 | 3,5 g |
| **Salatplatte mit Rahmdressing** | 1 Port. (300 g) | 241 | 11 g | 15 g | 13 g | 80 | 5 g |
| **Salatplatte mit Ei** | 1 Port. (270 g) | 225 | 8,8 g | 16 g | 7,9 g | 83 | 5,9 g |
| **Salatplatte mit Ei und Joghurtdressing** | 1 Port. (290 g) | 195 | 11 g | 11 g | 10 g | 67 | 3,8 g |
| **Salatschale mit Balsamico Vinaigrette** (D) (Burger King) | 1 Port. (69 g)<br>1 Port. (100 g) | 93 | 1 g | 2 g | 17 g | 55 | 1,2 g |
| **Salatschale mit Joghurt Dressing** (D) (Burger King) | 1 Port. (69 g)<br>1 Port. (100 g) | 114 | 3 g | 5 g | 14 g | 68 | 3 g |
| **Salatschale mit Jogurt Dressing** (D) (Burger King) | 1 Port. (69 g)<br>1 Port. (25 g) | 75 | 2 g | 5 g | 6 g | 80 | 5,3 g |
| **Salatschale mit Kräuter Dressing** (D) (Burger King) | 1 Port. (69 g)<br>1 Port. (25 g) | 29 | 1 g | 0 g | 5 g | 31 | 0 g |

* lt. Herstellerangaben auf Portionsgröße umgerechnet

| Speisen / Gerichte | Portionsgröße / Gewicht | kcal/ Portion | Nährstoffgehalt pro Portion | | | Pro 100 Gramm | |
|---|---|---|---|---|---|---|---|
| | | | EW | Fett | KH | kcal | Fett |
| **Salatschale mit Lemon Vinaigrette** (D) (Burger King) | 1 Port. (69 g) 1 Port. (100 g) | 108 | 1 g | 2 g | 20 g | 64 | 1,2 g |
| **Sauerkrautsalat mit Äpfeln und Walnüssen****** | 1 Port. (210 g) | 160 | 4 g | 10 g | 12 g | 76 | 4,8 g |
| **Sauerkrautsalat mit Essig und Öl** | 1 Port. (95 g) | 63 | 1,2 g | 5,2 g | 1,6 g | 66 | 5,5 g |
| **Schinken-Lauch-Salat** (Du darfst) | 1 Pkg. (200 g) | 272 | 8,2 g | 15,6 g | 15,6 g | 136 | 7,8 g |
| **Schwarzwurzelsalat mit Joghurtdressing** | 1 Port. (105 g) | 80 | 2,2 g | 2,5 g | 11 g | 76 | 2,4 g |
| **Schwarzwurzelsalat mit Rahmdressing** | 1 Port. (105 g) | 103 | 2 g | 4,6 g | 12 g | 98 | 4,4 g |
| **Schweden-Salat** (Vitaquell) | 1 Port. (200 g) | 494 | 8 g | 44 g | 18 g | 247 | 22 g |
| **Selleriesalat** | 1 Port. (150 g) | 25 | 2 g | 0 g | 2 g | 17 | 0 g |
| **Selleriesalat** (Efko) | 1 Port. (144 g) | 32 | 2,4 g | 0,1 g | 4,5 g | 22 | 0,1 g |
| **Sellerie-Salat** (Felix) | 1 Port. (145 g) | 22 | 1,5 g | 0,3 g | 2,9 g | 15 | 0,2 g |
| **Selleriesalat mit Essig und Öl** | 1 Port. (95 g) | 59 | 0,9 g | 5,1 g | 1,6 g | 62 | 5,4 g |
| **Selleriesalat mit Frenchdressing** | 1 Port. (105 g) | 112 | 1 g | 10 g | 2,8 g | 107 | 9,5 g |
| **Selleriesalat mit Joghurtdressing** | 1 Port. (105 g) | 42 | 1,9 g | 2,3 g | 2,7 g | 40 | 2,2 g |
| **Selleriesalat mit Rahmdressing** | 1 Port. (105 g) | 66 | 1,8 g | 4,5 g | 3,9 g | 63 | 4,3 g |
| **Spargel-Schinken in Sauce Hollandaise** (Nadler) | 1 Pkg. (200 g) | 530 | 10 g | 50 g | 10 g | 265 | 25 g |
| **Surimisalat mit Krabbenfleisch** (Nadler) | 1 Pkg. (175 g) | 537 | 8,8 g | 47,2 g | 19,2 g | 307 | 27 g |
| **Thunfischsalat** (Homann) | 1 Pkg. (200 g) | 632 | 15,8 g | 57 g | 13,6 g | 316 | 28,5 g |
| **Thunfischsalat** (Nadler) | 1 Pkg. (200 g) | 598 | 18 g | 54 g | 10 g | 299 | 27 g |
| **Toast Hawaii** (Nadler) | 1 Pkg. (200 g) | 394 | 10 g | 34 g | 12 g | 197 | 17 g |
| **Tomate-Mozzarella Salat mit Balsamico-Dressing, fettreduziert** (D) (McDonald's) | 1 Port. (201 g) 1 Port. (30 ml) | 192 | 12 g | 12 g | 8 g | 83 | 5,2 g |
| **Tomate-Mozzarella Salat mit Caesar-Dressing, fettreduziert** (D) (McDonald's) | 1 Port. (201 g) 1 Port. (75 ml) | 224 | 14 g | 13 g | 11 g | 81 | 4,7 g |

*** Rezept aus gelbem Schlank-ohne-Diät-Kochbuch

| Speisen / Gerichte | Portionsgröße / Gewicht | kcal/ Portion | Nährstoffgehalt pro Portion | | | Pro 100 Gramm | |
|---|---|---|---|---|---|---|---|
| | | | EW | Fett | KH | kcal | Fett |
| **Tomate-Mozzarella Salat mit Hausdressing, fettreduziert** (D) (McDonald's) | 1 Port. (201 g)<br>1 Port. (50 ml) | 236 | 13 g | 17 g | 8 g | 94 | 6,8 g |
| **Tomatensalat mit Essig und Öl** | 1 Port. (110 g) | 67 | 1 g | 5,2 g | 3,2 g | 61 | 4,7 g |
| **Tomatensalat mit Frenchdressing** | 1 Port. (120 g) | 119 | 1,1 g | 10 g | 4,4 g | 99 | 8,3 g |
| **Tomatensalat mit Jogurtdressing** | 1 Port. (110 g) | 48 | 2,2 | 2,8 | 2,8 | 45 | 2,5 |
| **Truthahn-Brust-Salat** (Nadler) | 1 Pkg. (200 g) | 458 | 12 g | 54 g | 16 g | 229 | 27 g |
| **Tsatsiki***** | 1 Port. (350 g) | 160 | 10 g | 6 g | 15 g | 46 | 1,7 g |
| **Tunfischsalat** | 1 Port. (95 g) | 312 | 13 g | 26 g | 1,3 g | 328 | 27,4 g |
| **Tzatziki mit frischen Gurken** (Homann) | 1 Pkg. (200 g) | 354 | 4,2 g | 32,8 g | 9,8 g | 177 | 16,4 g |
| **Tzatziki-Salat** (Homann) | 1/2 Pkg. (200 g) | 382 | 4,2 g | 36,2 g | 9,6 g | 191 | 18,1 g |
| **Vegetarischer Geflügel Exotic-Salat** (Vitaquell) | 1 Port. (200 g) | 580 | 12 g | 50 g | 20 g | 290 | 25 g |
| **Vital Kartoffelsalat** (Homann) | 1 Pkg. (200 g) | 228 | 2,2 g | 14,4 g | 21,6 g | 114 | 7,2 g |
| **Vital Lauch-Schinken-Salat** (Homann) | 1 Pkg. (150 g) | 186 | 6,8 g | 13,4 g | 9,3 g | 124 | 8,9 g |
| **Vital Nudelsalat** (Homann) | 1 Pkg. (200 g) | 438 | 10,8 g | 19,8 g | 53,6 g | 219 | 9,9 g |
| **Vital Thunfischsalat** (Homann) | 1 Pkg. (150 g) | 201 | 11,6 g | 12,9 g | 9,2 g | 134 | 8,6 g |
| **Vital-Dillhappen-Cocktail** (Homann) | 1 Pkg. (150 g) | 258 | 7,2 g | 19,1 g | 13,4 g | 172 | 12,7 g |
| **Vital-Farmersalat** (Homann) | 1 Pkg. (200 g) | 216 | 1,4 g | 17,2 g | 11,8 g | 108 | 8,6 g |
| **Waldorfsalat** | 1 Port. (160 g) | 140 | 1,5 g | 9,5 g | 11 g | 88 | 5,9 g |
| **Waldorfsalat** (Homann) | 1 Pkg. (200 g) | 446 | 2,4 g | 39,8 g | 19,2 g | 223 | 19,9 g |
| **Waldorfsalat** (Nadler) | 1 Pkg. (200 g) | 404 | 2 g | 36 g | 18 g | 202 | 18 g |
| **Warmer Krautsalat mit Speck** | 1 Port. (240 g) | 360 | 9,6 g | 32 g | 6,6 g | 150 | 13,3 g |
| **Weißer Herings-Salat** (Homann) | 1 Pkg. (200 g) | 486 | 8,8 g | 44,6 g | 11,6 g | 243 | 22,3 g |
| **Weißkrautsalat mit Dill** (Homann) | 1/2 Pkg. (200 g) | 368 | 2,4 g | 32,4 g | 16 g | 184 | 16,2 g |

*** Rezept aus gelbem Schlank-ohne-Diät-Kochbuch

| Speisen / Gerichte | Portionsgröße / Gewicht | kcal/ Portion | Nährstoffgehalt pro Portion | | | Pro 100 Gramm | |
|---|---|---|---|---|---|---|---|
| | | | EW | Fett | KH | kcal | Fett |
| **Westfälischer Kartoffelsalat** (Homann) | 1 Pkg. (200 g) | 404 | 3,6 g | 29,4 g | 30,8 g | 202 | 14,7 g |
| **Wurst-Käse-Salat** (Homann) | 1 Pkg. (200 g) | 534 | 13 g | 47,6 g | 12,6 g | 267 | 23,8 g |
| **Wurstsalat mit Leberkäse** (Nadler) | 1 Pkg. (250 g) | 380 | 12,5 g | 30 g | 15 g | 152 | 12 g |
| **Wurstsalat mit Essig und Öl** | 1 Port. (100 g) | 283 | 11 g | 26 g | 1 g | 283 | 26 g |
| **Würziger Teufel-Salat** (Homann) | 1 Pkg. (200 g) | 248 | 7,2 g | 12 g | 26,6 g | 124 | 6 g |
| **Zaziki** (Weigt Watchers) | 1 Port. (100 g) | 69 | 8,3 g | 2,2 g | 4 g | 69 | 2,2 g |
| **Zaziki-Salat mit Weißkraut und Gurken** (Nadler) | 1 Pkg. (250 g) | 703 | 5 g | 72,5 g | 7,5 g | 281 | 29 g |
| **Zigeuner Salat mit Rindfleisch und Parika in Tomatensauce** (Nadler) | 1 Pkg. (200 g) | 132 | 8 g | 4 g | 16 g | 66 | 2 g |

# Hauptspeisen

| Speisen / Gerichte | Portionsgröße / Gewicht | kcal/ Portion | Nährstoffgehalt pro Portion | | | Pro 100 Gramm | |
|---|---|---|---|---|---|---|---|
| | | | EW | Fett | KH | kcal | Fett |
| **„Antel" Szegediner Krautfleisch** (Inzersdorfer) | 1 Port. (200 g) | 206 | 14 g | 12,4 g | 9,6 g | 103 | 6,2 g |
| **Amaranth-Laibchen** (A) (Iglo) | 2 Stk. (150 g) | 273 | 10,1 g | 10,5 g | 34,6 g | 182 | 7 g |
| **Asia-Gemüsepfanne mit Reis** (A) (Iglo) | 1 Pkg. (375 g) | 488 | 13,1 g | 28,5 g | 48,4 g | 130 | 7,6 g |
| **Asiapfanne süß-sauer** (Bofrost) | 1 Port. (500 g) | 535 | 39,5 g | 13 g | 65,5 g | 107 | 2,6 g |
| **Asiatisches Kürbis-Bulgur-Risotto***** | 1 Port. (370 g) | 295 | 9 g | 1 g | 61 g | 80 | 0,3 g |
| **Auberginen gefüllt, überbacken** | 1 Port. (300 g) | 411 | 19 g | 27 g | 20 g | 137 | 9 g |
| **Auberginenscheiben frittiert** | 1 Port. (250 g) | 593 | 5 g | 15 g | 18 g | 237 | 6 g |
| **Auberginenauflauf mit Hackfleisch** | 1 Port. (300 g) | 450 | 10 g | 35 g | 20 g | 150 | 11,7 g |
| **Blumenkohlauflauf** | 1 Port. (300 g) | 220 | 9 g | 13 g | 15 g | 74 | 4,3 g |
| **Broccoli-Blumenkohl-Gratin** (D) (Gemüse-Ideen, Iglo) | 1 Pkg. (420 g) | 315 | 10,5 g | 22,7 g | 16,8 g | 75 | 5,4 g |
| **Broccoli-Nudel-Auflauf** (Bofrost) | 1 Port. (400 g) | 512 | 20 g | 23,2 g | 56 g | 128 | 5,8 g |
| **Broccoli-Sahne-Gratin** (Bofrost) | 1 Port. (120 g) | 122 | 5,4 g | 8,5 g | 7,1 g | 102 | 7,1 g |
| **Brokkoliauflauf** | 1 Port. (300 g) | 232 | 11 g | 13 g | 15 g | 78 | 4,3 g |
| **Erdäpfelauflauf Paprika-Salami** (A) (Iglo) | 1 Pkg. (305 g) | 564 | 15,4 g | 17 g | 36,1 g | 185 | 5,6 g |
| **Fischauflauf** | 1 Port. (125 g) | 195 | 12,5 g | 10 g | 15 g | 156 | 8 g |
| **Fisch-Auflauf Broccoli** (A) (Iglo) | 1 Pkg. (380 g) | 353 | 27,8 g | 18,6 g | 18,6 g | 93 | 4,9 g |

AUFLÄUFE · AUFLÄUFE · AUFLÄUFE · AUFLÄUFE

*** Rezept aus gelbem Schlank-ohne-Diät-Kochbuch

| Speisen / Gerichte | | Portionsgröße / Gewicht | kcal/ Portion | Nährstoffgehalt pro Portion | | | Pro 100 Gramm | |
|---|---|---|---|---|---|---|---|---|
| | | | | EW | Fett | KH | kcal | Fett |
| AUFLÄUFE · AUFLÄUFE · AUFLÄUFE · AUFLÄUFE · AUFLÄUFE · AUFLÄUFE · AUFLÄUFE | **Fisch-Auflauf Mediterranes Gemüse** (A) (Iglo) | 1 Pkg. (380 g) | 255 | 21,3 g | 10,3 g | 19,4 g | 67 | 2,7 g |
| | **Gemüseauflauf** | 1 Port. (300 g) | 429 | 18 g | 27 g | 27 g | 143 | 9 g |
| | **Kartoffel- und Spinatauflauf** | 1 Port. (350 g) | 320 | 11 g | 15 g | 35 g | 91 | 4,3 g |
| | **Kartoffelauflauf** | 1 Port. (350 g) | 380 | 8 g | 20 g | 38 g | 109 | 5,7 g |
| | **Kartoffel-Lauch-Auflauf***** | 1 Port. (505 g) | 355 | 24 g | 11 g | 37 g | 70 | 2,2 g |
| | **Kartoffel-Sahne-Gratin** (Bofrost) | 1 Stk. (120 g) | 209 | 4,4 g | 14,9 g | 14,4 g | 174 | 12,4 g |
| | **Käse-Makkaroni-Auflauf** | 1 Port. (165 g) | 568 | 22 g | 26 g | 55 g | 344 | 15,8 g |
| | **Nudelauflauf mit Käse** | 1 Port. (350 g) | 674 | 30 g | 40 g | 42 g | 193 | 11,4 g |
| | **Nudelauflauf mit Schinken** | 1 Port. (350 g) | 560 | 22 g | 18 g | 72 g | 160 | 5,1 g |
| | **Nudelauflauf mit Schinken überbacken** | 1 Port. (350 g) | 539 | 22 g | 18 g | 70 g | 154 | 5,1 g |
| | **Quark-(Topfen-)auflauf mit Schinken und Pilzen** | 1 Port. (300 g) | 279 | 30 g | 12 g | 15 g | 93 | 4 g |
| | **Reibekuchen** (Bofrost) | 1 Stk. (60 g) | 90 | 1,4 g | 3 g | 14,3 g | 150 | 5 g |
| | **Sauerkrautauflauf** | 1 Port. (270 g) | 337 | 15 g | 19 g | 20 g | 125 | 7 g |
| | **Schinkenauflauf** | 1 Port. (215 g) | 566 | 26 g | 21 g | 60 g | 263 | 9,8 g |
| | **Schwäbischer-Auflauf** (Bofrost) | 1 Port. (400 g) | 688 | 15,2 g | 33,6 g | 81,6 g | 172 | 8,4 g |
| | **Spargelauflauf** | 1 Port. (300 g) | 471 | 12 g | 36 g | 21 g | 157 | 12 g |
| | **Spinat-Kartoffel-Auflauf** (Bofrost) | 1 Port. (400 g) | 388 | 15,6 g | 16,4 g | 44 g | 97 | 4,1 g |
| **Augsburger gebraten** | | 1 Stk. (160 g) | 496 | 16,5 g | 47,2 g | 3,2 g | 310 | 29,5 g |
| **Ausgebackenes Gemüse** (Pakora) | | 1 Port. (250 g) | 297 | 9 g | 18 g | 23 g | 119 | 7,2 g |
| **Back-Camembert Gourmet mit Wildpreiselbeeren** (Alpenhain) | | 1 Port. (100 g) | 314 | 13 g | 18 g | 25 g | 314 | 18 g |
| **Back-Emmentaler Gourmet mit Wildpreiselbeeren** (Alpenhain) | | 1 Port. (100 g) | 308 | 13 g | 16 g | 28 g | 308 | 16 g |

*** Rezept aus gelbem Schlank-ohne-Diät-Kochbuch

| Speisen / Gerichte | Portionsgröße / Gewicht | kcal/ Portion | Nährstoffgehalt pro Portion | | | Pro 100 Gramm | |
|---|---|---|---|---|---|---|---|
| | | | EW | Fett | KH | kcal | Fett |
| **Back-Feta Gourmet mit Wildpreiselbeeren** (Alpenhain) | 1 Port. (100 g) | 331 | 14 g | 23 g | 17 g | 331 | 23 g |
| **Bacon Cheese Nuggets** (Alpenhain) | 1 Port. (100 g) | 310 | 16 g | 18 g | 21 g | 310 | 18 g |
| **Baked Beans** (Heinz) | 1 Port. (207 g) | 150 | 9,5 g | 0,4 g | 27,1 g | 73 | 0,2 g |
| **Bami Goreng** | 1 Port. (300 g) | 480 | 21 g | 24 g | 45 g | 160 | 8 g |
| **Bami Goreng** (Bofrost) | 1 Port. (300 g) | 354 | 21,9 g | 14,1 g | 35,1 g | 118 | 4,7 g |
| **Bami Goreng mit Putenbrust indonesisch** | 1 Port. (350 g) | 505 | 35,1 g | 13,2 g | 56 g | 144 | 3,8 g |
| **Bauernknödel (-kloß)** | 1 Stk. (110 g) | 255 | 9,7 g | 6,7 g | 36 g | 232 | 6,1 g |
| **Bauernschmaus** | 1 Port. (650 g) | 1.163 | 78 g | 85 g | 6,1 g | 179 | 13,1 g |
| **Bauernschmaus** (Bofrost) | 1 Port. (300 g) | 510 | 25,5 g | 26,4 g | 42,3 g | 170 | 8,8 g |
| **Bauernschmaus** (Inzersdorfer) | 1 Port. (200 g) | 226 | 11,4 g | 16,6 g | 7,6 g | 113 | 8,3 g |
| **Bauerntopf** (A) (Knorr, Meister Kessel) | 1/2 Dose (250 g) | 243 | 15 g | 12,5 g | 17,5 g | 97 | 5 g |
| **Bayrischer Topf mit Weißkohl und Möhren (Karotten)** | 1 Port. (200 g) | 118 | 2 g | 6 g | 14 g | 59 | 3 g |
| **Berliner Boulette** (Zimbo Schnell & Fein) | 1 Stk. (80 g) | 236 | 9,6 g | 18,4 g | 8 g | 295 | 23 g |
| **Berliner Pfannkuchen** | 1 Stk. (60 g) | 195 | 5 g | 8 g | 26 g | 325 | 13,3 g |
| **Berliner Schnitzel** | 1 Port. (180 g) | 310 | 30,6 g | 16,3 | 10 g | 172 | 9,1 g |
| **Berner Würstel** | 1 Paar (140 g) | 570 | 17 g | 54 g | 1,3 g | 407 | 38,6 g |
| **Beuschel** (A) (Iglo) | 1 Port. (225 g) | 239 | 21,2 g | 12,8 g | 9,5 g | 106 | 5,7 g |
| **Beuschel** | 1 Port. (250 g) | 260 | 20 g | 14,5 g | 8,5 g | 130 | 7,3 g |
| **Beuschel mit Semmel** | 1 Port. (250 g) 1 Stk. (50 g) | 386 | 23,9 | 15,2 g | 34 g | 381 | 8,7 g |
| **Blätterteigtaschen mit Spinat und Feta** | 1 Port. (250 g) | 456 | 11 g | 35 g | 20 g | 182 | 14 g |
| **Blini** | 1 Port. (200 g) | 446 | 16 g | 12 g | 64 g | 223 | 6 g |
| **Blumenkohl überbacken mit Bechamelsoße** | 1 Port. (200 g) | 158 | 6 g | 12 g | 6 g | 79 | 6 g |

| Speisen / Gerichte | Portionsgröße / Gewicht | kcal/ Portion | Nährstoffgehalt pro Portion | | | Pro 100 Gramm | |
|---|---|---|---|---|---|---|---|
| | | | EW | Fett | KH | kcal | Fett |
| **Blumenkohl-Broccoli-Strudel mit Schnittlauchsoße***** | 1 Port. (245 g) | 135 | 14 g | 3 g | 11 g | 55 | 1,2 g |
| **Blut- und Leberwurst mit Kartoffelbrei** | 1 Port. (490 g) | 1.056 | 40,3 g | 86,5 g | 27 g | 215 | 17,7 g |
| **Blutwurst gebraten** | 1 Port. (160 g) | 765 | 13 g | 75 g | 0,8 g | 478 | 46,9 g |
| **Blutwurstgröstl** | 1 Port. (275 g) | 853 | 16 g | 76 g | 19 g | 310 | 27,6 g |
| **Boeuf Stroganoff mit Champignonreis** (Inzersdorfer) | 1 Port. (395 g) | 458 | 21,3 g | 17,5 g | 53,7 g | 116 | 4,4 g |
| **Bogosch (Kartoffel-Möhren-Eintopf)** | 1 Port. (350 g) | 224 | 10,2 g | 10,9 g | 21,4 g | 65 | 3 g |
| **Bohnen mit Speck** (Inzersdorfer) | 1 Port. (200 g) | 200 | 12 g | 8,2 g | 19,8 g | 100 | 4,1 g |
| **Bohneneintopf** (Weight Watchers) | 1 Port. (350 g) | 109 | 8 g | 2,5 g | 13,7 g | 31 | 0,7 g |
| **Bohneneintopf "Serbische Art"** (Sonnen Bassermann) | 1 Port. (400 g) | 284 | 18 g | 8,8 g | 32,8 g | 71 | 2,2 g |
| **Bohnen-Eintopf Hausmacher Art** (Erasco) | 1 Port. (400 g) | 288 | 16 g | 9,2 g | 34,8 g | 72 | 2,3 g |
| **Bohneneintopf mit Hackfleisch (Chili con Carne)** | 1 Port. (365 g) | 507 | 38 g | 16 g | 46 g | 139 | 4,4 g |
| **Bohnen-Eintopf mit Kabanossi und Gemüse** (Erasco) | 1 Port. (400 g) | 320 | 18 g | 11,2 g | 37,6 g | 80 | 2,8 g |
| **Bohneneintopf mit Rindfleisch** | 1 Port. (200 g) | 130 | 10 g | 4 g | 12 g | 65 | 2 g |
| **Bohneneintopf mit Speck** | 1 Port. (250 g) | 628 | 8 g | 16 g | 16 g | 251 | 6,4 g |
| **Bohnengulasch mit Fleisch** | 1 Port. (275 g) | 343 | 22 g | 16 g | 23 g | 125 | 5,8 g |
| **Bratwurst** | 1 Stk. (150 g) | 425 | 19 g | 39 g | 0 g | 284 | 26 g |
| **Bratwürstchen-Gericht** | 1 Port. (150 g) | 566 | 19,5 g | 54 g | 0 g | 377 | 36 g |
| **Bremer Kükenragout** | 1 Port. (355 g) | 546 | 46,5 g | 36,3 g | 7,6 g | 153 | 10,2 g |
| **Bremer Pinkel** | 1 Port. (150 g) | 317 | 15 g | 16 g | 27 g | 212 | 10,7 g |
| **Broccoli-Nudeltopf** (Maggi, 5 Minuten Terrine), **zubereitet** | 1 Port. (245 g)* | 199 | 6,1 g | 5,9 g | 30,4 g | 81 | 2,4 g |
| **Broccolitopf ohne Fleisch** (Sonnen Bassermann) | 1 Port. (400 g) | 216 | 6,4 g | 9,2 g | 26,4 g | 54 | 2,3 g |
| **Brokkoli gebacken** | 1 Port. (335 g) | 528 | 13 g | 30 g | 41 g | 158 | 9 g |

* lt. Herstellerangaben auf Portionsgröße umgerechnet *** Rezept aus gelbem Schlank-ohne-Diät-Kochbuch

| Speisen / Gerichte | Portionsgröße / Gewicht | kcal/ Portion | Nährstoffgehalt pro Portion | | | Pro 100 Gramm | |
|---|---|---|---|---|---|---|---|
| | | | EW | Fett | KH | kcal | Fett |
| **Brokkoli gratiniert** | 1 Port. (275 g) | 296 | 12 g | 21 g | 12 g | 108 | 7,6 g |
| **Brokkoli mit Butter und Bröseln** | 1 Port. (275 g) | 186 | 6,9 g | 11 g | 13 g | 50 | 4 g |
| **Brotpudding gebraten mit Backobst** | 1 Port. (260 g) | 405 | 8,4 | 6 g | 27 g | 156 | 2,3 g |
| **Brühwurst** | 1 Stk. (150 g) | 445 | 23 g | 40 g | 0 g | 297 | 26,7 g |
| **Buletten** | 1 Stk. (90 g) | 246 | 13,2 g | 20,2 g | 3,5 g | 267 | 22 g |
| **Bunter Gemüsetopf Ohne Fleisch** (Sonnen Bassermann) | 1 Port. (400 g) | 148 | 6,4 g | 1,6 g | 26,8 g | 37 | 0,4 g |
| **Calamares frittiert (Calamares a la romana)** | 1 Port. (215 g) | 435 | 27 g | 17 g | 30 g | 203 | 7,9 g |
| **Camembert gebacken** (Backteig) | 1 Port. (185 g) | 663 | 19 g | 43 g | 39 g | 358 | 23,2 g |
| **Camembert paniert** | 1 Port. (125 g) | 520 | 16 g | 41 g | 16 g | 416 | 32,8 g |
| **Carpaccio mit Pilzen und Parmesan** | 1 Port. (230 g) | 664 | 25 g | 62 g | 2 g | 289 | 27 g |
| **Cevapcici** | 1 Stk. (45 g) | 143 | 7,2 g | 12 g | 0,4 g | 318 | 26,7 g |
| **Cevapcici** (Herta) | 1 Port. (100 g) | 300 | 18 g | 16 g | 2 g | 300 | 16 g |
| **Cevapcici** (Marktplatz, Sonnen Bassermann) | 1 Port. (300 g) | 468 | 16,8 g | 27 g | 39,3 g | 156 | 9 g |
| **Cevapcici Ideal zum Grillen** (Zimbo Family) | 1 Stk. (30 g) | 73 | 4,5 g | 6 g | 0,3 g | 244 | 20 g |
| **Cevapcici mit Letschogemüse und Reis** (Inzersdorfer) | 1 Port. (395 g) | 452 | 19,2 g | 19,5 g | 49,9 g | 114 | 4,9 g |
| **Champignonpastete aus Mürbteig mit Schinken** | 1 Port. (200 g) | 486 | 20 g | 38 g | 16 g | 243 | 19 g |
| **Champignon-Plätzli** (D) (Iglo) | 1 Stk. (62,5 g) | 124 | 4,4 g | 4,4 g | 16,9 g | 199 | 7 g |
| **Champignons gebacken** (Backteig) | 1 Port. (335 g) | 528 | 13 g | 30 g | 40 g | 158 | 9 g |
| **Champignons gefüllt** | 1 Port. (200 g) | 244 | 16 g | 16 g | 6 g | 122 | 8 g |
| **Champignons paniert** | 1 Port. (275 g) | 384 | 10 g | 29 g | 17 g | 140 | 10,5 g |
| **Champignonschnitzerl mit Gemüsereis und Champignonsauce** (Inzersdorfer) | 1 Port. (380 g) | 414 | 21,9 g | 15,4 g | 46,9 g | 109 | 4,1 g |
| **Chili con Carne** | 1 Port. (270 g) | 455 | 27 g | 21 g | 33 g | 169 | 7,8 g |

| Speisen / Gerichte | Portionsgröße / Gewicht | kcal/ Portion | Nährstoffgehalt pro Portion | | | Pro 100 Gramm | |
|---|---|---|---|---|---|---|---|
| | | | EW | Fett | KH | kcal | Fett |
| **Chili con Carne** (A) (Knorr, Meister Kessel) | 1/2 Dose (250 g) | 275 | 15 g | 15 g | 22,5 g | 110 | 6 g |
| **Chili con Carne** (Erasco) | 1 Port. (400 g) | 512 | 41,2 g | 10 g | 63,2 g | 128 | 2,5 g |
| **Chili con Carne** (Felix Austria) | 1 Port. (200 g) | 158 | 12 g | 5 g | 16 g | 79 | 2,5 g |
| **Chili con Carne** (Inzersdorfer) | 1 Port. (200 g) | 173 | 10,2 g | 7,2 g | 17 g | 87 | 3,6 g |
| **Chili con Carne** (Maggi, 5 Minuten Terrine), **zubereitet** | 1 Port. (245 g)* | 232 | 12,1 g | 7,6 g | 28,7 g | 95 | 3,1 g |
| **Chili con Carne** (Weight Watchers) | 1 Port. (350 g) | 269 | 20,6 g | 1,7 g | 43,2 g | 77 | 0,5 g |
| **Chili non carne** (Bruno Fischer) | 1/2 Glas (175 ml) | 159 | 7,2 g | 5,1 g | 20,8 g | 91 | 2,9 g |
| **Chili-Cheese Nuggets** (McCain) | 1 Pkg. (180 g) | 355 | 5,6 g | 15,8 g | 47 g | 197 | 8,8 g |
| **Chili-Reistopf** (Erasco, Weite Welt) | 1 Port. (400 g) | 204 | 8,8 g | 4,8 g | 30,4 g | 51 | 1,2 g |
| **Chinese Chicken "Hot & Spicy"** (Maggi) | 1 Port. (345 g) | 179 | 6,6 g | 1,7 g | 34,5 g | 52 | 0,5 g |
| **Chop Suey** (Maggi, Magic Asia), **zubereitet** | 1 Port. (235 g)* | 193 | 6,2 g | 2,7 g | 36 g | 82 | 1,1 g |
| **Chop Suey mit Chinagemüse und Reis** (Inzersdorfer) | 1 Port. (380 g) | 437 | 17,4 g | 17,7 g | 52,1 g | 115 | 4,7 g |
| CORDON BLEU · CORDON BLEU | | | | | | | |
| **Cordon bleu** (Huhn) | 1 Port. (230 g) | 528 | 46 g | 27 g | 17 g | 230 | 11,7 g |
| **Cordon bleu** (Kalb) | 1 Port. (230 g) | 581 | 43 g | 34 g | 17 g | 253 | 14,8 g |
| **Cordon bleu** (Pute) | 1 Port. (230 g) | 537 | 48 g | 27 g | 17 g | 233 | 11,7 g |
| **Cordon bleu** (Schwein) | 1 Port. (230 g) | 617 | 42 g | 38 g | 17 g | 268 | 16,5 g |
| **Cordon Bleu mit Reis** (A) (Iglo) | 1 Port. (350 g) | 844 | 24,5 g | 42 g | 87,5 g | 241 | 12 g |
| **Hähnchenschnitten Cordon Bleu Art** (Vossko), **paniert, gebraten, tiefgefroren** | 1 Stk. (125 g) | 241 | 21,1 g | 10,6 g | 15,3 g | 193 | 8,5 g |
| **Schnitzel "Cordon Bleu-Art"** (Herta) | 1 Port. (150 g) | 450 | 23 g | 20 g | 32 g | 300 | 13,3 g |
| **Cremespinat mit Mini-Rösti** (A) (Iglo) | 1 Pkg. (400 g) | 376 | 11,6 g | 22,4 g | 34,4 g | 94 | 5,6 g |
| **Curry-Reistopf** (Erasco, Weite Welt) | 1 Port. (400 g) | 228 | 5,6 g | 5,2 g | 39,2 g | 57 | 1,3 g |

* lt. Herstellerangaben auf Portionsgröße umgerechnet

| Speisen / Gerichte | Portionsgröße / Gewicht | kcal/ Portion | Nährstoffgehalt pro Portion | | | Pro 100 Gramm | |
|---|---|---|---|---|---|---|---|
| | | | EW | Fett | KH | kcal | Fett |
| **Currywurst mit Pommes frites** (Bofrost) | 1 Port. (400 g) | 660 | 18,4 g | 32,4 g | 73,2 g | 165 | 8,1 g |
| **Deftiger Grünkohl mit Kasseler-Schulter, Rauchwurst und Kartoffeln** (Sonnen Bassermann) | 1 Port. (420 g) | 374 | 25,6 g | 23,1 g | 15,5 g | 89 | 5,5 g |
| **Dippehas, pfälzisch** | 1 Port. (340 g) | 409 | 28,8 g | 24,9 g | 11,6 g | 120 | 7,4 g |
| **Döner Kebab** | 1 Port. (350 g) | 665 | 42 g | 17 g | 84 g | 190 | 4,9 g |
| **Edamer Nuggets** (Alpenhain) | 1 Port. (100 g) | 282 | 15 g | 18 g | 15 g | 282 | 18 g |
| **Edles Pilzragout** (Bofrost) | 1 Port. (375 g) | 390 | 9 g | 29,6 g | 21,8 g | 104 | 7,9 g |
| **Eierpfannkuchen** | 1 Port. (200 g) | 450 | 18 g | 22 g | 44 g | 225 | 11 g |
| **Eintopf mit Gemüse ohne Fleisch** | 1 Port. (200 g) | 402 | 16 g | 24 g | 30 g | 201 | 12 g |
| **Eintopf mit Hülsenfrüchten** | 1 Port. (200 g) | 402 | 16 g | 24 g | 30 g | 201 | 12 g |
| **Eintopf mit Wild und Pilzen** | 1 Port. (200 g) | 178 | 12 g | 6 g | 10 g | 89 | 3 g |
| **Eintopf mit Wirsing und Speck** | 1 Port. (200 g) | 182 | 4 g | 12 g | 12 g | 91 | 6 g |
| **Eisbein gepökelt** | 1 Port. (250 g) | 365 | 41 g | 21 g | 2 g | 146 | 8,4 g |
| **Eisbein mit Erbspüree** | 1 Port. (300 g) | 425 | 7,9 g | 15,4 g | 14,4 g | 142 | 5,1 g |
| **Eisbein mit Erbspüree und Sauerkraut** | 1 Port. (410 g) | 470 | 44,6 g | 28,6 g | 7,3 g | 114 | 7 g |
| **Eisbein mit Sauerkraut und Kartoffelpüree** | 1 Port. (450 g) | 540 | 9,4 g | 18,4 g | 34,4 g | 120 | 4,1 g |
| **Emmentaler gebacken** (Backteig) | 1 Port. (185 g) | 702 | 23 g | 45 g | 39 g | 379 | 24,3 g |
| **Emmentaler paniert** | 1 Port. (125 g) | 560 | 20 g | 43 g | 16 g | 467 | 34,4 g |
| **Enchilada mit Käse und Rindfleisch** | 1 Port. (190 g) | 320 | 12 g | 17 g | 30 g | 169 | 8,9 g |
| **Ennstaler Wurstknöderl mit Sauerkraut** (A) (Iglo) | 1 Pkg. (350 g) | 525 | 18,2 g | 28 g | 50,4 g | 150 | 8 g |
| ENTE **Ente gebraten** | 1 Port. (260 g) | 678 | 23 g | 60 g | 0 g | 261 | 23,1 g |
| **Ente gebraten mit Soße** | 1 Port. (125 g) | 255 | 21,3 g | 18,8 g | 1,3 g | 204 | 15 g |
| **Ente gefüllt mit Semmelfülle** | 1 Port. (350 g) Fleisch (250 g) | 951 | 29 g | 77 g | 23 g | 272 | 22 g |

| Speisen / Gerichte | | Portionsgröße / Gewicht | kcal/ Portion | Nährstoffgehalt pro Portion | | | Pro 100 Gramm | |
|---|---|---|---|---|---|---|---|---|
| | | | | EW | Fett | KH | kcal | Fett |
| ENTE · ENTE · ENTE · ENTE · ENTE · ENTE · ENTE | **Entenfleisch mit gewürfelten Bouillon-Kartoffeln** (Du darfst) | 1 Pkg. (400 g) | 292 | 15 g | 7,4 g | 41 g | 73 | 1,9 g |
| | **Gebratene Nudeln "Ente" (mit Öl)** (Maggi, Magic Asia), **zubereitet** | 1 Port. (140 g)* | 261 | 9,5 g | 7,4 g | 39 g | 190 | 5 g |
| | **Geschmorte Ente mit acht Kostbarkeiten, chinesisch** | 1 Port. (395 g) | 915 | 63,2 g | 65,7 g | 25,8 g | 232 | 16,6 g |
| | **Knusperente chinesisch** | 1 Port. (280 g) | 710 | 39,2 g | 41,5 g | 33,2 g | 254 | 14,8 g |
| | **Magic Asia Instant Nudel Snack Ente** (Maggi), **zubereitet** | 1 Port. (345 g) | 290 | 4,8 g | 12,1 g | 40,7 g | 84 | 3,5 g |
| | **Mastente Vierländer** | 1 Port. (125 g) | 239 | 15 g | 10 g | 20 g | 191 | 8 g |
| | **Peking Ente** | 1 Port. (340 g) | 795 | 61,3 g | 57,4 g | 4,9 g | 234 | 16,9 g |
| **Erbsen Eintopf** (Martin Evers) | | 1 Port. (290 ml) | 165 | 9,3 g | 3,5 g | 23,8 g | 57 | 1,2 g |
| **Erbsen Suppentopf** (Sonnen Bassermann) | | 1 Port. (400 g) | 372 | 22,8 g | 13,2 g | 40,8 g | 93 | 3,3 g |
| **Erbseneintopf** | | 1 Port. (200 g) | 312 | 8 g | 24 g | 14 g | 156 | 12 g |
| **Erbsen-Eintopf** (Erasco) | | 1 Port. (400 g) | 340 | 22,8 g | 10,8 g | 37,2 g | 85 | 2,7 g |
| **Erbseneintopf** (Weight Watchers) | | 1 Port. (350 g) | 133 | 12 g | 1,4 g | 18,2 g | 38 | 0,4 g |
| **Erbsentopf mit Speck** (Maggi) | | 1 Port. (310 g) | 326 | 16,1 g | 14,3 g | 32,5 g | 105 | 4,6 g |
| **Erdäpfel-Gemüsepfanne mit Knoblauch** (A) (Iglo) | | 1 Pkg. (375 g) | 308 | 6,8 g | 19,5 g | 26,6 g | 82 | 5,2 g |
| **Erdäpfelgulasch** | | 1 Port. (235 g) | 225 | 5,8 g | 9,7 g | 25 g | 96 | 4,1 g |
| **Erdäpfelknödel mit Faschiertem** | | 1 Port. (200 g) | 264 | 12 g | 8 g | 36 g | 132 | 4 g |
| **Erdäpfellaibchen** | | 1 Stk. (180 g) | 267 | 5,5 g | 13 g | 29 g | 148 | 7,2 g |
| **Erdäpfelnudeln** | | 1 Port. (210 g) | 425 | 11 g | 10 g | 67 g | 202 | 4,8 g |
| **Erdäpfelnudeln gebacken** | | 1 Port. (240 g) | 455 | 10 g | 17 g | 60 g | 190 | 7,1 g |
| **Erdäpfelschmarren** | | 1 Port. (255 g) | 431 | 10 g | 17 g | 54 g | 169 | 6,7 g |
| **Erdäpfelschmarren mit Grieß** | | 1 Port. (210 g) | 363 | 6,4 g | 14 g | 48 g | 173 | 6,7 g |

* lt. Herstellerangaben auf Portionsgröße umgerechnet

| Speisen / Gerichte | Portionsgröße / Gewicht | kcal/ Portion | Nährstoffgehalt pro Portion | | | Pro 100 Gramm | |
|---|---|---|---|---|---|---|---|
| | | | EW | Fett | KH | kcal | Fett |
| **Erdäpfelstrudel** | 1 Port. (200 g) | 326 | 10 g | 12 g | 44 g | 163 | 6 g |
| **Falscher Hase** | 1 Port. (385 g) | 650 | 37 g | 47 g | 25 g | 170 | 12,2 g |
| **Faschierte Laibchen** (Schwein) | 1 Stk. (110 g) | 413 | 18 g | 30 g | 12 g | 376 | 27,3 g |
| **Faschierte Laibchen (Schwein/Rind)** | 1 Stk. (110 g) | 396 | 16 g | 29 g | 12 g | 360 | 26,4 g |
| **Faschierte Laibchen mit Erdäpfelpüree und Gemüse** (A) (Iglo) | 1 Pkg. (350 g) | 630 | 24,9 g | 37,1 g | 49,4 g | 180 | 10,6 g |
| **Faschierter Braten** (Rind) | 1 Port. (160 g) | 497 | 25 g | 37 g | 7,6 g | 311 | 23,1 g |
| **Faschierter Braten** (Schwein) | 1 Port. (160 g) | 598 | 26 g | 47 g | 7,6 g | 374 | 29,4 g |
| **Faschierter Braten (Schwein/Rind)** | 1 Port. (160 g) | 573 | 23 g | 46 g | 7,6 g | 358 | 28,8 g |
| **Faschierter Braten mit Soja** | 1 Port. (90 g) | 232 | 18 g | 16 g | 1,8 g | 258 | 17,8 g |
| **Feines Pilzragout** (Marktplatz, Sonnen Bassermann) | 1 Port. (300 g) | 219 | 8,7 g | 8,7 g | 26,4 g | 73 | 2,9 g |
| **Feines Rahmgemüse mit Mini-Rösti** (A) (Iglo) | 1 Pkg. (350 g) | 364 | 7,7 g | 18,2 g | 41,6 g | 104 | 5,2 g |
| **FISCH · SCHALEN- und KRUSTENTIERE** | | | | | | | |
| **Aalgericht in Kräutersoße** | 1 Port. (150 g) | 282 | 13,5 g | 22,5 g | 6 g | 188 | 15 g |
| **Alaska Seelachs gebacken** (A) (Nordsee) | 1 Port. (190 g)* | 243 | 29 g | 6 g | 15 g | 128 | 3,5 g |
| **Alaska Seelachs gebacken** (D) (Nordsee) | 1 Port. (170 g)* | 395 | 26 g | 20 g | 25 g | 232 | 12,3 g |
| **Alaska Seelachs überbacken** (A) (Nordsee) | 1 Port. (230 g)* | 322 | 28 g | 14 g | 19 g | 140 | 6,3 g |
| **Alaska-Seelachsfilet** (Du darfst) | 1 Pkg. (350 g) | 212 | 19 g | 5,7 g | 20 g | 61 | 1,6 g |
| **Atlantik-Lachs Blattspinat-Tomate** (COSTA) | 1 Port. (350 g) | 441 | 25,2 g | 32,2 g | 13 g | 126 | 9,2 g |
| **Atlantik-Lachs Broccoli-Zucchini** (COSTA) | 1 Port. (375 g) | 540 | 29,6 g | 36 g | 24,4 g | 144 | 9,6 g |
| **Atlantik-Lachs Tomate-Mozzarella** (COSTA) | 1 Port. (320 g) | 410 | 24 g | 29,4 g | 12,2 g | 128 | 9,2 g |
| **Austern** | 1 Stk. (23 g) | 16 | 1,9 g | 0,3 g | 1,2 g | 70 | 1,3 g |

* lt. Herstellerangaben auf Portionsgröße umgerechnet

FISCH · SCHALEN- und KRUSTENTIERE · FISCH · SCHALEN- und KRUSTENTIERE · FISCH

| Speisen / Gerichte | Portionsgröße / Gewicht | kcal/ Portion | Nährstoffgehalt pro Portion | | | Pro 100 Gramm | |
|---|---|---|---|---|---|---|---|
| | | | EW | Fett | KH | kcal | Fett |
| **Backteig-Tintenfischringe** (Bofrost) | 1 Port. (100 g) | 217 | 10,3 g | 11,5 g | 18 g | 217 | 11,5 g |
| **Barsch gebraten** | 1 Port. (160 g) | 190 | 28 g | 6,7 g | 0,2 g | 119 | 4,2 g |
| **Brasse gebraten** | 1 Port. (160 g) | 245 | 25 g | 14 g | 0,2 g | 153 | 8,8 g |
| **Büsumer Krabbencocktail** | 1 Port. (180 g) | 235 | 20 g | 16,5 g | 4,7 g | 130 | 9,2 g |
| **Calamares** (A) (Nordsee) | 1 Port. (160 g)* | 443 | 18 g | 14 g | 59 g | 275 | 8,9 g |
| **Chinesischer Knusper-Fisch** (Bofrost) | 1/2 Pkg. (300 g) | 372 | 15,3 g | 23,1 g | 25,8 g | 124 | 7,7 g |
| **Cocktail-Shrimps, gekocht und geschält** (COSTA) | 1 Port. (100 g) | 61 | 13 g | 1 g | 0 g | 61 | 1 g |
| **Dorsch paniert** (A) (Iglo) | 1 Port. (200 g) | 258 | 24 g | 2 g | 36 g | 129 | 1 g |
| **Filegro in Kräutersauce** (D) (Iglo) | 1 Pkg. (250 g) | 283 | 30 g | 14,8 g | 7,3 g | 113 | 5,9 g |
| **Filegro in Senf-Dill-Sauce** (D) (Iglo) | 1 Pkg. (250 g) | 263 | 30 g | 13,5 g | 5,5 g | 105 | 5,4 g |
| **Filegro Müllerin Art** (D) (Iglo) | 1 Pkg. (250 g) | 328 | 35 g | 13,5 g | 16,2 g | 131 | 5,4 g |
| **Fisch gebacken mit Reis** | 1 Port. (330 g) | 460 | 34,6 g | 15,4 g | 43,2 g | 140 | 4,7 g |
| **Fisch gebacken mit Reis und Salat** | 1 Port. (420 g) | 515 | 35,3 g | 20,2 g | 45,3 g | 123 | 4,8 g |
| **Fisch Genuss Méditerranée** (A) (Iglo) | 1 Port. (200 g)<br>1 Pkg. (400 g) | 188<br>376 | 14,2 g<br>28,4 g | 8,4 g<br>16,8 g | 14 g<br>28 g | 94 | 4,2 g |
| **Fisch Genuss Provence** (A) (Iglo) | 1 Port. (200 g)<br>1 Pkg. (400 g) | 190<br>380 | 14,2 g<br>28,4 g | 8,2 g<br>16,4 g | 14,6 g<br>29,2 g | 95 | 4,1 g |
| **Fisch Genuss Siciliana** (A) (Iglo) | 1 Port. (200 g)<br>1 Pkg. (400 g) | 180<br>360 | 16 g<br>32 g | 4,6 g<br>9,2 g | 18,8 g<br>37,6 g | 90 | 2,3 g |
| **Fisch natur** | 1 Port. (160 g) | 190 | 27,6 g | 8,9 g | 0,2 g | 120 | 5,6 g |
| **Fisch natur mit Reis** | 1 Port. (310 g) | 357 | 31,4 g | 9,2 g | 35,7 | 115 | 3 g |
| **Fisch natur mit Reis und Salat** | 1 Port. (400 g) | 410 | 32,4 g | 13 g | 37,6 g | 102 | 3,3 g |
| **Fischauflauf** | 1 Port. (125 g) | 195 | 12,5 g | 10 g | 15 g | 156 | 8 g |
| **Fisch-Duett** (Bofrost) | 1 Stk. (135 g) | 169 | 22,7 g | 8,1 g | 1,4 g | 125 | 6 g |

* lt. Herstellerangaben auf Portionsgröße umgerechnet

FISCH · SCHALEN- und KRUSTENTIERE · FISCH · SCHALEN- und KRUSTENTIERE · FISCH

| Speisen / Gerichte | Portionsgröße / Gewicht | kcal/ Portion | Nährstoffgehalt pro Portion | | | Pro 100 Gramm | |
|---|---|---|---|---|---|---|---|
| | | | EW | Fett | KH | kcal | Fett |
| **Fischeintopf*** ** | 1 Port. (500 g) | 295 | 35 g | 5 g | 26 g | 59 | 1 g |
| **Fischfilet gedünstet mit Gemüsesoße** | 1 Port. (150 g) | 117 | 15 g | 4,5 g | 3 g | 78 | 3 g |
| **Fischfilet gegrillt** | 1 Port. (150 g) | 167 | 30 g | 4,5 g | 0 g | 111 | 3 g |
| **Fischfilet in Kräuter-Rahmsoße** (Bofrost) | 1 Stk. (250 g) | 260 | 32,5 g | 10 g | 10 g | 104 | 4 g |
| **Fischfilet in Teig** | 1 Port. (150 g) | 224 | 24 g | 10,5 g | 9 g | 149 | 7 g |
| **Fischfilet Müllerin** | 1 Port. (150 g) | 164 | 31,5 g | 1,5 g | 6 g | 109 | 1 g |
| **Fischfilet überbacken mit Champignons** | 1 Port. (150 g) | 170 | 18 g | 9 g | 6 g | 113 | 6 g |
| **Fischfilet ungarisch** | 1 Port. (150 g) | 129 | 13,5 g | 6 g | 6 g | 86 | 4 g |
| **Fischfrikadellen** | 1 Port. (120 g) | 196 | 19 g | 7 g | 13 g | 164 | 5,8 g |
| **Fischfrikadellen** (D) (Iglo) | 1 Stk. (77 g)* | 117 | 9 g | 1,4 g | 17 g | 152 | 1,8 g |
| **Fischfrikadellen mit Gurkensalat*** ** | 1 Port. (450 g) | 335 | 29 g | 9 g | 32 g | 74 | 2 g |
| **Fischgratin Lyonnaise** (A) (Nordsee) | 1 Port. (380 g)* | 620 | 23 g | 34 g | 54 g | 163 | 9 g |
| **Fischgulasch** | 1 Port. (210 g) Fisch (150 g) | 292 | 19 g | 18 g | 8,8 g | 139 | 8,6 g |
| **Fisch-Ideen Gratin Broccoli-Blumenkohl** (D) (Iglo) | 1 Pkg. (380 g) | 359 | 28 g | 19 g | 19 g | 93 | 4,9 g |
| **Fisch-Ideen Gratin Ratatouille Art** (D) (Iglo) | 1 Pkg. (380 g) | 250 | 21 g | 10 g | 19 g | 67 | 2,7 g |
| **Fisch-Ideen Schlemmer-Pfanne Helgoland** (D) (Iglo) | 1 Pkg. (380 g) | 442 | 25 g | 32 g | 13 g | 116 | 8,4 g |
| **Fisch-Ideen Schlemmer-Pfanne Toscana** (D) (Iglo) | 1 Pkg. (380 g) | 312 | 22 g | 20 g | 11 g | 82 | 5,2 g |
| **Fischklops** | 1 Port. (150 g) | 146 | 22,5 g | 1,5 g | 10,5 g | 97 | 1 g |
| **Fischlaibchen gebacken** (A) (Nordsee) | 1 Port. (140 g)* | 215 | 17 g | 5 g | 23 g | 156 | 3,9 g |
| **Fisch-Mix vom Grill** (D) (Nordsee) | 1 Port. (180 g)* | 292 | 28 g | 11 g | 19 g | 160 | 6,3 g |
| **Fischnuggets in Backteig** (A) (Iglo) | 1 Pkg. (300 g) | 684 | 36 g | 36 g | 54 g | 228 | 12 g |

* lt. Herstellerangaben auf Portionsgröße umgerechnet  *** Rezept aus gelbem Schlank-ohne-Diät-Kochbuch

| Speisen / Gerichte | | Portionsgröße / Gewicht | kcal/ Portion | Nährstoffgehalt pro Portion | | | Pro 100 Gramm | |
|---|---|---|---|---|---|---|---|---|
| | | | | EW | Fett | KH | kcal | Fett |
| FISCH · SCHALEN- und KRUSTENTIERE · FISCH · SCHALEN- und KRUSTENTIERE · FISCH | **Fischpfanne Helgoland** | 1 Port. (200 g) | 225 | 14 g | 16 g | 6 g | 113 | 8 g |
| | **Fisch-Ragout***** | 1 Port. (325 g) | 300 | 35 g | 6 g | 24 g | 92 | 1,8 g |
| | **Fischstäbchen** (A) (Iglo) | 1 Stk. (30 g) | 58 | 3,9 g | 2,4 g | 5,1 g | 192 | 8 g |
| | **Fischstäbchen** (D) (Käpt´n Iglo) | 5 Stk. (150 g) | 296 | 19,5 g | 12,2 g | 27 g | 197 | 8,1 g |
| | **Fischtopf "Rügener Art"** (Bofrost) | 1 Port. (250 g) | 280 | 17,5 g | 20 g | 7,5 g | 112 | 8 g |
| | **Fischtopf Cuxhaven** | 1 Port. (200 g) | 138 | 14 g | 4 g | 8 g | 69 | 2 g |
| | **Flunder gebraten** | 1 Port. (160 g) | 180 | 26 g | 6,8 g | 0,2 g | 113 | 4,3 g |
| | **Forelle blau mit Butter** | 1 Stk. (185 g) | 222 | 18 g | 15 g | 0,1 g | 120 | 8,1 g |
| | **Forelle gebacken** | 1 Stk. (210 g) | 313 | 22 g | 16 g | 16 g | 150 | 7,6 g |
| | **Forelle gebraten** | 1 Stk. (185 g) | 191 | 19 g | 8,5 g | 5,7 g | 103 | 4,6 g |
| | **Forelle gegrillt** | 1 Stk. (167 g) | 93 | 18 g | 1,1 g | 0 g | 56 | 0,7 g |
| | **Friesische Fischpfanne** (Bofrost) | 1 Port. (350 g) | 354 | 29,8 g | 19,2 g | 15,1 g | 101 | 5,5 g |
| | **Frittierte Calamares (Calamares a la romana)** | 1 Port. (215 g) | 435 | 27 g | 17 g | 30 g | 203 | 7,9 g |
| | **Garnelen gegrillt** | 1 Port. (300 g) | 426 | 66 g | 16 g | 5 g | 142 | 5,3 g |
| | **Garnelen in Kräutersoße** (Bofrost) | 1 Port. (150 g) | 315 | 16,5 g | 23,9 g | 8,7 g | 210 | 15,9 g |
| | **Garnelen-Ring** (COSTA) | 1 Pkg. (210 g) | 153 | 31,5 g | 2,9 g | 0 g | 73 | 1,4 g |
| | **Gegrillte Riesengarnelen** | 1 Port. (150 g) | 213 | 33 g | 7,5 g | 2,7 g | 142 | 5 g |
| | **Gegrillte Riesenscampi** | 1 Port. (150 g) | 222 | 33,1 g | 9,2 g | 1,7 g | 148 | 6 g |
| | **Gegrillter Zander mit Safran-Birnen-Soße und Gemüse***** | 1 Port. (525 g) | 285 | 45 g | 6 g | 12 g | 54 | 1,1 g |
| | **Genießer-Pfanne Taglioni mit Shrimps** (A) (Iglo) | 1 Port. (250 g) | 238 | 12,5 g | 7,5 g | 27,5 g | 95 | 3 g |
| | **Goldbarsch gebraten** | 1 Port. (160 g) | 227 | 27 g | 11 g | 0,2 g | 142 | 6,9 g |

* lt. Herstellerangaben auf Portionsgröße umgerechnet *** Rezept aus gelbem Schlank-ohne-Diät-Kochbuch

| Speisen / Gerichte | Portionsgröße / Gewicht | kcal/ Portion | Nährstoffgehalt pro Portion | | | Pro 100 Gramm | |
|---|---|---|---|---|---|---|---|
| | | | EW | Fett | KH | kcal | Fett |
| **Goldbrasse in Salzkruste (Dorada a la sal)** | 1 Port. (255 g) | 293 | 36 g | 11 g | 3 g | 115 | 4,3 g |
| **Goldknusper-Filets Goldpack** (D) (Iglo) | 1 Pkg. (200 g) | 430 | 24 g | 22 g | 34 g | 215 | 11 g |
| **Goldknusper-Filets Käse-Kräuter** (D) (Iglo) | 1 Pkg. (200 g) | 520 | 26 g | 32 g | 32 g | 260 | 16 g |
| **Goldknusper-Filets Spinat** (D) (Iglo) | 1 Pkg. (200 g) | 458 | 24 g | 26 g | 32 g | 229 | 13 g |
| **Goldschatz Käse** (A) (Iglo) | 1 Pkg. (300 g) | 792 | 42 g | 48 g | 48 g | 264 | 16 g |
| **Goldschatz Spinat** (A) (Iglo) | 1 Pkg. (300 g) | 699 | 39 g | 39 g | 48 g | 233 | 13 g |
| **Gratinierter Seelachs** (D) (Nordsee) | 1 Port. (170 g)* | 368 | 25 g | 21 g | 19 g | 219 | 12,5 g |
| **Haifischsteak** | 1 Port. (160 g) | 319 | 28 g | 20 g | 0 g | 199 | 12,5 g |
| **Hamburger Pfannfisch** | 1 Port. (250 g) | 268 | 22 g | 11 g | 21 g | 108 | 4,4 g |
| **Hecht badisch** | 1 Port. (150 g) | 215 | 18 g | 13,5 g | 6 g | 143 | 9 g |
| **Hecht gebraten** | 1 Port. (160 g) | 205 | 33 g | 5,9 g | 0,2 g | 128 | 3,7 g |
| **Hecht Mosel in Meerrettichsoße** | 1 Port. (150 g) | 134 | 19,5 g | 4,5 g | 3 g | 89 | 3 g |
| **Hechtklößchen mit Soße** | 1 Port. (320 g) | 446 | 27,5 g | 35,4 g | 4,7 g | 139 | 11 g |
| **Heilbutt gebraten** | 1 Port. (160 g) | 221 | 30 g | 8,9 g | 0,2 g | 138 | 5,6 g |
| **Hering gebraten** | 1 Stk. (170 g) | 219 | 22 g | 10 g | 5,7 g | 129 | 5,9 g |
| **Hering im Teigmantel** | 1 Port. (300 g) | 720 | 42 g | 43 g | 42 g | 240 | 14,3 g |
| **Hummer gekocht** | 1 Port. (250 g) | 310 | 38 g | 16 g | 3 g | 124 | 6,4 g |
| **Jakobsmuscheln provenzalisch** | 1 Port. (150 g) | 248 | 15 g | 10,5 g | 22,5 g | 165 | 7 g |
| **Japanese Shrimps "Fine & Delicious"** (Maggi) | 1 Port. (355 g) | 124 | 5 g | 0,7 g | 24,1 g | 35 | 0,2 g |
| **Kabeljaufilet gebacken** | 1 Port. (195 g) | 325 | 26 g | 15 g | 16 g | 167 | 7,7 g |
| **Kabeljaufilet gebraten** | 1 Port. (170 g) | 227 | 28 g | 8,1 g | 5,7 g | 134 | 4,8 g |



* lt. Herstellerangaben auf Portionsgröße umgerechnet *** Rezept aus gelbem Schlank-ohne-Diät-Kochbuch

| Speisen / Gerichte | | Portionsgröße / Gewicht | kcal/ Portion | Nährstoffgehalt pro Portion | | | Pro 100 Gramm | |
|---|---|---|---|---|---|---|---|---|
| | | | | EW | Fett | KH | kcal | Fett |
| FISCH · SCHALEN- und KRUSTENTIERE · FISCH · SCHALEN- und KRUSTENTIERE · FISCH | **Kabeljaufilet gratiniert** | 1 Port. (205 g) Fisch (150 g) | 267 | 25 g | 14 g | 5,5 g | 130 | 6,8 g |
| | **Kabeljaufilet nach Parmer Art** | 1 Port. (220 g) | 307 | 25 g | 19 g | 4,3 g | 140 | 8,6 g |
| | **Kabeljaurückenfilet** (D) (Nordsee) | 1 Port. (140 g)* | 129 | 30 g | 0,6 g | 0 g | 92 | 0,4 g |
| | **Karauschenfilet gebraten** | 1 Port. (150 g) | 288 | 29 g | 7 g | 0 g | 192 | 4,7 g |
| | **Karpfen blau** | 1 Port. (265 g) | 268 | 26 g | 17 g | 0 g | 101 | 6,4 g |
| | **Karpfen gebacken** | 1 Port. (165 g) | 287 | 16 g | 16 g | 16 g | 174 | 9,7 g |
| | **Karpfen gebraten** | 1 Port. (160 g) | 244 | 27 g | 13 g | 0,2 g | 153 | 8,1 g |
| | **Katfischfilet** | 1 Port. (150 g) | 155 | 31 g | 4 g | 0 g | 104 | 2,7 g |
| | **Kleine Tintenfische vom Grill** (Pulpitos a la plancha) | 1 Port. (120 g) | 226 | 18 g | 11 g | 12 g | 189 | 9,2 g |
| | **Köhler gebraten** | 1 Port. (160 g) | 187 | 27 g | 6,7 g | 0,2 g | 117 | 4,2 g |
| | **Krabben überbacken** | 1 Port. (125 g) | 308 | 12,5 g | 12,5 g | 7,5 g | 246 | 10 g |
| | **Kräuter-Fisch in der Folie mit Spargelreis*** | 1 Port. (460 g) | 380 | 38 g | 3 g | 50 g | 83 | 0,7 g |
| | **Kräuterfisch mit Kartoffel-Zucchini-Gemüse*** | 1 Port. (470 g) | 345 | 34 g | 7 g | 33 g | 73 | 1,5 g |
| | **Krebs in Rotwein** | 1 Port. (125 g) | 112 | 22,5 g | 1,3 g | 2,5 g | 89 | 1 g |
| | **Lachs auf Blattspinat-Kohlrabi*** | 1 Port. (450 g) | 240 | 33 g | 10 g | 4 g | 53 | 2,2 g |
| | **Lachs, gebacken** | 1 Port. (180 g) | 353 | 31,5 g | 21,8 g | 7,7 g | 196 | 12,1 g |
| | **Lachs, natur** | 1 Port. (160 g) | 262 | 28,2 g | 17 g | 0 g | 164 | 10,6 g |
| | **Lachsfilet im Blätterteig mit Gemüsemischung** (COSTA) | 1 Stk. (150 g) | 329 | 16,2 g | 20,9 g | 19 g | 219 | 13,9 g |
| | **Lachsfilet im Blätterteig mit Spinat** (COSTA) | 1 Stk. (150 g) | 371 | 13,7 g | 21,9 g | 28,5 g | 247 | 14,6 g |
| | **Lachsfilet vom Grill** (A, D) (Nordsee) | 1 Port. (130 g)* | 293 | 30 g | 17 g | 2 g | 230 | 14 g |

* lt. Herstellerangaben auf Portionsgröße umgerechnet    *** Rezept aus gelbem Schlank-ohne-Diät-Kochbuch

| Speisen / Gerichte | Portionsgröße / Gewicht | kcal/ Portion | Nährstoffgehalt pro Portion | | | Pro 100 Gramm | |
|---|---|---|---|---|---|---|---|
| | | | EW | Fett | KH | kcal | Fett |
| **Lachsfilets Dill-Zitrone** (COSTA) | 1 Stk. (125 g) | 239 | 22,5 g | 16,2 g | 0,4 g | 191 | 13 g |
| **Lachslasagne** (COSTA) | 1 Port. (315 g) | 469 | 26,5 g | 28 g | 28 g | 149 | 8,9 g |
| **Lachssteak** | 1 Port. (160 g) | 397 | 30 g | 27 g | 0 g | 248 | 16,9 g |
| **Lauwarmer Lachs mit mariniertem Gemüse***** | 1 Port. (345 g) | 320 | 33 g | 19 g | 4 g | 93 | 5,5 g |
| **Limanda aspera (Pazifische Kliesche)** (Bofrost) | 1 Port. (100 g) | 81 | 17 g | 1,4 g | 0 g | 81 | 1,4 g |
| **Limanda aspera** (Pazifische Kliesche)**, paniert (im Backofen zubereitet)** (Bofrost) | 1 Port. (100 g) | 198 | 14,8 g | 11 g | 10 g | 198 | 11 g |
| **Limanda vom Grill** (A, D) (Nordsee) | 1 Port. (170 g)* | 330 | 25 g | 14 g | 23 g | 196 | 8,8 g |
| **Lust auf Fisch Dill-Sauce** (D) (Iglo) | 1 Port. (380 g) | 300 | 27 g | 11 g | 23,6 g | 79 | 2,9 g |
| **Lust auf Fisch Frühlingsgemüse** (D) (Iglo) | 1 Port. (380 g) | 403 | 29 g | 16,3 g | 34,2 g | 106 | 4,3 g |
| **Lust auf Fisch Tomate-Mozzarella** (D) (Iglo) | 1 Port. (380 g) | 369 | 32 g | 13 g | 33 g | 97 | 3,3 g |
| **Luxuskrabben (Grönlandgarnelen)** (Bofrost) | 1 Port. (100 g) | 87 | 18,6 g | 1,4 g | 0 g | 87 | 1,4 g |
| **Magic Asia Instant Nudel Snack Shrimps** (Maggi)**, zubereitet** | 1 Port. (345 g) | 293 | 4,8 g | 12,1 g | 41,4 g | 85 | 3,5 g |
| **Maischolle** | 1 Port. (240 g) | 515 | 36,4 g | 36,4 g | 10,4 g | 215 | 15,2 g |
| **Maki-Sushi** | 1 Stk. (20 g) | 35 | 2,1 g | 1,4 g | 4,3 g | 175 | 7 g |
| **Makrele gebraten** | 1 Port. (160 g) | 353 | 29 g | 23 g | 0,2 g | 221 | 14,4 g |
| **Makrelenfilet gebraten** | 1 Port. (170 g) | 216 | 21 g | 10 g | 5,7 g | 127 | 5,9 g |
| **Mecklenburger Fischtopf** | 1 Port. (345 g) | 323 | 16,6 g | 21,2 g | 15,1 g | 94 | 6,2 g |
| **Muscheln gekocht mit Soße** | 1 Port. (150 g) | 276 | 7,5 g | 19,5 g | 12 g | 184 | 13 g |
| **Muscheln in grüner Soße** | 1 Port. (150 g) | 126 | 15 g | 4,5 g | 6 g | 84 | 3 g |

FISCH · SCHALEN- und KRUSTENTIERE · FISCH · SCHALEN- und KRUSTENTIERE · FISCH

* lt. Herstellerangaben auf Portionsgröße umgerechnet *** Rezept aus gelbem Schlank-ohne-Diät-Kochbuch

| Speisen / Gerichte | | Portionsgröße / Gewicht | kcal/ Portion | Nährstoffgehalt pro Portion | | | Pro 100 Gramm | |
|---|---|---|---|---|---|---|---|---|
| | | | | EW | Fett | KH | kcal | Fett |
| FISCH · SCHALEN- und KRUSTENTIERE · FISCH · SCHALEN- und KRUSTENTIERE · FISCH | **Muscheln nach katalanischer Art** (Mejillones a la Catalana) | 1 Port. (590 g) | 558 | 51 g | 32 g | 10 g | 95 | 5,4 g |
| | **Nigiri-Sushi mit Forelle** | 1 Stk. (40 g) | 95 | 5,3 g | 1,2 g | 14,1 g | 238 | 3 g |
| | **Nigiri-Sushi mit gebeiztem Lachs** | 1 Stk. (40 g) | 115 | 7,2 g | 4,1 g | 12,6 g | 288 | 10,3 g |
| | **Nigiri-Sushi mit Seezunge** | 1 Stk. (40 g) | 80 | 5,9 g | 0,8 g | 12,6 g | 200 | 2 g |
| | **Nigiri-Sushi mit Tunfisch** | 1 Stk. (40 g) | 105 | 4,9 g | 3 g | 12,6 g | 263 | 7,5 g |
| | **Ofenfisch Grillgemüse** (COSTA) | 1 Port. (360 g) | 403 | 27,7 g | 23,8 g | 20,2 g | 112 | 6,6 g |
| | **Pacific Prawns, Garnelenschwänze** (COSTA) | 1 Port. (100 g) | 69 | 15 g | 1 g | 0 g | 69 | 1 g |
| | **Paella** (A) (Nordsee) | 1 Port. (395 g)* | 656 | 38 g | 17 g | 85 g | 166 | 4,5 g |
| | **Pichelsteiner** | 1 Port. (150 g) | 77 | 7,5 g | 1,5 g | 6 g | 51 | 1 g |
| | **Polar Dorsch in mediterraner Sauce** (A) (Iglo) | 1 Pkg. (300 g) | 225 | 39 g | 3 g | 6 g | 75 | 1 g |
| | **Polar Dorsch Knusperhülle** (A) (Iglo) | 1 Pkg. (300 g) | 726 | 36 g | 42 g | 51 g | 242 | 14 g |
| | **Polar Dorsch Müllerin** (A) (Iglo) | 1 Pkg. (300 g) | 471 | 42 g | 24,6 g | 20,1 g | 157 | 8,2 g |
| | **Polar Dorsch paniert** (A) (Iglo) | 1 Port. (200 g) | 260 | 26 g | 1,4 g | 36 g | 130 | 0,7 g |
| | **Polar Dorsch Piccata** (A) (Iglo) | 1 Pkg. (300 g) | 546 | 45 g | 36 g | 10,5 g | 182 | 12 g |
| | **Polar Dorsch Serbische Art** (A) (Iglo) | 1 Pkg. (300 g) | 471 | 42 g | 24,6 g | 20,1 g | 157 | 8,2 g |
| | **Räucherlachs-Spagetti mit Rucola***** | 1 Port. (210 g) | 385 | 24 g | 5 g | 58 g | 183 | 2,4 g |
| | **Regenbogenforelle geräuchert** | 1 Port. (75 g) | 90 | 16 g | 3 g | 0 g | 120 | 4 g |
| | **Renke gebraten** | 1 Port. (160 g) | 218 | 32 g | 7,8 g | 0,2 g | 136 | 4,9 g |
| | **Renke gegart** | 1 Port. (180 g) | 142 | 25 g | 4 g | 0 g | 79 | 2,2 g |
| | **Riesengarnelen gegrillt** | 1 Port. (300 g) | 428 | 66 g | 16 g | 5 g | 143 | 5,3 g |
| | **Riesengarnelen vom Grill** (A) (Nordsee) | 1 Port. (135 g)* | 126 | 24 g | 2 g | 1 g | 92 | 1,7 g |

* lt. Herstellerangaben auf Portionsgröße umgerechnet   *** Rezept aus gelbem Schlank-ohne-Diät-Kochbuch

| Speisen / Gerichte | | Portionsgröße / Gewicht | kcal/ Portion | Nährstoffgehalt pro Portion | | | Pro 100 Gramm | |
|---|---|---|---|---|---|---|---|---|
| | | | | EW | Fett | KH | kcal | Fett |
| FISCH · SCHALEN- und KRUSTENTIERE · FISCH · SCHALEN- und KRUSTENTIERE · FISCH | **Riesenscampi vom Grill** | 1 Port. (300 g) | 446 | 66 g | 18 g | 3 g | 149 | 6 g |
| | **Rotbarsch gegart** | 1 Port. (180 g) | 103 | 17 g | 3 g | 0 g | 58 | 1,7 g |
| | **Rotbarsch paniert** | 1 Port. (200 g) | 362 | 35 g | 18 g | 15 g | 181 | 9 g |
| | **Rotbarschfilets vom Grill** (D) (Nordsee) | 1 Port. (190 g)* | 304 | 30 g | 12 g | 18 g | 161 | 6,6 g |
| | **Rotzunge gebraten** | 1 Port. (160 g) | 196 | 31 g | 6,2 g | 0,2 g | 123 | 3,9 g |
| | **Scampi gegrillt** | 1 Port. (300 g) | 445 | 66 g | 18 g | 3 g | 149 | 6 g |
| | **Scampi in Tomatensoße** | 1 Port. (200 g) | 185 | 22 g | 8 g | 4 g | 93 | 4 g |
| | **Scampi Stromboli** | 1 Port. (200 g) | 239 | 18 g | 16 g | 4 g | 120 | 8 g |
| | **Schellfisch gegart** | 1 Port. (180 g) | 90 | 20 g | 1 g | 0 g | 50 | 0,6 g |
| | **Schellfischfilet** | 1 Port. (150 g) | 120 | 27 g | 1 g | 0 g | 80 | 0,7 g |
| | **Schillerlocke gräuchert** | 1 Port. (100 g) | 165 | 20 g | 9 g | 0 g | 165 | 9 g |
| | **Schleie** | 1 Port. (160 g) | 199 | 32 g | 6 g | 0,2 g | 124 | 3,8 g |
| | **Schlemmerfilet "Gourmet"** (Bofrost) | 1 Stk. (200 g) | 302 | 27,8 g | 17 g | 9,6 g | 151 | 8,5 g |
| | **Schlemmerfilet "Italiano"** (Bofrost) | 1 Stk. (200 g) | 226 | 21,2 g | 14 g | 3,8 g | 113 | 7 g |
| | **Schlemmer-Filet à la Bordelaise** (D) (Iglo) | 1 Port. (190 g) | 310 | 25 g | 18 g | 12 g | 160 | 9,3 g |
| | **Schlemmer-Filet Blattspinat** (D) (Iglo) | 1 Port. (190 g) | 254 | 23 g | 15 g | 6,8 g | 133 | 7,8 g |
| | **Schlemmer-Filet Broccoli** (D) (Iglo) | 1 Port. (190 g) | 245 | 23 g | 14 g | 6,8 g | 131 | 7,6 g |
| | **Schlemmer-Filet Champignon** (D) (Iglo) | 1 Port. (190 g) | 418 | 19 g | 30 g | 18 g | 221 | 16 g |
| | **Schlemmer-Filet Dreierlei Käse** (D) (Iglo) | 1 Port. (190 g) | 178 | 23 g | 5,5 g | 9,1 g | 93 | 2,9 g |
| | **Schlemmer-Filet Gemüsegarten** (D) (Iglo) | 1 Port. (190 g) | 195 | 23 g | 7,4 g | 9,1 g | 102 | 3,9 g |
| | **Schlemmer-Filet Italiano** (D) (Iglo) | 1 Port. (190 g) | 232 | 23 g | 14 g | 3,6 g | 122 | 7,4 g |
| | **Schlemmer-Filet Méditerranée** (D) (Iglo) | 1 Port. (190 g) | 242 | 21 g | 16 g | 3,4 g | 125 | 8,2 g |

* lt. Herstellerangaben auf Portionsgröße umgerechnet

| | Speisen / Gerichte | Portionsgröße / Gewicht | kcal/ Portion | Nährstoffgehalt pro Portion | | | Pro 100 Gramm | |
|---|---|---|---|---|---|---|---|---|
| | | | | EW | Fett | KH | kcal | Fett |
| FISCH · SCHALEN- und KRUSTENTIERE | **Schlemmer-Filet Picante** (D) (Iglo) | 1 Port. (190 g) | 194 | 21 g | 9,9 g | 5,3 g | 102 | 5,2 g |
| | **Schlemmer-Mix** (A) (Nordsee) | 1 Port. (285 g)* | 510 | 21 g | 24 g | 50 g | 178 | 8,7 g |
| | **Scholle gebacken** (A, D) (Nordsee) | 1 Port. (145 g)* | 401 | 20 g | 20 g | 33 g | 278 | 14,4 g |
| | **Scholle Müllerin** (A) (Iglo) | 1 Pkg. (300 g) | 675 | 32,4 g | 49,2 g | 25,5 g | 225 | 16,4 g |
| | **Scholle paniert** (A) (Iglo) | 1 Pkg. (300 g) | 432 | 39 g | 9 g | 55,5 g | 144 | 3 g |
| | **Schollenfilet** (D) (Nordsee) | 1 Port. (140 g)* | 309 | 20 g | 16 g | 20 g | 221 | 11,8 g |
| | **Schollenfilet gebacken** | 1 Port. (195 g) | 298 | 20 g | 15 g | 16 g | 153 | 7,7 g |
| | **Schollenfilet gebraten** | 1 Port. (170 g) | 176 | 17 g | 8,1 g | 5,7 g | 104 | 4,8 g |
| | **Schollenfilet gratiniert** | 1 Port. (205 g) Fisch (150 g) | 240 | 19 g | 14 g | 5,5 g | 117 | 6,8 g |
| | **Schollenfilet mit Mandeln** | 1 Port. (225 g) | 340 | 23 g | 23 g | 5,2 g | 151 | 10,2 g |
| | **Schollenfilet nach Parma Art** | 1 Port. (225 g) | 307 | 25 g | 19 g | 4,3 g | 137 | 8,4 g |
| | **Schwertfisch** | 1 Port. (150 g) | 175 | 30 g | 6 g | 0 g | 117 | 4 g |
| | **Seehecht gebraten** | 1 Port. (160 g) | 194 | 31 g | 6,1 g | 0,2 g | 121 | 3,8 g |
| | **Seehecht überbacken** (D) (Nordsee) | 1 Port. (255 g)* | 409 | 42 g | 22 g | 9 g | 161 | 8,8 g |
| | **Seehecht-Filet mit Blattspinat und Kartoffelpüree mit Shrimps in Dillsoße** (Sonnen Bassermann) | 1 Port. (400 g) | 292 | 22,8 g | 14,4 g | 18 g | 73 | 3,6 g |
| | **Seelachs in Bärlauch-Rahmsoße** (Bofrost) | 1 Port. (150 g) | 170 | 20,4 g | 8 g | 4,1 g | 113 | 5,3 g |
| | **Seelachs Neptun** (Weight Watchers) | 1 Port. (350 g) | 295 | 34,9 g | 6,9 g | 23,9 g | 84 | 2 g |
| | **Seelachsfilet gegrillt** (A, D) (Nordsee) | 1 Port. (190 g)* | 243 | 29 g | 6 g | 15 g | 127 | 3,5 g |
| | **Seelachsfilet überbacken** (D) (Nordsee) | 1 Port. (195 g)* | 258 | 23 g | 11 g | 15 g | 133 | 5,8 g |
| | **Seelachsfilet vom Grill "Champignon"** (A) (Nordsee) | 1 Port. (360 g)* | 479 | 36 g | 19 g | 39 g | 133 | 5,4 g |

* lt. Herstellerangaben auf Portionsgröße umgerechnet

| Speisen / Gerichte | Portionsgröße / Gewicht | kcal/ Portion | Nährstoffgehalt pro Portion | | | Pro 100 Gramm | |
|---|---|---|---|---|---|---|---|
| | | | EW | Fett | KH | kcal | Fett |
| **Seelachsgulasch mit Petersilienkartoffeln*** ** | 1 Port. (405 g) | 360 | 36 g | 9 g | 33 g | 89 | 2,2 g |
| **Seemanns-Schmaus** (D) (Iglo) | 1 Stk. (75 g)* | 191 | 9 g | 11 g | 14 g | 255 | 15 g |
| **Seeteufel gebraten** | 1 Port. (160 g) | 187 | 28 g | 6,2 g | 0,2 g | 117 | 3,9 g |
| **Seeteufelfilet mit Gemüse und Volkornnudeln*** ** | 1 Port. (355 g) | 310 | 31 g | 4 g | 36 g | 87 | 1,1 g |
| **Seezunge gebraten** | 1 Port. (160 g) | 197 | 31 g | 6,4 g | 0,2 g | 123 | 4 g |
| **Spagetti mit Tunfisch-Sugo*** ** | 1 Port. (380 g) | 410 | 22 g | 12 g | 53 g | 108 | 3,2 g |
| **Spaghetti mit Seelachs** (A) (Nordsee) | 1 Port. (380 g)* | 414 | 31 g | 8 g | 54 g | 109 | 2,1 g |
| **Spezialitätenteller mit Garnelen** (A, D) (Nordsee) | 1 Port. (195 g)* | 285 | 39 g | 13 g | 1 g | 146 | 6,8 g |
| **Steinbutt gebraten** | 1 Port. (160 g) | 197 | 25 g | 8,6 g | 0,2 g | 123 | 5,4 g |
| **Temaki-Sushi** | 1 Stk. (40 g) | 55 | 3,1 g | 2,1 g | 6,8 g | 138 | 5,3 g |
| **Thunfischfilets Kräuter-Knoblauch** (COSTA) | 1 Pkg. (250 g) | 553 | 53,8 g | 37,2 g | 0,5 g | 221 | 14,9 g |
| **Thunfischsteaks in Knoblauchöl** (Bofrost) | 1 Stk. (140 g) | 315 | 22,4 g | 24,4 g | 1,7 g | 225 | 17,4 g |
| **Tintenfisch frittiert** | 1 Port. (180 g) | 130 | 25 g | 2 g | 3 g | 73 | 1,1 g |
| **Tintenfisch gebraten** | 1 Port. (150 g) | 141 | 30 g | 0,6 g | 0 g | 94 | 0,4 g |
| **Tintenfisch gedünstet** | 1 Port. (150 g) | 131 | 19,5 g | 4,5 g | 4,5 g | 87 | 3 g |
| **Tintenfisch paniert** | 1 Port. (170 g) | 305 | 22 g | 15 g | 16 g | 179 | 8,8 g |
| **Tunfisch gegrillt** | 1 Port. (200 g) | 524 | 47 g | 36 g | 3 g | 262 | 18 g |
| **Tunfischsteak** | 1 Port. (140 g) | 356 | 34 g | 24 g | 0 g | 255 | 17,1 g |
| **Tunfischsteak mit Wokgemüse*** ** | 1 Port. (415 g) | 370 | 31 g | 21 g | 14 g | 89 | 5 g |
| **Überbackenes Kabeljaufilet mit Kartoffeln*** ** | 1 Port. (430 g) | 305 | 39 g | 5 g | 24 g | 71 | 1,2 g |
| **Wels gebraten** | 1 Port. (160 g) | 315 | 23 g | 22 g | 0,2 g | 197 | 13,8 g |

* lt. Herstellerangaben auf Portionsgröße umgerechnet *** Rezept aus gelbem Schlank-ohne-Diät-Kochbuch

| Speisen / Gerichte | | Portionsgröße / Gewicht | kcal/ Portion | Nährstoffgehalt pro Portion | | | Pro 100 Gramm | |
|---|---|---|---|---|---|---|---|---|
| | | | | EW | Fett | KH | kcal | Fett |
| SCHALEN- und KRUSTENTIERE | **Wildlachs in Spinat-Rahmsoße** (Bofrost) | 1 Stk. (250 g) | 220 | 25 g | 10 g | 7,5 g | 88 | 4 g |
| | **Zander gebacken** | 1 Port. (160 g) | 316 | 27,2 g | 12,8 g | 24 g | 197 | 8 g |
| | **Zander gebraten** | 1 Port. (160 g) | 194 | 29 g | 6,6 g | 0,2 g | 121 | 4,1 g |
| | **Zander Müllerin** | 1 Port. (150 g) | 300 | 27 g | 18 g | 6 g | 200 | 12 g |
| | **Zander paniert** | 1 Port. (150 g) | 245 | 28,5 g | 10,5 g | 9 g | 163 | 7 g |
| | **Zanderfilet vom Grill** (A) (Nordsee) | 1 Port. (170 g)* | 198 | 36 g | 4 g | 4 g | 115 | 2,3 g |
| | **Zitronen-Spaghetti mit Garnelen** (A, D) (Nordsee) | 1 Port. (355 g)* | 551 | 19 g | 17 g | 78 g | 156 | 5 g |
| **Fleisch in Aspik** | | 1 Port. (150 g) | 228 | 24 g | 15 g | 0 g | 152 | 10 g |
| **Fleisch-Gemüsepie aus Mürbteig** | | 1 Port. (200 g) | 424 | 20 g | 24 g | 30 g | 212 | 12 g |
| **Fleischkäse/Leberkäse** | | 1 Port. (125 g) | 374 | 19,7 g | 32,9 g | 0,7 g | 299 | 26,3 g |
| **Fleischkäse/Leberkäse** | | 1 Sch. (40 g) | 120 | 6,3 g | 10,5 g | 0,2 g | 299 | 26,3 g |
| **Fleischknödel** (A) (Iglo) | | 2 Stk. (200 g) | 408 | 16,4 g | 13 g | 56,4 g | 204 | 6,5 g |
| **Fleischpudding** | | 1 Port. (135 g) | 405 | 18 g | 28 g | 13 g | 300 | 20,7 g |
| **Fleischspezialität "Gyros Art"** (Marktplatz, Sonnen Bassermann) | | 1 Port. (300 g) | 447 | 26,4 g | 14,4 g | 53,1 g | 149 | 4,8 g |
| **Frikadelle mit Senf** (Herta) | | 1 Port. (100 g) | 300 | 14 g | 16 g | 11 g | 300 | 16 g |
| **Frikadellen** (Bofrost) | | 1 Stk. (75 g) | 173 | 10,7 g | 12,1 g | 5,4 g | 231 | 16,1 g |
| **Frikadellen (Buletten)** | | 1 Stk. (90 g) | 246 | 13,2 g | 20,2 g | 3,5 g | 267 | 22 g |
| **Frikadellen** (Schwein) | | 1 Stk. (110 g) | 413 | 18 g | 30 g | 12 g | 376 | 27,3 g |
| **Frikadellen (Schwein/Rind)** | | 1 Stk. (110 g) | 396 | 16 g | 29 g | 12 g | 360 | 26,4 g |
| **Frikadellen nach Hausfrauenart gewürzt** (Zimbo Family) | | 1 Stk. (100 g) | 295 | 12 g | 23 g | 10 g | 295 | 23 g |
| **Frühlingstopf mit Fleischklößchen** (Sonnen Bassermann) | | 1 Port. (400 g) | 176 | 7,2 g | 7,2 g | 20,8 g | 44 | 1,8 g |

* lt. Herstellerangaben auf Portionsgröße umgerechnet

| Speisen / Gerichte | | Portionsgröße / Gewicht | kcal/ Portion | Nährstoffgehalt pro Portion | | | Pro 100 Gramm | |
|---|---|---|---|---|---|---|---|---|
| | | | | EW | Fett | KH | kcal | Fett |
| **Gaisburger Marsch** | | 1 Port. (300 g) | 432 | 38 g | 13 g | 39 g | 144 | 4,3 g |
| GANS · GANS · GANS | **Gans gebraten** | 1 Port. (260 g) | 673 | 25 g | 59 g | 0 g | 259 | 22,7 g |
| | **Gans gefüllt** | 1 Port. (150 g) | 518 | 22,5 g | 43,5 g | 10,8 g | 345 | 29 g |
| | **Gänsebraten mit Grünkohl und Klößen** | 1 Port. (550 g) | 774 | 47,1 g | 43,5 g | 48,4 g | 140 | 7,9 g |
| | **Gänsebraten mit Rotkohl** | 1 Port. (400 g) | 650 | 43,6 g | 41,9 g | 25,5 g | 162 | 10,5 g |
| | **Martinsgans, rheinländisch** | 1 Port. (315 g) | 300 | 8,9 g | 9,2 g | 44,3 g | 95 | 3 g |
| **Gebackene Bohnen** (Erasco) | | 1 Port. (400 g) | 260 | 18,4 g | 3,6 g | 38,4 g | 65 | 0,9 g |
| **Gebratener Gemüse-Reis chinesisch** | | 1 Port. (350 g) | 360 | 14,2 g | 9,5 g | 56,8 g | 103 | 2,7 g |
| **Geflügelrisotto** | | 1 Port. (180 g) Fleisch (100 g) | 447 | 28 g | 11 g | 52 g | 248 | 6,1 g |
| **Geflügelrisotto (Vollkornreis)** | | 1 Port. (180 g) Fleisch (100 g) | 439 | 28 g | 12 g | 48 g | 244 | 6,7 g |
| **Gefüllte Kartoffeln** | | 1 Port. (300 g) | 399 | 24 g | 15 g | 39 g | 133 | 5 g |
| **Gefüllte Mozzarella Sticks** (Alpenhain) | | 1 Port. (100 g) | 279 | 12 g | 15 g | 24 g | 279 | 15 g |
| **Gefüllte Paprika** | | 1 Port. (235 g) | 235 | 10 g | 11 g | 20 g | 100 | 4,7 g |
| **Gefüllte Paprika** (Felix Austria) | | 1 Port. (200 g) | 188 | 8 g | 8 g | 21 g | 94 | 4 g |
| **Gefüllte Paprika** (Inzersdorfer) | | 1 Port. (200 g) | 182 | 7 g | 6,4 g | 24 g | 91 | 3,2 g |
| **Gefüllte Paprikaschoten (Pimientos rellenos guipuz-coanos)** | | 1 Port. (300 g) | 259 | 21 g | 11 g | 17 g | 87 | 3,7 g |
| **Gefüllte Pasteten** (Samosas) | | 1 Stk. (90 g) | 245 | 3 g | 18 g | 20 g | 273 | 20 g |
| **Gefüllte Tortillas (Enchi-ladas)** | | 1 Port. (350 g) | 445 | 30 g | 29 g | 40 g | 128 | 8,3 g |
| **Gefüllte Zucchini***** | | 1 Port. (475 g) | 300 | 30 g | 8 g | 26 g | 63 | 1,7 g |
| **Gefüllter Kohlkopf** | | 1 Port. (235 g) | 334 | 14 g | 26 g | 6,7 g | 142 | 11,1 g |
| **Gefüllter Saumagen** | | 1 Port. (350 g) | 435 | 38,1 g | 26,2 g | 10,2 g | 124 | 7,5 g |
| **Gemüse Chili** (Du darfst) | | 1 Pkg. (350 g) | 257 | 8,9 g | 3,7 g | 47 g | 73 | 1,1 g |

*** Rezept aus gelbem Schlank-ohne-Diät-Kochbuch

| Speisen / Gerichte | Portionsgröße / Gewicht | kcal/ Portion | Nährstoffgehalt pro Portion | | | Pro 100 Gramm | |
|---|---|---|---|---|---|---|---|
| | | | EW | Fett | KH | kcal | Fett |
| **Gemüse gebacken** (Backteig) | 1 Port. (335 g) | 676 | 19 g | 31 g | 67 g | 202 | 9,3 g |
| **Gemüse paniert** | 1 Port. (275 g) | 532 | 16 g | 30 g | 44 g | 193 | 10,9 g |
| **Gemüsebratling** | 1 Stk. (75 g) | 136 | 4,1 g | 8,9 g | 9,8 g | 180 | 12 g |
| **Gemüseburger** | 1 Stk. (110 g) | 130 | 4,4 g | 3,7 g | 19,1 g | 118 | 3,5 g |
| **Gemüse-Eintopf** (Erasco) | 1 Port. (400 g) | 136 | 5,2 g | 3,2 g | 21,6 g | 34 | 0,8 g |
| **Gemüseeintopf mit Fleisch** | 1 Port. (200 g) | 204 | 8 g | 14 g | 10 g | 102 | 7 g |
| **Gemüseeintopf mit Hühnerfleisch** | 1 Port. (200 g) | 144 | 12 g | 10 g | 8 g | 72 | 5 g |
| **Gemüseeintopf mit Lamm** | 1 Port. (200 g) | 118 | 10 g | 4 g | 6 g | 59 | 2 g |
| **Gemüsegarten Französischer Erbsen-Kartoffeltopf** (Erasco) | 1 Port. (400 g) | 328 | 22,4 g | 2,8 g | 52,4 g | 82 | 0,7 g |
| **Gemüsegarten Frühlingstopf mit Spargel und Reis** (Erasco) | 1 Port. (400 g) | 156 | 6 g | 1,6 g | 28,4 g | 39 | 0,4 g |
| **Gemüsegarten Minestrone** (Erasco) | 1 Port. (400 g) | 116 | 5,2 g | 2,4 g | 18,8 g | 29 | 0,6 g |
| **Gemüsegarten Möhren-Kartoffeltopf** (Erasco) | 1 Port. (400 g) | 128 | 4,4 g | 3,6 g | 20 g | 32 | 0,9 g |
| **Gemüsegarten Weißkohl-Kartoffeltopf** (Erasco) | 1 Port. (400 g) | 116 | 4,4 g | 2,8 g | 17,6 g | 29 | 0,7 g |
| **Gemüse-Gratin mit Kräutertopfen***** | 1 Port. (420 g) | 295 | 28 g | 6 g | 30 g | 70 | 1,5 g |
| **Gemüsegulasch** | 1 Port. (390 g) | 260 | 7,4 g | 12 g | 27 g | 67 | 3,1 g |
| **Gemüselaibchen** | 1 Stk. (75 g) | 136 | 4,1 g | 8,9 g | 9,8 g | 180 | 12 g |
| **Gemüse-Laibchen***** | 1 Port. (70 g) | 55 | 5 g | 2 g | 5 g | 79 | 2,9 g |
| **Gemüsepflänzchen** (Sabzi Chop) | 1 Port. (265 g) | 362 | 9 g | 17 g | 44 g | 137 | 6,4 g |
| **Gemüseplatte** | 1 Port. (370 g) | 395 | 22 g | 20 g | 29 g | 107 | 5,4 g |
| **Gemüseplatte mit Ei** | 1 Port. (430 g) | 483 | 29 g | 26 g | 29 g | 112 | 6 g |
| **Gemüsepudding** | 1 Port. (255 g) | 361 | 12 g | 24 g | 20 g | 142 | 9,4 g |

*** Rezept aus gelbem Schlank-ohne-Diät-Kochbuch

| Speisen / Gerichte | Portionsgröße / Gewicht | kcal/ Portion | Nährstoffgehalt pro Portion | | | Pro 100 Gramm | |
|---|---|---|---|---|---|---|---|
| | | | EW | Fett | KH | kcal | Fett |
| **Gemüseragout** | 1 Port. (200 g) | 298 | 12 g | 24 g | 8 g | 149 | 12 g |
| **Gemüserisotto** | 1 Port. (200 g) | 190 | 6 g | 6 g | 28 g | 95 | 3 g |
| **Gemüse-Stäbchen** (D) (Käpt'n Iglo) | 5 Stk. (142 g) | 271 | 6,8 g | 12,1 g | 34,1 g | 191 | 8,5 g |
| **Gemüse-Stangerl** (A) (Iglo) | 6 Stk. (180 g) | 240 | 8 g | 2 g | 47,6 g | 133 | 1,1 g |
| **Gemüsestrudel** | 1 Port. (200 g) | 282 | 8 g | 14 g | 30 g | 141 | 7 g |
| **Gemüse-Terrine im Polentamantel mit Blattsalat*** ** | 1 Port. (250 g) | 150 | 8 g | 3 g | 20 g | 60 | 1,2 g |
| **Gemüsetorte** | 1 Port. (200 g) | 312 | 22 g | 10 g | 30 g | 156 | 5 g |
| **Genießer-Pfanne Französische Art** (A) (Iglo) | 1 Port. (350 g) | 382 | 24,1 g | 15,1 g | 37,5 g | 109 | 4,3 g |
| **Genießer-Pfanne Mediterrane Art** (A) (Iglo) | 1 Port. (250 g) | 310 | 15 g | 17,5 g | 17,5 g | 124 | 7 g |
| **Genießer-Pfanne Nasi Goreng** (A) (Iglo) | 1 Port. (350 g) | 532 | 18,9 g | 23,8 g | 60,5 g | 152 | 6,8 g |
| **Genießer-Pfanne Stroganoff** (A) (Iglo) | 1 Port. (250 g) | 303 | 14,3 g | 13,8 g | 30,5 g | 121 | 5,5 g |
| **Geröstete Knödel mit Ei** | 1 Port. (270 g) | 590 | 21 g | 20 g | 73 g | 219 | 7,4 g |
| **Gerstenlaibchen** | 1 Port. (200 g) | 394 | 12 g | 20 g | 41 g | 197 | 10 g |
| **Gerstlrisotto*** ** | 1 Port. (450 g) | 320 | 10 g | 6 g | 55 g | 71 | 1,3 g |
| **Geschnetzeltes Züricher Art mit Spätzle** (Erasco) | 1 Port. (400 g) | 316 | 16 g | 13,2 g | 33,2 g | 79 | 3,3 g |
| **Grammelknödel** | 1 Stk. (150 g) | 500 | 11 g | 33 g | 39 g | 333 | 22 g |
| **Grammelknödel** (A) (Iglo) | 2 Stk. (200 g) | 662 | 13,4 g | 42,6 g | 56,2 g | 331 | 21,3 g |
| **Grammelknödel** (Bauernland) | 1 Stk. (100 g) | 366 | 9,4 g | 23,1 g | 29,4 g | 366 | 23,1 g |
| **Gratinierter Karfiol mit Schinken** | 1 Port. (200 g) | 250 | 16 g | 16 g | 12 g | 125 | 8 g |
| **Graupeneintopf westfälisch** | 1 Port. (200 g) | 86 | 8 g | 2 g | 8 g | 43 | 1 g |
| **Graupentopf mit Kartoffeln und Möhren** (Erasco) | 1 Port. (400 g) | 140 | 10 g | 1,2 g | 24,4 g | 35 | 0,3 g |
| **Graupentopf mit Schweinefleisch** (Sonnen Bassermann) | 1 Port. (400 g) | 208 | 8,4 g | 8 g | 26 g | 52 | 2 g |

*** Rezept aus gelbem Schlank-ohne-Diät-Kochbuch

| Speisen / Gerichte | Portionsgröße / Gewicht | kcal/ Portion | Nährstoffgehalt pro Portion | | | Pro 100 Gramm | |
|---|---|---|---|---|---|---|---|
| | | | EW | Fett | KH | kcal | Fett |
| **Grenadiermarsch** | 1 Port. (260 g) | 543 | 6,8 g | 37 g | 39 g | 209 | 14,2 g |
| **Griechische Blätterteigtaschen** | 1 Port. (250 g) | 818 | 32,5 g | 62,5 g | 30 g | 327 | 25 g |
| **Grieß-Kartoffel-Knödel (-klöße)** | 1 Port. (200 g) | 446 | 12 g | 12 g | 72 g | 223 | 6 g |
| **Grießpudding mit Kräutern** | 1 Port. (200 g) | 298 | 12 g | 20 g | 14 g | 149 | 10 g |
| **Grieß-Speck-Knödel (-klöße)** | 1 Port. (200 g) | 546 | 14 g | 24 g | 69 g | 273 | 12 g |
| **Grill Rib** (Herta) | 1 Port. (100 g) | 290 | 14 g | 16 g | 11 g | 290 | 16 g |
| **Grüne Bohnen Eintopf** (Martin Evers) | 1 Port. (290 ml) | 102 | 4,1 g | 4,4 g | 11,3 g | 35 | 1,5 g |
| **Grüne Klöße (Thüringen)** | 1 Port. (200 g) | 165 | 4,7 g | 2,1 g | 30,5 g | 81,6 | 1 g |
| **Grüne-Bohnen-Eintopf mit Rindfleisch** | 1 Port. (200 g) | 134 | 10 g | 4 g | 12 g | 67 | 2 g |
| **Grüner Bohnentopf mit Rindfleisch** (Maggi) | 1 Port. (325 g) | 114 | 6,5 g | 3,3 g | 15 g | 35 | 1 g |
| **Grünkern-Gemüse-Bratling** | 1 Port. (200 g) | 288 | 10 g | 11 g | 36 g | 144 | 5,5 g |
| **Grünkohl mit Kohlwurst und Kartoffelwürfeln** (Erasco) | 1 Port. (370 g) | 492 | 26,6 g | 34,8 g | 18,9 g | 133 | 9,4 g |
| **Grünkohl mit Pinkel, niedersächsisch** | 1 Port. (450 g) | 840 | 28,4 g | 77,3 g | 9,2 g | 186 | 17 g |
| **Grünkohleintopf mit Kochwurst** | 1 Port. (200 g) | 210 | 10 g | 14 g | 8 g | 105 | 7 g |
| **GULASCH · GULASCH · GULASCH** | | | | | | | |
| **Bohnengulasch** (Inzersdorfer) | 1 Port. (200 g) | 224 | 11,8 g | 11 g | 19,6 g | 112 | 5,5 g |
| **Bohnengulasch mit Fleisch** | 1 Port. (275 g) | 343 | 22 g | 16 g | 23 g | 125 | 5,8 g |
| **Erdäpfelgulasch** (Felix Austria, Für mich) | 1 Port. (225 g) | 254 | 10,1 g | 15,8 g | 18 g | 113 | 7 g |
| **Erdäpfelgulasch** (Inzersdorfer) | 1 Port. (200 g) | 188 | 5,6 g | 11,8 g | 15 g | 94 | 5,9 g |
| **Fischgulasch** | 1 Port. (210 g) Fisch (150 g) | 292 | 19 g | 18 g | 8,8 g | 139 | 8,6 g |
| **Gemüsegulasch** | 1 Port. (390 g) | 260 | 7,4 g | 12 g | 27 g | 67 | 3,1 g |
| **Gulaschtopf** (Maggi, 5 Minuten Terrine), **zubereitet** | 1 Port. (240 g)* | 233 | 8,8 g | 6,8 g | 33,9 g | 97 | 2,8 g |
| **Gulaschtopf mit Kartoffeln** (Maggi) | 1 Port. (310 ml) | 217 | 9 g | 12,4 g | 17,1 g | 70 | 4 g |

| Speisen / Gerichte | Portionsgröße / Gewicht | kcal/ Portion | Nährstoffgehalt pro Portion | | | Pro 100 Gramm | |
|---|---|---|---|---|---|---|---|
| | | | EW | Fett | KH | kcal | Fett |
| **Hammelgulasch mit Soße** | 1 Port. (150 g) | 227 | 10,5 g | 18 g | 6 g | 151 | 12 g |
| **Kalbsgulasch** | 1 Port. (170 g) Fleisch (133 g) | 308 | 28 g | 16 g | 6,9 g | 181 | 9,4 g |
| **Kalbsgulasch** (Inzersdorfer) | 1 Port. (200 g) | 198 | 18,4 g | 10,8 g | 7 g | 99 | 5,4 g |
| **Kaninchengulasch** | 1 Port. (150 g) | 254 | 21 g | 16,5 g | 4,5 g | 169 | 11 g |
| **Kartoffelgulasch** | 1 Port. (235 g) | 225 | 5,8 g | 9,7 g | 25 g | 96 | 4,1 g |
| **Lammgulasch** | 1 Port. (200 g) Fleisch (167 g) | 585 | 29 g | 46 g | 4,5 g | 293 | 23 g |
| **Pfifferlinggulasch** | 1 Port. (230 g) | 260 | 4,6 g | 23 g | 4,6 g | 113 | 10 g |
| **Putengulasch** (Inzersdorfer) | 1 Port. (200 g) | 214 | 18,2 g | 12,4 g | 7,2 g | 107 | 6,2 g |
| **Rindergulasch** (Du darfst) | 1 Pkg. (400 g) | 355 | 27 g | 8,6 g | 43 g | 89 | 2,2 g |
| **Rindsgulasch** | 1 Port. (170 g) Fleisch (133 g) | 371 | 29 g | 22 g | 6,9 g | 218 | 12,9 g |
| **Rindsgulasch** (A) (Iglo) | 1 Port. (225 g) | 315 | 23,4 g | 20,7 g | 9 g | 140 | 9,2 g |
| **Rindsgulasch** (Inzersdorfer) | 1 Port. (200 g) | 212 | 20 g | 10,8 g | 8,6 g | 106 | 5,4 g |
| **Rindsgulasch mit Kartoffeln** (Felix Austria, Für mich) | 1 Port. (200 g) | 216 | 16 g | 12 g | 11 g | 108 | 6 g |
| **Rindsgulasch mit Kartoffeln** (Knorr, Meister Kessel) | 1/2 Dose (250 g) | 250 | 17,5 g | 12,5 g | 15 g | 100 | 5 g |
| **Rindsgulasch mit Nockerln** (A) (Iglo) | 1 Port. (350 g) | 585 | 29,1 g | 27,3 g | 56 g | 167 | 7,8 g |
| **Schwammerlgulasch** | 1 Port. (235 g) | 216 | 4,2 g | 14 g | 17 g | 92 | 6 g |
| **Schwammerlgulasch mit Semmelknödel** (Inzersdorfer) | 1 Port. (200 g) | 174 | 6,6 g | 7 g | 21 g | 87 | 3,5 g |
| **Schweinsgulasch** | 1 Port. (170 g) Fleisch (133 g) | 384 | 26 g | 25 g | 6,9 g | 226 | 14,7 g |
| **Schweinsgulasch** (Inzersdorfer) | 1 Port. (200 g) | 228 | 19,2 g | 12,8 g | 9,2 g | 114 | 6,4 g |
| **Szegediner Gulasch** | 1 Port. (255 g) Fleisch (117 g) | 326 | 25 g | 20 g | 5 g | 128 | 7,8 g |
| **Szekler Gulasch** | 1 Port. (300 g) | 365 | 26 g | 26 g | 4 g | 122 | 8,7 g |

| Speisen / Gerichte | Portionsgröße / Gewicht | kcal/ Portion | Nährstoffgehalt pro Portion | | | Pro 100 Gramm | |
|---|---|---|---|---|---|---|---|
| | | | EW | Fett | KH | kcal | Fett |
| GULASCH **Waldpilz-Gulaschtopf** (Erasco) | 1 Port. (400 g) | 196 | 8,4 g | 5,2 g | 28,4 g | 49 | 1,3 g |
| GULASCH **Wildgulasch** | 1 Port. (275 g) Fleisch (150 g) | 365 | 37 g | 15 g | 8,2 g | 133 | 5,5 g |
| **Gutsherrenpfanne** (Bofrost) | 1 Port. (250 g) | 310 | 13,8 g | 17,8 g | 23,5 g | 124 | 7,1 g |
| **Hack-Bällchen** (Herta) | 1 Port. (100 g) | 300 | 15 g | 16 g | 12 g | 300 | 16 g |
| **Hackbällchen auf Tomate** | 1 Port. (250 g) | 323 | 18 g | 24 g | 10 g | 130 | 9,6 g |
| **Hackbällchen in herzhafter Jägersauce** (Erasco) | 1 Port. (400 g) | 164 | 9,8 g | 9,6 g | 10,2 g | 41 | 2,4 g |
| **Hackbeefsteak** (Rind) | 1 Port. (170 g) | 424 | 30 g | 28 g | 5,2 g | 249 | 16,5 g |
| **Hackbraten** (Schwein) | 1 Port. (160 g) | 598 | 26 g | 47 g | 7,6 g | 374 | 29,4 g |
| **Hackbraten (Schwein/Rind)** | 1 Port. (160 g) | 573 | 23 g | 46 g | 7,6 g | 358 | 28,8 g |
| **Hackröllchen griechische Art** (Bofrost) | 1 Stk. (107 g) | 240 | 13,9 g | 18,2 g | 5,1 g | 224 | 17 g |
| **Hacksteaks (Biftéki)** (Rind) | 1 Port. (180 g) | 556 | 30 g | 39 g | 17 g | 309 | 21,7 g |
| **Hacksteaks mit Erbsen & Möhren und Kartoffelpüree** (Erasco) | 1 Port. (480 g) | 398 | 19,2 g | 19,7 g | 36 g | 83 | 4,1 g |
| **Haferbrei** | 1 Port. (150 g) | 197 | 6 g | 9 g | 22,5 g | 131 | 6 g |
| **Hausmacher Blutwurst** | 1 Stk. (30 g) | 105 | 5 g | 9 g | 0 g | 350 | 30 g |
| **Herrenpilze paniert** | 1 Port. (275 g) | 398 | 9,5 g | 29 g | 20 g | 145 | 10,5 g |
| **Herzhafter Bohnentopf** (Bofrost) | 1 Port. (400 g) | 300 | 16,4 g | 6,8 g | 42,8 g | 75 | 1,7 g |
| **Himmel und Erde (Kartoffeln und Äpfel)** | 1 Port. (300 g) | 495 | 18 g | 36 g | 24 g | 165 | 12 g |
| **Himmel und Erde mit Blutwurst** | 1 Port. (350 g) | 575 | 19 g | 42 g | 30 g | 165 | 12 g |
| **Himmel und Erde, rheinländisch** | 1 Port. (300 g) | 390 | 11,6 g | 24,8 g | 29,8 g | 130 | 8,3 g |
| **Hirse-Käse-Taler mit Petersilienkartoffeln*** ** | 1 Port. (340 g) | 395 | 19 g | 9 g | 60 g | 116 | 2,6 g |
| **Hirselaibchen** | 1 Stk. (80 g) | 215 | 9,5 g | 2 g | 38 g | 269 | 2,5 g |
| **Hirselaibchen mit Käse** | 1 Stk. (95 g) | 222 | 8,4 g | 10 g | 21 g | 233 | 10,5 g |

| Speisen / Gerichte | Portionsgröße / Gewicht | kcal/ Portion | Nährstoffgehalt pro Portion | | | Pro 100 Gramm | |
|---|---|---|---|---|---|---|---|
| | | | EW | Fett | KH | kcal | Fett |
| **Hirse-Risotto*** ** | 1 Port. (430 g) | 250 | 17 g | 4 g | 35 g | 58 | 0,9 g |
| **Hirse-Topfen- (Quark-) Laibchen** | 1 Stk. (115 g) | 320 | 10 g | 14 g | 35 g | 278 | 12,2 g |
| **Hirtenspieß** | 1 Port. (135 g) | 265 | 16 g | 20 g | 1,9 g | 196 | 14,8 g |
| **Holsteiner Schnitzel** | 1 Port. (320 g) | 595 | 52,3 g | 31,5 g | 25,1 g | 186 | 9,8 g |
| **Hoppel-Poppel (Kartoffeln mit Rindfleisch und Zwiebel)** | 1 Port. (200 g) | 238 | 14 g | 12 g | 16 g | 119 | 6 g |
| **Hot Dog** | 1 Port. (150 g) | 371 | 16 g | 22 g | 28 g | 248 | 14,7 g |
| **Hot Pockets Bolognese** (Maggi) | 1 Stk. (125 g) | 375 | 10,8 g | 21,6 g | 34,3 g | 300 | 17,3 g |
| **Hot Pockets Chicken Barbecue** (Maggi) | 1 Stk. (125 g) | 335 | 11 g | 15,2 g | 37,6 g | 268 | 12,2 g |
| **Hot Pockets Chicken Orientale** (Maggi) | 1 Stk. (125 g) | 346 | 9,9 g | 18,2 g | 35,6 g | 277 | 14,6 g |
| **Hot Pockets Salami** (Maggi) | 1 Stk. (125 g) | 385 | 9 g | 23,1 g | 34,8 g | 308 | 18,5 g |
| **Hot Pockets Schinken-Käse** (Maggi) | 1 Stk. (125 g) | 349 | 11,1 g | 18,8 g | 33,8 g | 279 | 15 g |
| **Hot Pockets Tomate-Mozzarella** (Maggi) | 1 Stk. (125 g) | 361 | 9 g | 21 g | 34 g | 289 | 16,8 g |
| **HUHN** | | | | | | | |
| **Backhuhn** | 1 Port. (340 g) | 667 | 23 g | 43 g | 28 g | 196 | 12,6 g |
| **Backhuhn** | 1/2 Stk. (685 g) | 1.334 | 66 g | 85 g | 55 g | 196 | 12,4 g |
| **Brathuhn** | 1/2 Stk. (520 g) | 685 | 51 g | 48 g | 0 g | 132 | 9,2 g |
| **Chicken Chips (im Backofen zubereitet)** (Bofrost) | 1 Port. (150 g) | 306 | 23,4 g | 13,4 g | 23,1 g | 204 | 8,9 g |
| **Chicken Hawaii** (Bofrost) | 1 Stk. (115 g) | 177 | 17,5 g | 10,5 g | 3,1 g | 154 | 9,1 g |
| **Chicken Wings** (Bofrost) | 1 Stk. (40 g) | 85 | 7,8 g | 5,8 g | 0,5 g | 213 | 14,4 g |
| **Chicken Wings** (Vossko), **gebraten, tiefgefroren** | 1 Stk. (35 g) | 67 | 7 g | 4,1 g | 0,2 g | 191 | 11,8 g |
| **Chicken Wings Barbecue** (McCain) | 1/2 Pkg. (150 g) | 407 | 40,6 g | 26,7 g | 1,1 g | 271 | 17,8 g |
| **Cordon bleu** | 1 Port. (230 g) | 528 | 46 g | 27 g | 17 g | 230 | 11,7 g |
| **Curryhuhn** (Du darfst) | 1 Pkg. (400 g) | 327 | 24 g | 9,6 g | 36 g | 82 | 2,4 g |

*** Rezept aus gelbem Schlank-ohne-Diät-Kochbuch

| Speisen / Gerichte | | Portionsgröße / Gewicht | kcal/ Portion | Nährstoffgehalt pro Portion | | | Pro 100 Gramm | |
|---|---|---|---|---|---|---|---|---|
| | | | | EW | Fett | KH | kcal | Fett |
| HUHN · HUHN · HUHN · HUHN · HUHN · HUHN · HUHN · HUHN · HUHN · HUHN · HUHN · HUHN · HUHN · HUHN | **Curry-Huhn Bombay** (Marktplatz, Sonnen Bassermann) | 1 Port. (310 g) | 366 | 18,3 g | 9,6 g | 49,9 g | 118 | 3,1 g |
| | **Drum Sticks** (Vossko), **gebraten, tiefgefroren** | 1 Stk. (110 g) | 184 | 21,7 g | 9,4 g | 3,3 g | 167 | 8,5 g |
| | **Frikassee (Hühnerfrikassee)** | 1 Port. (350 g) | 475 | 30 g | 37 g | 6 g | 136 | 10,6 g |
| | **Geflügeldöner** | 1 Port. (350 g) | 574 | 45 g | 9 g | 77 g | 164 | 2,6 g |
| | **Geflügelleber "Grand Mère" mit Rotkohl und Petersilienkartoffeln** (Bofrost) | 1 Port. (450 g) | 446 | 32,4 g | 14,9 g | 45,5 g | 99 | 3,3 g |
| | **Geflügelstäbchen** (Vossko), **paniert, gebraten, tiefgefroren** | 1 Stk. (30 g) | 75 | 3,5 g | 4 g | 6,2 g | 249 | 13,4 g |
| | **Gefüllte Hühnerfilets mit Gemüsecreme***** | 1 Port. (320 g) | 260 | 43 g | 4 g | 11 g | 81 | 1,3 g |
| | **Gegrilltes Hähnchenfilet Provencal** (Weight Watchers) | 1 Port. (350 g) | 177 | 23,1 g | 0,9 g | 19,1 g | 51 | 0,3 g |
| | **Genießer-Pfanne Huhn in Steinpilzsauce** (A) (Iglo) | 1 Port. (250 g) | 338 | 20 g | 15 g | 30 g | 135 | 6 g |
| | **Genießer-Pfanne Paprika-Huhn** (A) (Iglo) | 1 Port. (350 g) | 427 | 21,7 g | 13,7 g | 54,6 g | 122 | 3,9 g |
| | **Grillhendl** | 1 Port. (253 g) | 273 | 25 g | 17 g | 0 g | 108 | 6,7 g |
| | **Grillhendl** | 1/2 Stk. (505 g) | 546 | 51 g | 33 g | 0 g | 108 | 6,5 g |
| | **Hähnchen Crunchys** (D) (Käpt´n Iglo) | 5 Stk. (125 g) | 188 | 22,5 g | 0,9 g | 22,5 g | 150 | 0,7 g |
| | **Hähnchen Filetsteaks** (Vossko), **gebraten, tiefgefroren** | 1 Stk. (80 g) | 82 | 18,2 g | 0,8 g | 0,5 g | 102 | 1 g |
| | **Hähnchen Fromage** (Vossko) | 1 Stk. (100 g) | 158 | 17,8 g | 8,9 g | 1,6 g | 158 | 8,9 g |
| | **Hähnchen Hawaii** (Vossko) | 1 Stk. (100 g) | 144 | 14,8 g | 6,7 g | 6 g | 144 | 6,7 g |
| | **Hähnchen in Rotweinsauce mit französischem Gemüse und Reis** (Erasco) | 1 Port. (450 g) | 311 | 19,4 g | 4,5 g | 46,8 g | 69 | 1 g |
| | **Hähnchen Nuggets** (Vossko), **paniert, gebraten, tiefgefroren** | 1 Stk. (40 g) | 85 | 6,9 g | 3,3 g | 6,9 g | 213 | 8,3 g |

*** Rezept aus gelbem Schlank-ohne-Diät-Kochbuch

| Speisen / Gerichte | | Portionsgröße / Gewicht | kcal/ Portion | Nährstoffgehalt pro Portion | | | Pro 100 Gramm | |
|---|---|---|---|---|---|---|---|---|
| | | | | EW | Fett | KH | kcal | Fett |
| HUHN | **Hähnchen süß-sauer** (D) (Knorr) | 1 Port. (400 g) | 644 | 25,6 g | 27,2 g | 80 g | 161 | 6,8 g |
| HUHN | **Hähnchen Toskana** (Bofrost) | 1 Port. (300 g) | 249 | 24,9 g | 8,4 g | 18,6 g | 83 | 2,8 g |
| HUHN | **Hähnchenbrust in Currysoße** (Bofrost) | 1 Port. (300 g) | 321 | 28,8 g | 12,6 g | 23,1 g | 107 | 4,2 g |
| HUHN | **Hähnchen-Bulgur-Pfanne***** | 1 Port. (420 g) | 360 | 23 g | 5 g | 46 g | 86 | 1,2 g |
| HUHN | **Hähnchen-Dippers mit Käse** (D) (Käpt´n Iglo) | 5 Stk. (125 g) | 233 | 17,9 g | 6,9 g | 24,9 g | 186 | 5,5 g |
| HUHN | **Hähnchen-Geschnetzeltes** (Vossko)**, gebraten, tiefgefroren** | 1 Pkg. (250 g) | 268 | 53,8 g | 3,8 g | 4,5 g | 107 | 1,5 g |
| HUHN | **Hähnchen-Pfanne** (Bofrost) | 1 Port. (400 g) | 364 | 30,4 g | 13,6 g | 29,6 g | 91 | 3,4 g |
| HUHN | **Hähnchenschenkel in Currysoße** | 1 Port. (150 g) | 171 | 15 g | 10,5 g | 3 g | 114 | 7 g |
| HUHN | **Hähnchenschenkel mexikanisch in Soße** | 1 Port. (150 g) | 183 | 16,5 g | 12 g | 1,5 g | 122 | 8 g |
| HUHN | **Hähnchenschnitten Wiener Art** (Vossko)**, paniert, gebraten** | 1 Stk. (100 g) | 215 | 12,8 g | 9,5 g | 19,5 g | 215 | 9,5 g |
| HUHN | **Hähnchenspieße auf Red Thai Sauce** (Weight Watchers) | 1 Port. (350 g) | 249 | 20,9 g | 2,8 g | 34,8 g | 71 | 0,8 g |
| HUHN | **Hähnchen-Stäbchen** (D) (Käpt´n Iglo) | 5 Stk. (125 g) | 174 | 20,1 g | 1,1 g | 21 g | 139 | 0,9 g |
| HUHN | **Hähnchenstreifen in Tomaten-Mozzarella-Sauce mit zarten Erbsen und Reis** (Erasco) | 1 Port. (460 g) | 382 | 24,4 g | 6,4 g | 56,1 g | 83 | 1,4 g |
| HUHN | **Huhn gefüllt mit Semmelfülle** | 1 Port. (350 g) Fleisch (250 g) | 616 | 31 g | 40 g | 23 g | 167 | 11,4 g |
| HUHN | **Huhn in Weinsoße***** | 1 Port. (210 g) | 400 | 32 g | 8 g | 45 g | 190 | 3,8 g |
| HUHN | **Huhn mit Gemüse süß-sauer thailändisch** | 1 Port. (310 g) | 360 | 30,2 g | 9,2 g | 34,1 g | 116 | 3 g |
| HUHN | **Huhn süß-sauer** (Inzersdorfer) | 1 Port. (385 g) | 436 | 18,1 g | 13,6 g | 60,3 g | 113 | 3,5 g |
| HUHN | **Huhn Toscana** (Du darfst) | 1 Pkg. (350 g) | 290 | 17 g | 5,6 g | 43 g | 83 | 1,6 g |
| HUHN | **Hühner Nuggets** (A) (Iglo) | 1 Pkg. (250 g) | 613 | 40 g | 18,8 g | 67,5 g | 245 | 7,5 g |

*** Rezept aus gelbem Schlank-ohne-Diät-Kochbuch

| Speisen / Gerichte | | Portionsgröße / Gewicht | kcal/ Portion | Nährstoffgehalt pro Portion | | | Pro 100 Gramm | |
|---|---|---|---|---|---|---|---|---|
| | | | | EW | Fett | KH | kcal | Fett |
| HUHN · HUHN · HUHN · HUHN · HUHN · HUHN · HUHN · HUHN · HUHN · HUHN · HUHN · HUHN · HUHN | **Hühner Sticks** (A) (Iglo) | 1 Pkg. (250 g) | 613 | 40 g | 18,8 g | 67,5 g | 245 | 7,5 g |
| | **Hühner Suppentopf** (Sonnen Bassermann) | 1 Port. (400 g) | 220 | 10,8 g | 10,4 g | 20,8 g | 55 | 2,6 g |
| | **Hühnerbrust gebacken** | 1 Port. (195 g) | 388 | 38 g | 16 g | 16 g | 199 | 8,2 g |
| | **Hühnerbrust gebraten** | 1 Port. (155 g) | 214 | 34 g | 6,3 g | 0 g | 138 | 4,1 g |
| | **Hühnerbrust im Römertopf®*** | 1 Port. (530 g) | 360 | 41 g | 2 g | 31 g | 68 | 0,4 g |
| | **Hühnerchili*** | 1 Port. (450 g) | 295 | 43 g | 5 g | 17 g | 66 | 1,1 g |
| | **Hühnerfrikassee** | 1 Port. (350 g) | 475 | 30 g | 37 g | 6 g | 136 | 10,6 g |
| | **Hühnerfrikassee** (Bofrost) | 1 Port. (300 g) | 330 | 33,9 g | 16,8 g | 11,1 g | 110 | 5,6 g |
| | **Hühnerfrikassee** (Du darfst) | 1 Pkg. (350 g) | 287 | 18 g | 5,7 g | 41 g | 82 | 1,6 g |
| | **Hühnerfrikassee mit Nudeln** (Maggi, 5 Minuten Terrine), **zubereitet** | 1 Port. (240 g)* | 270 | 7,6 g | 11,7 g | 33,6 g | 112 | 4,9 g |
| | **Hühnerfrikassee mit Spargel, Reis und Erbsen** (Sonnen Bassermann) | 1 Port. (485 g) | 480 | 26,2 g | 14,6 g | 61,1 g | 99 | 3 g |
| | **Hühner-Geschnetzeltes in Currysauce und Reis** (Inzersdorfer) | 1 Port. (375 g) | 545 | 25,1 g | 24,1 g | 56,8 g | 145 | 6,4 g |
| | **Hühnerkeule in Müslipanade mit Gemüse*** | 1 Port. (305 g) | 230 | 9 g | 11 g | 24 g | 105 | 3,6 g |
| | **Hühner-Nudeltopf** (Erasco) | 1 Port. (400 g) | 216 | 11,2 g | 10 g | 19,6 g | 54 | 2,5 g |
| | **Hühner-Nudeltopf** (Maggi, 5 Minuten Terrine), **zubereitet** | 1 Port. (250 g)* | 154 | 6,5 g | 2,8 g | 25,8 g | 62 | 1,1 g |
| | **Hühner-Reistopf** (Erasco) | 1 Port. (400 g) | 228 | 10,4 g | 8,4 g | 26,8 g | 57 | 2,1 g |
| | **Hühnertopf mit Kichererbsen** (Caldo de indianilla) | 1 Port. (350 g) | 453 | 46 g | 8 g | 52 g | 130 | 2,3 g |
| | **Huhn-Geschnetzeltes** | 1 Port. (245 g) Fleisch (150 g) | 358 | 36 g | 16 g | 6,2 g | 146 | 6,5 g |
| | **Huhn-Geschnetzeltes mit Curry** | 1 Port. (260 g) Fleisch (150 g) | 381 | 37 g | 18 g | 7,3 g | 147 | 6,9 g |

* lt. Herstellerangaben auf Portionsgröße umgerechnet  *** Rezept aus gelbem Schlank-ohne-Diät-Kochbuch

| Speisen / Gerichte | Portionsgröße / Gewicht | kcal/ Portion | Nährstoffgehalt pro Portion | | | Pro 100 Gramm | |
|---|---|---|---|---|---|---|---|
| | | | EW | Fett | KH | kcal | Fett |
| **Keule gebacken** | 1 Port. (245 g) | 468 | 46 g | 21 g | 16 g | 191 | 8,6 g |
| **Keule gebraten** | 1 Port. (215 g) | 387 | 42 g | 21 g | 0 g | 180 | 9,8 g |
| **Lustige Inselwelt** (D) (Käpt'n Iglo) | 5 Stk. (125 g) | 181 | 20,2 g | 1,1 g | 22,4 g | 145 | 0,9 g |
| **Nudeltopf mit Huhn** (Maggi) | 1 Port. (310 ml) | 319 | 10,2 g | 21,1 g | 22 g | 103 | 6,8 g |
| **Paprikahendl-Ragout mit Nockerln** (Inzersdorfer) | 1 Port. (300 g) | 623 | 27,1 g | 32,4 g | 55,7 g | 208 | 10,8 g |
| **Paprikahuhn** | 1 Port. (340 g) | 469 | 29 g | 30 g | 13 g | 138 | 8,8 g |
| **Paprikahuhn** | 1 Port. (150 g) | 188 | 15 g | 13,5 g | 3 g | 125 | 9 g |
| **Paprikahuhn mit Soße** | 1 Port. (250 g) | 415 | 38 g | 28 g | 3 g | 166 | 11,2 g |
| **Paprika-Rahm Henderl mit Reis** (A) (Iglo) | 1 Port. (350 g) | 504 | 21 g | 21 g | 56 g | 144 | 6 g |
| **Perlhuhn mit Haut** | 1 Port. (150 g) | 220 | 30 g | 11 g | 0 g | 147 | 7,3 g |
| **Poularde** | 1 Port. (150 g) | 362 | 29 g | 28 g | 6 g | 242 | 18,7 g |
| **Reis mit Huhn** (Sonnen Bassermann) | 1 Port. (400 g) | 360 | 22,8 g | 10,8 g | 42,4 g | 90 | 2,7 g |
| **Reistopf mit Huhn** (Maggi) | 1 Port. (320 ml) | 262 | 8,3 g | 15 g | 24 g | 82 | 4,7 g |
| **Schnitzel gebacken** | 1 Port. (170 g) | 360 | 32 g | 16 g | 16 g | 212 | 9,4 g |
| **Schnitzel natur** | 1 Port. (150 g) | 247 | 32 g | 8,6 g | 5,7 g | 165 | 5,7 g |
| **Schnitzel Pariser Art** | 1 Port. (150 g) | 290 | 30 g | 15 g | 2,3 g | 193 | 10 g |
| **Spieß** | 1 Port. (140 g) Fleisch (100 g) | 200 | 23 g | 9,7 g | 1,1 g | 143 | 6,9 g |
| **Spirli mit Geflügelklößchen** (Sonnen Bassermann) | 1 Port. (400 g) | 360 | 22,8 g | 10,8 g | 42,4 g | 90 | 2,7 g |
| **Suppenhuhn** | 1 Port. (200 g) | 516 | 38 g | 41 g | 0 g | 258 | 20,5 g |
| **Tagesteller Risibisi mit Huhn** (A) (Iglo) | 1 Port. (330 g) | 455 | 23,1 g | 16,5 g | 54,5 g | 138 | 5 g |
| **Tandoori-Huhn indisch** | 1 Port. (240 g) | 234 | 30 g | 7,5 g | 7,5 g | 98 | 3,1 g |

| | Speisen / Gerichte | Portionsgröße / Gewicht | kcal/ Portion | Nährstoffgehalt pro Portion | | | Pro 100 Gramm | |
|---|---|---|---|---|---|---|---|---|
| | | | | EW | Fett | KH | kcal | Fett |
| HUHN | **Virginia Chicken Nuggets, paniert und gebraten** (Zimbo Schnell & Fein) | 1 Stk. (25 g) | 70 | 4 g | 4,8 g | 2,8 g | 279 | 19 g |
| HUHN | **Westfälische Hähnchenschnitte, paniert und gebraten** (Zimbo Schnell & Fein) | 1 Stk. (125 g) | 371 | 20 g | 26,2 g | 13,8 g | 297 | 21 g |
| HUHN | **Zwiebelkrüstchen** (Bofrost) | 1 Port. (105 g) | 174 | 18 g | 7,1 g | 9,6 g | 166 | 6,8 g |
| | **Indian Chicken "Spicy & Creamy"** (Maggi) | 1 Port. (355 g) | 142 | 5,3 g | 1,8 g | 26,6 g | 40 | 0,5 g |
| | **Innereien, Beuschel** | 1 Port. (170 g) | 255 | 27 g | 11 g | 6,8 g | 150 | 6,5 g |
| | **Innereien, Leber mit Apfelscheiben und Zwiebelringen** | 1 Port. (160 g) | 297 | 21 g | 17 g | 11 g | 186 | 10,6 g |
| | **Jagdwurst** | 1 Stk. (30 g) | 65 | 5 g | 5 g | 0 g | 217 | 16,7 g |
| | **Jägerfleisch mit Knödeln** (Inzersdorfer) | 1 Port. (395 g) | 400 | 22,8 g | 19,6 g | 33,2 g | 101 | 5 g |
| | **Jägerpfanne mit Fleischklößchen** (D) (Iglo) | 1 Pkg. (420 g) | 500 | 17,2 g | 27,7 g | 46,2 g | 119 | 6,6 g |
| | **Jägerschnitzel** | 1 Port. (250 g) | 290 | 31,5 g | 14,4 g | 8 g | 115 | 5,8 g |
| | **Jägerschnitzel mit Spätzle** (A) (Iglo) | 1 Port. (350 g) | 494 | 24,5 g | 24,5 g | 42 g | 141 | 7 g |
| | **Jalapeños** (McCain) | 1 Pkg. (180 g) | 454 | 9,5 g | 28,1 g | 48,8 g | 252 | 15,6 g |
| | **Bratenfleisch** | 1 Port. (205 g) | 410 | 38 g | 17 g | 18 g | 200 | 8,3 g |
| KALB | **Brust mit Gemüsefülle** | 1 Port. (250 g) Fleisch (167 g) | 398 | 38 g | 16 g | 19 g | 159 | 6,4 g |
| KALB | **Brust mit Semmelfülle** | 1 Port. (230 g) Fleisch (167 g) | 451 | 37 g | 23 g | 15 g | 196 | 10 g |
| KALB | **Champignonschnitzel** | 1 Port. (225 g) | 333 | 31 g | 17 g | 3,1 g | 148 | 7,6 g |
| KALB | **Cordon bleu** | 1 Port. (230 g) | 581 | 43 g | 34 g | 17 g | 253 | 14,8 g |
| KALB | **Fleischlaibchen** | 1 Stk. (110 g) | 273 | 16 g | 16 g | 12 g | 148 | 14,5 g |
| KALB | **Gefüllte Kalbsbrust, schwäbisch** | 1 Port. (370 g) | 593 | 39,3 g | 41,6 g | 16 g | 161 | 11,3 g |
| KALB | **Geschnetzeltes mit Curry** | 1 Port. (260 g) Fleisch (150 g) | 459 | 32 g | 28 g | 7,3 g | 177 | 10,8 g |
| KALB | **Gulasch** | 1 Port. (170 g) Fleisch (133 g) | 308 | 28 g | 16 g | 6,9 g | 181 | 9,4 g |

| Speisen / Gerichte | Portionsgröße / Gewicht | kcal/ Portion | Nährstoffgehalt pro Portion | | | Pro 100 Gramm | |
|---|---|---|---|---|---|---|---|
| | | | EW | Fett | KH | kcal | Fett |
| **Haxe mit Soße** | 1 Port. (150 g) | 236 | 24 g | 15 g | 3 g | 157 | 10 g |
| **Jägerkotelett** | 1 Port. (185 g) | 320 | 26 g | 20 g | 3,9 g | 173 | 10,8 g |
| **Kalbfleischpudding mit Schinken und Pilzen** | 1 Port. (250 g) | 408 | 47,5 g | 15 g | 17,5 g | 163 | 6 g |
| **Kalbsbeuschel** (A) (Knorr, Meister Kessel) | 1/2 Dose (250 g) | 168 | 12,5 g | 7,5 g | 10 g | 67 | 3 g |
| **Kalbsbries eingemacht** | 1 Port. (160 g) | 209 | 25 g | 8,9 g | 3,7 g | 131 | 5,6 g |
| **Kalbsbries gebacken** | 1 Port. (145 g) | 329 | 22 g | 18 g | 16 g | 227 | 12,4 g |
| **Kalbsfrikassee** | 1 Port. (250 g) | 228 | 24 g | 11 g | 7 g | 92 | 4,4 g |
| **Kalbsgeschnetzeltes in fein-würziger Sauce mit Gemüse und Spätzle** (Erasco) | 1 Port. (460 g) | 497 | 23 g | 20,7 g | 53,4 g | 108 | 4,5 g |
| **Kalbshaxe, bayerisch** | 1 Port. (155 g) | 222 | 31,1 g | 10,7 g | 128,8 g | 142 | 6,8 g |
| **Kalbshirn gebacken** | 1 Port. (95 g) | 227 | 9,1 g | 16 g | 7,7 g | 239 | 16,8 g |
| **Kalbshirn mit Ei** | 1 Port. (170 g) | 580 | 11 g | 57 g | 1,2 g | 341 | 33,5 g |
| **Kalbsklößchen** | 1 Port. (150 g) | 288 | 20 g | 18 g | 11 g | 192 | 12 g |
| **Kopf gebacken** | 1 Port. (160 g) | 324 | 36,8 g | 19,2 g | 0 g | 202 | 12 g |
| **Kotelett** | 1 Port. (135 g) | 310 | 25 g | 20 g | 2,4 g | 230 | 14,8 g |
| **Leber gebacken** | 1 Port. (145 g) | 370 | 24 g | 19 g | 20 g | 255 | 13,1 g |
| **Leber gefüllt** | 1 Port. (125 g) | 288 | 20 g | 18,8 g | 8,8 g | 230 | 15 g |
| **Leber geröstet** | 1 Port. (150 g) | 219 | 19,5 g | 12 g | 6 g | 146 | 8 g |
| **Leber gespickt** | 1 Port. (155 g) | 360 | 27 g | 23 g | 5,2 g | 168 | 14,8 g |
| **Leber glasiert** | 1 Port. (150 g) | 326 | 28,5 g | 19,5 g | 9 g | 217 | 13 g |
| **Leber mit Soße** | 1 Port. (140 g) | 260 | 21 g | 15 g | 6,7 g | 186 | 10,7 g |
| **Makkaronifleisch** | 1 Port. (150 g) | 422 | 22,5 g | 19,5 g | 39 g | 281 | 13 g |
| **Naturschnitzel** | 1 Port. (155 g) | 303 | 28 g | 16 g | 5,7 g | 195 | 10,3 g |

KALB

| Speisen / Gerichte | Portionsgröße / Gewicht | kcal/ Portion | Nährstoffgehalt pro Portion | | | Pro 100 Gramm | |
|---|---|---|---|---|---|---|---|
| | | | EW | Fett | KH | kcal | Fett |
| **Nierenbraten mit Soße** | 1 Port. (150 g) | 102 | 15 g | 4,5 g | 1,5 g | 68 | 3 g |
| **Nuss gefüllt** | 1 Port. (150 g) | 335 | 24 g | 24 g | 4,5 g | 223 | 16 g |
| **Nuss gespickt mit Rahmsoße** | 1 Port. (150 g) | 348 | 27 g | 24 g | 6 g | 232 | 16 g |
| **Osso buco milanese** | 1 Port. (125 g) | 164 | 17,5 g | 10 g | 1,3 g | 131 | 8 g |
| **Paprikaschnitzel** | 1 Port. (190 g) | 360 | 32 g | 20 g | 4,8 g | 189 | 10,5 g |
| **Pariser Schnitzel** | 1 Port. (155 g) | 343 | 27 g | 22 g | 2,3 g | 221 | 14,2 g |
| **Parmaschnitzel** | 1 Port. (215 g) | 521 | 37 g | 36 g | 4,2 g | 242 | 16,7 g |
| **Pilaw** | 1 Port. (160 g) | 284 | 24 g | 11,2 g | 20,8 g | 177 | 7 g |
| **Pörkölt** | 1 Port. (235 g) Fleisch (167 g) | 362 | 35 g | 19 g | 5,1 g | 154 | 8,1 g |
| **Ragout** | 1 Port. (260 g) Fleisch (100 g) | 269 | 23 g | 15 g | 6 g | 103 | 5,8 g |
| **Rahmgeschnetzeltes** | 1 Port. (260 g) Fleisch (150 g) | 455 | 32 g | 28 g | 6,7 g | 175 | 10,8 g |
| **Rahmschnitzel** | 1 Port. (195 g) | 353 | 29 g | 20 g | 7,1 g | 181 | 10,3 g |
| **Reisfleisch** | 1 Port. (205 g) Fleisch (100 g) | 507 | 28 g | 16 g | 54 g | 247 | 7,8 g |
| **Reisfleisch (Vollkornreis)** | 1 Port. (205 g) Fleisch (100 g) | 499 | 29 g | 17 g | 50 g | 234 | 8,3 g |
| **Reisfleisch mit Gemüse** | 1 Port. (300 g) Fleisch (100 g) | 396 | 25 g | 15 g | 34 g | 132 | 5 g |
| **Schnitzel mit Letscho** | 1 Port. (245 g) | 288 | 32 g | 13 g | 3,6 g | 118 | 5,3 g |
| **Soßenfleisch** | 1 Port. (205 g) Fleisch (167 g) | 499 | 35 g | 32 g | 9,3 g | 243 | 15,6 g |
| **Spieß** | 1 Port. (150 g) | 282 | 28,5 g | 18 g | 1,5 g | 188 | 12 g |
| **Vögerl gespickt** | 1 Port. (220 g) | 508 | 29 g | 38 g | 3,6 g | 231 | 17,3 g |
| **Wiener Schnitzel** | 1 Port. (170 g) | 413 | 29 g | 23 g | 16 g | 243 | 13,5 g |
| **Züricher Geschnetzeltes** | 1 Port. (245 g) Fleisch (150 g) | 436 | 32 g | 26 g | 6,2 g | 178 | 10,6 g |
| **Züricher Leberspießli** | 1 Port. (150 g) | 221 | 28,5 g | 10,5 g | 3 g | 147 | 7 g |

| Speisen / Gerichte | Portionsgröße / Gewicht | kcal/ Portion | Nährstoffgehalt pro Portion | | | Pro 100 Gramm | |
|---|---|---|---|---|---|---|---|
| | | | EW | Fett | KH | kcal | Fett |
| **Kamut-Hirse-Palatschinken mit Gemüsefülle***** | 1 Port. (280 g) | 320 | 13 g | 5 g | 53 g | 114 | 1,8 g |
| **Karfiol (Blumenkohl) mit Butter und Bröseln** | 1 Port. (275 g) | 176 | 5,3 g | 11 g | 12 g | 64 | 4 g |
| **Karfiol (Blumenkohl) gebacken** (Backteig) | 1 Port. (335 g) | 520 | 12 g | 30 g | 40 g | 155 | 9 g |
| **Karfiol (Blumenkohl) gratiniert** | 1 Port. (275 g) | 290 | 11 g | 21 g | 11 g | 105 | 7,6 g |
| **Karfiol (Blumenkohl) paniert** | 1 Port. (275 g) | 376 | 8,6 g | 29 g | 17 g | 137 | 10,5 g |
| **Karfiol-Käse-Laibchen** (A) (Iglo) | 2 Stk. (150 g) | 269 | 13,2 g | 10,4 g | 30,6 g | 179 | 6,9 g |
| **Kartoffel Eintopf "Ratsherren Art"** (Sonnen Bassermann) | 1 Port. (400 g) | 216 | 8 g | 7,6 g | 29,2 g | 54 | 1,9 g |
| **Kartoffel-Blumenkohl-Curry** (Alu Gobi) | 1 Port. (300 g) | 363 | 8 g | 26 g | 24 g | 121 | 8,7 g |
| **Kartoffelbratlinge** | 1 Port. (200 g) | 246 | 6 g | 6 g | 38 g | 123 | 3 g |
| **Kartoffelbrei Crème fraîche** (Maggi, 5 Minuten Terrine), **zubereitet** | 1 Port. (200 g)* | 248 | 4,3 g | 14,6 g | 24,8 g | 124 | 7,3 g |
| **Kartoffelbrei mit Blattspinat** (Maggi, 5 Minuten Terrine), **zubereitet** | 1 Port. (220 g)* | 213 | 4,4 g | 9,7 g | 27,1 g | 97 | 4,4 g |
| **Kartoffelbrei mit Fleischklößchen** (Maggi, 5 Minuten Terrine), **zubereitet** | 1 Port. (220 g)* | 204 | 6,3 g | 8,8 g | 24,9 g | 93 | 4 g |
| **Kartoffelbrei mit Frühlingsgemüse** (Maggi) | 1 Port. (240 g) | 154 | 7,4 g | 1,7 g | 27,1 g | 64 | 0,7 g |
| **Kartoffelbrei mit Röstzwiebeln** (Maggi, Wirtshaus), **zubereitet** | 1 Port. (220 g) | 238 | 4,2 g | 12,3 g | 27,3 g | 108 | 5,6 g |
| **Kartoffelbrei mit Röstzwiebeln und Croûtons** (Maggi, 5 Minuten Terrine), **zubereitet** | 1 Port. (220 g)* | 268 | 4,7 g | 14 g | 30,9 g | 122 | 6,4 g |
| **Kartoffeleintopf mit Fleisch** | 1 Port. (200 g) | 272 | 18 g | 8 g | 30 g | 136 | 4 g |
| **Kartoffel-Erbsen-Curry indicoh** | 1 Port. (180 g) | 260 | 9,4 g | 10,1 g | 30 g | 144 | 5,6 g |
| **Kartoffel-Fisolen-Gulasch mit Räuchertofu***** | 1 Port. (450 g) | 230 | 12 g | 6 g | 29 g | 51 | 1,3 g |
| **Kartoffel-Gemüse-Kuchen***** | 1 Port. (510 g) | 315 | 21 g | 9 g | 37 g | 62 | 1,8 g |
| **Kartoffelgulasch** | 1 Port. (235 g) | 225 | 5,8 g | 9,7 g | 25 g | 96 | 4,1 g |

* lt. Herstellerangaben auf Portionsgröße umgerechnet  *** Rezept aus gelbem Schlank-ohne-Diät-Kochbuch

| Speisen / Gerichte | Portionsgröße / Gewicht | kcal/ Portion | Nährstoffgehalt pro Portion | | | Pro 100 Gramm | |
|---|---|---|---|---|---|---|---|
| | | | EW | Fett | KH | kcal | Fett |
| **Kartoffelklöße (-knödel)** | 1 Port. (200 g) | 178 | 4 g | 4 g | 26 g | 89 | 2 g |
| **Kartoffelklöße von gekochten Kartoffeln** | 1 Port. (200 g) | 204 | 6 g | 4 g | 32 g | 102 | 2 g |
| **Kartoffelknödel mit Fleis-chfülle** | 1 Stk. (150 g) | 337 | 11 g | 17 g | 30 g | 225 | 11,3 g |
| **Kartoffelknödel mit Hack-fleisch** | 1 Port. (200 g) | 264 | 12 g | 8 g | 36 g | 132 | 4 g |
| **Kartoffelknödel mit Spinat und Karotten*** ** | 1 Port. (420 g) | 400 | 11 g | 1 g | 86 g | 95 | 0,2 g |
| **Kartoffellaibchen** | 1 Stk. (180 g) | 267 | 5,5 g | 13 g | 29 g | 148 | 7,2 g |
| **Kartoffellaibchen mit Spargelragout*** ** | 1 Port. (375 g) | 285 | 13 g | 14 g | 27 g | 76 | 3,7 g |
| **Kartoffelmaultaschen** | 1 Port. (200 g) | 278 | 6 g | 6 g | 46 g | 139 | 3 g |
| **Kartoffelnockerln** | 1 Port. (230 g) | 334 | 11,5 g | 4,6 g | 57,5 g | 145 | 2 g |
| **Kartoffelnudeln** | 1 Port. (210 g) | 425 | 11 g | 10 g | 67 g | 202 | 4,8 g |
| **Kartoffelnudeln gebacken** | 1 Port. (240 g) | 455 | 10 g | 17 g | 60 g | 190 | 7,1 g |
| **Kartoffelomelette nach spanischer Art (Tortilla de patatas a la Espanola)** | 1 Port. (200 g) | 482 | 13 g | 39 g | 17 g | 241 | 19,5 g |
| **Kartoffelpudding** | 1 Port. (200 g) | 186 | 4 g | 8 g | 22 g | 93 | 4 g |
| **Kartoffel-Puffer mit saurer Sahne** | 1 Port. (200 g) | 298 | 6 g | 16 g | 32 g | 149 | 8 g |
| **Kartoffelsalat mit Würstchen** | 1 Port. (320 g) | 409 | 16,4 g | 30 g | 19,4 g | 128 | 9,4 g |
| **Kartoffelschmarren** | 1 Port. (255 g) | 431 | 10 g | 17 g | 54 g | 169 | 6,7 g |
| **Kartoffelschmarren mit Grieß** | 1 Port. (210 g) | 363 | 6,4 g | 14 g | 48 g | 173 | 6,7 g |
| **Kartoffelstrudel** | 1 Port. (200 g) | 326 | 10 g | 12 g | 44 g | 163 | 6 g |
| **Kartoffeltopf "Ratsherren Art"** (Maggi) | 1 Port. (315 ml) | 170 | 5,4 g | 5,4 g | 25,5 g | 54 | 1,7 g |
| **Kartoffeltopf mit Würstchen** (Erasco) | 1 Port. (400 g) | 288 | 9,6 g | 15,2 g | 28,4 g | 72 | 3,8 g |
| **Käsefondue** | 1 Port. (250 g) | 570 | 37,5 g | 60 g | 2,5 g | 285 | 24 g |
| **Käse-Schinken Plätzli** (D) (Iglo) | 1 Stk. (62,5 g) | 179 | 6,9 g | 7,5 g | 20 g | 286 | 12 g |

*** Rezept aus gelbem Schlank-ohne-Diät-Kochbuch

| Speisen / Gerichte | Portionsgröße / Gewicht | kcal/ Portion | Nährstoffgehalt pro Portion | | | Pro 100 Gramm | |
|---|---|---|---|---|---|---|---|
| | | | EW | Fett | KH | kcal | Fett |
| **Kasseler – Schulterbraten mit Kartoffelpüree und Sauerkraut** (Sonnen Bassermann) | 1 Port. (480 g) | 346 | 25,9 g | 11 g | 35 g | 72 | 2,3 g |
| **Kasseler im Teigmantel** | 1 Port. (300 g) | 678 | 40 g | 44 g | 31 g | 226 | 14,7 g |
| **Kasseler mit Sauerkraut** | 1 Port. (380 g) | 510 | 37 g | 22,9 g | 45,7 g | 135 | 6 g |
| **Kasseler Piraggee** | 1 Port. (350 g) | 707 | 34 g | 39 g | 55 g | 202 | 11,1 g |
| **Kasseler Rippenspeer** | 1 Port. (250 g) | 128 | 14 g | 6 g | 1 g | 52 | 2,4 g |
| **Kasseler Schulterbraten** (Du darfst) | 1 Pkg. (400 g) | 248 | 17 g | 10 g | 23 g | 62 | 2,5 g |
| **Kichererbsenbällchen** (Revitho-Keftédes) | 1 Port. (290 g) | 421 | 14 g | 16 g | 56 g | 146 | 5,5 g |
| **Kichererbseneintopf (Cocido de garbanzos)** | 1 Port. (200 g) | 672 | 36 g | 34 g | 56 g | 336 | 17 g |
| **Klößchen in Champignon-Rahmsoße** (Bofrost) | 1 Port. (250 g) | 355 | 20 g | 25 g | 12,5 g | 142 | 10 g |
| **Kohl gebacken** | 1 Port. (250 g) | 508 | 20 g | 40 g | 17,5 g | 203 | 16 g |
| **Kohleintopf mit Fleisch** | 1 Port. (200 g) | 98 | 6 g | 2 g | 10 g | 49 | 1 g |
| **KohlKönig Grünkohl mit Kasslerwurst** (Meica) | 1 Port. (400 g) | 560 | 30 g | 40 g | 20 g | 140 | 10 g |
| **KohlKönig Grünkohl mit Kochmettwurst** (Meica) | 1 Port. (400 g) | 716 | 26 g | 60 g | 18 g | 179 | 15 g |
| **KohlKönig Grünkohl mit Pinkel** (Meica) | 1 Port. (400 g) | 748 | 24 g | 60 g | 28 g | 187 | 15 g |
| **Kohlpudding mit Fleisch** | 1 Port. (260 g) | 370 | 17 g | 28 g | 6,8 g | 142 | 10,8 g |
| **Kohlrabi gefüllt** | 1 Port. (250 g) | 205 | 10 g | 12,5 g | 10 g | 82 | 5 g |
| **Kohlrabitopf Mit Fleischklößchen** (Sonnen Bassermann) | 1 Port. (400 g) | 168 | 4,8 g | 8,8 g | 17,6 g | 42 | 2,2 g |
| **Kohlroulade mit Hackfleischfüllung** | 1 Port. (200 g) | 178 | 12 g | 10 g | 8 g | 89 | 5 g |
| **Kohlrouladen (Krautwickel)** | 1 Port. (360 g) | 415 | 28 g | 27 g | 11,5 g | 115 g | 7,5 g |
| **Kohlrouladen in pikanter Sauce** (Erasco) | 1 Port. (400 g) | 220 | 13,2 g | 13,6 g | 11,2 g | 55 | 3,4 g |
| **Kohlrouladen mit Gemüse und Kartoffelpüree** (Erasco) | 1 Port. (480 g) | 245 | 9,1 g | 9,6 g | 30,7 g | 51 | 2 g |

| Speisen / Gerichte | | Portionsgröße / Gewicht | kcal/ Portion | Nährstoffgehalt pro Portion | | | Pro 100 Gramm | |
|---|---|---|---|---|---|---|---|---|
| | | | | EW | Fett | KH | kcal | Fett |
| **Kohlwürstchen** | | 1 Port. (250 g) | 392 | 14 g | 30 g | 12 g | 157 | 12 g |
| **Königsberger Klops in Kapernsoße** | | 1 Port. (125 g) | 165 | 10 g | 11,3 g | 5 g | 132 | 9 g |
| **Königsberger Klopse** | | 1 Port. (250 g) | 375 | 19,5 g | 26,5 g | 13,5 g | 150 | 10,5 g |
| **Königsberger Klopse** (Du darfst) | | 1 Pkg. (350 g) | 358 | 14 g | 14 g | 44 g | 102 | 4 g |
| **Königsberger Klopse in Kapernsoße** (Bofrost) | | 1 Port. (250 g) | 370 | 19,5 g | 26,5 g | 13,3 g | 148 | 10,6 g |
| **Königsberger Klopse in pikanter Kapernsauce mit Erbsen & Möhren und Kartoffelpüree** (Erasco) | | 1 Port. (400 g) | 580 | 18,4 g | 45,2 g | 26,4 g | 145 | 11,3 g |
| **Krautfleckerl** (A) (Iglo) | | 1 Port. (350 g) | 459 | 10,9 g | 14 g | 72,8 g | 131 | 4 g |
| **Krautfleckerl** (Felix Austria) | | 1 Port. (200 g) | 292 | 7,2 g | 12,6 g | 37 g | 146 | 6,3 g |
| **Krautfleckerln** | | 1 Port. (385 g) | 342 | 12 g | 2,1 g | 64 g | 89 | 0,5 g |
| **Krautfleckerln** (Inzersdorfer) | | 1 Port. (400 g) | 574 | 13,1 g | 27,2 g | 68,5 g | 144 | 6,8 g |
| **Krautfleisch** | | 1 Port. (200 g) | 206 | 20 g | 12 g | 2 g | 103 | 6 g |
| **Krautfleisch mit Kartoffeln***** | | 1 Port. (550 g) | 345 | 38 g | 5 g | 32 g | 63 | 0,9 g |
| **Krautrouladen** | | 1 Port. (230 g) | 449 | 23 g | 34,5 g | 9,2 g | 195 | 15 g |
| **Krautstrudel** | | 1 Port. (130 g) | 210 | 4,7 g | 7,2 g | 29 g | 162 | 5,5 g |
| **Krautstrudel mit Speck** | | 1 Port. (130 g) | 243 | 8,6 g | 9,1 g | 29 g | 187 | 7 g |
| **Krautwickel** | | 1 Stk. (20 g) | 78 | 2 g | 1 g | 16 g | 390 | 5 g |
| **Krautwickel mit Hackfleischfüllung** | | 1 Port. (220 g) | 143 | 8,8 g | 8,8 g | 6,6 g | 65 | 4 g |
| **Kürbisrisotto** (A) (Iglo) | | 1 Pkg. (375 g) | 360 | 12 g | 15,8 g | 42,4 g | 96 | 4,2 g |
| **Kutteln nach Madrider Art (Callos a la madrilena)** | | 1 Port. (310 g) | 521 | 31 g | 42 g | 8 g | 169 | 13,5 g |
| **Labskaus** | | 1 Port. (350 g) | 385 | 22,6 g | 19,4 g | 29,4 g | 110 | 5,5 g |
| LAMM | **Bratenfleisch mit Soße** | 1 Port. (150 g) | 276 | 15 g | 24 g | 1,5 g | 184 | 16 g |
| LAMM | **Filet** | 1 Port. (125 g) | 233 | 33,8 g | 11,3 g | 0 g | 186 | 9 g |

*** Rezept aus gelbem Schlank-ohne-Diät-Kochbuch

LAMM · LAMM · LAMM · LAMM · LAMM · LAMM · LAMM · LAMM

| Speisen / Gerichte | Portionsgröße / Gewicht | kcal/ Portion | Nährstoffgehalt pro Portion | | | Pro 100 Gramm | |
|---|---|---|---|---|---|---|---|
| | | | EW | Fett | KH | kcal | Fett |
| **Lamm gebacken** | 1 Port. (170 g) | 415 | 29 g | 23 g | 16 g | 244 | 13,5 g |
| **Lamm gebraten** | 1 Port. (150 g) | 404 | 26 g | 28 g | 5,7 g | 269 | 18,7 g |
| **Lamm gedünstet** | 1 Port. (145 g) | 375 | 24 g | 28 g | 0 g | 259 | 19,3 g |
| **Lammcurry** | 1 Port. (150 g) | 137 | 9 g | 4,5 g | 16,5 g | 91 | 3 g |
| **Lammgulasch** | 1 Port. (200 g) Fleisch (167 g) | 585 | 29 g | 46 g | 4,5 g | 293 | 23 g |
| **Lammkeule geschmort auf Tinos Art** (Katsiki) | 1 Port. (195 g) | 589 | 36 g | 47 g | 4 g | 303 | 24,1 g |
| **Lammkotelett** | 1 Port. (125 g) | 329 | 31,3 g | 10 g | 0 g | 263 | 8 g |
| **Lammragout mit Soße** | 1 Port. (150 g) | 231 | 13,5 g | 18 g | 4,5 g | 154 | 12 g |
| **Mexikanisches Lammragout*** ** | 1 Port. (385 g) | 385 | 42 g | 15 g | 20 g | 100 | 3,9 g |
| **Scharf-saures Lammfleisch** (Vindaloo) | 1 Port. (220 g) | 642 | 31 g | 55 g | 6 g | 292 | 25 g |
| **Schmorbraten mit Soße** | 1 Port. (150 g) | 267 | 15 g | 22,5 g | 3 g | 178 | 15 g |
| **Türkischer Pilaw mit Tomaten** | 1 Port. (125 g) | 109 | 6,3 g | 7,5 g | 5 g | 87 | 6 g |
| **Leber Berliner Art mit Äpfeln, Zwiebeln und Kartoffelbrei** | 1 Port. (435 g) | 576 | 34,3 g | 29,5 g | 42 g | 132 | 6,8 g |
| **Leber mit Kartoffelpüree** | 1 Port. (330 g) | 510 | 34,3 g | 22,7 g | 39 g | 155 | 6,9 g |
| **Leberkäse gebraten** | 1 Port. (135 g) | 462 | 19,7 g | 42,9 g | 0,7 g | 342 | 31,8 g |
| **Leberkäse im Bierteig** | 1 Port. (160 g) | 455 | 22 g | 32 g | 20 g | 285 | 20 g |
| **Leberkäse mit Spiegelei** | 1 Port. (190 g) | 548 | 21 g | 46 g | 5,4 g | 288 | 24,2 g |
| **Leberkäse paniert** | 1 Port. (170 g) | 618 | 17 g | 48 g | 21 g | 364 | 28,2 g |
| **Leberpudding mit Hackfleisch** | 1 Port. (250 g) | 558 | 35 g | 30 g | 35 g | 223 | 12 g |
| **Leipziger Allerlei (Gemüse)** | 1 Port. (350 g) | 215 | 17,4 g | 10,4 g | 12,2 g | 61 | 3 g |
| **Leipziger Allerlei, sächsisch** | 1 Port. (360 g) | 220 | 17,9 g | 10,7 g | 12,5 g | 60 | 3 g |
| **Letscho** | 1 Port. (305 g) | 311 | 6,5 g | 25 g | 10 g | 102 | 8,2 g |

** Rezept aus gelbem Schlank-ohne-Diät-Kochbuch

| Speisen / Gerichte | Portionsgröße / Gewicht | kcal/ Portion | Nährstoffgehalt pro Portion | | | Pro 100 Gramm | |
|---|---|---|---|---|---|---|---|
| | | | EW | Fett | KH | kcal | Fett |
| **Linsen mit Backpflaumen und Blutwurst** | 1 Port. (200 g) | 434 | 14 g | 30 g | 22 g | 217 | 15 g |
| **Linsen mit Speck** (Inzersdorfer) | 1 Port. (200 g) | 183 | 11,4 g | 5,2 g | 22,6 g | 92 | 2,6 g |
| **Linsen Oriental** (Maggi) | 1 Port. (425 g) | 378 | 16,1 g | 17,9 g | 37,8 g | 89 | 4,2 g |
| **Linseneintopf** (Martin Evers) | 1 Port. (290 ml) | 146 | 7,3 g | 4,6 g | 18,6 g | 50 | 1,6 g |
| **Linseneintopf** (Weight Watchers) | 1 Port. (350 g) | 200 | 18,2 g | 2,5 g | 26 g | 57 | 0,7 g |
| **Linseneintopf mit Speck und Kartoffeln** | 1 Port. (200 g) | 238 | 4 g | 20 g | 12 g | 119 | 10 g |
| **Linseneintopf mit Wurst** | 1 Port. (200 g) | 164 | 6 g | 10 g | 10 g | 82 | 5 g |
| **Linsen-Eintopf mit Würstchen** (Erasco) | 1 Port. (400 g) | 332 | 20,8 g | 12,4 g | 34 g | 83 | 3,1 g |
| **Linseneintopf*** ** | 1 Port. (350 g) | 355 | 18 g | 5 g | 58 g | 101 | 1,5 g |
| **Linsentopf mit Cocktailwürstchen** (Sonnen Bassermann) | 1 Port. (400 g) | 344 | 20,4 g | 10,8 g | 40,8 g | 86 | 2,7 g |
| **Linsentopf mit Speck** (Maggi) | 1 Port. (310 g) | 282 | 17,4 g | 8,4 g | 30,1 g | 91 | 2,7 g |
| **Lippischer Pickert** | 1 Port. (200 g) | 454 | 14 g | 14 g | 66 g | 227 | 7 g |
| **Lust auf Gemüse & Gnocchi** (D) (Iglo) | 1 Port. (300 g) | 258 | 12,6 g | 6,3 g | 39 g | 86 | 2,1 g |
| **Lust auf Gemüse & Pasta** (D) (Iglo) | 1 Port. (300 g) | 252 | 11,7 g | 6,3 g | 36 g | 84 | 2,1 g |
| **Lust auf Gemüse & Reis** (D) (Iglo) | 1 Port. (300 g) | 240 | 9,3 g | 6,6 g | 36 g | 80 | 2,2 g |
| **Lust auf Gemüse Babykarotten** (D) (Iglo) | 1 Port. (300 g) | 216 | 6,3 g | 14,7 g | 14,7 g | 72 | 4,9 g |
| **Madras-Curry indisch** | 1 Port. (320 g) | 380 | 52,1 g | 15,4 g | 5,2 g | 119 | 4,8 g |
| **Maisfladen mit Fleischfüllung (Tacos)** | 1 Port. (250 g) | 367 | 20 g | 19 g | 25 g | 147 | 7,6 g |
| **Maislaibchen** | 1 Port. (160 g) | 250 | 39 g | 17 g | 15,3 g | 156 | 10,6 g |
| **Markklößchen-Topf** (Erasco) | 1 Port. (400 g) | 200 | 5,6 g | 11,2 g | 19,2 g | 50 | 2,8 g |
| **Martinsgans, rheinländisch** | 1 Port. (315 g) | 300 | 8,9 g | 9,2 g | 44,3 g | 95 | 3 g |
| **Matrosenfleisch mit Soße** | 1 Port. (250 g) | 245 | 25 g | 13 g | 6 g | 98 | 5,2 g |

*** Rezept aus gelbem Schlank-ohne-Diät-Kochbuch

| Speisen / Gerichte | Portionsgröße / Gewicht | kcal/ Portion | Nährstoffgehalt pro Portion | | | Pro 100 Gramm | |
|---|---|---|---|---|---|---|---|
| | | | EW | Fett | KH | kcal | Fett |
| **Maultaschen-Gemüse-Pfanne** (Bofrost) | 1 Port. (300 g) | 489 | 18,3 g | 25,8 g | 46,2 g | 163 | 8,6 g |
| **Mediterrane Gemüsepfanne** (Maggi, Feel good)**, zubereitet** | 1 Port. (275 g)* | 255 | 12 g | 1,8 g | 47,7 g | 93 | 0,7 g |
| **Melanzani gebacken** (Backteig) | 1 Port. (335 g) | 530 | 11 g | 30 g | 43 g | 158 | 9 g |
| **Melanzani paniert** | 1 Port. (275 g) | 386 | 7,6 g | 29 g | 21 g | 140 | 10,5 g |
| **Mexican Chili** (Felix Austria, Für mich) | 1 Port. (200 g) | 150 | 13 g | 5 g | 14 g | 75 | 2,5 g |
| **Mexikanische Bohnen-pfanne mit Erdäpfeln** (A) (Iglo) | 1 Pkg. (375 g) | 439 | 8,6 g | 28,5 g | 37,1 g | 117 | 7,6 g |
| **Mexikanischer Bohnen Eintopf** (Martin Evers) | 1 Port. (290 ml) | 176 | 9,6 g | 3,8 g | 25,8 g | 61 | 1,3 g |
| **Mexikanischer Bohnen-Maistopf** (Erasco, Weite Welt) | 1 Port. (400 g) | 268 | 19,2 g | 7,2 g | 29,6 g | 67 | 1,8 g |
| **Mexikanischer Bohnentopf** (Inzersdorfer) | 1 Port. (200 g) | 184 | 11 g | 7,2 g | 18,6 g | 92 | 3,6 g |
| **Mexikanischer Chilitopf** (Sonnen Bassermann) | 1 Port. (400 g) | 264 | 19,2 g | 5,2 g | 35,2 g | 66 | 1,3 g |
| **Mexikanischer Reis (Arroz a la mexicana)** | 1 Port. (225 g) | 203 | 5 g | 2 g | 41 g | 91 | 0,9 g |
| **Möhrentopf mit Fleischklößchen** (Sonnen Bassermann) | 1 Port. (400 g) | 188 | 4,4 g | 10,8 g | 18 g | 47 | 2,7 g |
| **Moussaka** | 1 Port. (355 g) | 618 | 24 g | 44 g | 20 g | 174 | 12,4 g |
| **Mozzarella Sticks mit Tomaten Dip** (Alpenhain) | 1 Port. (100 g) | 258 | 12 g | 14 g | 21 g | 258 | 14 g |
| **Muscheln gekocht mit Soße** | 1 Port. (150 g) | 276 | 7,5 g | 19,5 g | 12 g | 184 | 13 g |
| **Muscheln in grüner Soße** | 1 Port. (150 g) | 126 | 15 g | 4,5 g | 6 g | 84 | 3 g |
| **Muscheln nach kata-lanischer Art (Mejillones a la Catalana)** | 1 Port. (590 g) | 558 | 51 g | 32 g | 10 g | 95 | 5,4 g |
| **Muscheln, rheinländisch** | 1 Port. (320 g) | 195 | 25,4 g | 3,5 g | 12,5 g | 60 | 1 g |
| **Nachos mit Käse** | 1 Port. (100 g) | 307 | 8 g | 17 g | 32 g | 307 | 17 g |
| **Nasi Goreng** | 1 Port. (200 g) | 378 | 22 g | 22 g | 20 g | 189 | 11 g |
| **Naturschnitzel in Kräuter-sauce mit Erbsenreis** (A) (Iglo) | 1 Port. (350 g) | 627 | 24,5 g | 28 g | 59,5 g | 179 | 8 g |

* lt. Herstellerangaben auf Portionsgröße umgerechnet

| Speisen / Gerichte | Portionsgröße / Gewicht | kcal/ Portion | Nährstoffgehalt pro Portion | | | Pro 100 Gramm | |
|---|---|---|---|---|---|---|---|
| | | | EW | Fett | KH | kcal | Fett |
| **Broccoli-Nudel-Auflauf** (Bofrost) | 1 Port. (400 g) | 512 | 20 g | 23,2 g | 56 g | 128 | 5,8 g |
| **Broccoli-Nudeltopf** (Maggi, 5 Minuten Terrine), **zubereitet** | 1 Port. (245 g)* | 199 | 6,1 g | 5,9 g | 30,4 g | 81 | 2,4 g |
| **Bröselnudeln** | 1 Port. (200 g) | 370 | 10 g | 8 g | 60 g | 185 | 4 g |
| **Cannelloni** | 1 Port. (200 g) | 350 | 22 g | 16 g | 26 g | 175 | 8 g |
| **Cannelloni alla Napoletana** | 1 Port. (285 g) | 648 | 26 g | 38 g | 43 g | 227 | 13,3 g |
| **Eiernockerln** | 1 Port. (315 g) | 727 | 27 g | 22 g | 96 g | 213 | 7 g |
| **Eierstich mit Kräutern** | 1 Port. (200 g) | 270 | 18 g | 20 g | 4 g | 135 | 10 g |
| **Farfalle mit Frühlingsgemüse in Kräuter Sauce** (D) (Knorr activ), **zubereitet** | 1 Port. (150 g) | 162 | 6 g | 4,5 g | 24 g | 108 | 3 g |
| **Farfalle mit grünem Spargel in Schnittlauch-Sauce** (D) (Knorr activ), **zubereitet** | 1 Port. (150 g) | 156 | 6 g | 3 g | 27 g | 104 | 2 g |
| **Fettuccine mit Zucchini-Ricotta-Soße*** ** | 1 Port. (250 g) | 399 | 15 g | 8 g | 66 g | 160 | 3,2 g |
| **Gebratene Nudeln "Ente" (mit Öl)** (Maggi, Magic Asia), **zubereitet** | 1 Port. (140 g)* | 261 | 9,5 g | 7,4 g | 39 g | 190 | 5 g |
| **Gebratene Nudeln (mit Öl)** (Maggi, Magic Asia), **zubereitet** | 1 Port. (170 g)* | 273 | 9,5 g | 8,1 g | 40,5 g | 159 | 5,1 g |
| **Gemüsegarten 7-Gemüse-Nudeltopf** (Erasco) | 1 Port. (400 g) | 116 | 5,6 g | 3,2 g | 16,4 g | 29 | 0,8 g |
| **Gemüsegarten Schmetterlings-Nudeltopf** (Erasco) | 1 Port. (400 g) | 156 | 7,6 g | 3,2 g | 22,4 g | 39 | 0,8 g |
| **Gemüselasagne** | 1 Port. (285 g) | 472 | 20 g | 13 g | 63 g | 166 | 4,6 g |
| **Gemüselasagne** (A) (Iglo) | 1 Pkg. (400 g) | 432 | 12 g | 17,6 g | 56,4 g | 108 | 4,4 g |
| **Gemüselasagne** (Bofrost) | 1 Port. (400 g) | 480 | 22,4 g | 21,6 g | 48,8 g | 120 | 5,4 g |
| **Gemüselasagne mit Faschiertem** | 1 Port. (285 g) | 528 | 23 g | 19 g | 59 g | 185 | 6,7 g |

* lt. Herstellerangaben auf Portionsgröße umgerechnet  *** Rezept aus gelbem Schlank-ohne-Diät-Kochbuch

| Speisen / Gerichte | Portionsgröße / Gewicht | kcal/ Portion | Nährstoffgehalt pro Portion | | | Pro 100 Gramm | |
|---|---|---|---|---|---|---|---|
| | | | EW | Fett | KH | kcal | Fett |
| **Gemüse-Lasagne*** | 1 Port. (420 g) | 410 | 26 g | 3 g | 69 g | 98 | 0,7 g |
| **Gemüseravioli** (Maggi) | 1 Port. (400 g) | 296 | 10,8 g | 2,8 g | 57,6 g | 74 | 0,7 g |
| **Genießer-Pfanne Gnocchi** (A) (Iglo) | 1 Port. (350 g) | 557 | 22,4 g | 27 g | 56,4 g | 159 | 7,7 g |
| **Genießer-Pfanne Käs' Spätzle** (A) (Iglo) | 1 Port. (350 g) | 641 | 25,6 g | 28,7 g | 70,3 g | 183 | 8,2 g |
| **Genießer-Pfanne Taglioni mit Shrimps** (A) (Iglo) | 1 Port. (250 g) | 238 | 12,5 g | 7,5 g | 27,5 g | 95 | 3 g |
| **Genießer-Pfanne Tortellini** (A) (Iglo) | 1 Port. (350 g) | 459 | 20,6 g | 16,1 g | 57,8 g | 131 | 4,6 g |
| **Gnocchi Italia** (Maggi) | 1 Port. (425 g) | 332 | 9,4 g | 10,2 g | 50,6 g | 78 | 2,4 g |
| **Gnocchi Pomodoro** (Maggi, Lust auf Süden), **zubereitet** | 1 Port. (275 g)* | 268 | 8,4 g | 1,5 g | 55,4 g | 97 | 0,5 g |
| **Grenadiermarsch** | 1 Port. (260 g) | 543 | 6,8 g | 37 g | 39 g | 209 | 14,2 g |
| **Grüne Nudeln in Schinkensauce** (Erasco) | 1 Port. (200 g) | 166 | 4,2 g | 8,6 g | 17,6 g | 83 | 4,3 g |
| **Hühner-Nudeltopf** (Erasco) | 1 Port. (400 g) | 216 | 11,2 g | 10 g | 19,6 g | 54 | 2,5 g |
| **Hühner-Nudeltopf** (Maggi, 5 Minuten Terrine), **zubereitet** | 1 Port. (250 g)* | 154 | 6,5 g | 2,8 g | 25,8 g | 62 | 1,1 g |
| **Kärntner Kasnudeln** | 1 Stk. (55 g) | 158 | 4,3 g | 8,8 g | 14 g | 287 | 16 g |
| **Kartoffelmaultaschen** | 1 Port. (200 g) | 278 | 6 g | 6 g | 46 g | 139 | 3 g |
| **Käse-Hörnli (mit Butter)** (Maggi, Wirtshaus), **zubereitet** | 1 Port. (160 g)* | 365 | 13,1 g | 11,5 g | 52,4 g | 228 | 7,2 g |
| **Käse-Makkaroni-Auflauf** | 1 Port. (165 g) | 568 | 22 g | 26 g | 55 g | 344 | 15,8 g |
| **Käsenudeln** | 1 Port. (300 g) | 862 | 23,5 g | 48 g | 76,4 g | 287 | 16 g |
| **Käse-Nudeltopf** (Maggi, 5 Minuten Terrine), **zubereitet** | 1 Port. (250 g)* | 262 | 8,1 g | 9 g | 37 g | 105 | 3,6 g |
| **Käseravioli mit Tomatenkräutersauce** (Felix Austria) | 1 Port. (200 g) | 182 | 6 g | 6 g | 26 g | 91 | 3 g |
| **Käsespätzle** | 1 Port. (300 g) | 897 | 23 g | 55 g | 67 g | 299 | 18,3 g |

* lt. Herstellerangaben auf Portionsgröße umgerechnet *** Rezept aus gelbem Schlank-ohne-Diät-Kochbuch

| Speisen / Gerichte | Portionsgröße / Gewicht | kcal/ Portion | Nährstoffgehalt pro Portion | | | Pro 100 Gramm | |
|---|---|---|---|---|---|---|---|
| | | | EW | Fett | KH | kcal | Fett |
| **Käsespätzle** (Felix Austria, Für mich) | 1 Port. (200 g) | 288 | 7 g | 14 g | 33 g | 144 | 7 g |
| **Käse-Spätzle***** | 1 Port. (200 g) | 335 | 24 g | 11 g | 35 g | 168 | 5,5 g |
| **Kässpätzle** (Settele) | 1 Port. (200 g) | 310 | 14 g | 12 g | 36 g | 155 | 6 g |
| **Krautschupfnudeln** (Settele) | 1 Port. (200 g) | 316 | 8 g | 20 g | 26 g | 158 | 10 g |
| **Lachslasagne** (COSTA) | 1 Port. (315 g) | 469 | 26,5 g | 28 g | 28 g | 149 | 8,9 g |
| **Lasagne** | 1 Port. (285 g) | 844 | 42 g | 48 g | 47 g | 296 | 16,8 g |
| **Lasagne al Forno** (A) (Iglo) | 1 Port. (350 g) | 469 | 21,4 g | 21 g | 49 g | 134 | 6 g |
| **Lasagne mit Fleisch und Bechamelsauce** (Inzersdorfer) | 1 Port. (440 g) | 522 | 18,9 g | 21,6 g | 63 g | 119 | 4,9 g |
| **Lust auf Gemüse & Gnocchi** (D) (Iglo) | 1 Port. (300 g) | 258 | 12,6 g | 6,3 g | 39 g | 86 | 2,1 g |
| **Lust auf Gemüse & Pasta** (D) (Iglo) | 1 Port. (300 g) | 252 | 11,7 g | 6,3 g | 36 g | 84 | 2,1 g |
| **Maccaroni** (Bofrost) | 1 Port. (400 g) | 604 | 29,6 g | 29,6 g | 54,8 g | 151 | 7,4 g |
| **Magic Asia Instant Nudel Snack Curry** (Maggi), **zubereitet** | 1 Port. (345 g) | 293 | 4,8 g | 12,1 g | 41,4 g | 85 | 3,5 g |
| **Magic Asia Instant Nudel Snack Ente** (Maggi), **zubereitet** | 1 Port. (345 g) | 290 | 4,8 g | 12,1 g | 40,7 g | 84 | 3,5 g |
| **Magic Asia Instant Nudel Snack Gemüse** (Maggi), **zubereitet** | 1 Port. (345 g) | 297 | 4,5 g | 12,1 g | 41,4 g | 86 | 3,5 g |
| **Magic Asia Instant Nudel Snack Huhn** (Maggi), **zubereitet** | 1 Port. (345 g) | 293 | 4,8 g | 12,1 g | 41,4 g | 85 | 3,5 g |
| **Magic Asia Instant Nudel Snack Shrimps** (Maggi), **zubereitet** | 1 Port. (345 g) | 293 | 4,8 g | 12,1 g | 41,4 g | 85 | 3,5 g |
| **Makkaroni mit Schafskäse und Minze** | 1 Port. (200 g) | 290 | 10 g | 12 g | 34 g | 145 | 6 g |
| **Makkaroni mit Tomatensoße** | 1 Port. (250 g) | 430 | 15 g | 25 g | 32,5 g | 172 | 10 g |
| **Makkaronifleisch** | 1 Port. (150 g) | 422 | 22,5 g | 19,5 g | 39 g | 281 | 13 g |
| **Maultaschen** (Maggi) | 1 Port. (325 g) | 198 | 7,2 g | 11,7 g | 15,9 g | 61 | 3,6 g |



*** Rezept aus gelbem Schlank-ohne-Diät-Kochbuch

## NUDELN & CO

| Speisen / Gerichte | Portionsgröße / Gewicht | kcal/ Portion | Nährstoffgehalt pro Portion | | | Pro 100 Gramm | |
|---|---|---|---|---|---|---|---|
| | | | EW | Fett | KH | kcal | Fett |
| **Maultaschen mit Fleisch-Gemüsefüllung** (Sonnen Bassermann) | 1 Port. (400 g) | 176 | 7,2 g | 7,2 g | 20,8 g | 44 | 1,8 g |
| **Maultaschen schwäbisch** | 1 Port. (200 g) | 366 | 20 g | 24 g | 18 g | 183 | 12 g |
| **Maultaschen schwäbisch, geröstet** | 1 Port. (200 g) | 442 | 20 g | 34 g | 14 g | 221 | 17 g |
| **Maultaschen schwäbisch, geschmälzt** | 1 Port. (200 g) | 374 | 18 g | 26 g | 16 g | 187 | 13 g |
| **Maultaschen-Gemüse-Pfanne** (Bofrost) | 1 Port. (300 g) | 489 | 18,3 g | 25,8 g | 46,2 g | 163 | 8,6 g |
| **Nudel Snack XXL Gemüse** (Maggi), **zubereitet** | 1 Port. (460 g) | 409 | 7,8 g | 14,7 g | 61,6 g | 89 | 3,2 g |
| **Nudel Snack XXL Huhn** (Maggi), **zubereitet** | 1 Port. (465 g) | 409 | 7,9 g | 15,3 g | 59,5 g | 88 | 3,3 g |
| **Nudel Snack XXL Rind** (Maggi), **zubereitet** | 1 Port. (465 g) | 405 | 7,9 g | 14,9 g | 59,5 g | 87 | 3,2 g |
| **Nudelauflauf mit Käse** | 1 Port. (350 g) | 674 | 30 g | 40 g | 42 g | 193 | 11,4 g |
| **Nudelauflauf mit Schinken** | 1 Port. (350 g) | 560 | 22 g | 18 g | 72 g | 160 | 5,1 g |
| **Nudelauflauf mit Schinken überbacken** | 1 Port. (350 g) | 539 | 22 g | 18 g | 70 g | 154 | 5,1 g |
| **Nudel-Gemüse-Pfanne Gärtnerin Art** (Weigt Watchers) | 1 Port. (350 g) | 186 | 15,1 g | 0,7 g | 30,1 g | 53 | 0,2 g |
| **Nudelgericht mit Fleisch** | 1 Port. (200 g) | 278 | 18 g | 16 g | 14 g | 139 | 8 g |
| **Nudelgericht mit Gemüse** | 1 Port. (200 g) | 204 | 14 g | 12 g | 8 g | 102 | 6 g |
| **Nudeln Asia süß-sauer** (Maggi, Feel good), **zubereitet** | 1 Port. (285 g)* | 239 | 7,7 g | 1,7 g | 47,6 g | 84 | 0,6 g |
| **Nudeln grün mit Gorgonzolasoße** | 1 Port. (250 g) | 350 | 15 g | 15 g | 37 g | 140 | 6 g |
| **Nudeln in Broccoli-Sauce** (Maggi, Lust auf Süden), **zubereitet** | 1 Port. (230 g) | 214 | 6,2 g | 6,2 g | 33,1 g | 93 | 2,7 g |
| **Nudeln in feiner Rahm-Sauce** (Maggi, Wirtshaus), **zubereitet** | 1 Port. (295 g)* | 348 | 11 g | 9,9 g | 53,6 g | 118 | 3,4 g |
| **Nudeln in Gulasch-Sauce** (Maggi, Wirtshaus), **zubereitet** | 1 Port. (270 g)* | 261 | 10,4 g | 5,4 g | 42,7 g | 96 | 2 g |

* lt. Herstellerangaben auf Portionsgröße umgerechnet

| Speisen / Gerichte | | Portionsgröße / Gewicht | kcal/ Portion | Nährstoffgehalt pro Portion | | | Pro 100 Gramm | |
|---|---|---|---|---|---|---|---|---|
| | | | | EW | Fett | KH | kcal | Fett |
| NUDELN & CO | **Nudeln in Paprika-Rahm-Sauce** (Maggi, 5 Minuten Terrine), **zubereitet** | 1 Port. (240 g)* | 261 | 6 g | 10,3 g | 36,3 g | 109 | 4,3 g |
| | **Nudeln in Rahmsoße** (Maggi, 5 Minuten Terrine), **zubereitet** | 1 Port. (240 g)* | 275 | 7,2 g | 11,7 g | 35,5 g | 114 | 4,8 g |
| | **Nudeln in Spinat-Frischkäse** (Maggi, 5 Minuten Terrine), **zubereitet** | 1 Port. (225 g)* | 284 | 11,5 g | 11,6 g | 33,5 g | 126 | 5,1 g |
| | **Nudeln in Tomaten-Frischkäse-Sauce** (Maggi) | 1 Port. (250 g) | 218 | 7,3 g | 1,8 g | 42,8 g | 87 | 0,7 g |
| | **Nudeln in Tomaten-Mozzarella-Sauce** (Maggi, 5 Minuten Terrine), **zubereitet** | 1 Port. (250 g)* | 221 | 5,5 g | 6,2 g | 36 g | 88 | 2,5 g |
| | **Nudeln in Tomaten-Mozzarella-Sauce** (Maggi, Lust auf Süden), **zubereitet** | 1 Port. (230 g) | 209 | 6,2 g | 5,8 g | 33,1 g | 91 | 2,5 g |
| | **Nudeln in Waldpilzrahmsoße** (Maggi, 5 Minuten Terrine), **zubereitet** | 1 Port. (260 g)* | 273 | 6,5 g | 12,7 g | 33,1 g | 105 | 4,9 g |
| | **Nudeln mit Champignons in Frischkäse-Sauce** (D) (Knorr activ), **zubereitet** | 1 Port. (200 g) | 206 | 8 g | 2 g | 38 g | 103 | 1 g |
| | **Nudeln mit Rahmsauce** (Maggi, Wirtshaus), **zubereitet** | 1 Port. (235 g) | 263 | 6,8 g | 10,8 g | 34,3 g | 112 | 4,6 g |
| | **Nudelpfanne "Försterin"** (Maggi, Wirtshaus), **zubereitet** | 1 Port. (255 g)* | 300 | 13,1 g | 4,8 g | 51,5 g | 118 | 1,9 g |
| | **Nudelpfanne "Milano"** (Bofrost) | 1 Port. (500 g) | 425 | 25,5 g | 6,5 g | 66 g | 85 | 1,3 g |
| | **Nudeltopf Gärtnerin** (Maggi) | 1 Port. (260 g) | 192 | 8,8 g | 1,6 g | 35,6 g | 74 | 0,6 g |
| | **Nudeltopf mit Fleischklößchen** (Maggi) | 1 Port. (325 ml) | 179 | 7,8 g | 8,5 g | 16,9 g | 55 | 2,6 g |
| | **Nudeltopf mit Huhn** (Maggi) | 1 Port. (310 ml) | 319 | 10,2 g | 21,1 g | 22 g | 103 | 6,8 g |
| | **Pasta asciutta** | 1 Port. (285 g) | 440 | 22 g | 19 g | 40 g | 154 | 6,7 g |

* lt. Herstellerangaben auf Portionsgröße umgerechnet

| Speisen / Gerichte | Portionsgröße / Gewicht | kcal/ Portion | Nährstoffgehalt pro Portion | | | Pro 100 Gramm | |
|---|---|---|---|---|---|---|---|
| | | | EW | Fett | KH | kcal | Fett |
| **Pasta Bolognese** (Maggi, Lust auf Süden) | 1 Port. (230 g) | 228 | 7,6 g | 7,6 g | 32,7 g | 99 | 3,3 g |
| **Pasta della Casa** (Bofrost) | 1 Port. (400 g) | 588 | 28 g | 34 g | 42,8 g | 147 | 8,5 g |
| **Pasta in Broccoli-Sauce mit feiner Käsenote** (Maggi, Feel good), **zubereitet** | 1 Port. (270 g)* | 248 | 9,8 g | 1,6 g | 48,5 g | 92 | 0,7 g |
| **Pasta mit Blattspinat in Frischkäse-Sauce** (Maggi, Feel good), **zubereitet** | 1 Port. (275 g)* | 263 | 10,9 g | 1,9 g | 50,6 g | 96 | 0,8 g |
| **Pasta Salmone** (Maggi, Lust auf Süden), **zubereitet** | 1 Port. (290 g)* | 287 | 11 g | 4,7 g | 50 g | 99 | 1,6 g |
| **Pasta Spinaci** (Maggi, Lust auf Süden), **zubereitet** | 1 Port. (270 g)* | 284 | 10,3 g | 5,6 g | 48,1 g | 105 | 2,1 g |
| **Pasta Trio Nudelgenuss italienischer Art** (Sonnen Bassermann) | 1 Port. (420 g) | 328 | 10,5 g | 10,5 g | 47,9 g | 78 | 2,5 g |
| **Pastalini in Rahmspinatsauce** (D) (Käpt´n Iglo) | 1/2 Pkg. (290 g) | 452 | 13,3 g | 16 g | 55,1 g | 156 | 5,5 g |
| **Pastalini in Tomaten-Rahm-Sauce** (D) (Käpt´n Iglo) | 1/2 Pkg. (290 g) | 452 | 14,5 g | 16 g | 63,8 g | 156 | 5,5 g |
| **Penne Arrabiata** (Maggi, Lust auf Süden), **zubereitet** | 1 Port. (295 g)* | 260 | 8,4 g | 1,4 g | 53,6 g | 88 | 0,5 g |
| **Penne Bärlauch mit grünem Spargel** (D) (Knorr) | 1 Port. (430 g) | 378 | 14,6 g | 8,2 g | 60,2 g | 88 | 1,9 g |
| **Penne Bolognese** (D) (Iglo) | 1 Pkg. (430 g) | 512 | 24,1 g | 14,2 g | 73,1 g | 119 | 3,3 g |
| **Penne Bolognese** (D) (Knorr) | 1 Port. (430 g) | 510 | 24 g | 14 g | 72 g | 119 | 3,3 g |
| **Penne Bolognese mit sonnengetrockneten Tomaten und Mozzarella** (Sonnen Bassermann) | 1 Port. (400 g) | 360 | 22,8 g | 10,8 g | 42,4 g | 90 | 2,7 g |
| **Penne Creme Spinachi** (D) (Iglo) | 1 Pkg. (430 g) | 559 | 17,2 g | 23,2 g | 73,1 g | 130 | 5,4 g |
| **Penne Creme Spinaci** (D) (Knorr) | 1 Port. (430 g) | 559 | 17,2 g | 23,2 g | 73,1 g | 130 | 5,4 g |

NUDELN & CO · NUDELN & CO · NUDELN & CO · NUDELN & CO · NUDELN & CO · NUDELN & CO · NUDELN & CO

* lt. Herstellerangaben auf Portionsgröße umgerechnet

| Speisen / Gerichte | Portionsgröße / Gewicht | kcal/ Portion | Nährstoffgehalt pro Portion | | | Pro 100 Gramm | |
|---|---|---|---|---|---|---|---|
| | | | EW | Fett | KH | kcal | Fett |
| **Penne Funghi** (Maggi, Lust auf Süden), **zubereitet** | 1 Port. (285 g)* | 265 | 8,9 g | 2,8 g | 51,3 g | 93 | 1 g |
| **Penne Gorgonzola** (D) (Iglo) | 1 Pkg. (450 g) | 639 | 20,7 g | 24,3 g | 85,5 g | 142 | 5,4 g |
| **Penne Gorgonzola** (D) (Knorr) | 1 Port. (450 g) | 621 | 20,7 g | 23,4 g | 85,5 g | 138 | 5,2 g |
| **Penne Mediterran** (Weight Watchers) | 1 Port. (350 g) | 137 | 7,4 g | 0,4 g | 27 g | 39 | 0,1 g |
| **Penne mit Paprika Tricolore***** | 1 Port. (450 g) | 365 | 18 g | 9 g | 52 g | 82 | 2 g |
| **Penne Tomate-Mozzarella** (Maggi) | 1 Port. (405 g) | 267 | 10,5 g | 7,3 g | 39,3 g | 66 | 1,8 g |
| **Penne Tomate-Mozzarella** (Maggi, Lust auf Süden), **zubereitet** | 1 Port. (300 g)* | 316 | 11,3 g | 4,3 g | 58,1 g | 105 | 1,4 g |
| **Penne Vier-Käse** (Bofrost) | 1 Port. (400 g) | 724 | 24 g | 20 g | 112 g | 181 | 5 g |
| **Pinzgauer Kasnocken** | 1 Port. (290 g) | 913 | 35 g | 47 g | 75 g | 315 | 16,2 g |
| **Räucherlachs-Spagetti mit Rucola***** | 1 Port. (210 g) | 385 | 24 g | 5 g | 58 g | 183 | 2,4 g |
| **Ravioli "Bolognese"** (Maggi) | 1 Port. (340 g) | 306 | 10,2 g | 10,5 g | 42,5 g | 90 | 3,1 g |
| **Ravioli al Pomodore** (Inzersdorfer) | 1 Port. (200 g) | 170 | 7,4 g | 2 g | 28,6 g | 85 | 1 g |
| **Ravioli Diavoli** (Maggi) | 1 Port. (400 g) | 312 | 11,6 g | 4,8 g | 56 g | 78 | 1,2 g |
| **Ravioli in pikanter Sauce** (Maggi) | 1 Port. (400 g) | 288 | 11,2 g | 8 g | 42,4 g | 72 | 2 g |
| **Ravioli in Tomatensauce** (Inzersdorfer) | 1 Port. (400 g) | 364 | 8 g | 12 g | 56 g | 91 | 3 g |
| **Ravioli in Tomaten-Sauce** (Maggi) | 1 Port. (400 g) | 296 | 11,6 g | 4,4 g | 52,8 g | 74 | 1,1 g |
| **Ravioli in Tomatensauce** (Sonnen Bassermann) | 1 Port. (400 g) | 288 | 10 g | 8 g | 44 g | 72 | 2 g |
| **Ravioli mit Fleisch in der Sauce** (Sonnen Bassermann) | 1 Port. (400 g) | 312 | 13,2 g | 8,4 g | 46 g | 78 | 2,1 g |
| **Ravioli mit Fleischfüllung und Tomatensoße** | 1 Port. (225 g) | 630 | 24 g | 38 g | 39 g | 280 | 16,9 g |
| **Ravioli mit Gemüse-Käse-Füllung** | 1 Port. (200 g) | 434 | 12 g | 27 g | 35 g | 217 | 13,5 g |

NUDELN & CO · NUDELN & CO · NUDELN & CO · NUDELN & CO · NUDELN & CO · NUDELN & CO · NUDELN & CO

* lt. Herstellerangaben auf Portionsgröße umgerechnet   *** Rezept aus gelbem Schlank-ohne-Diät-Kochbuch

| Speisen / Gerichte | Portionsgröße / Gewicht | kcal/ Portion | Nährstoffgehalt pro Portion | | | Pro 100 Gramm | |
|---|---|---|---|---|---|---|---|
| | | | EW | Fett | KH | kcal | Fett |
| **Ravioli mit Spinatfüllung und Tomatensoße** | 1 Port. (225 g) | 518 | 17 g | 29 g | 40 g | 230 | 12,9 g |
| **Ravioli mit Tomatensauce** (A) (Knorr, Meister Kessel) | 1/2 Dose (250 g) | 253 | 10 g | 7,5 g | 37,5 g | 101 | 3 g |
| **Ravioli mit Tomatensoße** | 1 Port. (250 g) | 343 | 17 g | 16 g | 32 g | 138 | 6,4 g |
| **Ravioli mit Tomatensoße überbacken** | 1 Port. (200 g) | 348 | 22 g | 16 g | 26 g | 174 | 8 g |
| **Ravioli mit Topfenfüllung (Quark-) und Tomatensoße** | 1 Port. (215 g) | 573 | 21 g | 33 g | 41 g | 267 | 15,3 g |
| **Rindfleisch-Nudeltopf mit Möhren** (Erasco) | 1 Port. (400 g) | 176 | 10,8 g | 5,6 g | 20 g | 44 | 1,4 g |
| **Schinkenfleckerln** | 1 Port. (255 g) | 842 | 32 g | 43 g | 72 g | 330 | 16,9 g |
| **Schinkenfleckerln überbacken** | 1 Port. (305 g) | 962 | 43 g | 51 g | 71 g | 315 | 16,7 g |
| **Schinken-Nudeln** (Maggi, Wirtshaus), **zubereitet** | 1 Port. (245 g)* | 303 | 13,7 g | 2,3 g | 57,1 g | 123 | 0,9 g |
| **Schupfnudeln** | 1 Port. (200 g) | 180 | 8 g | 4 g | 26 g | 90 | 2 g |
| **Schupfnudeln mit warmem Sauerkraut*** ** | 1 Port. (490 g) | 335 | 17 g | 13 g | 32 g | 68 | 2,7 g |
| **Schwäbische Käse-Spätzle (ohne Butter)** (Maggi, Wirtshaus), **zubereitet** | 1 Port. (220 g)* | 256 | 8,6 g | 6,9 g | 39,9 g | 116 | 3,1 g |
| **Spagetti al olio** | 1 Port. (300 g) | 540 | 17 g | 11,5 g | 85 g | 180 | 3,8 g |
| **Spagetti al Pesto** | 1 Port. (186 g) | 548 | 21 g | 15 g | 77 g | 295 | 8,1 g |
| **Spagetti alla Napoletana** | 1 Port. (265 g) | 505 | 12 g | 15 g | 75 g | 191 | 5,7 g |
| **Spagetti Bolognese** | 1 Port. (200 g) | 264 | 14 g | 18 g | 10 g | 132 | 9 g |
| **Spagetti Carbonara** | 1 Port. (215 g) | 660 | 30 g | 24 g | 71 g | 307 | 11,2 g |
| **Spagetti gekocht, mit Butter geschmälzt** | 1 Port. (150 g) | 302 | 6 g | 13,5 g | 37,5 g | 201 | 9 g |
| **Spagetti Gorgonzola** | 1 Port. (205 g) | 713 | 19 g | 34 g | 73 g | 348 | 16,6 g |

NUDELN & CO · NUDELN & CO · NUDELN & CO · NUDELN & CO · NUDELN & CO · NUDELN & CO

* lt. Herstellerangaben auf Portionsgröße umgerechnet *** Rezept aus gelbem Schlank-ohne-Diät-Kochbuch

| Speisen / Gerichte | | Portionsgröße / Gewicht | kcal/ Portion | Nährstoffgehalt pro Portion | | | Pro 100 Gramm | |
|---|---|---|---|---|---|---|---|---|
| | | | | EW | Fett | KH | kcal | Fett |
| NUDELN & CO | **Spagetti mit Tomatensoße (Mailänder Art)** | 1 Port. (200 g) | 230 | 10 g | 14 g | 14 g | 115 | 7 g |
| NUDELN & CO | **Spagetti mit Tunfisch-Sugo***** | 1 Port. (380 g) | 410 | 22 g | 12 g | 53 g | 108 | 3,2 g |
| NUDELN & CO | **Spaghetti alla Bolognese** (Marktplatz, Sonnen Bassermann) | 1 Port. (300 g) | 270 | 13,8 g | 9,3 g | 33 g | 90 | 3,1 g |
| NUDELN & CO | **Spaghetti Bolognese** (Erasco) | 1 Port. (360 g) | 403 | 15,5 g | 14 g | 54 g | 112 | 3,9 g |
| NUDELN & CO | **Spaghetti Bolognese** (Inzersdorfer) | 1 Port. (320 g) | 379 | 20,1 g | 9,1 g | 53,4 g | 118 | 2,8 g |
| NUDELN & CO | **Spaghetti Bolognese** (Maggi) | 1 Port. (405 g) | 267 | 10,1 g | 5,7 g | 44,5 g | 66 | 1,4 g |
| NUDELN & CO | **Spaghetti Bolognese** (Maggi, 5 Minuten Terrine), **zubereitet** | 1 Port. (250 g)* | 250 | 8,2 g | 8,3 g | 35,3 g | 100 | 3,3 g |
| NUDELN & CO | **Spaghetti Bolognese** (Weight Watchers) | 1 Port. (350 g) | 310 | 17,4 g | 1,6 g | 56,8 g | 89 | 0,5 g |
| NUDELN & CO | **Spaghetti in cremiger Schinkensoße** (Maggi, 5 Minuten Terrine), **zubereitet** | 1 Port. (250 g)* | 298 | 7,2 g | 15,2 g | 33,2 g | 119 | 6 g |
| NUDELN & CO | **Spaghetti in Tomatensauce** (Erasco) | 1 Port. (400 g) | 208 | 6,4 g | 2,8 g | 38,8 g | 52 | 0,7 g |
| NUDELN & CO | **Spaghetti in Tomatensoße** (Maggi, 5 Minuten Terrine), **zubereitet** | 1 Port. (250 g)* | 232 | 6,9 g | 5,6 g | 38,3 g | 93 | 2,3 g |
| NUDELN & CO | **Spaghetti mit Seelachs** (A) (Nordsee) | 1 Port. (380 g)* | 414 | 31 g | 8 g | 54 g | 109 | 2,1 g |
| NUDELN & CO | **Spaghetti mit Tomatensauce (mit Butter zubereitet)** (Kraft Mirácoli) | 1 Port. (330 g) | 440 | 14,5 g | 11,2 g | 69,7 g | 134 | 3,4 g |
| NUDELN & CO | **Spätzle in Champignon-Sauce** (Maggi, Wirtshaus), **zubereitet** | 1 Port. (270 g)* | 260 | 8,5 g | 7,2 g | 40,4 g | 96 | 2,7 g |
| NUDELN & CO | **Spätzletopf mit Linsen** (Erasco) | 1 Port. (400 g) | 284 | 16,4 g | 8,4 g | 36 g | 71 | 2,1 g |
| NUDELN & CO | **Spinat-Gnocchi***** | 1 Port. (225 g) | 270 | 10 g | 5 g | 46 g | 120 | 2,2 g |
| NUDELN & CO | **Spinatlasagne** | 1 Port. (350 g) | 520 | 22 g | 32 g | 35 g | 149 | 9,1 g |
| NUDELN & CO | **Spinatlasagne** (A) (Iglo) | 1 Pkg. (400 g) | 628 | 28,8 g | 30,8 g | 58,8 g | 157 | 7,7 g |

* lt. Herstellerangaben auf Portionsgröße umgerechnet   *** Rezept aus gelbem Schlank-ohne-Diät-Kochbuch

| Speisen / Gerichte | Portionsgröße / Gewicht | kcal/ Portion | Nährstoffgehalt pro Portion | | | Pro 100 Gramm | |
|---|---|---|---|---|---|---|---|
| | | | EW | Fett | KH | kcal | Fett |
| **Spinatnocken** | 1 Port. (200 g) | 256 | 14 g | 11 g | 26 g | 128 | 5,5 g |
| **Spinatnocken in Käsesauce** (A) (Iglo) | 1 Port. (330 g) | 488 | 11,9 g | 25,1 g | 53,5 g | 148 | 7,6 g |
| **Spinatspätzle** | 1 Port. (250 g) | 605 | 15,1 g | 30,2 g | 61,6 g | 240 | 12,1 g |
| **Spirli-Nudeln mit Fleischklößchen** (Erasco) | 1 Port. (400 g) | 272 | 9,2 g | 7,6 g | 40,8 g | 68 | 1,9 g |
| **Tagesteller Penne mit Tomaten-Kräuter-Sauce** (A) (Iglo) | 1 Port. (330 g) | 363 | 15,8 g | 11,9 g | 47,9 g | 110 | 3,6 g |
| **Tagesteller Spaghetti Bolognese** (A) (Iglo) | 1 Port. (330 g) | 442 | 18,1 g | 15,2 g | 57,8 g | 134 | 4,6 g |
| **Tagliatelle mit Lachs** (Bofrost) | 1 Port. (300 g) | 456 | 18 g | 23,1 g | 44,1 g | 152 | 7,7 g |
| **Tagliatelle mit Muscheln** | 1 Port. (250 g) | 285 | 16 g | 8 g | 37 g | 114 | 3,2 g |
| **Tagliatelle mit Pilzsoße** | 1 Port. (250 g) | 342 | 12 g | 14 g | 43 g | 137 | 5,6 g |
| **Tagliatelle mit Schinken** | 1 Port. (250 g) | 445 | 20 g | 18 g | 49 g | 178 | 7,2 g |
| **Tiroler Spinatnockerln** | 1 Port. (325 g) | 704 | 32 g | 34 g | 57 g | 217 | 10,5 g |
| **WürstchenLunch Nudel** (Meica) | 1 Port. (465 g) | 321 | 20,9 g | 14 g | 27,9 g | 69 | 3 g |
| **Wurstnudeln** | 1 Port. (300 g) | 687 | 23,3 | 47 g | 41 g | 229 | 15,7 g |
| **Zitronen-Spaghetti mit Garnelen** (A, D) (Nordsee) | 1 Port. (355 g)* | 551 | 19 g | 17 g | 78 g | 156 | 5 g |
| **Nürnberger Gwerch (mit Limburger Käse), fränkisch** | 1 Port. (245 g) | 780 | 19,1 g | 77,5 g | 3,7 g | 316 | 31,4 g |
| **Oberschlesischer Bigosch** | 1 Port. (390 g) | 550 | 20,9 g | 39,6 g | 19,5 g | 142 | 10,2 g |
| **Ochsenschwanz gegart** | 1 Port. (150 g) | 334 | 40 g | 19 g | 0 g | 223 | 12,7 g |
| **Okras mit Kokosmilch (Bhindi Sabji)** | 1 Port. (300 g) | 236 | 4 g | 21 g | 8 g | 79 | 7 g |
| **Omelette mit Champignons** | 1 Port. (200 g) | 325 | 20 g | 26 g | 4 g | 163 | 13 g |
| **Omelette mit Kartoffeln, 2 Eier** | 1 Port. (200 g) | 290 | 10 g | 20 g | 16 g | 145 | 10 g |
| **Omelette mit Käse, 2 Eier** | 1 Port. (200 g) | 506 | 34 g | 40 g | 2 g | 253 | 20 g |

NUDELN & CO · NUDELN & CO · NUDELN & CO · NUDELN & CO · NUDELN & CO

* lt. Herstellerangaben auf Portionsgröße umgerechnet *** Rezept aus gelbem Schlank-ohne-Diät-Kochbuch

| Speisen / Gerichte | | Portionsgröße / Gewicht | kcal/ Portion | Nährstoffgehalt pro Portion | | | Pro 100 Gramm | |
|---|---|---|---|---|---|---|---|---|
| | | | | EW | Fett | KH | kcal | Fett |
| **Omelette mit Kräutern, 2 Eier** | | 1 Port. (200 g) | 442 | 22 g | 36 g | 8 g | 221 | 18 g |
| **Omelette mit Pilzen, 2 Eier** | | 1 Port. (200 g) | 372 | 18 g | 32 g | 2 g | 186 | 16 g |
| **Omelette mit Spargel und Schinken, 2 Eier** | | 1 Port. (200 g) | 298 | 20 g | 22 g | 2 g | 149 | 11 g |
| **Omelette mit Spargelspitzen** | | 1 Port. (370 g) | 560 | 26,3 g | 49,5 g | 3,9 g | 150 | 13,3 g |
| **Omelette mit Tomaten, 2 Eier** | | 1 Port. (200 g) | 412 | 14 g | 38 g | 4 g | 206 | 19 g |
| **Paella** | | 1 Port. (200 g) | 302 | 22 g | 18 g | 10 g | 151 | 9 g |
| **Paella** (Bofrost) | | 1 Port. (500 g) | 710 | 32 g | 26 g | 87,5 g | 142 | 5,2 g |
| **Paprikagulasch mit Erbsen & Möhren und Kartoffelpüree** (Erasco) | | 1 Port. (450 g) | 342 | 21,1 g | 13,1 g | 34,6 g | 76 | 2,9 g |
| **Paprikakraut** | | 1 Port. (200 g) | 82 | 4 g | 3 g | 10 g | 41 | 1,5 g |
| **Paprikaschoten gefüllt mit Hackfleisch** | | 1 Port. (200 g) | 302 | 16 g | 8 g | 38 g | 151 | 4 g |
| **Paprikaschoten mit Couscousfülle***** | | 1 Port. (380 g) | 305 | 15 g | 9 g | 40 g | 80 | 2,4 g |
| **Paprikatopf** (Weight Watchers) | | 1 Port. (350 g) | 165 | 13,3 g | 1,8 g | 24,2 g | 47 | 0,5 g |
| PARISER SCHNITZEL | **Pariser Schnitzel** (Huhn) | 1 Port. (150 g) | 290 | 30 g | 15 g | 2,3 g | 193 | 10 g |
| | **Pariser Schnitzel** (Kalb) | 1 Port. (150 g) | 332 | 26 g | 21 g | 2,2 g | 221 | 14 g |
| | **Pariser Schnitzel** (Pute) | 1 Port. (150 g) | 299 | 32 g | 16 g | 2,3 g | 199 | 10,7 g |
| | **Pariser Schnitzel** (Schwein) | 1 Port. (150 g) | 379 | 26 g | 27 g | 2,3 g | 253 | 18 g |
| **Peking Ente chinesisch** | | 1 Port. (340 g) | 795 | 61,3 g | 57,4 g | 4,9 g | 234 | 16,9 g |
| **Peking-Pfanne** (Marktplatz, Sonnen Bassermann) | | 1 Port. (300 g) | 348 | 14,7 g | 10,8 g | 47,7 g | 116 | 3,6 g |
| **Pfälzer Augsburger** | | 1 Stk. (100 g) | 332 | 14 g | 31 g | 0 g | 332 | 31 g |
| **Pfälzer Bratwurst in Soße** | | 1 Port. (150 g) | 131 | 4,5 g | 12 g | 1,5 g | 87 | 8 g |
| **Pfannkuchen gefüllt mit Blattspinat** | | 1 Port. (250 g) | 362 | 11 g | 29 g | 13 g | 145 | 11,6 g |
| **Pfannkuchen mit Auberginen** | | 1 Port. (200 g) | 306 | 10 g | 22 g | 14 g | 153 | 11 g |

*** Rezept aus gelbem Schlank-ohne-Diät-Kochbuch

| Speisen / Gerichte | | Portionsgröße / Gewicht | kcal/ Portion | Nährstoffgehalt pro Portion | | | Pro 100 Gramm | |
|---|---|---|---|---|---|---|---|---|
| | | | | EW | Fett | KH | kcal | Fett |
| **Pfannkuchen mit Konfitüre** | | 1 Port. (250 g) | 459 | 18 g | 23 g | 45 g | 184 | 9,2 g |
| **Pfannkuchen mit Pilzen und Kopfsalat** | | 1 Port. (200 g) | 308 | 10 g | 14 g | 32 g | 154 | 7 g |
| **Pfannkuchen mit Spinat und Soße** | | 1 Port. (200 g) | 196 | 8 g | 14 g | 8 g | 98 | 7 g |
| **Pfannkuchenrolle** | | 1 Port. (200 g) | 278 | 10 g | 10 g | 34 g | 139 | 5 g |
| **Pfeffersteak mit Soße** | | 1 Port. (250 g) | 375 | 43 g | 22 g | 1 g | 150 | 8,8 g |
| **Pferdefleisch gegart** | | 1 Port. (150 g) | 233 | 45 g | 5 g | 1 g | 156 | 3,3 g |
| **Pfifferlinge in Sahnesoße** | | 1 Port. (200 g) | 210 | 3 g | 21 g | 2 g | 105 | 10,5 g |
| **Pfifferlinggulasch** | | 1 Port. (230 g) | 260 | 4,6 g | 23 g | 4,6 g | 113 | 10 g |
| **Pfifferling-Reispfanne** (Bofrost) | | 1 Port. (300 g) | 399 | 9 g | 17,1 g | 51,9 g | 133 | 5,7 g |
| **Pfitzauf** | | 1 Port. (250 g) | 470 | 17 g | 21 g | 81 g | 188 | 8,4 g |
| **Pic mit Fleisch und Gemüse** | | 1 Port. (200 g) | 445 | 19 g | 26 g | 34 g | 223 | 13 g |
| PICHELSTEINER · PICHELSTEINER | **Münchner Pichelsteiner** | 1 Port. (345 g) Fleisch (100 g) | 426 | 23 g | 25 g | 21 g | 123 | 7,2 g |
| | **Pichelsteiner** (Fisch) | 1 Port. (150 g) | 77 | 7,5 g | 1,5 g | 6 g | 51 | 1 g |
| | **Pichelsteiner** (Rind) | 1 Port. (230 g) Fleisch (100 g) | 286 | 27 g | 10 g | 16 g | 124 | 4,3 g |
| | **Pichelsteiner** (Schaf) | 1 Port. (230 g) Fleisch (100 g) | 334 | 24 g | 17 g | 16 g | 145 | 7,4 g |
| | **Pichelsteiner** (Schwein) | 1 Port. (230 g) Fleisch (100 g) | 287 | 25 g | 11 g | 16 g | 125 | 4,8 g |
| | **Pichelsteiner Fleisch*** ** | 1 Port. (420 g) | 280 | 36 g | 8 g | 16 g | 67 | 1,9 g |
| | **Pichelsteiner Topf mit Schweinefleisch** (Sonnen Bassermann) | 1 Port. (400 g) | 164 | 8,4 g | 7,2 g | 15,2 g | 41 | 1,8 g |
| **Pikante Fleischkugeln (Albondigas)** | | 1 Port. (125 g) | 407 | 20 g | 31 g | 11 g | 326 | 24,0 g |
| **Pilgermuscheln gegart** | | 1 Port. (180 g) | 65 | 12 g | 1 g | 2 g | 37 | 0,6 g |
| **Pilzragout überbacken** | | 1 Port. (200 g) | 246 | 16 g | 18 g | 4 g | 123 | 9 g |
| **Pilzragout** (Du darfst) | | 1 Pkg. (350 g) | 230 | 9 g | 6 g | 35 g | 66 | 1,7 g |

*** Rezept aus gelbem Schlank-ohne-Diät-Kochbuch

| Speisen / Gerichte | Portionsgröße / Gewicht | kcal/ Portion | Nährstoffgehalt pro Portion | | | Pro 100 Gramm | |
|---|---|---|---|---|---|---|---|
| | | | EW | Fett | KH | kcal | Fett |
| **Pilzrösti "Förster Art"** (Bofrost) | 1 Stk. (50 g) | 108 | 2,3 g | 7,8 g | 7,3 g | 216 | 15,5 g |
| **Pinkel Bremer** | 1 Port. (100 g) | 212 | 10 g | 11 g | 18 g | 212 | 11 g |
| **Piroggen, ostpreußisch** | 1 Stk. (90 g) | 387 | 5,8 g | 29,7 g | 24,5 g | 443 | 34 g |
| **Poularde** | 1 Port. (150 g) | 362 | 29 g | 28 g | 6 g | 242 | 18,7 g |
| **PUTE** | | | | | | | |
| **Brust gebacken** | 1 Port. (195 g) | 399 | 40 g | 16 g | 16 g | 205 | 8,2 g |
| **Brust gebraten** | 1 Port. (155 g) | 225 | 36 g | 6,5 g | 0 g | 145 | 4,2 g |
| **Cordon bleu** | 1 Port. (230 g) | 537 | 48 g | 27 g | 17 g | 233 | 11,7 g |
| **Pute mit Maronen in Soße** | 1 Port. (150 g) | 278 | 17,5 g | 13,8 g | 10 g | 185 | 9,2 g |
| **Puten – Geschnetzeltes mit Nudeln und buntem Gemüse** (Sonnen Bassermann) | 1 Port. (480 g) | 442 | 30,2 g | 17,8 g | 40,3 g | 92 | 3,7 g |
| **Puten-Brustschnitzel** (Gutfried) | 1 Port. (300 g) | 600 | 51 g | 24 g | 45 g | 200 | 8 g |
| **Putenbruststreifen chinesisch süß-sauer** (Weight Watchers) | 1 Port. (350 g) | 231 | 17,9 g | 0,4 g | 38,7 g | 66 | 0,1 g |
| **Puten-Cevapcici** (Gutfried) | 1 Port. (150 g) | 411 | 26 g | 33 g | 3 g | 274 | 22 g |
| **Putenfleisch in Salbeisauce** (Du darfst) | 1 Pkg. (350 g) | 316 | 20 g | 6,7 g | 44 g | 90 | 1,9 g |
| **Puten-Formschnitte "Cordon Bleu"** (Gutfried) | 1 Port. (300 g) | 642 | 57 g | 33 g | 30 g | 214 | 11 g |
| **Puten-Frikadellen** (Gutfried) | 1 Stk. (200 g) | 480 | 28 g | 32 g | 20 g | 240 | 16 g |
| **Putengeschnetzeltes** | 1 Port. (245 g) Fleisch (150 g) | 368 | 38 g | 16 g | 6,2 g | 150 | 6,5 g |
| **Puten-Geschnetzeltes** (Marktplatz, Sonnen Bassermann) | 1 Port. (300 g) | 288 | 24 g | 9,3 g | 27 g | 96 | 3,1 g |
| **Putengeschnetzeltes in Zwiebel-Sahnesauce mit Erbsen & Möhren und Wildreis** (Erasco) | 1 Port. (460 g) | 405 | 24,8 g | 9,7 g | 54,3 g | 88 | 2,1 g |
| **Puten-Hackfleischbällchen** (Gutfried) | 1 Port. (150 g) | 360 | 21 g | 24 g | 15 g | 240 | 16 g |
| **Puten-Kebap** (Bofrost) | 1 Port. (187,5 g) | 293 | 37,5 g | 15 g | 1,9 g | 156 | 8 g |

| | Speisen / Gerichte | Portionsgröße / Gewicht | kcal/ Portion | Nährstoffgehalt pro Portion | | | Pro 100 Gramm | |
|---|---|---|---|---|---|---|---|---|
| | | | | EW | Fett | KH | kcal | Fett |
| PUTE | **Putenlaibchen mit Ebly Zartweizen und Gemüse** (Inzersdorfer) | 1 Port. (350 g) | 335 | 17,3 g | 11,9 g | 39,7 g | 96 | 3,4 g |
| PUTE | **Puten-Nuggets** (Gutfried) | 1 Port. (150 g) | 329 | 21 g | 16,5 g | 24 g | 219 | 11 g |
| PUTE | **Putenroulade mit Gemüse-Schafkäse-Füllung***** | 1 Port. (320 g) | 385 | 43 g | 7 g | 37 g | 120 | 2,2 g |
| PUTE | **Putenroulade mit Pflaumenfülle und Curryreis***** | 1 Port. (215 g) | 385 | 40 g | 5 g | 43 g | 179 | 2,3 g |
| PUTE | **Putenschnitzel in Steinpilz-Sahne-Sauce mit grünen Bohnen und Reis** (Erasco) | 1 Port. (450 g) | 342 | 23 g | 8,6 g | 42,3 g | 76 | 1,9 g |
| PUTE | **Putenschnitzel Puszta Art mit Reis** (A) (Iglo) | 1 Port. (350 g) | 462 | 23,1 g | 18,9 g | 50,4 g | 132 | 5,4 g |
| PUTE | **Schnitzel gebacken** | 1 Port. (170 g) | 369 | 34 g | 16 g | 16 g | 217 | 9,4 g |
| PUTE | **Schnitzel natur** | 1 Port. (150 g) | 256 | 33 g | 8,7 g | 5,7 g | 171 | 5,8 g |
| PUTE | **Schnitzel Pariser Art** | 1 Port. (150 g) | 299 | 32 g | 16 g | 2,3 g | 199 | 10,7 g |
| PUTE | **Spieß** | 1 Port. (140 g) Fleisch (100 g) | 207 | 24 g | 9,8 g | 1,1 g | 148 | 7 g |
| PUTE | **Szegediner Putengulasch mit Kartoffeln***** | 1 Port. (570 g) | 280 | 30 | 4 g | 27 g | 49 | 0,7 g |
| PUTE | **Westfälische Putenschnitte, paniert und gebraten** (Zimbo Schnell & Fein) | 1 Stk. (125 g) | 373 | 20 g | 26,9 g | 12,5 g | 298 | 21,5 g |
| | **Quiche Lorraine** | 1 Port. (200 g) | 370 | 12 g | 29 g | 15 g | 185 | 14,5 g |
| | **Quiche Lorraine** (Bofrost) | 1 Stk. (150 g) | 404 | 12 g | 24,3 g | 34,4 g | 269 | 16,2 g |
| | **Rahmschnitzerl in feiner Rahmsauce mit Spirali** (Inzersdorfer) | 1 Port. (380 g) | 531 | 22,5 g | 26,1 g | 51,6 g | 140 | 6,9 g |
| | **Ratatouille** | 1 Port. (230 g) | 79 | 3 g | 5 g | 6 g | 35 | 2,2 g |
| | **Ratatouille** (Bofrost) | 1 Port. (200 g) | 260 | 3,4 g | 20,6 g | 15,4 g | 130 | 10,3 g |
| | **Ratatouille** (Bruno Fischer) | 1/2 Glas (175 ml) | 119 | 3 g | 7,4 g | 10,2 g | 68 | 4,2 g |
| | **Reibekuchen rheinisch** | 1 Port. (200 g) | 284 | 8 g | 14 g | 32 g | 142 | 7 g |

*** Rezept aus gelbem Schlank-ohne-Diät-Kochbuch

| Speisen / Gerichte | Portionsgröße / Gewicht | kcal/ Portion | Nährstoffgehalt pro Portion | | | Pro 100 Gramm | |
|---|---|---|---|---|---|---|---|
| | | | EW | Fett | KH | kcal | Fett |
| **Reibekuchen, rheinländisch** | 1 Port. (210 g) | 215 | 6,2 g | 9,4 g | 25,4 g | 103 | 4,5 g |
| **Reisfleisch** (A) (Knorr, Meister Kessel) | 1/2 Dose (250 g) | 448 | 17,5 g | 20 g | 50 g | 179 | 8 g |
| **Reisfleisch** (Felix Austria, Für mich) | 1 Port. (200 g) | 360 | 13 g | 12 g | 50 g | 180 | 6 g |
| **Reisfleisch** (Inzersdorfer) | 1 Port. (200 g) | 244 | 14,2 g | 6,4 g | 32,6 g | 122 | 3,2 g |
| **Reisfleisch serbisch** | 1 Port. (200 g) | 446 | 24 g | 26 g | 30 g | 223 | 13 g |
| **Reisfleisch*** ** | 1 Port. (350 g) | 380 | 35 g | 4 g | 49 g | 109 | 1,1 g |
| **Reis-Linsen-Gemüse-Topf** (Khitschuri) | 1 Port. (300 g) | 449 | 14 g | 21 g | 50 g | 150 | 7 g |
| **Reistopf mit Fleisch** | 1 Port. (200 g) | 322 | 20 g | 20 g | 14 g | 161 | 10 g |
| **Reistopf mit Fleischklößchen** (Sonnen Bassermann) | 1 Port. (400 g) | 268 | 8 g | 13,6 g | 28,8 g | 67 | 3,4 g |
| **Reistopf mit Fleischklößen** (Erasco) | 1 Port. (400 g) | 280 | 9,6 g | 13,6 g | 29,6 g | 70 | 3,4 g |
| **Reistopf ohne Fleisch** | 1 Port. (200 g) | 178 | 6 g | 6 g | 22 g | 89 | 3 g |
| **Reistopf Siebenbürgen mit Hammelfleisch** | 1 Port. (200 g) | 150 | 8 g | 8 g | 8 g | 75 | 4 g |
| **Renfleisch** | 1 Port. (150 g) | 322 | 44 g | 16 g | 0 g | 215 | 10,7 g |
| **Rheinischer Eintopf** | 1 Port. (300 g) | 417 | 6 g | 33 g | 21 g | 139 | 11 g |
| **Rheinischer Sauerbraten** | 1 Port. (250 g) | 235 | 32 g | 9,3 g | 3,8 g | 94 | 3,7 g |
| **RIND · RIND · RIND · RIND · RIND** | | | | | | | |
| **Beefsteak** | 1 Port. (165 g) | 412 | 33 g | 28 g | 0 g | 250 | 17 g |
| **Beefsteak, deutsch** | 1 Port. (200 g) | 435 | 33 g | 25 g | 15 g | 218 | 12,5 g |
| **Beefsteak, Hamburger Art** | 1 Port. (200 g) | 295 | 43 g | 10 g | 5 g | 148 | 5 g |
| **Bierfleisch** | 1 Port. (160 g) | 316 | 22 g | 20 g | 4,3 g | 198 | 12,5 g |
| **Boeuf à la mode mit Soße** | 1 Port. (125 g) | 125 | 12,5 g | 7,5 g | 1,3 g | 100 | 6 g |
| **Boeuf Stroganoff** | 1 Port. (250 g) Fleisch (150 g) | 556 | 32 g | 42 g | 4,7 g | 222 | 16,8 g |
| **Bratenfleisch** | 1 Port. (175 g) | 369 | 29 g | 23 g | 3,8 g | 211 | 13,1 g |

*** Rezept aus gelbem Schlank-ohne-Diät-Kochbuch

RIND · RIND · RIND · RIND · RIND · RIND · RIND · RIND · RIND · RIND · RIND · RIND · RIND · RIND · RIND · RIND · RIND

| Speisen / Gerichte | Portionsgröße / Gewicht | kcal/ Portion | Nährstoffgehalt pro Portion | | | Pro 100 Gramm | |
|---|---|---|---|---|---|---|---|
| | | | EW | Fett | KH | kcal | Fett |
| **Bratenfleisch in Rahmsoße** | 1 Port. (240 g) | 432 | 30 g | 26 g | 6,6 g | 180 | 10,8 g |
| **Bruckfleisch** | 1 Port. (150 g) | 200 | 21 g | 10,5 g | 3 g | 133 | 7 g |
| **Burgunderbraten in Soße mit Gemüse** | 1 Port. (350 g) | 295 | 30 g | 16 g | 8 g | 85 | 4,6 g |
| **Burgunderbraten mit Soße** | 1 Port. (125 g) | 144 | 13,8 g | 8,8 g | 2,5 g | 115 | 7 g |
| **Chateaubriand** | 1 Port. (210 g) | 402 | 44 g | 21 g | 0,3 g | 191 | 10 g |
| **Esterhazyrostbraten** | 1 Port. (150 g) | 326 | 25,5 g | 22,5 g | 4,5 g | 217 | 15 g |
| **Faschierter Braten** | 1 Port. (160 g) | 497 | 25 g | 37 g | 7,6 g | 311 | 23,1 g |
| **Filet à la Colbert** | 1 Port. (310 g) Fleisch (167 g) | 524 | 41 g | 34 g | 3,3 g | 169 | 11 g |
| **Filet Wellington** | 1 Port. (265 g) Fleisch (167 g) | 598 | 41 g | 36 g | 18 g | 226 | 13,6 g |
| **Fleischlaibchen** | 1 Stk. (110 g) | 345 | 17 g | 23 g | 12 g | 314 | 20,9 g |
| **Genießer-Pfanne Stroganoff** (A) (Iglo) | 1 Port. (250 g) | 303 | 14,3 g | 13,8 g | 30,5 g | 121 | 5,5 g |
| **Girardi-Rostbraten** | 1 Port. (245 g) | 622 | 41 g | 43 g | 7,1 g | 254 | 17,6 g |
| **Gulasch** | 1 Port. (170 g) Fleisch (133 g) | 371 | 29 g | 22 g | 6,9 g | 218 | 12,9 g |
| **Hackbeefsteak** | 1 Port. (170 g) | 424 | 30 g | 28 g | 5,2 g | 249 | 16,5 g |
| **Hacksteaks (Biftéki)** | 1 Port. (180 g) | 556 | 30 g | 39 g | 17 g | 309 | 21,7 g |
| **Harlekinbraten** | 1 Port. (150 g) | 338 | 22,5 g | 21,3 g | 0 g | 225 | 14,2 g |
| **Jägerfleisch** | 1 Port. (265 g) | 540 | 36 g | 38 g | 4,7 g | 204 | 14,3 g |
| **Königsberger Fleck** | 1 Port. (125 g) | 94 | 8,8 g | 5 g | 2,5 g | 75 | 4 g |
| **Kümmelfleisch** | 1 Port. (130 g) | 302 | 22 g | 20 g | 2,9 g | 232 | 15,4 g |
| **Kutteln mit Soße** | 1 Port. (350 g) | 188 | 22 g | 7 g | 9 g | 54 | 2 g |
| **Lungenbraten (Lenden-) mit Preiselbeeren und Rahmsoße** | 1 Port. (165 g) Fleisch (130 g) | 411 | 27 g | 27 g | 7,1 g | 250 | 16,4 g |
| **Lungenbraten mit Speck und Rahmsoße** | 1 Port. (155 g) Fleisch (130 g) | 418 | 28 g | 31 g | 0,3 g | 270 | 20 g |

| Speisen / Gerichte | | Portionsgröße / Gewicht | kcal/ Portion | Nährstoffgehalt pro Portion | | | Pro 100 Gramm | |
|---|---|---|---|---|---|---|---|---|
| | | | | EW | Fett | KH | kcal | Fett |
| RIND · RIND · RIND · RIND · RIND · RIND · RIND · RIND · RIND · RIND · RIND · RIND · RIND · RIND · RIND · RIND · RIND | **Majoranfleisch** | 1 Port. (130 g) | 297 | 22 g | 20 g | 2,5 g | 228 | 15,4 g |
| | **Matrosenfleisch** | 1 Port. (235 g) Fleisch (200 g) | 421 | 45 g | 22 g | 3,3 g | 179 | 9,4 g |
| | **Mostbraten** | 1 Port. (320 g) Fleisch (200 g) | 508 | 46 g | 27 g | 1,9 g | 159 | 8,4 g |
| | **Nieren geröstet** | 1 Port. (210 g) | 262 | 22 g | 14 g | 7,2 g | 125 | 6,7 g |
| | **Pichelsteiner Fleisch** | 1 Port. (230 g) Fleisch (100 g) | 286 | 27 g | 10 g | 16 g | 124 | 4,3 g |
| | **Ragout** | 1 Port. (245 g) Fleisch (150 g) | 491 | 33 g | 32 g | 6,2 g | 200 | 13,1 g |
| | **Rinderbraten** (Bofrost) | 1 Port. (250 g) | 273 | 38,8 g | 10,3 g | 6,3 g | 109 | 4,1 g |
| | **Rinderroulade** (Du darfst) | 1 Pkg. (400 g) | 332 | 19 g | 12 g | 37 g | 83 | 3 g |
| | **Rinderroulade mit Apfelrotkohl und Spätzle** (Erasco) | 1 Port. (460 g) | 419 | 26,7 g | 12,9 g | 48,3 g | 91 | 2,8 g |
| | **Rinderroulade mit Kartoffelpüree und Rotkohl** (Sonnen Bassermann) | 1 Port. (480 g) | 370 | 25,4 g | 13,9 g | 36 g | 77 | 2,9 g |
| | **Rinderrouladen in Bratensoße** (Bofrost) | 1 Port. (250 g) | 218 | 25 g | 7,5 g | 12,5 g | 87 | 3 g |
| | **Rindfleisch gekocht** | 1 Port. (190 g) | 359 | 35 g | 21 g | 0 g | 189 | 11,1 g |
| | **Rindfleisch im Saft** | 1 Port. (200 g) | 423 | 35 g | 27 g | 1,5 g | 212 | 13,5 g |
| | **Rindfleisch mit Pilzen** (Inzersdorfer) | 1 Port. (200 g) | 158 | 16,2 g | 7,2 g | 7 g | 79 | 3,6 g |
| | **Rindfleisch Suppentopf** (Sonnen Bassermann) | 1 Port. (400 g) | 184 | 9,2 g | 8 g | 19,2 g | 46 | 2 g |
| | **Rindfleisch Szechuan Art chinesisch** | 1 Port. (250 g) | 460 | 36,2 g | 28,8 g | 11,3 g | 184 | 11,5 g |
| | **Rindfleisch, Berliner Art** (gekochte Rinderbrust mit Meerrettichsauce) | 1 Port. (250 g) | 538 | 27,4 g | 45,8 g | 8,4 g | 215 | 18,3 g |
| | **Rindfleischcurry indonesisch** | 1 Port. (250 g) | 437 | 30,8 g | 9,2 g | 7,7 g | 175 | 3,7 g |
| | **Rindfleischcurry thailändisch** | 1 Port. (260 g) | 425 | 25,1 g | 28,2 g | 14,1 g | 163 | 10,8 g |
| | **Rindfleisch-Nudeltopf mit Möhren** (Erasco) | 1 Port. (400 g) | 176 | 10,8 g | 5,6 g | 20 g | 44 | 1,4 g |
| | **Rindfleischwok mit Gemüsesoße** | 1 Port. (320 g) | 225 | 20,9 g | 10,4 g | 12 g | 70 | 3,3 g |

RIND

| Speisen / Gerichte | Portionsgröße / Gewicht | kcal/ Portion | Nährstoffgehalt pro Portion | | | Pro 100 Gramm | |
|---|---|---|---|---|---|---|---|
| | | | EW | Fett | KH | kcal | Fett |
| **Rindsroulade** | 1 Port. (235 g) Fleisch (150 g) | 509 | 35 g | 35 g | 5,1 g | 217 | 14,9 g |
| **Rindsrouladen in pikanter Sauce mit Spirali** (Inzersdorfer) | 1 Port. (375 g) | 566 | 21,7 g | 29,5 g | 53,5 g | 151 | 7,9 g |
| **Roastbeef** | 1 Port. (170 g) | 428 | 33 g | 29 g | 0 g | 252 | 17,1 g |
| **Rostbraten** | 1 Port. (235 g) | 612 | 40 g | 43 g | 4,6 g | 260 | 18,3 g |
| **Rumpsteak** | 1 Port. (170 g) | 412 | 33 g | 28 g | 4,3 g | 242 | 16,5 g |
| **Russisches Filet** | 1 Port. (220 g) Fleisch (167 g) | 492 | 41 g | 31 g | 1 g | 224 | 14,1 g |
| **Salzburger Bierfleisch** | 1 Port. (290 g) Fleisch (188 g) | 621 | 47 g | 39 g | 7,5 g | 214 | 13,4 g |
| **Sauerbraten** | 1 Port. (210 g) Fleisch (133 g) | 415 | 30 g | 26 g | 6,4 g | 198 | 12,4 g |
| **Schmorbraten** | 1 Port. (230 g) Fleisch (133 g) | 457 | 32 g | 28 g | 11 g | 199 | 12,2 g |
| **Senfbraten** | 1 Port. (180 g) | 372 | 29 g | 23 g | 4 g | 207 | 12,8 g |
| **Serbisches Reisfleisch** | 1 Port. (250 g) | 218 | 15 g | 12,5 g | 10 g | 87 | 5 g |
| **Spieß** | 1 Port. (150 g) | 263 | 22,5 g | 18 g | 1,5 g | 175 | 12 g |
| **Steak mit Pfeffersoße** | 1 Port. (215 g) | 496 | 34 g | 33 g | 1,7 g | 231 | 15,3 g |
| **Stroganoff-Pfanne** (Bofrost) | 1 Port. (500 g) | 625 | 27,5 g | 25 g | 72,5 g | 125 | 5 g |
| **Tafelspitz gekocht** | 1 Port. (150 g) | 314 | 34,5 g | 19,5 g | 1,5 g | 209 | 13 g |
| **Vanillerostbraten** | 1 Port. (170 g) | 448 | 32,3 g | 34 g | 5,1 g | 263 | 20 g |
| **Wok mit Rindfleisch, Gemüse und Eiernudeln*** ** | 1 Port. (390 g) | 355 | 25 g | 9 g | 43 g | 91 | 2,3 g |
| **Wurzelfleisch mit Soße** | 1 Port. (150 g) | 162 | 19,5 g | 9 g | 3 g | 108 | 6 g |
| **Wurzelrostbraten** | 1 Port. (200 g) | 582 | 41 g | 39 g | 7 g | 201 | 13,1 g |
| **Znaimer Rostbraten** | 1 Port. (170 g) | 354 | 27,2 g | 27,2 g | 1,7 g | 208 | 16 g |
| **Zunge** | 1 Port. (170 g) | 377 | 27 g | 27 g | 0,7 g | 222 | 15,9 g |
| **Zunge gebacken** | 1 Port. (125 g) | 463 | 26,2 g | 31,3 g | 20 g | 370 | 25 g |

*** Rezept aus gelbem Schlank-ohne-Diät-Kochbuch

| Speisen / Gerichte | | Portionsgröße / Gewicht | kcal/ Portion | Nährstoffgehalt pro Portion | | | Pro 100 Gramm | |
|---|---|---|---|---|---|---|---|---|
| | | | | EW | Fett | KH | kcal | Fett |
| RIND · RIND | **Zwiebelfleisch** | 1 Port. (375 g) Fleisch (200 g) | 586 | 45 g | 36 g | 10 g | 156 | 9,6 g |
| | **Zwiebelrindsbraten mit Spirali** (Inzersdorfer) | 1 Port. (380 g) | 594 | 23,4 g | 30,3 g | 57 g | 156 | 8 g |
| | **Zwiebelrostbraten** | 1 Port. (245 g) Fleisch (150 g) | 432 | 33 g | 28 g | 4,4 g | 176 | 11,4 g |
| **Risotto alla Milanese***** | | 1 Port. (275 g) | 445 | 12 g | 8 g | 79 g | 162 | 2,9 g |
| **Risotto gedünstet** | | 1 Port. (250 g) | 353 | 5 g | 12,5 g | 52,5 g | 141 | 5 g |
| **Risotto mit Butter und Parmesan** | | 1 Port. (250 g) | 585 | 12,5 g | 42,5 g | 35 g | 234 | 17 g |
| **Rollini Broccoli** (Maggi, Lust auf Süden), **zubereitet** | | 1 Port. (290 g)* | 281 | 12,6 g | 4,6 g | 47,1 g | 97 | 1,6 g |
| **Rostbratwurst, Thüringische** | | 1 Stk. (75 g) | 212 | 10,5 g | 18,8 g | 0,8 g | 265 | 25 g |
| **Rostbratwürstchen** | | 1 Port. (100 g) | 285 | 14 g | 25 g | 1,1 g | 268 | 25 g |
| **Rostbratwürstchen Nürnberger Art mit Soße, Kartoffelpüree und Sauerkraut** (Sonnen Bassermann) | | 1 Port. (480 g) | 451 | 18,2 g | 31,2 g | 24 g | 94 | 6,5 g |
| **Röstipfanne** (Bofrost) | | 1 Port. (350 g) | 410 | 17,5 g | 17,5 g | 45,5 g | 117 | 5 g |
| **Röstkartoffeln mit Nudeln und Ei** | | 1 Port. (200 g) | 270 | 8 g | 8 g | 42 g | 135 | 4 g |
| **Rote Linsen mit frischem Koriander** (Masoor Dal) | | 1 Port. (170 g) | 223 | 10 g | 11 g | 23 g | 132 | 6,5 g |
| **Rote Paprikaschoten mit Schafskäse** (Florinis jemistés) | | 1 Port. (115 g) | 145 | 5 g | 6 g | 19 g | 127 | 5,2 g |
| **Salonbeuschel mit Semmelknödeln** (Inzersdorfer) | | 1 Port. (480 g) | 404 | 23,5 g | 19 g | 34,7 g | 84 | 4 g |
| **Sauerbraten** (Bofrost) | | 1 Port. (275 g) | 305 | 43,2 g | 9,4 g | 12,1 g | 111 | 3,4 g |
| **Sauerbraten mit Eierspätzle und Rotkohl** (Sonnen Bassermann) | | 1 Port. (480 g) | 451 | 35,5 g | 11 g | 52,8 g | 94 | 2,3 g |
| **Sauerbraten rheinisch mit Soße** | | 1 Port. (350 g) | 329 | 45 g | 13 g | 5 g | 94 | 3,7 g |
| **Sauerkraut mit Erbspüree** | | 1 Port. (270 g) | 229 | 6,3 g | 13,8 g | 15,6 g | 85 | 5,1 g |
| **Sauerkrauteintopf** | | 1 Port. (355 g) | 335 | 20 g | 18 g | 17 g | 94 | 5,1 g |
| **Sauerkrauteintopf mit Fleisch** | | 1 Port. (200 g) | 126 | 8 g | 4 g | 12 g | 63 | 2 g |

*** Rezept aus gelbem Schlank-ohne-Diät-Kochbuch

| | Speisen / Gerichte | Portionsgröße / Gewicht | kcal/ Portion | Nährstoffgehalt pro Portion | | | Pro 100 Gramm | |
|---|---|---|---|---|---|---|---|---|
| | | | | EW | Fett | KH | kcal | Fett |
| | **Sauerkrauteintopf mit Schweinefleisch** | 1 Port. (250 g) | 132 | 9 g | 4 g | 13 g | 53 | 1,6 g |
| SCHAF · SCHAF · SCHAF · SCHAF · SCHAF · SCHAF | **Hammelbraten mit Soße** | 1 Port. (125 g) | 160 | 11,3 g | 12,5 g | 2,5 g | 128 | 10 g |
| | **Hammelfilet** | 1 Port. (125 g) | 233 | 33,8 g | 11,3 g | 0 g | 186 | 9 g |
| | **Hammelgulasch mit Soße** | 1 Port. (150 g) | 227 | 10,5 g | 18 g | 6 g | 151 | 12 g |
| | **Hammelkotelett** | 1 Port. (150 g) | 395 | 37,5 g | 27 g | 0 g | 263 | 18 g |
| | **Hammelpilaw mit Soße** | 1 Port. (125 g) | 129 | 7,5 g | 7,5 g | 6,3 g | 103 | 6 g |
| | **Hammelspieß** | 1 Port. (150 g) | 237 | 33 g | 10,5 g | 3 g | 158 | 7 g |
| | **Pichelsteiner Fleisch** | 1 Port. (230 g) Fleisch (100 g) | 334 | 24 g | 17 g | 16 g | 145 | 7,4 g |
| | **Rippchen** | 1 Port. (195 g) | 527 | 33 g | 40 g | 0 g | 270 | 20,5 g |
| | **Schaschlik** | 1 Port. (250 g) | 465 | 44 g | 31 g | 3 g | 186 | 12,4 g |
| | **Steirisches Schöpsernes** | 1 Port. (350 g) Fleisch (150 g) | 593 | 30 g | 35 g | 25 g | 169 | 10 g |
| | **Scharfes Tomaten-Kicher-erbsen-Ragout*****  | 1 Port. (400 g) | 389 | 16 g | 9 g | 58 g | 97 | 2,2 g |
| | **Schaschliktopf** (Bofrost) | 1 Port. (250 g) | 250 | 32 g | 8,5 g | 11,5 g | 100 | 3,4 g |
| | **Schinkenkarfiol (-blumenkohl)** | 1 Port. (425 g) | 285 | 21 g | 19 g | 5 g | 67 | 4,5 g |
| | **Schinken-Kartoffel-Pudding mit Käse** | 1 Port. (240 g) | 301 | 19,2 g | 16,8 g | 19,2 g | 125 | 7 g |
| | **Schinkenrisotto** | 1 Port. (200 g) | 238 | 12 g | 6 g | 32 g | 119 | 3 g |
| | **Schlachtplatte** | 1 Port. (150 g) | 272 | 15 g | 22,5 g | 3 g | 181 | 15 g |
| | **Schlesisches Himmelreich** | 1 Port. (300 g) | 380 | 13 g | 18 g | 38 g | 127 | 6 g |
| | **Schlesisches Himmelreich** | 1 Port. (250 g) | 317 | 10,8 g | 15 g | 31,7 g | 127 | 6 g |
| | **Schmorgurken gefüllt mit Hackfleisch** | 1 Port. (250 g) | 145 | 8 g | 8 g | 9 g | 58 | 3,2 g |
| | **Schnecken Burgunder Art** | 1 Port. (180 g) | 413 | 8 g | 41 g | 4 g | 230 | 22,8 g |
| | **Schnittbohnentopf** (Sonnen Bassermann) | 1 Port. (400 g) | 180 | 7,2 g | 10,4 g | 14,4 g | 45 | 2,6 g |

*** Rezept aus gelbem Schlank-ohne-Diät-Kochbuch

| Speisen / Gerichte | | Portionsgröße / Gewicht | kcal/ Portion | Nährstoffgehalt pro Portion | | | Pro 100 Gramm | |
|---|---|---|---|---|---|---|---|---|
| | | | | EW | Fett | KH | kcal | Fett |
| **Schnitzel gebacken** | | 1 Port. (170 g) Fleisch (133 g) | 449 | 28 g | 27 g | 16 g | 264 | 15,9 g |
| **Schnitzel mit Pommes Frites** | | 1 Port. (345 g) | 805 | 31,2 g | 52 g | 42 g | 233 | 15 g |
| **Schnitzel mit Pommes Frites und Salat** | | 1 Port. (425 g) | 860 | 31,9 g | 56,5 g | 43,9 g | 202 | 13,3 g |
| **Schnitzel mit Reis** | | 1 Port. (330 g) | 616 | 31,8 g | 27,3 g | 51 g | 200 | 8,3 g |
| **Schnitzel mit Reis und Salat** | | 1 Port. (420 g) | 672 | 32,6 g | 32,1 g | 53,1 g | 160 | 7,6 g |
| **Schnitzel mit Reis** (A) (Iglo) | | 1 Port. (350 g) | 816 | 24,5 g | 35 g | 94,5 g | 233 | 10 g |
| **Schwammerlgulasch** | | 1 Port. (235 g) | 216 | 4,2 g | 14 g | 17 g | 92 | 6 g |
| **Schwammerlreis** | | 1 Port. (150 g) | 216 | 2,8 g | 9,2 g | 28 g | 145 | 6,1 g |
| **Schwammerlrisotto** | | 1 Port. (190 g) | 330 | 13,3 g | 17 g | 27,9 g | 174 | 8,9 g |
| **Schwärtlebraten, bayerisch** | | 1 Port. (180 g) | 210 | 27 g | 10,2 g | 2,1 g | 115 | 5,6 g |
| **Schwarzwurzeln paniert** | | 1 Port. (275 g) | 422 | 7,2 g | 29 g | 29 g | 153 | 10,5 g |
| SCHWEIN · SCHWEIN · SCHWEIN · SCHWEIN · SCHWEIN | **Bauch gefüllt mit Soße** | 1 Port. (150 g) | 393 | 19,5 g | 33 g | 7,5 g | 262 | 22 g |
| | **Bauch gekocht** | 1 Port. (190 g) | 873 | 20 g | 82 g | 1,3 g | 459 | 43,2 g |
| | **Bauch in Gelee** | 1 Port. (150 g) | 248 | 15 g | 16,5 g | 9 g | 165 | 11 g |
| | **Bauch paniert** | 1 Port. (125 g) | 423 | 21,3 g | 30 g | 18,8 g | 338 | 24 g |
| | **Bauernschmaus** | 1 Port. (350 g) | 626 | 42 g | 46 g | 3,3 g | 179 | 13,1 g |
| | **Bierfleisch** | 1 Port. (160 g) Fleisch (100 g) | 326 | 20 g | 22 g | 4,3 g | 204 | 13,8 g |
| | **Brust gefüllt** | 1 Port. (235 g) Fleisch (125 g) | 502 | 31 g | 28 g | 22 g | 214 | 11,9 g |
| | **Chinesisches Schweinefleisch süß/ sauer** (Bofrost) | 1 Port. (300 g) | 420 | 21 g | 12 g | 57 g | 140 | 4 g |
| | **Cordon bleu** | 1 Port. (230 g) | 617 | 42 g | 38 g | 17 g | 268 | 16,5 g |
| | **Eisbein gepökelt, gekocht** | 1 Port. (125 g) | 253 | 28,8 g | 15 g | 0 g | 202 | 12 g |
| | **Esterhazybraten** | 1 Port. (270 g) Fleisch (170 g) | 478 | 32 g | 32 g | 6,6 g | 103 | 11,9 g |

SCHWEIN · SCHWEIN · SCHWEIN · SCHWEIN · SCHWEIN · SCHWEIN · SCHWEIN · SCHWEIN · SCHWEIN · SCHWEIN · SCHWEIN

| Speisen / Gerichte | Portionsgröße / Gewicht | kcal/ Portion | Nährstoffgehalt pro Portion | | | Pro 100 Gramm | |
|---|---|---|---|---|---|---|---|
| | | | EW | Fett | KH | kcal | Fett |
| **Faschierter Braten** | 1 Port. (160 g) | 598 | 26 g | 47 g | 7,6 g | 374 | 29,4 g |
| **Fleischlaibchen** | 1 Stk. (110 g) | 413 | 18 g | 30 g | 12 g | 376 | 27,3 g |
| **Geschnetzeltes** | 1 Port. (245 g) Fleisch (150 g) | 464 | 31 g | 30 g | 6,2 g | 189 | 12,2 g |
| **Geschnetzeltes Schweinefilet in Morchelrahm** (Bofrost) | 1 Port. (250 g) | 405 | 30,5 g | 26,8 g | 10,8 g | 162 | 10,7 g |
| **Geselchtes** | 1 Port. (200 g) | 534 | 47 g | 33 g | 2,5 g | 267 | 16,5 g |
| **Gulasch** | 1 Port. (170 g) Fleisch (133 g) | 384 | 26 g | 25 g | 6,9 g | 226 | 14,7 g |
| **Jägerbraten** | 1 Port. (185 g) | 528 | 31 g | 41 g | 0,5 g | 285 | 22,2 g |
| **Jägerroulade vom Schwein mit Kartoffelpüree und Buttergemüse** (Sonnen Bassermann) | 1 Port. (480 g) | 394 | 28,8 g | 13 g | 40,8 g | 82 | 2,7 g |
| **Karree** | 1 Port. (170 g) | 399 | 31 g | 27 g | 0,2 g | 235 | 15,9 g |
| **Kasseler Rippenspeer mit Kraut in Soße** | 1 Port. (250 g) | 188 | 20 g | 10 g | 2,6 g | 75 | 4 g |
| **Kotelett** | 1 Port. (135 g) | 392 | 23 g | 29 g | 2,4 g | 290 | 21,5 g |
| **Kotelett gebacken** | 1 Port. (170 g) | 508 | 27 g | 34 g | 16 g | 299 | 20 g |
| **Kotelettes mit roten Bohnen (Chuletas de cerdo con frijoles)** | 1 Port. (320 g) | 456 | 35 g | 25 g | 23 g | 143 | 7,8 g |
| **Krautfleisch** | 1 Port. (315 g) Fleisch (150 g) | 465 | 30 g | 33 g | 3,8 g | 148 | 10,5 g |
| **Krenfleisch** | 1 Port. (390 g) Fleisch (133 g) | 451 | 30 g | 18 g | 33 g | 116 | 4,6 g |
| **Kümmelfleisch** | 1 Port. (125 g) | 312 | 20 g | 22 g | 2,9 g | 250 | 17,6 g |
| **Leber gebacken** | 1 Port. (145 g) | 379 | 25 g | 21 g | 18 g | 261 | 14,5 g |
| **Leber gespickt** | 1 Port. (155 g) | 371 | 28 g | 25 g | 2,5 g | 239 | 16,1 g |
| **Lende gebacken** | 1 Port. (170 g) | 508 | 27 g | 34 g | 16 g | 299 | 20 g |
| **Lende gebraten** | 1 Port. (135 g) | 392 | 23 g | 29 g | 2,4 g | 290 | 21,5 g |

| Speisen / Gerichte | | Portionsgröße / Gewicht | kcal/ Portion | Nährstoffgehalt pro Portion | | | Pro 100 Gramm | |
|---|---|---|---|---|---|---|---|---|
| | | | | EW | Fett | KH | kcal | Fett |
| SCHWEIN · SCHWEIN · SCHWEIN · SCHWEIN · SCHWEIN · SCHWEIN · SCHWEIN · SCHWEIN · SCHWEIN · SCHWEIN | **Lungenbraten (Lenden-)** | 1 Port. (155 g) | 407 | 26 g | 30 g | 0,3 g | 263 | 19,4 g |
| | **Magen gefüllt mit Soße** | 1 Port. (125 g) | 104 | 5 g | 7,5 g | 3,8 g | 83 | 6 g |
| | **Majoranfleisch** | 1 Port. (125 g) | 307 | 20 g | 22 g | 2,5 g | 246 | 17,6 g |
| | **Medaillons** | 1 Port. (125 g) | 269 | 33,8 g | 15 g | 0 g | 215 | 12 g |
| | **Minis vom Schwein Jäger Art** (Vossko), **paniert, gebraten** | 1 Stk. (80 g) | 210 | 9,4 g | 13,9 g | 11,8 g | 263 | 17,4 g |
| | **Münchner Pichelsteiner** | 1 Port. (345 g) Fleisch (100 g) | 426 | 23 g | 25 g | 21 g | 123 | 7,2 g |
| | **Nasi Goreng mit Schweinefleisch** (Sonnen Bassermann) | 1 Port. (400 g) | 360 | 22,8 g | 10,8 g | 42,4 g | 90 | 2,7 g |
| | **Nieren geröstet** | 1 Port. (210 g) | 253 | 23 g | 13 g | 7 g | 121 | 6,2 g |
| | **Original Münchner Schweinshaxe, gegrillt** (Bofrost) | 1/2 Stk. (250 g) | 468 | 72,8 g | 19,5 g | 0,5 g | 187 | 7,8 g |
| | **Paprikaschnitzel** | 1 Port. (190 g) | 404 | 31 g | 25 g | 4,8 g | 213 | 13,2 g |
| | **Parmaschnitzel** | 1 Port. (215 g) | 565 | 36 g | 41 g | 4,2 g | 263 | 19,1 g |
| | **Pfälzer Saumagen** | 1 Port. (230 g) | 365 | 39 g | 16 g | 16 g | 159 | 7 g |
| | **Pichelsteiner Fleisch** | 1 Port. (230 g) Fleisch (100 g) | 287 | 25 g | 11 g | 16 g | 125 | 4,8 g |
| | **Pörkölt** | 1 Port. (235 g) Fleisch (167 g) | 410 | 34 g | 25 g | 5,1 g | 174 | 10,6 g |
| | **Rahmgeschnetzeltes** | 1 Port. (260 g) Fleisch (150 g) | 483 | 32 g | 31 g | 6,7 g | 186 | 11,9 g |
| | **Rippchen gekocht mit Soße** | 1 Port. (150 g) | 201 | 24 g | 12 g | 1,5 g | 134 | 8 g |
| | **Ritschert** | 1 Port. (240 g) Fleisch (133 g) | 602 | 39 g | 20 g | 56 g | 251 | 8,3 g |
| | **Rollbraten** | 1 Port. (175 g) Fleisch (125 g) | 464 | 28 g | 35 g | 1,8 g | 265 | 20 g |
| | **Rücken gefüllt mit Backpflaumen** | 1 Port. (150 g) | 215 | 19,5 g | 12 g | 7,5 g | 143 | 8 g |
| | **Saumagen gefüllt** | 1 Port. (230 g) | 337 | 33 g | 22 g | 3 g | 147 | 9,6 g |

| Speisen / Gerichte | | Portionsgröße / Gewicht | kcal/ Portion | Nährstoffgehalt pro Portion | | | Pro 100 Gramm | |
|---|---|---|---|---|---|---|---|---|
| | | | | EW | Fett | KH | kcal | Fett |
| SCHWEIN · SCHWEIN · SCHWEIN · SCHWEIN · SCHWEIN · SCHWEIN · SCHWEIN · SCHWEIN · SCHWEIN · SCHWEIN · SCHWEIN | **Schaschlik-Pfanne, Schweinefleischwürfel nach Schaschlik-Art mit Mais-Paprika-Gemüse und Reis** (Sonnen Bassermann) | 1 Port. (400 g) | 452 | 19,2 g | 14,8 g | 60,8 g | 113 | 3,7 g |
| | **Schlemmer-Gulasch aus Schweinefleisch, mit Nudeln, Paprika und feinem Gemüse** (Sonnen Bassermann) | 1 Port. (480 g) | 480 | 29,3 g | 18,7 g | 49 g | 100 | 3,9 g |
| | **Schmorbraten mit Soße** | 1 Port. (125 g) | 204 | 18,8 g | 13,8 g | 13,8 g | 163 | 11 g |
| | **Schnitzel mit Letscho** | 1 Port. (245 g) | 331 | 31 g | 19 g | 3,6 g | 135 | 7,8 g |
| | **Schnitzel Pariser Art** | 1 Port. (150 g) | 379 | 26 g | 27 g | 2,3 g | 253 | 18 g |
| | **Schweinebauch, gebacken** | 1 Port. (170 g) Fleisch (133 g) | 570 | 26,5 g | 37,6 g | 31 g | 335 | 22 g |
| | **Schweinebraten mit Apfelrotkohl und Kartoffelpüree** (Erasco) | 1 Port. (480 g) | 350 | 22,1 g | 12 g | 38,9 g | 73 | 2,5 g |
| | **Schweinefilet auf Mangold mit Kartoffeln*** ** | 1 Port. (540 g) | 340 | 39 g | 6 g | 29 g | 63 | 1,1 g |
| | **Schweinefilet mit Apfel-Pflaumen-Ragout*** ** | 1 Port. (300 g) | 345 | 40 g | 7 g | 30 g | 115 | 2,3 g |
| | **Schweinefleisch mit Bambussprossen thailändisch** | 1 Port. (275 g) | 665 | 22,8 g | 38,4 g | 50,4 g | 242 | 14 g |
| | **Schweinefleisch mit Cashewnüssen chinesisch** | 1 Port. (250 g) | 475 | 30 g | 26,8 g | 19,5 g | 190 | 10,7 g |
| | **Schweinefleisch süß-sauer chinesisch** | 1 Port. (370 g) | 470 | 32,9 g | 18,1 g | 42,9 g | 127 | 4,9 g |
| | **Schweinefleisch süß-sauer mit Chinakohl chinesisch** | 1 Port. (270 g) | 320 | 54,7 g | 25,3 g | 23,1 g | 119 | 9,4 g |
| | **Schweinefleisch-Curry indisch** | 1 Port. (240 g) | 425 | 36,4 g | 25,6 g | 11,5 g | 177 | 10,7 g |
| | **Schweinefleischragout mit Nudeln*** ** | 1 Port. (350 g) | 390 | 40 g | 8 g | 39 g | 111 | 2,3 g |
| | **Schweinegeschnetzeltes** (Du darfst) | 1 Pkg. (400 g) | 295 | 19 g | 10 g | 31 g | 74 | 2,5 g |

*** Rezept aus gelbem Schlank-ohne-Diät-Kochbuch

| Speisen / Gerichte | | Portionsgröße / Gewicht | kcal/ Portion | Nährstoffgehalt pro Portion | | | Pro 100 Gramm | |
|---|---|---|---|---|---|---|---|---|
| | | | | EW | Fett | KH | kcal | Fett |
| SCHWEIN | **Schweine-Geschnetzeltes in Rahmsoße mit Kartoffelpüree und Bohnen-Tomatengemüse** (Sonnen Bassermann) | 1 Port. (400 g) | 360 | 18,8 g | 19,2 g | 28,4 g | 90 | 4,8 g |
| SCHWEIN | **Schweinegeschnetzeltes in Waldpilz-Sauce mit Apfelrotkohl und Spätzle** (Erasco) | 1 Port. (460 g) | 455 | 20,2 g | 17,5 g | 54,3 g | 99 | 3,8 g |
| SCHWEIN | **Schweineschnitzel** (Herta) | 1 Port. (150 g) | 300 | 26 g | 18 g | 32 g | 200 | 12 g |
| SCHWEIN | **Schweineschnitzel paniert und gebraten** (Zimbo Family) | 1 Stk. (150 g) | 336 | 28,5 g | 12 g | 28,5 g | 224 | 8 g |
| SCHWEIN | **Schweinsbraten** | 1 Port. (170 g) | 404 | 31 g | 27 g | 1,2 g | 238 | 15,9 g |
| SCHWEIN | **Schweinsbraten** (Inzersdorfer) | 1 Port. (380 g) | 427 | 6,7 g | 7 g | 5,7 g | 112 | 1,8 g |
| SCHWEIN | **Schweinsbraten mit Serviettenknödel und Krautsalat** (A) (Iglo) | 1 Port. (350 g) | 490 | 25,9 g | 29,8 g | 30,4 g | 140 | 8,5 g |
| SCHWEIN | **Schweinshaxe** | 1 Port. (150 g) | 177 | 20,7 g | 8,6 g | 4,2 g | 118 | 5,6 g |
| SCHWEIN | **Schweinshaxe mit Soße** | 1 Port. (250 g) | 305 | 33,5 g | 17,5 g | 3,5 g | 122 | 7 g |
| SCHWEIN | **Selchfleisch** | 1 Port. (135 g) | 233 | 26 g | 12 g | 0 g | 173 | 8,9 g |
| SCHWEIN | **Spanferkel gebraten** | 1 Port. (190 g) | 386 | 58,9 g | 15,2 g | 0 g | 203 | 8 g |
| SCHWEIN | **Spare Ribs** | 1 Port. (320 g) | 785 | 57 g | 56 g | 0 g | 245 | 17,5 g |
| SCHWEIN | **Stelze** | 1 Port. (305 g) | 648 | 57 g | 41 g | 0,3 g | 212 | 13,4 g |
| SCHWEIN | **Szegediner Gulasch** | 1 Port. (255 g) Fleisch (117 g) | 326 | 25 g | 20 g | 5 g | 128 | 7,8 g |
| SCHWEIN | **Teutoburger Schweineschnitzel paniert und gebraten** (Zimbo Schnell & Fein) | 1 Stk. (125 g) | 188 | 17,6 g | 4 g | 20,1 g | 150 | 3,2 g |
| SCHWEIN | **Wiener Schnitzel** | 1 Port. (170 g) | 449 | 28 g | 27 g | 16 g | 264 | 15,9 g |
| SCHWEIN | **Wurzelfleisch** | 1 Port. (190 g) Fleisch (133 g) | 281 | 26 g | 16 g | 1,8 g | 148 | 8,4 g |
| **Selchfleischknödel** (A) (Iglo) | | 2 Stk. (200 g) | 440 | 16,6 g | 16,6 g | 56 g | 220 | 8,3 g |

| Speisen / Gerichte | Portionsgröße / Gewicht | kcal/ Portion | Nährstoffgehalt pro Portion | | | Pro 100 Gramm | |
|---|---|---|---|---|---|---|---|
| | | | EW | Fett | KH | kcal | Fett |
| **Sellerie gebacken** (Backteig) | 1 Port. (335 g) | 524 | 11 g | 30 g | 41 g | 156 | 9 g |
| **Sellerie paniert** | 1 Port. (275 g) | 380 | 7,9 g | 29 g | 18 g | 138 | 10,5 g |
| **Selleriescheiben ausgebacken** | 1 Port. (250 g) | 210 | 7 g | 13 g | 16 g | 84 | 5,2 g |
| **Senatorentopf (Eintopf mit Pfifferlingen)** | 1 Port. (350 g) | 305 | 23,8 g | 22,1 g | 2,8 g | 87 | 6,3 g |
| **Serbischer Bohnen-Eintopf mit grünen Bohnen und Rauchspeck** (Erasco) | 1 Port. (400 g) | 244 | 12,8 g | 6,8 g | 32,4 g | 61 | 1,7 g |
| **Sojagulasch** | 1 Port. (200 g) | 205 | 11 g | 13 g | 12 g | 103 | 6,5 g |
| **Sojaschnitzel** | 1 Port. (120 g) | 368 | 52 g | 1 g | 35 g | 307 | 0,8 g |
| **Sonntagsbraten mit Eierspätzle und buntem Gemüse** (Sonnen Bassermann) | 1 Port. (400 g) | 356 | 22,4 g | 12,4 g | 38,4 g | 89 | 3,1 g |
| **Spareribs** | 1 Port. (320 g) | 785 | 57 g | 56 g | 0 g | 245 | 17,5 g |
| **Spargel mit Bechamelsoße** | 1 Port. (340 g) | 204 | 7,8 g | 13 g | 13 g | 167 | 3,8 g |
| **Spargel mit Holländischer Soße** | 1 Port. (235 g) | 260 | 4,9 g | 24 g | 3,2 g | 111 | 10,2 g |
| **Spargel mit Schinken** | 1 Port. (270 g) | 264 | 23,1 g | 14,9 g | 6,2 g | 98 | 5,5 g |
| **Spargel mit Schinken-Kräuter-Soße und Kartoffeln*** ** | 1 Port. (500 g) | 280 | 21 g | 4 g | 38 g | 56 | 0,8 g |
| **Spargel paniert** | 1 Port. (275 g) | 388 | 10 g | 29 g | 19 g | 141 | 10,5 g |
| **Speckknödel (-klöße)** | 1 Port. (175 g) | 622 | 9,7 g | 53 g | 21 g | 355 | 30,3 g |
| **Speckrisotto** | 1 Port. (200 g) | 358 | 6 g | 20 g | 38 g | 179 | 10 g |
| **Specktorte Lothringen** | 1 Port. (250 g) | 726 | 23 g | 53 g | 39 g | 291 | 21,2 g |
| **Spezialitäten Gefüllte Kartoffelklöße** (Wagner) | 1 Stk. (85 g) | 146 | 4,3 g | 5,8 g | 19,1 g | 172 | 6,8 g |
| **Spinat mit Rosinen und Pinienkernen** (Espinacas con pesas y pinones) | 1 Port. (250 g) | 332 | 10 g | 29 g | 10 g | 133 | 11,6 g |
| **Spinatpalatschinken mit Tomatensoße*** ** | 1 Port. (400 g) | 345 | 25 g | 15 g | 26 g | 86 | 3,8 g |
| **Spinatpudding** | 1 Port. (230 g) | 270 | 9,2 g | 20,7 g | 9,2 g | 117 | 9 g |

*** Rezept aus gelbem Schlank-ohne-Diät-Kochbuch

| Speisen / Gerichte | Portionsgröße / Gewicht | kcal/ Portion | Nährstoffgehalt pro Portion | | | Pro 100 Gramm | |
|---|---|---|---|---|---|---|---|
| | | | EW | Fett | KH | kcal | Fett |
| **Spinat-Schafkäse-Strudel** | 1 Port. (145 g) | 295 | 11 g | 14 g | 28 g | 205 | 9,7 g |
| **Spinatstrudel** | 1 Port. (115 g) | 222 | 5,9 g | 8,4 g | 28 g | 193 | 7,3 g |
| **Spinatstrudel mit Speck** | 1 Port. (120 g) | 275 | 6,2 g | 14 g | 28 g | 229 | 11,7 g |
| **Spirelli Bolognese** (Maggi, Lust auf Süden), **zubereitet** | 1 Port. (280 g)* | 291 | 12 g | 3,7 g | 52,3 g | 104 | 1,3 g |
| **Steaklets** (D) (Iglo) | 1 Stk. (75 g) | 188 | 9,7 g | 14 g | 7,1 g | 250 | 18 g |
| **Steckrübeneintopf** | 1 Port. (350 g) | 205 | 12 g | 6,5 g | 22,5 g | 60 | 1,8 g |
| **Stroganoff-Pfanne** (Bofrost) | 1 Port. (500 g) | 625 | 27,5 g | 25 g | 72,5 g | 125 | 5 g |
| **Sülze auf Berliner Art** | 1 Port. (150 g) | 137 | 15 g | 7,5 g | 1,5 g | 91 | 5 g |
| **Szegediner Krautfleisch** (A) (Knorr, Meister Kessel) | 1/2 Dose (250 g) | 250 | 15 g | 15 g | 10 g | 100 | 6 g |
| **Szekler Gulasch** | 1 Port. (300 g) | 365 | 26 g | 26 g | 4 g | 122 | 8,7 g |
| **Tacos mit Fleischfüllung** | 1 Port. (170 g) | 371 | 21 g | 21 g | 27 g | 219 | 12,4 g |
| **Tafelspitz** (Bofrost) | 1 Port. (250 g) | 380 | 44,5 g | 19,2 g | 7,3 g | 152 | 7,7 g |
| **Tagesteller Fleischbällchen mit Tomatensauce und Penne** (A) (Iglo) | 1 Port. (330 g) | 436 | 19,8 g | 19,1 g | 45,5 g | 132 | 5,8 g |
| **Tagesteller Risibisi mit Huhn** (A) (Iglo) | 1 Port. (330 g) | 455 | 23,1 g | 16,5 g | 54,5 g | 138 | 5 g |
| **Tagesteller Schinkenfleckerl** (A) (Iglo) | 1 Port. (330 g) | 564 | 23,1 g | 18,8 g | 75,6 g | 171 | 5,7 g |
| **Teriyaki Fleischbällchen** | 1 Port. (150 g) | 299 | 30 g | 13,5 g | 13,5 g | 199 | 9 g |
| **Teutoburger Frikadelle** (Zimbo Schnell & Fein) | 1 Stk. (80 g) | 236 | 9,6 g | 18,4 g | 8 g | 295 | 23 g |
| **Thai Chicken "Sweet & Exotic"** (Maggi) | 1 Port. (350 g) | 189 | 6,3 g | 1,4 g | 37,8 g | 54 | 0,4 g |
| **Thüringer Klöße** | 1 Port. (200 g) | 162 | 4 g | 4 g | 24 g | 81 | 2 g |
| **Thüringer Klöße (aus rohen Kartoffeln)** | 1 Port. (200 g) | 168 | 4,8 g | 2,6 g | 30 g | 85 | 1,3 g |
| **Tiroler Gröstl** | 1 Port. (300 g) | 385 | 19 g | 16 g | 35 g | 128 | 5,3 g |
| **Tiroler Knödel** | 1 Stk. (125 g) | 280 | 11 g | 14 g | 24 g | 224 | 11,2 g |

* lt. Herstellerangaben auf Portionsgröße umgerechnet   *** Rezept aus gelbem Schlank-ohne-Diät-Kochbuch

| Speisen / Gerichte | Portionsgröße / Gewicht | kcal/ Portion | Nährstoffgehalt pro Portion | | | Pro 100 Gramm | |
|---|---|---|---|---|---|---|---|
| | | | EW | Fett | KH | kcal | Fett |
| **Toast "Lukullus" mit Kassler** | 1 Port. (200 g) | 378 | 21,8 g | 26,4 g | 13,8 g | 190 | 13,2 g |
| **Tofu gebraten** | 1 Port. (160 g) | 175 | 12 g | 14 g | 0,8 g | 109 | 8,8 g |
| **Tofu gebraten mit Sojasoße** | 1 Port. (160 g)<br>1 Port. (50 g) | 233 | 18 g | 15 g | 4,1 g | 111 | 7,1 g |
| **Tomaten gefüllt mit Hackfleisch** | 1 Port. (250 g) | 318 | 25 g | 18 g | 13 g | 128 | 7,2 g |
| **Tomaten gefüllt mit Schafskäse und Oliven** | 1 Port. (250 g) | 302 | 15 g | 24 g | 5 g | 121 | 9,6 g |
| **Tomaten Pastatopf mit italienischen Kräutern** (Sonnen Bassermann) | 1 Port. (400 g) | 200 | 8,4 g | 2,4 g | 36,4 g | 50 | 0,6 g |
| **Topfen-(Quark-)Kartoffeln mit Speck** | 1 Port. (250 g) | 418 | 15 g | 25 g | 32,5 g | 167 | 10 g |
| **Topfen-(Quark-)Kraut-Krapfen** | 1 Port. (200 g) | 250 | 12 g | 12 g | 24 g | 125 | 6 g |
| **Topfenfleckerln (Quark-)** | 1 Port. (200 g) | 340 | 20 g | 14 g | 28 g | 170 | 7 g |
| **Topfenlaibchen (Quark-)** | 1 Stk. (175 g) | 333 | 9 g | 19 g | 28 g | 190 | 10,9 g |
| **Tortelli Ricotta-Spinat** (Bofrost) | 1 Port. (250 g) | 528 | 22,5 g | 17,5 g | 70 g | 211 | 7 g |
| **Tortellini mit Fleischfüllung und Tomatensoße** | 1 Port. (225 g) | 630 | 24 g | 38 g | 39 g | 280 | 16,9 g |
| **Tortellini mit Spinatfüllung und Tomatensoße** | 1 Port. (225 g) | 518 | 17 g | 29 g | 40 g | 230 | 12,9 g |
| **Tortellini mit Topfenfüllung (Quark-) und Tomatensoße** | 1 Port. (215 g) | 573 | 21 g | 33 g | 41 g | 267 | 15,3 g |
| **Tortellini Spinat-Champignon** (D) (Iglo) | 1 Pkg. (430 g) | 482 | 18,1 g | 17,2 g | 64,5 g | 112 | 4 g |
| **Tortellini Spinat-Champignon** (D) (Knorr) | 1 Port. (430 g) | 473 | 15,5 g | 15,9 g | 68,8 g | 110 | 3,7 g |
| **Tortelloni Käse-Sahne** (D) (Iglo) | 1 Pkg. (440 g) | 616 | 18,5 g | 28,6 g | 70,4 g | 140 | 6,5 g |
| **Tortelloni Käse-Sahne** (D) (Knorr) | 1 Port. (440 g) | 616 | 18,5 g | 28,6 g | 70,4 g | 140 | 6,5 g |
| **Toskanischer Gemüsetopf** (Sonnen Bassermann) | 1 Port. (400 g) | 160 | 7,2 g | 4,4 g | 22,8 g | 40 | 1,1 g |
| **Töttchen "Münsterländer"** | 1 Port. (350 g) | 298 | 28 g | 19,2 g | 3,5 g | 85 | 5,5 g |
| **Töttchen "westfälisch" mit Soße** | 1 Port. (350 g) | 238 | 23,8 g | 12,3 g | 9,8 g | 68 | 3,5 g |
| **Töttchen, westfälisch** | 1 Port. (350 g) | 660 | 42,8 g | 15,7 g | 45,1 g | 158 | 4,5 g |

| Speisen / Gerichte | Portionsgröße / Gewicht | kcal/ Portion | Nährstoffgehalt pro Portion | | | Pro 100 Gramm | |
|---|---|---|---|---|---|---|---|
| | | | EW | Fett | KH | kcal | Fett |
| **Truthahn gefüllt** | 1 Port. (150 g) | 474 | 40,5 g | 33 g | 4,5 g | 316 | 22 g |
| **Tunfischreis** | 1 Port. (350 g) | 440 | 28,2 g | 19 g | 36,8 g | 126 | 5,4 g |
| **Ungarisches Kraut** | 1 Port. (250 g) | 190 | 5 g | 15 g | 7,5 g | 76 | 6 g |
| **Vietnamese Duck "Hot & Roasty"** (Maggi) | 1 Port. (360 g) | 158 | 5,4 g | 2,2 g | 28,8 g | 44 | 0,6 g |
| **Vogtländer Klöße (aus rohen Kartoffeln)** | 1 Port. (200 g) | 224 | 5,6 g | 6,2 g | 35 g | 112 | 3 g |
| **Vollwert-Gemüse-Puffer** (Bofrost) | 1 Stk. (60 g) | 95 | 2,2 g | 5,2 g | 10,1 g | 159 | 8,6 g |
| **Waldviertler Erdäpfelstrudel (Kartoffel-)** | 1 Port. (180 g) | 478 | 8 g | 30 g | 40 g | 266 | 16,7 g |
| **Waldviertler Saumaisen** | 1 Port. (220 g) | 680 | 38 g | 53 g | 1 g | 309 | 24,1 g |
| **Wammerl in Bier** | 1 Port. (300 g) | 815 | 40 g | 70 g | 8,7 g | 270 | 23 g |
| **Wan-Tan "Singapur"** (Maggi, Magic Asia)**, zubereitet** | 1 Port. (260 g)* | 251 | 6,9 g | 7,1 g | 39,7 g | 97 | 2,8 g |
| **Weinbeuschl** (Inzersdorfer) | 1 Port. (200 g) | 148 | 11 g | 8,2 g | 7,6 g | 74 | 4,1 g |
| **Weißkrauteintopf mit Fleisch** | 1 Port. (200 g) | 102 | 6 g | 2 g | 10 g | 51 | 1 g |
| **Westfälischer Bohneneintopf** | 1 Port. (350 g) | 207 | 16,1 g | 5,6 g | 22,4 g | 60 | 1,6 g |
| **Westfälischer Linsen-Eintopf** (Erasco) | 1 Port. (400 g) | 292 | 18 g | 7 g | 38 g | 73 | 1,7 g |
| **Westfälisches Blindhuhn mit Rauchfleisch** | 1 Port. (200 g) | 144 | 12 g | 4 g | 14 g | 72 | 2 g |
| WIENER SCHNITZEL: **Wiener Schnitzel** (Huhn) | 1 Port. (170 g) | 360 | 32 g | 16 g | 16 g | 212 | 9,4 g |
| WIENER SCHNITZEL: **Wiener Schnitzel** (Kalb) | 1 Port. (170 g) | 413 | 29 g | 23 g | 16 g | 243 | 13,5 g |
| WIENER SCHNITZEL: **Wiener Schnitzel** (Pute) | 1 Port. (170 g) | 369 | 34 g | 16 g | 16 g | 217 | 9,4 g |
| WIENER SCHNITZEL: **Wiener Schnitzel** (Schwein) | 1 Port. (170 g) | 449 | 28 g | 27 g | 16 g | 264 | 15,9 g |
| WILD · WILD: **Fasan gebraten** | 1 Port. (175 g) | 385 | 33 g | 24 g | 0,8 g | 219 | 13,7 g |
| WILD · WILD: **Fasan mit Sauerkraut** | 1 Port. (150 g) | 255 | 22,5 g | 18 g | 1,5 g | 170 | 12 g |
| WILD · WILD: **Fasan nach Winzerinnen Art** | 1 Port. (150 g) | 294 | 22,5 g | 18 g | 12 g | 196 | 12 g |

* lt. Herstellerangaben auf Portionsgröße umgerechnet

| Speisen / Gerichte | Portionsgröße / Gewicht | kcal/ Portion | Nährstoffgehalt pro Portion | | | Pro 100 Gramm | |
|---|---|---|---|---|---|---|---|
| | | | EW | Fett | KH | kcal | Fett |
| **Gulasch** | 1 Port. (275 g) Fleisch (150 g) | 365 | 37 g | 15 g | 8,2 g | 133 | 5,5 g |
| **Hasenbraten mit Rahm** | 1 Port. (170 g) | 328 | 30 g | 20 g | 0,8 g | 193 | 11,8 g |
| **Hasenpfeffer** | 1 Port. (155 g) | 285 | 29 g | 13 g | 7,4 g | 248 | 8,4 g |
| **Hasenragout mit Soße** | 1 Port. (150 g) | 204 | 18 g | 13,5 g | 3 g | 136 | 9 g |
| **Hirschbraten** | 1 Port. (180 g) | 372 | 33 g | 24 g | 0 g | 207 | 13,3 g |
| **Hirschbraten in Rahmsoße** (Bofrost) | 1 Port. (250 g) | 280 | 34,5 g | 11,5 g | 9,5 g | 112 | 4,6 g |
| **Hirschgulasch in Wildsoße** (Bofrost) | 1 Port. (250 g) | 268 | 32,2 g | 7,8 g | 17 g | 107 | 3,1 g |
| **Hirschkotelett** | 1 Port. (150 g) | 231 | 13,5 g | 15 g | 10,5 g | 154 | 10 g |
| **Hirschragout mit Soße** | 1 Port. (250 g) | 326 | 32,6 g | 17,6 g | 7,6 g | 130 | 7 g |
| **Hirschrücken mit Soße** | 1 Port. (190 g) | 397 | 38 g | 22 g | 4,9 g | 209 | 11,6 g |
| **Hirschschlegel mit Soße** | 1 Port. (250 g) | 454 | 37,6 g | 32,6 g | 2,6 g | 181 | 13 g |
| **Hirschschnitzel gespickt** | 1 Port. (185 g) | 455 | 34 g | 32 g | 0,2 g | 246 | 17,3 g |
| **Hirschschnitzel in Rahmsoße** | 1 Port. (225 g) | 495 | 51 g | 24 g | 5,1 g | 220 | 10,7 g |
| **Hirschschnitzel natur** | 1 Port. (160 g) | 290 | 32 g | 16 g | 0,2 g | 181 | 10 g |
| **Hirschsteak** | 1 Port. (160 g) | 290 | 32 g | 16 g | 0,2 g | 181 | 10 g |
| **Kaninchengulasch** | 1 Port. (150 g) | 254 | 21 g | 16,5 g | 4,5 g | 169 | 11 g |
| **Ragout** | 1 Port. (235 g) Fleisch (150 g) | 356 | 36 g | 16 g | 7 g | 151 | 6,8 g |
| **Rebhuhn gebraten** | 1 Port. (175 g) | 503 | 49 g | 29 g | 0,8 g | 287 | 16,6 g |
| **Rehbraten** | 1 Port. (180 g) | 351 | 35 g | 20 g | 0,3 g | 195 | 11,1 g |
| **Rehfilet** | 1 Port. (160 g) | 296 | 34 g | 12 g | 0,2 g | 168 | 7,5 g |
| **Rehgeschnetzeltes in Preiselbeersoße** (Bofrost) | 1 Port. (250 g) | 278 | 34 g | 9 g | 15 g | 111 | 3,6 g |
| **Rehkeule, pfälzisch** | 1 Port. (150 g) | 264 | 23,2 g | 17,6 g | 1,8 g | 175 | 11,7 g |

WILD · WILD · WILD · WILD · WILD · WILD · WILD · WILD · WILD · WILD · WILD · WILD · WILD · WILD · WILD · WILD · WILD · WILD

WILD · WILD · WILD · WILD · WILD · WILD · WILD · WILD · WILD · WILD · WILD

| Speisen / Gerichte | Portionsgröße / Gewicht | kcal/ Portion | Nährstoffgehalt pro Portion | | | Pro 100 Gramm | |
|---|---|---|---|---|---|---|---|
| | | | EW | Fett | KH | kcal | Fett |
| **Rehpfeffer mit Soße** | 1 Port. (250 g) | 318 | 30 g | 20 g | 5 g | 127 | 8 g |
| **Rehragout** | 1 Port. (150 g) | 189 | 19,5 g | 9 g | 4,5 g | 126 | 6 g |
| **Rehrücken mit Birnenhälfte** | 1 Port. (260 g) | 406 | 28,6 g | 23,8 g | 20,3 g | 155 | 9,1 g |
| **Rehrücken mit Soße** | 1 Port. (250 g) | 400 | 37,6 g | 27,6 g | 2,6 g | 160 | 11 g |
| **Rehschlegel** | 1 Port. (150 g) | 348 | 33 g | 24 g | 1,5 g | 232 | 16 g |
| **Rehschnitzel in Rahmsoße** | 1 Port. (225 g) | 342 | 35 g | 15 g | 4,5 g | 152 | 6,7 g |
| **Rehschnitzel natur** | 1 Port. (160 g) | 269 | 34 g | 12 g | 0,2 g | 168 | 7,5 g |
| **Wildentenbraten mit Speck, in Soße** | 1 Port. (250 g) | 488 | 37,6 g | 37,6 g | 2,6 g | 195 | 15 g |
| **Wildragout mit Pfifferlingen** | 1 Port. (300 g) | 273 | 33 g | 12 g | 6 g | 90 | 4 g |
| **Wildragout mit Pilzen** | 1 Port. (300 g) | 273 | 32 g | 13 g | 7 g | 91 | 4,3 g |
| **Wildragout mit Pilzen und Semmelknödel** (Inzersdorfer) | 1 Port. (200 g) | 214 | 14 g | 7 g | 11,8 g | 107 | 3,5 g |
| **Wildragout mit Soße** | 1 Port. (250 g) | 233 | 32,5 g | 7,5 g | 10 g | 93 | 3 g |
| **Wildschweinkeule mit Soße** | 1 Port. (250 g) | 268 | 32,5 g | 10 g | 15 g | 105 | 4 g |
| **Wildschweinragout mit Soße** | 1 Port. (250 g) | 240 | 27,6 g | 12,6 g | 2,6 g | 96 | 5 g |
| **Wildschwein-schmorbraten** | 1 Port. (200 g) | 300 | 42 g | 13 g | 0 g | 150 | 6,5 g |
| **Wirsingeintopf mit Rindfleisch** | 1 Port. (300 g) | 150 | 13 g | 5 g | 12 g | 50 | 1,7 g |
| **Wirsingeintopf mit Speck** | 1 Port. (300 g) | 183 | 10 g | 8 g | 18 g | 61 | 2,7 g |
| **Wirsingroulade** (Du darfst) | 1 Pkg. (350 g) | 243 | 9,4 g | 11 g | 26 g | 69 | 3,1 g |
| **Wirsingtopf mit Schweinefleisch** (Sonnen Bassermann) | 1 Port. (400 g) | 152 | 9,2 g | 6,4 g | 14,4 g | 38 | 1,6 g |
| **Würstchen im Schlafrock** | 1 Stk. (125 g) | 438 | 15 g | 34 g | 18 g | 351 | 27,2 g |
| **WürstchenLunch Erbse** (Meica) | 1 Port. (465 g) | 512 | 25,6 g | 25,6 g | 44,2 g | 110 | 5,5 g |
| **WürstchenLunch Gemüse** (Meica) | 1 Port. (465 g) | 312 | 16,3 g | 20,9 g | 14 g | 67 | 4,5 g |

| Speisen / Gerichte | Portionsgröße / Gewicht | kcal/ Portion | Nährstoffgehalt pro Portion | | | Pro 100 Gramm | |
|---|---|---|---|---|---|---|---|
| | | | EW | Fett | KH | kcal | Fett |
| **WürstchenLunch Kartoffel** (Meica) | 1 Port. (465 g) | 488 | 20,9 g | 32,5 g | 27,9 g | 105 | 7 g |
| **WürstchenLunch Linse** (Meica) | 1 Port. (465 g) | 539 | 27,9 g | 27,9 g | 44,2 g | 116 | 6 g |
| **WürstchenLunch Nudel** (Meica) | 1 Port. (465 g) | 321 | 20,9 g | 14 g | 27,9 g | 69 | 3 g |
| **Würstel in Gulaschsaft** (Inzersdorfer) | 1 Port. (200 g) | 334 | 13,6 g | 27,8 g | 7,2 g | 167 | 13,9 g |
| **Wurstknödel** | 1 Stk. (175 g) | 357 | 18 g | 20 g | 21 g | 204 | 11,4 g |
| **Wurstknödel** (A) (Iglo) | 2 Stk. (200 g) | 488 | 15,6 g | 22,4 g | 56,2 g | 244 | 11,2 g |
| **Zigeunerschnitzel** | 1 Port. (400 g) | 380 | 42,2 g | 14,1 g | 15,5 g | 95 | 3,5 g |
| **Zillertaler Bauernkrapfen** | 1 Stk. (85 g) | 274 | 5 g | 14 g | 29 g | 322 | 16,5 g |
| **Zucchini gebacken** (Backteig) | 1 Port. (335 g) | 525 | 11 g | 30 g | 41 g | 157 | 9 g |
| **Zucchini gefüllt mit Faschiertem (Hackfleisch)** | 1 Port. (400 g) | 565 | 74,5 g | 34,5 g | 18,2 g | 141 | 8,6 g |
| **Zucchini mit Mais (Calabacita con elote)** | 1 Port. (220 g) | 194 | 5 g | 11 g | 19 g | 89 | 5 g |
| **Zucchini paniert** | 1 Port. (275 g) | 382 | 8,4 g | 29 g | 19 g | 139 | 10,5 g |
| **Zucchinilaibchen***** | 1 Stk. (80 g) | 85 | 4 g | 2 g | 12 g | 106 | 2,5 g |
| **Zwiebelhackbraten** (Du darfst) | 1 Pkg. (350 g) | 362 | 20 g | 13 g | 42 g | 103 | 3,7 g |
| **Zwiebelkuchen** | 1 Stk. (250 g) | 495 | 13 g | 36 g | 28 g | 198 | 14,4 g |
| **Zwiebelrostbraten mit Kartoffelrösti** (A) (Iglo) | 1 Port. (350 g) | 483 | 24,1 g | 22,4 g | 46,9 g | 138 | 6,4 g |

*** Rezept aus gelbem Schlank-ohne-Diät-Kochbuch

# Beilagen

| Speisen / Gerichte | Portionsgröße / Gewicht | kcal/ Portion | Nährstoffgehalt pro Portion | | | Pro 100 Gramm | |
|---|---|---|---|---|---|---|---|
| | | | EW | Fett | KH | kcal | Fett |
| **1.2.3 Bratkartoffeln** (McCain), **vorfrittiert, tiefgefroren** | 1 Port. (200 g) | 254 | 4 g | 7 g | 43,8 g | 127 | 3,5 g |
| **1.2.3 Frites** (McCain), **zubereitet im Backofen** | 1 Port. (200 g) | 282 | 5 g | 9 g | 45 g | 141 | 4,5 g |
| **3 Rosen-Mischung** (A) (Iglo) | 1 Port. (200 g) | 36 | 4,2 g | 1 g | 2,4 g | 18 | 0,5 g |
| **Apfelrotkohl – Der Klassiker** (Kühne) | 1/2 Glas (185 ml) | 98 | 3 g | 0,4 g | 20,4 g | 53 | 0,2 g |
| **Apfel-Rotkohl Minis** (D) (Iglo) | 1/2 Pkg. (225 g) | 142 | 2 g | 3,8 g | 24,8 g | 63 | 1,7 g |
| **Asia Wok-Mix** (D) (Iglo, Gemüse-Ideen) | 1/2 Pkg. (200 g) | 118 | 4,6 g | 5,6 g | 12,2 g | 59 | 2,8 g |
| **Auberginenscheiben frittiert** | 1 Port. (250 g) | 205 | 5 g | 12 g | 19 g | 82 | 4,8 g |
| **Babykarotten** (A) (Iglo) | 1 Pkg. (300 g) | 63 | 2,1 g | 0 g | 13,5 g | 21 | 0 g |
| **Backofen frites** (Bofrost) | 1 Port. (200 g) | 300 | 5,2 g | 9,6 g | 48,4 g | 150 | 4,8 g |
| **Backofen-Herzogin-Kartoffeln** (Bofrost) | 1 Stk. (20 g) | 43 | 0,8 g | 1,8 g | 5,7 g | 214 | 9,2 g |
| **Backofen-Röstis** (Bofrost) | 1 Port. (110 g) | 190 | 2,4 g | 8,6 g | 26 g | 173 | 7,8 g |
| **Backrohr Frites** (A) (Iglo) | 1 Port. (200 g) | 328 | 5 g | 11 g | 52 g | 164 | 5,5 g |
| **Backrohr Kroketten** (A) (Iglo) | 1 Port. (200 g) | 368 | 5,6 g | 13 g | 57,4 g | 184 | 6,4 g |
| **Backrohr Röstinchen** (A) (Iglo) | 1 Port. (200 g) | 356 | 5,8 g | 17,4 g | 43,8 g | 178 | 8,7 g |
| **Bami Goreng** (D) (Iglo, Gemüse-Ideen) | 1/2 Pkg. (200 g) | 184 | 4,4 g | 9,2 g | 22 g | 92 | 4,6 g |
| **Bauernknödel (-klöße)** | 1 Stk. (115 g) | 215 | 10 g | 3,4 g | 33 g | 187 | 3 g |
| **Bauernkraut mit Einbrenn (Mehlschwitze)** | 1 Port. (185 g) | 132 | 3,1 g | 7,3 g | 12 g | 71 | 3,9 g |
| **Bayrisches Kraut** | 1 Port. (200 g) | 110 | 2 g | 4 g | 15 g | 55 | 2 g |

| Speisen / Gerichte | Portionsgröße / Gewicht | kcal/ Portion | Nährstoffgehalt pro Portion | | | Pro 100 Gramm | |
|---|---|---|---|---|---|---|---|
| | | | EW | Fett | KH | kcal | Fett |
| **Bayrisches Krautgemüse** | 1 Port. (150 g) | 65 | 3 g | 3 g | 7,5 g | 43 | 2 g |
| **Bechamelkartoffeln** | 1 Port. (230 g) | 189 | 4,6 g | 9,2 g | 20,7 g | 82 | 4 g |
| **Berner Rösti** | 1 Port. (200 g) | 230 | 4 g | 6 g | 36 g | 115 | 3 g |
| **Bircher Kartoffeln** | 1 Port. (200 g) | 218 | 4 g | 6 g | 34 g | 109 | 3 g |
| **Blattspinat Gorgonzola** (D) (Iglo) | 1 Port. (150 g) | 143 | 5,9 g | 9,9 g | 7,5 g | 95 | 6,6 g |
| **Blattspinat mit Feta von Patros** (D) (Iglo) | 1 Port. (150 g) | 128 | 7,1 g | 8,9 g | 4,7 g | 85 | 5,9 g |
| **Blattspinat mit Philadelphia** (D) (Iglo) | 1 Port. (150 g) | 141 | 4,5 g | 11,4 g | 5,1 g | 94 | 7,6 g |
| **Blattspinat Zwutschgerl** (A) (Iglo) | 1 Port. (200 g) | 44 | 6,2 g | 1,6 g | 1 g | 22 | 0,8 g |
| **Blaukraut** | 1 Port. (200 g) | 55 | 2,1 g | 0,3 g | 7,4 g | 28 | 0,2 g |
| **Blaukraut mit Einbrenn (Mehlschwitze)** | 1 Port. (215 g) | 143 | 3,2 g | 6 g | 15 g | 67 | 2,8 g |
| **Blumenkohlgratin** | 1 Port. (105 g) | 260 | 14 g | 45 g | 10 g | 248 | 42,9 g |
| **Böhmische Knödel** | 1 Stk. (100 g) | 307 | 9,7 g | 1,8 g | 58 g | 307 | 1,8 g |
| **Böhmische Knödel** (Settele) | 1 Port. (100 g) | 227 | 8 g | 3 g | 42 g | 227 | 3 g |
| **Bratkartoffeln** | 1 Port. (170 g) | 310 | 3,2 g | 20 g | 26 g | 182 | 11,8 g |
| **Bratkartoffeln** (A, D) (Nordsee) | 1 Port. (200 g)* | 338 | 5 g | 14 g | 47 g | 169 | 7 g |
| **Broccoli** (A) (Iglo) | 1 Pkg. (300 g) | 96 | 9 g | 0 g | 15 g | 32 | 0 g |
| **Brokkoli in Butter geschwenkt** | 1 Port. (135 g) | 98 | 2,7 g | 8,4 g | 2,1 g | 73 | 6,2 g |
| **Brokkoli mit Einbrenn (Mehlschwitze)** | 1 Port. (140 g) | 110 | 3,8 g | 5,9 g | 9,4 g | 79 | 4,2 g |
| **Brokkoli mit Rahm** | 1 Port. (155 g) | 103 | 3,5 g | 8,1 g | 3,2 g | 67 | 5,2 g |
| **Brokkoli natur** | 1 Port. (125 g) | 32 | 4,1 g | 0,3 g | 3,1 g | 26 | 0,2 g |
| **Buchweizen gegart** | 1 Port. (150 g) | 165 | 5 g | 1 g | 34 g | 110 | 0,7 g |
| **Bulgur** | 1 Port. (180 g) | 586 | 16 g | 2 g | 124 g | 326 | 1,1 g |
| **Buntes Pusztagemüse** (A) (Iglo) | 1 Port. (200 g) | 76 | 4,6 g | 0,8 g | 12,8 g | 38 | 0,4 g |

| Speisen / Gerichte | Portionsgröße / Gewicht | kcal/ Portion | Nährstoffgehalt pro Portion | | | Pro 100 Gramm | |
|---|---|---|---|---|---|---|---|
| | | | EW | Fett | KH | kcal | Fett |
| **Buttergemüse** (D) (Iglo) | 1/2 Pkg. (150 g) | 161 | 4,2 g | 10,4 g | 12,9 g | 107 | 6,9 g |
| **Buttergemüse** (D) (Nordsee) | 1 Port. (185 g)* | 154 | 5 g | 5 g | 20 g | 83 | 2,9 g |
| **Butter-Leipziger Allerlei** (D) (Iglo) | 1/2 Pkg. (150 g) | 160,5 | 4,7 g | 9,9 g | 13,2 g | 107 | 6,6 g |
| **Butterpfannengemüse** (Bofrost) | 1 Port. (200 g) | 206 | 4,6 g | 14,8 g | 13,8 g | 103 | 7,4 g |
| **Champignonreis** | 1 Port. (140 g) | 202 | 2,6 g | 8,6 g | 26 g | 144 | 6,1 g |
| **Champignons gedünstet** | 1 Port. (100 g) | 50 | 1 g | 5 g | 1 g | 50 | 5 g |
| **Champignons in Kräuterrahm** | 1 Port. (150 g) | 65 | 3 g | 4,5 g | 3 g | 43 | 3 g |
| **Champignons in Sahnesoße** (Bofrost) | 1 Port. (187,5 g) | 218 | 4,9 g | 17,8 g | 9,4 g | 116 | 9,5 g |
| **Chef Frites** (McCain), **zubereitet im Backofen** | 1 Port. (200 g) | 350 | 5 g | 11 g | 51 g | 175 | 5,5 g |
| **Chinakohl gegart** | 1 Port. (150 g) | 19 | 2 g | 0 g | 1 g | 13 | 0 g |
| **Chinesische Gemüsepfanne** (Bofrost) | 1 Port. (200 g) | 170 | 4,2 g | 12 g | 11,2 g | 85 | 6 g |
| **Country Potatoes** (A) (Burger King) | 1 Port. (118 g) | 212 | 4 g | 9 g | 28 g | 180 | 7,6 g |
| **Country Potatoes** (D) (Burger King) | 1 Port. (118 g) | 207 | 3 g | 10 g | 26 g | 175 | 8,5 g |
| **Crème-fraîche-Broccoli-Gemüsemischung** (Bofrost) | 1 Port. (250 g) | 175 | 6,8 g | 11 g | 12 g | 70 | 4,4 g |
| **Cremespinat** (A) (Iglo) | 1 Port. (150 g) | 77 | 5 g | 4,8 g | 3,5 g | 51 | 3,2 g |
| **Curryreis** | 1 Port. (130 g) | 159 | 2,4 g | 3,8 g | 26 g | 122 | 2,9 g |
| **Curryreis (Vollreis)** | 1 Port. (130 g) | 154 | 2,6 g | 4,2 g | 24 g | 119 | 3,2 g |
| **Dampfnudeln** (Settele) | 1 Stk. (100 g) | 235 | 7 g | 3 g | 44 g | 235 | 3 g |
| **Dill-Erdäpfel** (A) (Iglo) | 1 Port. (225 g) | 304 | 4,5 g | 1,5 g | 36,9 g | 135 | 0,7 g |
| **Dillkartoffeln** | 1 Port. (150 g) | 156 | 4,5 g | 6 g | 19,5 g | 104 | 4 g |
| **Duchesse-Kroketten** (A) (Iglo) | 1 Port. (200 g) | 330 | 3,6 g | 12,2 g | 51 g | 165 | 6,1 g |
| **Ebly Express Weizenkörner Original verfeinert mit Olivenöl** | 1 Port. (110 g) | 167 | 5,2 g | 2,8 g | 30,7 g | 152 | 2,5 g |

* lt. Herstellerangaben auf Portionsgröße umgerechnet

| Speisen / Gerichte | Portionsgröße / Gewicht | kcal/ Portion | Nährstoffgehalt pro Portion | | | Pro 100 Gramm | |
|---|---|---|---|---|---|---|---|
| | | | EW | Fett | KH | kcal | Fett |
| **Ebly Express Weizenkörner Provencal mit Tomaten & Kräutern** | 1 Port. (110 g) | 193 | 5,4 g | 5,3 g | 31,7 g | 175 | 4,8 g |
| **Ebly Express Weizenkörner Toscana mit Tomaten & Basilikum** | 1 Port. (110 g) | 226 | 5,9 g | 8,1 g | 31,9 g | 205 | 7,4 g |
| **Edelkastanien geröstet** | 1 Port. (100 g) | 240 | 2 g | 11 g | 33 g | 240 | 11 g |
| **Eier-Spätzle (Knöpfle)** (Settele) | 1 Port. (100 g) | 120 | 5 g | 2 g | 20 g | 120 | 2 g |
| **Eingebrannte Kartoffeln** | 1 Port. (180 g) | 198 | 4,3 g | 3,9 g | 33 g | 110 | 2,2 g |
| **Erbsen in Butter geschwenkt** | 1 Port. (135 g) | 185 | 8,2 g | 8,9 g | 16 g | 137 | 6,6 g |
| **Erbsen natur** | 1 Port. (125 g) | 109 | 8,1 g | 0,6 g | 16 g | 87 | 0,5 g |
| **Erbsenbrei** | 1 Port. (125 g) | 104 | 3,3 g | 6,4 g | 6 g | 83 | 5,1 g |
| **Erbsenreis** | 1 Port. (150 g) | 196 | 4 g | 5,8 g | 30 g | 131 | 3,9 g |
| **Erdäpfel Wedges** (A) (Iglo) | 1 Port. (200 g) | 302 | 5 g | 9 g | 50 g | 151 | 4,5 g |
| **Erdäpfeltascherl Frischkäse-Kräuter** (A) (Iglo) | 1 Pkg. (300 g) | 534 | 9,3 g | 22,5 g | 73,5 g | 178 | 7,5 g |
| **Erdäpfeltascherl Schinken-Käse** (A) (Iglo) | 1 Pkg. (300 g) | 543 | 8,1 g | 25,5 g | 70,5 g | 181 | 8,5 g |
| **Farmers Gemüse** (A) (Iglo) | 1 Port. (200 g) | 92 | 4,8 g | 2 g | 13,8 g | 46 | 1 g |
| **Feine Welle Backrohr Frites** (A) (Iglo) | 1 Port. (200 g) | 324 | 6 g | 11 g | 50 g | 162 | 5,5 g |
| **Fenchelgemüse gedünstet** | 1 Port. (200 g) | 108 | 4 g | 7 g | 6 g | 54 | 3,5 g |
| **Fisolen (grüne Bohnen) in Butter geschwenkt** | 1 Port. (135 g) | 110 | 2,9 g | 8,5 g | 4,6 g | 82 | 6,3 g |
| **Fisolen mit Butter und Bröseln** | 1 Port. (275 g) | 211 | 7,1 g | 11 g | 18 g | 77 | 4 g |
| **Fisolen mit Einbrenn (Mehlschwitze)** | 1 Port. (140 g) | 122 | 3,9 g | 5,9 g | 12 g | 87 | 4,2 g |
| **Fisolen mit Rahm** | 1 Port. (155 g) | 115 | 3,6 g | 8,2 g | 5,7 g | 74 | 5,3 g |
| **Fisolen mit Speck** | 1 Port. (140 g) | 114 | 3,9 g | 8,4 g | 4,5 g | 81 | 6 g |
| **Fisolen natur** | 1 Port. (125 g) | 34 | 2,8 g | 0,2 g | 4,5 g | 27 | 0,2 g |
| **Fisolen-Gemüse mit Rahm** (A) (Iglo) | 1 Port. (225 g) | 189 | 4 g | 14 g | 11,5 g | 84 | 6,2 g |

| Speisen / Gerichte | Portionsgröße / Gewicht | kcal/ Portion | Nährstoffgehalt pro Portion | | | Pro 100 Gramm | |
|---|---|---|---|---|---|---|---|
| | | | EW | Fett | KH | kcal | Fett |
| **Fix&Fertig Rotkohl – Der Schnelle** (Kühne) | 1/2 Glas (185 ml) | 96 | 1,5 g | 0,2 g | 22,2 g | 52 | 0,1 g |
| **Fixfertig-Apfel-Rotkohl** (Bofrost) | 1 Port. (250 g) | 163 | 3,5 g | 4,3 g | 27,5 g | 65 | 1,7 g |
| **Fladenbrot (Chapati)** | 1 Stk. (40 g) | 103 | 3 g | 3 g | 15 g | 258 | 7,5 g |
| **Florentiner Kartoffeln** | 1 Port. (200 g) | 226 | 8 g | 14 g | 18 g | 113 | 7 g |
| **Frittiertes Vollkornbrot (Puri)** | 1 Stk. (20 g) | 112 | 1 g | 10 g | 6 g | 560 | 50 g |
| **Ganze Fisolen** (A) (Iglo) | 1 Port. (200 g) | 54 | 4 g | 0,4 g | 8,6 g | 27 | 0,2 g |
| **Gebackene Kartoffeln** | 1 Port. (185 g) | 265 | 12,1 g | 13,6 g | 22,3 g | 145 | 7,4 g |
| **Gemischtes Gemüse in Butter geschwenkt** | 1 Port. (155 g) | 150 | 8,5 g | 6,7 g | 12 g | 97 | 4,3 g |
| **Gemischtes Gemüse mit Einbrenn (Mehlschwitze)** | 1 Port. (165 g) | 186 | 9,5 g | 6,8 g | 20 g | 113 | 4,1 g |
| **Gemischtes Gemüse mit Rahm** | 1 Port. (170 g) | 123 | 9 g | 3,3 g | 13 g | 72 | 1,9 g |
| **Gemischtes Gemüse natur** | 1 Port. (150 g) | 98 | 8,4 g | 1,2 g | 12 g | 65 | 0,8 g |
| **Gemüse à la Crème Bunte Auslese** (A) (Iglo) | 1 Port. (200 g) | 210 | 5,4 g | 13,8 g | 16 g | 105 | 6,9 g |
| **Gemüse à la Crème Erbsen und Karotten** (A) (Iglo) | 1 Port. (200 g) | 174 | 5,6 g | 11,4 g | 12,2 g | 87 | 5,7 g |
| **Gemüse à la Crème Rahm-Broccoli** (A) (Iglo) | 1 Port. (150 g) | 122 | 4,1 g | 11 g | 1,7 g | 81 | 7,3 g |
| **Gemüse à la Crème Rahm-Farmers** (A) (Iglo) | 1 Port. (150 g) | 149 | 4,7 g | 11,3 g | 8,6 g | 99 | 7,5 g |
| **Gemüse à la Crème Spargel & Co** (A) (Iglo) | 1 Port. (175 g) | 156 | 5,1 g | 11,6 g | 7,9 g | 89 | 6,6 g |
| **Gemüse Allerlei** (A) (Iglo) | 1 Port. (225 g) | 72 | 5 g | 0,5 g | 11,9 g | 32 | 0,2 g |
| **Gemüse plus Patna + Wildreis** (D) (Iglo, Gemüse-Ideen) | 1/2 Pkg. (190 g) | 182 | 4,9 g | 1,1 g | 38 g | 96 | 0,6 g |
| **Gemüse-Kartoffelpfanne** (Bofrost) | 1 Port. (200 g) | 164 | 3,6 g | 9,4 g | 16,2 g | 82 | 4,7 g |
| **Gemüsemischung** (A) (Nordsee) | 1 Port. (200 g)* | 104 | 3 g | 4 g | 13 g | 52 | 2 g |
| **Gemüsemischung in Rahm-Rieslingsoße** (Bofrost) | 1 Port. (250 g) | 200 | 5,5 g | 13,8 g | 13,3 g | 80 | 5,5 g |
| **Gemüsereis** | 1 Port. (90 g) | 100 | 2 g | 3 g | 15 g | 111 | 3,3 g |

* lt. Herstellerangaben auf Portionsgröße umgerechnet

| Speisen / Gerichte | Portionsgröße / Gewicht | kcal/ Portion | Nährstoffgehalt pro Portion | | | Pro 100 Gramm | |
|---|---|---|---|---|---|---|---|
| | | | EW | Fett | KH | kcal | Fett |
| **Gemüsereis** (A, D) (Nordsee) | 1 Port. (200 g)* | 242 | 5 g | 3 g | 42 g | 121 | 1,5 g |
| **Gerste Vollkorn gegart** | 1 Port. (180 g) | 184 | 6 g | 1 g | 36 g | 102 | 0,6 g |
| **Glasnudeln** | 1 Port. (120 g) | 192 | 0 g | 0 g | 48 g | 160 | 0 g |
| **Gnocchi** | 1 Port. (200 g) | 300 | 8 g | 2 g | 68 g | 150 | 1 g |
| **Golden Longs** (McCain), **zubereitet im Backofen** | 1 Port. (200 g) | 282 | 5 g | 14 g | 45 g | 141 | 7 g |
| **Göppelkraut mit Einbrenn (Mehlschwitze)** | 1 Port. (215 g) | 160 | 3,8 g | 7,3 g | 18 g | 74 | 3,4 g |
| **Gratin Mediterrane** (D) (Iglo, Gemüse-Ideen) | 1/2 Pkg. (200 g) | 166 | 4,8 g | 3,2 g | 30 g | 83 | 1,6 g |
| **Grießknödel** | 1 Stk. (105 g) | 460 | 8,7 g | 18 g | 60 g | 438 | 17,1 g |
| **Grünkern Vollkorn gegart** | 1 Port. (180 g) | 187 | 7 g | 2 g | 36 g | 104 | 1,1 g |
| **Grünkohl – nach Oldenburger Art** (Kühne) | 1 Port. (200 g) | 72 | 5,4 g | 1,8 g | 8,6 g | 36 | 0,9 g |
| **Guacomole** | 1 Port. (180 g) | 445 | 4 g | 46 g | 5 g | 247 | 25,6 g |
| **Halb & Halb Knödel** (Maggi), **zubereitet** | 1 Stk. (90 g) | 83 | 1,4 g | 0,1 g | 19,2 g | 92 | 0,1 g |
| **Hallimasch** | 1 Port. (150 g) | 23 | 3 g | 1 g | 0 g | 15 | 0,7 g |
| **Hefebrot (Naan)** | 1 Stk. (100 g) | 224 | 6 g | 5 g | 47 g | 224 | 5 g |
| **Hirse gegart** | 1 Port. (180 g) | 205 | 6 g | 2 g | 39 g | 114 | 1,1 g |
| **Junge Erbsen** (A) (Iglo) | 1 Port. (150 g) | 92 | 7,4 g | 0,9 g | 13,5 g | 61 | 0,6 g |
| **Junge Fisolen** (A) (Iglo) | 1 Pkg. (300 g) | 81 | 6 g | 0,6 g | 8,6 g | 27 | 0,2 g |
| **Junger Spinat Zwutschgerl** (A) (Iglo) | 1 Port. (200 g) | 44 | 6,2 g | 1,6 g | 1 g | 22 | 0,8 g |
| **Junger Zuckermais** (Felix Austria) | 1 Port. (200 g) | 114 | 4 g | 2 g | 20 g | 57 | 1 g |
| **Kaki gegart** | 1 Port. (150 g) | 111 | 1 g | 0 g | 25 g | 74 | 0 g |
| **Karfiol (Blumenkohl) in Butter geschwenkt** | 1 Port. (135 g) | 93 | 1,9 g | 8,5 g | 1,6 g | 69 | 6,3 g |
| **Karfiol mit Einbrenn (Mehlschwitze)** | 1 Port. (140 g) | 105 | 3 g | 5,9 g | 8,9 g | 75 | 4,2 g |
| **Karfiol mit Rahm** | 1 Port. (155 g) | 98 | 2,7 g | 8,2 g | 2,7 g | 63 | 5,3 g |

lt. Herstellerangaben auf Portionsgröße umgerechnet

| Speisen / Gerichte | Portionsgröße / Gewicht | kcal/ Portion | Nährstoffgehalt pro Portion | | | Pro 100 Gramm | |
|---|---|---|---|---|---|---|---|
| | | | EW | Fett | KH | kcal | Fett |
| **Karfiol natur** | 1 Port. (125 g) | 26 | 3 g | 0,4 g | 2,5 g | 21 | 0,3 g |
| **Karotten in Butter geschwenkt** | 1 Port. (135 g) | 105 | 1,1 g | 8,5 g | 5,4 g | 78 | 6,3 g |
| **Karotten natur** | 1 Port. (125 g) | 35 | 1,3 g | 0,3 g | 6,5 g | 28 | 0,2 g |
| **Kartoffel Püree** (Maggi)**, zubereitet mit Milch (ohne Butter)** | 1 Port. (200 g) | 130 | 3,6 g | 2 g | 24,4 g | 65 | 1 g |
| **Kartoffel Püree komplett mit feinem Buttergeschmack** (Maggi)**, zubereitet (ohne Butter)** | 1 Port. (200 g) | 118 | 2,6 g | 1,8 g | 22,6 g | 59 | 0,9 g |
| **Kartoffel Püree mit Speck und Zwiebeln** (Maggi)**, zubereitet mit Milch (ohne Butter)** | 1 Port. (200 g) | 148 | 3,8 g | 3,8 g | 24,6 g | 74 | 1,9 g |
| **Kartoffelecken** (D) (Nordsee) | 1 Port. (140 g)* | 284 | 4 g | 9 g | 46 g | 203 | 6,4 g |
| **Kartoffelklöße** (Bofrost) | 1 Port. (75 g) | 88 | 1,5 g | 0,2 g | 20,1 g | 117 | 0,3 g |
| **Kartoffelknödel (Bauernland)** | 1 Stk. (50 g) | 68 | 1,2 g | 0,1 g | 15,4 g | 135 | 0,2 g |
| **Kartoffelknödel (-klöße)** | 1 Stk. (105 g) | 192 | 4,6 g | 4,9 g | 29 g | 183 | 4,7 g |
| **Kartoffelknödel Halb & Halb** (Maggi) | 1 Stk. (130 g) | 108 | 1,8 g | 0,3 g | 24,6 g | 83 | 0,2 g |
| **Kartoffelkroketten** | 1 Port. (200 g) | 262 | 8 g | 10 g | 34 g | 131 | 5 g |
| **Kartoffeln eingebrannt (in Mehlschwitze)** | 1 Port. (200 g) | 304 | 6 g | 16 g | 34 g | 152 | 8 g |
| **Kartoffeln in Milchsoße** | 1 Port. (245 g) | 243 | 6,5 g | 6,3 g | 37 g | 99 | 2,6 g |
| **Kartoffeln, gebacken** | 1 Port. (185 g) | 265 | 12,1 g | 13,6 g | 22,3 g | 145 | 7,4 g |
| **Kartoffelpuffer** | 1 Stk. (140 g) | 222 | 2,8 g | 13 g | 21 g | 159 | 9,3 g |
| **Kartoffel-Puffer** (A) (Iglo) | 1 Port. (200 g) | 372 | 5,2 g | 15,6 g | 52,4 g | 186 | 7,8 g |
| **Kartoffelpüree** | 1 Port. (190 g) | 186 | 4,3 g | 5,5 g | 27 g | 98 | 2,9 g |
| **Kartoffelpüree aus Trockenprodukt** | 1 Port. (200 g) | 186 | 4 g | 10 g | 22 g | 93 | 5 g |
| **Kartoffelpüree mit grösteten Zwiebelringen** | 1 Port. (210 g) | 249 | 4,6 g | 12 g | 28 g | 119 | 5,7 g |
| **Kartoffelschupfnudeln** (Settele) | 1 Port. (200 g) | 380 | 10 g | 6 g | 70 g | 190 | 3 g |

* lt. Herstellerangaben auf Portionsgröße umgerechnet

| Speisen / Gerichte | Portionsgröße / Gewicht | kcal/ Portion | Nährstoffgehalt pro Portion | | | Pro 100 Gramm | |
|---|---|---|---|---|---|---|---|
| | | | EW | Fett | KH | kcal | Fett |
| **Kichererbsen gegart** | 1 Port. (150 g) | 171 | 13 g | 2 g | 24 g | 114 | 1,3 g |
| **King Pommes groß** (A) (Burger King) | 1 Port. (142 g) | 395 | 4 g | 20 g | 53 g | 278 | 14,1 g |
| **KING Pommes groß** (D) (Burger King) | 1 Port. (142 g) | 376 | 4 g | 18 g | 49 g | 265 | 12,7 g |
| **King Pommes klein** (A) (Burger King) | 1 Port. (74 g) | 206 | 2 g | 10 g | 27 g | 278 | 13,5 g |
| **KING Pommes klein** (D) (Burger King) | 1 Port. (74 g) | 196 | 2 g | 9 g | 26 g | 265 | 12,2 g |
| **King Pommes mittel** (A) (Burger King) | 1 Port. (116 g) | 322 | 3 g | 16 g | 43 g | 278 | 13,8 g |
| **KING Pommes mittel** (D) (Burger King) | 1 Port. (116 g) | 307 | 4 g | 15 g | 40 g | 265 | 12,9 g |
| **Knusper-Pockets** (Bofrost) | 1 Stk. (75 g) | 147 | 2,3 g | 9 g | 14,3 g | 196 | 12 g |
| **Kochsalat** (A) (Iglo) | 1 Port. (225 g) | 25 | 2,7 g | 0,5 g | 2,5 g | 11 | 0,2 g |
| **Kochsalat mit Erbsen** (A) (Iglo) | 1 Port. (225 g) | 126 | 5,2 g | 7,9 g | 8,8 g | 56 | 3,5 g |
| **Kochsalat mit Erbsen und Einbrenn** | 1 Port. (125 g) | 109 | 5 g | 4,6 g | 10 g | 87 | 3,7 g |
| **Kohl mit Einbrenn (Mehlschwitze)** | 1 Port. (165 g) | 112 | 4,7 g | 6,3 g | 8,3 g | 68 | 3,8 g |
| **Kohlgemüse** (A) (Iglo) | 1 Port. (225 g) | 133 | 3,4 g | 9,3 g | 8,8 g | 59 | 4,1 g |
| **Kohlrabi gestaubt** | 1 Port. (170 g) | 55 | 3,7 g | 0,2 g | 9,3 g | 32 | 0,1 g |
| **Kohlrabi mit Butter** | 1 Port. (170 g) | 80 | 2,2 g | 5,6 g | 4,5 g | 47 | 3,3 g |
| **Kohlrabi mit Einbrenn (Mehlschwitze)** | 1 Port. (180 g) | 116 | 3,3 g | 5,7 g | 12 g | 64 | 3,2 g |
| **Kohlrabi natur** | 1 Port. (165 g) | 43 | 3,3 g | 0,2 g | 6,8 g | 26 | 0,1 g |
| **Kohlrabi-Rahmgemüse** (A) (Iglo) | 1 Port. (225 g) | 214 | 6,5 g | 13,5 g | 16,4 g | 95 | 6 g |
| **Kohlsprossen** (A) (Iglo) | 1 Pkg. (300 g) | 108 | 10,5 g | 3,9 g | 7,5 g | 36 | 1,3 g |
| **Kohlsprossen in Butter geschwenkt** | 1 Port. (135 g) | 115 | 4,5 g | 8,7 g | 3,8 g | 85 | 6,4 g |
| **Kohlsprossen mit Einbrenn (Mehlschwitze)** | 1 Port. (140 g) | 126 | 5,5 g | 6,1 g | 11 g | 90 | 4,4 g |
| **Kraut (Kohl) gestaubt** | 1 Port. (200 g) | 190 | 2,5 g | 14 g | 12 g | 95 | 7 g |
| **Kraut (Kohl) mit Einbrenn (Mehlschwitze)** | 1 Port. (210 g) | 265 | 3,3 g | 20 g | 17 g | 126 | 9,5 g |

| Speisen / Gerichte | Portionsgröße / Gewicht | kcal/ Portion | Nährstoffgehalt pro Portion | | | Pro 100 Gramm | |
|---|---|---|---|---|---|---|---|
| | | | EW | Fett | KH | kcal | Fett |
| **Kroketten** | 1 Stk. (65 g) | 149 | 2,9 g | 10 g | 9,5 g | 229 | 15,4 g |
| **Kroketten (Backrohr)** (McCain) | 1 Port. (200 g) | 420 | 6 g | 19 g | 56 g | 210 | 9,5 g |
| **Kroketten** (McCain), **zubereitet im Backofen** | 1 Port. (200 g) | 420 | 6 g | 19 g | 56 g | 210 | 9,5 g |
| **Kümmelkartoffeln** | 1 Port. (155 g) | 168 | 3,4 g | 4,5 g | 26 g | 108 | 2,9 g |
| **Kürbis** (A) (Iglo) | 1 Pkg. (330 g) | 86 | 4,6 g | 0,7 g | 13,2 g | 26 | 0,2 g |
| **Kürbisgemüse** | 1 Port. (150 g) | 80 | 1,5 g | 4,5 g | 7,5 g | 53 | 3 g |
| **Kürbiskraut** | 1 Port. (160 g) | 21 | 1,3 g | 0,1 g | 3,3 g | 13 | 0,1 g |
| **Kürbiskraut mit Einbrenn (Mehlschwitze)** | 1 Port. (180 g) | 109 | 2,4 g | 5,8 g | 11 g | 61 | 3,2 g |
| **Lauchgemüse gegart** | 1 Port. (250 g) | 140 | 6 g | 7 g | 11 g | 56 | 2,8 g |
| **Leberspätzle** | 1 Port. (100 g) | 196 | 11 g | 6 g | 24 g | 196 | 6 g |
| **Leipziger Allerlei Gemüse** | 1 Port. (150 g) | 66 | 4,5 g | 3 g | 7,5 g | 44 | 2 g |
| **Letscho** (A) (Iglo) | 1 Port. (225 g) | 131 | 3,2 g | 5,9 g | 16,2 g | 58 | 2,6 g |
| **Linsen gegart** | 1 Port. (150 g) | 175 | 13 g | 1 g | 28 g | 117 | 0,7 g |
| **Linsen mit Einbrenn (Mehlschwitze)** | 1 Port. (100 g) | 385 | 21 g | 9,5 g | 49 g | 385 | 9,5 g |
| **Löwenzahn gegart** | 1 Port. (150 g) | 83 | 4 g | 1 g | 14 g | 55 | 0,7 g |
| **Majorankartoffeln** | 1 Port. (100 g) | 143 | 3 g | 6 g | 19 g | 143 | 6 g |
| **Megafrites** (A) (Nordsee) | 1 Port. (150 g)* | 314 | 4 g | 9 g | 51 g | 209 | 6,5 g |
| **Mikrowellen-Pommes** (Bofrost) | 1 Port. (150 g) | 387 | 5,3 g | 19,5 g | 47,5 g | 258 | 13 g |
| **Mini Knusper-Pockets** (Bofrost) | 1 Stk. (25 g) | 52 | 0,9 g | 2,9 g | 5,4 g | 206 | 11,7 g |
| **Nasi Goreng** (D) (Iglo, Gemüse-Ideen) | 1/2 Pkg. (200 g) | 214 | 4,8 g | 10,6 g | 24 g | 107 | 5,3 g |
| **Niedernauer Kartoffeln** | 1 Port. (150 g) | 153 | 4,5 g | 7,5 g | 18 g | 102 | 5 g |
| **Nockerln** | 1 Port. (160 g) | 410 | 12 g | 9,5 g | 64 g | 256 | 5,9 g |
| **Nudeln gekocht** | 1 Port. (210 g) | 309 | 11 g | 2,3 g | 56 g | 147 | 1,1 g |

* lt. Herstellerangaben auf Portionsgröße umgerechnet

| Speisen / Gerichte | Portionsgröße / Gewicht | kcal/ Portion | Nährstoffgehalt pro Portion | | | Pro 100 Gramm | |
|---|---|---|---|---|---|---|---|
| | | | EW | Fett | KH | kcal | Fett |
| **Nudeln in Butter geschwenkt** | 1 Port. (215 g) | 347 | 11 g | 6,4 g | 56 g | 161 | 3 g |
| **Onion Rings** (A) (Burger King) | 1 Port. (104 g) | 306 | 4 g | 19 g | 29 g | 294 | 18,3 g |
| **Onion Rings** (D) (Burger King) | 6 Stk. (78 g) | 229 | 3 g | 14 g | 22 g | 294 | 17,9 g |
| **Onion Rings** (McCain) | 1 Port. (100 g) | 235 | 4,4 g | 11 g | 29,6 g | 235 | 11 g |
| **Original schwäbische Eierspätzle** (Bofrost) | 1 Port. (150 g) | 257 | 9,8 g | 3,8 g | 46,1 g | 171 | 2,5 g |
| **Panierte Zucchinischeiben** | 1 Port. (200 g) | 236 | 7 g | 19 g | 10 g | 118 | 9,5 g |
| **Paradeissauerkraut (Tomaten-)** | 1 Port. (220 g) | 127 | 11 g | 5,4 g | 6 g | 58 | 2,5 g |
| **Pellkartoffeln** | 1 Port. (240 g) | 135 | 4 g | 0 g | 28 g | 56 | 0 g |
| **Pellkartoffeln mit Schale** | 1 Port. (240 g) | 140 | 4 g | 0 g | 28 g | 58 | 0 g |
| **Petersilienkartoffeln** (D) (Nordsee) | 1 Port. (185 g)* | 168 | 3 g | 0,4 g | 37 g | 91 | 0,2 g |
| **Petersilkartoffeln** | 1 Port. (170 g) Fleisch (133 g) | 214 | 3,4 g | 13 g | 26 g | 126 | 7,6 g |
| **Petersilkartoffeln** (A) (Nordsee) | 1 Port. (200 g)* | 182 | 4 g | 0,4 g | 40 g | 91 | 0,2 g |
| **Petersilkartoffeln in Butter geschwenkt** | 1 Port. (170 g) | 214 | 3,4 g | 13 g | 26 g | 126 | 7,6 g |
| **Pfannen-Gemüse Bauern Art** (D) (Iglo, Gemüse-Ideen) | 1/2 Pkg. (200 g) | 224 | 5,8 g | 13,8 g | 18,8 g | 112 | 6,9 g |
| **Pfannen-Gemüse Chinesisch** (D) (Iglo, Gemüse-Ideen) | 1/2 Pkg. (200 g) | 194 | 4,8 g | 14 g | 12,2 g | 97 | 7 g |
| **Pfannen-Gemüse der Saison** (D) (Iglo, Gemüse-Ideen) | 1/2 Pkg. (200 g) | 154 | 3,8 g | 11 g | 10 g | 77 | 5,5 g |
| **Pfannen-Gemüse Französisch** (D) (Iglo, Gemüse-Ideen) | 1/2 Pkg. (200 g) | 176 | 7 g | 10 g | 14,2 g | 88 | 5 g |
| **Pfannen-Gemüse Italienisch** (D) (Iglo, Gemüse-Ideen) | 1/2 Pkg. (200 g) | 130 | 3,2 g | 7,8 g | 11,8 g | 65 | 3,9 g |
| **Pfanni Bauernfrühstück – das Klassische mit Speck & Ei, zubereitet** | 1 Port. (100 g) | 142 | 3 g | 10 g | 10 g | 142 | 10 g |
| **Pfanni Bauernpüree mit Zwiebeln und Speck, zubereitet** | 1 Port. (100 g) | 69 | 1 g | 11 g | 2 g | 69 | 11 g |
| **Pfanni Bratkartoffeln – die Klassischen, zubereitet** | 1 Port. (100 g) | 82 | 2 g | 2 g | 14 g | 82 | 2 g |
| **Pfanni Country Kartoffeln – die Würzigen, zubereitet** | 1 Port. (100 g) | 113 | 2 g | 5 g | 15 g | 113 | 5 g |

| Speisen / Gerichte | Portionsgröße / Gewicht | kcal/ Portion | Nährstoffgehalt pro Portion | | | Pro 100 Gramm | |
|---|---|---|---|---|---|---|---|
| | | | EW | Fett | KH | kcal | Fett |
| **Pfanni Feinschmeckerpüree mit Crème fraîche & Kräutern der Provence, zubereitet** | 1 Port. (100 g) | 71 | 1 g | 3 g | 10 g | 71 | 3 g |
| **Pfanni Gekochter Kloß-Teig, zubereitet** | 1 Port. (100 g) | 98 | 1 g | 1 g | 22 g | 98 | 1 g |
| **Pfanni Gemüse Knödel aus Kartoffeln & Frühlingsgemüse, zubereitet** | 1 Port. (100 g) | 113 | 2 g | 1 g | 22 g | 113 | 1 g |
| **Pfanni Gnocchi Italienische Kartoffel-Klößchen, zubereitet** | 1 Port. (100 g) | 155 | 4 g | 1 g | 34 g | 155 | 1 g |
| **Pfanni Kartoffel Knödel – der Klassiker, zubereitet** | 1 Port. (100 g) | 109 | 2 g | 1 g | 22 g | 109 | 1 g |
| **Pfanni Kartoffel Knödel – der Rohe, zubereitet** | 1 Port. (100 g) | 107 | 2 g | 1 g | 23 g | 107 | 1 g |
| **Pfanni Kartoffel Knödel-Teig – der Klassiker, zubereitet** | 1 Port. (100 g) | 88 | 2 g | 1 g | 20 g | 88 | 1 g |
| **Pfanni Kartoffel Puffer-Teig – der Knusprige, zubereitet** | 1 Port. (100 g) | 75 | 2 g | 1 g | 17 g | 75 | 1 g |
| **Pfanni Kartoffel Püree – das Komplette mit Milch, zubereitet** | 1 Port. (100 g) | 59 | 1 g | 1 g | 11 g | 59 | 1 g |
| **Pfanni Kartoffel Püree – das Kräftige, zubereitet** | 1 Port. (100 g) | 67 | 2 g | 1 g | 12 g | 67 | 1 g |
| **Pfanni Kartoffel Püree – das Lockere, zubereitet** | 1 Port. (100 g) | 61 | 2 g | 1 g | 12 g | 61 | 1 g |
| **Pfanni Kartoffel Snack mit Broccoli & Crème fraîche, zubereitet** | 1 Port. (100 g) | 96 | 2 g | 5 g | 11 g | 96 | 5 g |
| **Pfanni Kartoffel Snack mit Champignons & Frühlingszwiebeln, zubereitet** | 1 Port. (100 g) | 91 | 2 g | 4 g | 11 g | 91 | 4 g |
| **Pfanni Kartoffel Snack mit Crème fraîche, zubereitet** | 1 Port. (100 g) | 77 | 2 g | 3 g | 11 g | 77 | 3 g |
| **Pfanni Kartoffel Snack mit Fleischbällchen und Röstzwiebeln, zubereitet** | 1 Port. (250 g) | 217 | 6 g | 9 g | 28 g | 88 | 4 g |
| **Pfanni Kartoffel Snack mit Frühlingsgemüse, zubereitet** | 1 Port. (100 g) | 92 | 2 g | 4 g | 11 g | 92 | 4 g |
| **Pfanni Kartoffel Snack mit Gartengemüse, zubereitet** | 1 Port. (100 g) | 91 | 2 g | 4 g | 11 g | 91 | 4 g |
| **Pfanni Kartoffel Snack mit Käse und Broccoli, zubereitet** | 1 Port. (250 g) | 223 | 4 g | 12 g | 25 g | 93 | 5 g |
| **Pfanni Kartoffel Snack mit Röstzwiebeln und Croûtons, zubereitet** | 1 Port. (250 g) | 245 | 5 g | 11 g | 32 g | 98 | 4 g |

| Speisen / Gerichte | Portionsgröße / Gewicht | kcal/ Portion | Nährstoffgehalt pro Portion | | | Pro 100 Gramm | |
|---|---|---|---|---|---|---|---|
| | | | EW | Fett | KH | kcal | Fett |
| **Pfanni Kartoffel Snack mit Röstzwiebeln, Käse & Croûtons, zubereitet** | 1 Port. (100 g) | 87 | 2 g | 3 g | 12 g | 87 | 3 g |
| **Pfanni Kartoffel Snack mit Steinpilzen „Jäger Art“, zubereitet** | 1 Port. (250 g) | 189 | 5 g | 7 g | 28 g | 79 | 3 g |
| **Pfanni Mini Knödel, zubereitet** | 1 Stk. (20 g) | 40 | 0,8 g | 1,2 g | 1 g | 198 | 6,2 g |
| **Pfanni Pilzknödel aus Semmelbrot mit Champignons, zubereitet** | 1 Port. (100 g) | 137 | 4 g | 4 g | 21 g | 137 | 4 g |
| **Pfanni Roher Kloßteig, zubereitet** | 1 Port. (100 g) | 92 | 2 g | 1 g | 20 g | 92 | 1 g |
| **Pfanni Rösti – die Knusprigen, zubereitet** | 1 Port. (100 g) | 112 | 2 g | 4 g | 17 g | 112 | 4 g |
| **Pfanni Röstzwiebel Knödel aus Semmelbrot & Röstzwiebeln, zubereitet** | 1 Port. (100 g) | 137 | 4 g | 4 g | 22 g | 137 | 4 g |
| **Pfanni Semmel Knödel – der Klassiker, zubereitet** | 1 Port. (100 g) | 138 | 4 g | 4 g | 22 g | 138 | 4 g |
| **Pfanni Speck Knödel aus Semmelbrot & Räucherspeck, zubereitet** | 1 Port. (100 g) | 153 | 4 g | 7 g | 19 g | 153 | 7 g |
| **Pfanni Stampf Kartoffeln „fast wie selbstgemacht“, zubereitet** | 1 Port. (100 g) | 100 | 2 g | 4 g | 14 g | 100 | 4 g |
| **Pfifferlinge geschmort, angedickt** | 1 Port. (100 g) | 65 | 2 g | 5 g | 2 g | 65 | 5 g |
| **Pfifferlinge in Sahne** | 1 Port. (100 g) | 104 | 2 g | 10 g | 1 g | 104 | 10 g |
| **Pfifferlinge mit Speck** | 1 Port. (80 g) | 75 | 1,6 g | 7,2 g | 0,8 g | 94 | 9 g |
| **Pilzreis** | 1 Port. (150 g) | 128 | 4,5 g | 4,5 g | 16,5 g | 85 | 3 g |
| **Pinzgauer Nudeln** | 1 Port. (290 g) | 406 | 8,9 g | 8,9 g | 67 g | 140 | 3,1 g |
| **Polenta** | 1 Port. (100 g) | 134 | 2 g | 5 g | 20 g | 134 | 5 g |
| **Pommes Classic** (A) (Iglo) | 1 Port. (200 g) | 286 | 7 g | 9 g | 44 g | 143 | 4,5 g |
| **Pommes frites** | 1 Port. (175 g) | 356 | 3,2 g | 25 g | 26 g | 203 | 14,3 g |
| **Pommes frites** (A) (Nordsee) | 1 Port. (130 g)* | 356 | 4 g | 10 g | 60 g | 274 | 8,1 g |
| **Pommes frites** (D) (Nordsee) | 1 Port. (160 g)* | 312 | 5 g | 10 g | 48 g | 195 | 6,7 g |
| **Pommes frites** (Kochlöffel) | 1 Port. (100 g) | 253 | 3,4 g | 9,6 g | 38,2 g | 253 | 9,6 g |

* lt. Herstellerangaben auf Portionsgröße umgerechnet

| Speisen / Gerichte | Portionsgröße / Gewicht | kcal/ Portion | Nährstoffgehalt pro Portion | | | Pro 100 Gramm | |
|---|---|---|---|---|---|---|---|
| | | | EW | Fett | KH | kcal | Fett |
| **Pommes frites groß** (A) (McDonald's) | 1 Port. (160 g) | 450 | 6 g | 22 g | 60 g | 281 | 13,8 g |
| **Pommes frites groß** (D) (McDonald's) | 1 Port. (152 g) | 468 | 7 g | 24 g | 57 g | 308 | 16 g |
| **Pommes frites groß** (Kochlöffel) | 1 Port. (200 g) | 506 | 6,8 g | 19,2 g | 76,4 g | 253 | 9,6 g |
| **Pommes frites klein** (A) (McDonald's) | 1 Port. (80 g) | 225 | 3 g | 11 g | 30 g | 281 | 13,8 g |
| **Pommes frites klein** (D) (McDonald's) | 1 Port. (76 g) | 234 | 3 g | 12 g | 29 g | 308 | 16 g |
| **Pommes frites mittel** (A) (McDonald's) | 1 Port. (114 g) | 320 | 4 g | 16 g | 42 g | 281 | 14 g |
| **Pommes frites mittel** (D) (McDonald's) | 1 Port. (108 g) | 333 | 5 g | 17 g | 41 g | 308 | 16 g |
| **Pommes frites mit Ketchup (Pommes rot)** | 1 Port. (175 g) 1 Port. (25 g) | 384 | 3,5 g | 25,3 g | 32,8 g | 192 | 12,7 g |
| **Pommes frites mit Mayonnaise (80 % Fett) (Pommes weiß)** | 1 Port. (175 g) 1 Port. (25 g) | 545 | 3,5 g | 45,7 g | 26,5 g | 273 | 22,9 g |
| **Porree in Milchsoße** | 1 Port. (225 g) | 188 | 7,6 g | 9,9 g | 15 g | 84 | 4,4 g |
| **Prinzesskartoffeln** | 1 Port. (100 g) | 190 | 5 g | 12 g | 16 g | 190 | 12 g |
| **Quiche Lorraine** (Bofrost) | 1 Stk. (150 g) | 404 | 12 g | 24,3 g | 34,4 g | 269 | 16,2 g |
| **Rahm Blumenkohl** (D) (Iglo) | 1/2 Pkg. (200 g) | 210 | 7,4 g | 15,2 g | 11,4 g | 105 | 7,6 g |
| **Rahm Gartengemüse** (D) (Iglo) | 1/2 Pkg. (200 g) | 236 | 8,2 g | 16,8 g | 13,8 g | 118 | 8,4 g |
| **Rahm Karotten** (D) (Iglo) | 1/2 Pkg. (200 g) | 202 | 2,6 g | 15,6 g | 13,6 g | 101 | 7,8 g |
| **Rahm Kohlrabi** (D) (Iglo) | 1/2 Pkg. (200 g) | 214 | 4,6 g | 16,2 g | 13,6 g | 107 | 8,1 g |
| **Rahm Königsgemüse** (D) (Iglo) | 1/2 Pkg. (200 g) | 248 | 7 g | 18,6 g | 13,4 g | 124 | 9,3 g |
| **Rahm Porree Minis** (D) (Iglo) | 1/2 Pkg. (200 g) | 136 | 3,8 g | 8 g | 12,6 g | 68 | 4 g |
| **Rahm Rosenkohl** (D) (Iglo) | 1/2 Pkg. (200 g) | 258 | 8,2 g | 20 g | 10,2 g | 129 | 10 g |
| **Rahm Wirsing Minis** (D) (Iglo) | 1/2 Pkg. (200 g) | 126 | 3,8 g | 6,6 g | 12,8 g | 63 | 3,3 g |
| **Rahm-Blattspinat** (D) (Iglo) | 1 Port. (150 g) | 96 | 5 g | 6 g | 5,4 g | 64 | 4 g |
| **Rahm-Gemüse der Saison** (D) (Iglo) | 1/2 Pkg. (200 g) | 234 | 5,4 g | 15,6 g | 17,8 g | 117 | 7,8 g |

| Speisen / Gerichte | Portionsgröße / Gewicht | kcal/ Portion | Nährstoffgehalt pro Portion | | | Pro 100 Gramm | |
|---|---|---|---|---|---|---|---|
| | | | EW | Fett | KH | kcal | Fett |
| **Rahmspinat** (Bofrost) | 1 Port. (200 g) | 80 | 4,8 g | 4,8 g | 4,6 g | 40 | 2,4 g |
| **Rahmspinat** (D) (Iglo) | 1 Port. (150 g) | 99 | 5 g | 5,9 g | 6,8 g | 66 | 3,9 g |
| **Rahmwirsing** (Bofrost) | 1 Port. (200 g) | 96 | 3,6 g | 6 g | 7 g | 48 | 3 g |
| **Reis (Vollreis) gedünstet** | 1 Port. (150 g) | 168 | 3,8 g | 1,2 g | 35 g | 112 | 0,8 g |
| **Reis gedünstet** | 1 Port. (150 g) | 167 | 3,8 g | 0,3 g | 35,5 g | 111 | 0,2 g |
| **Reis Trautmannsdorf** | 1 Port. (150 g) | 275 | 6 g | 10 g | 39 g | 183 | 6,7 g |
| **Reiskugeln „Curry"** (Maggi) | 1 Kugel (86 g) | 113 | 2 g | 1,7 g | 22,4 g | 131 | 2 g |
| **Reiskugeln „Risi Bisi"** (Maggi) | 1 Kugel (86 g) | 110 | 2,2 g | 1,7 g | 21,3 g | 128 | 2 g |
| **Ringelnudeln, gekocht** | 1 Port. (210 g) | 309 | 11 g | 2,3 g | 56 g | 147 | 1,1 g |
| **Risi-Pisi** | 1 Port. (200 g) | 330 | 10 g | 6 g | 56 g | 165 | 3 g |
| **Rosenkohlgemüse Holsteiner** | 1 Port. (150 g) | 131 | 12 g | 7,5 g | 3 g | 87 | 5 g |
| **Rosmarin-Kartoffeln** (Bofrost) | 1 Port. (225 g) | 329 | 5,9 g | 12,8 g | 47,2 g | 146 | 5,7 g |
| **Röstgemüse 4 Jahreszeiten** (A) (Iglo) | 1 Port. (200 g) | 116 | 3,6 g | 8,4 g | 6,6 g | 58 | 4,2 g |
| **Röstgemüse Erdäpfel und mehr** (A) (Iglo) | 1 Port. (240 g) | 238 | 5,8 g | 12 g | 26,9 g | 99 | 5 g |
| **Röstgemüse France** (A) (Iglo) | 1 Port. (150 g) | 81 | 3,8 g | 3,5 g | 8,9 g | 54 | 2,3 g |
| **Röstgemüse Gärtnerin** (A) (Iglo) | 1 Port. (150 g) | 89 | 2,9 g | 6,2 g | 5,6 g | 59 | 4,1 g |
| **Röstgemüse Indonesia** (A) (Iglo) | 1 Port. (150 g) | 92 | 2,7 g | 6,3 g | 6,2 g | 61 | 4,2 g |
| **Röstgemüse Korsika** (A) (Iglo) | 1 Port. (150 g) | 72 | 2,9 g | 4,8 g | 4,5 g | 48 | 3,2 g |
| **Röstgemüse Mais & Mehr** (A) (Iglo) | 1 Port. (250 g) | 230 | 7,3 g | 12,3 g | 22,5 g | 92 | 4,9 g |
| **Röstgemüse Sommer-Ernte** (A) (Iglo) | 1 Port. (240 g) | 161 | 6 g | 7,5 g | 17,8 g | 67 | 3 g |
| **Rösti** | 1 Port. (230 g) | 348 | 4,6 g | 23 g | 29,9 g | 151 | 10 g |
| **Rösti** (McCain), **zubereitet im Backofen** | 1 Port. (200 g) | 370 | 4 g | 17 g | 50 g | 185 | 8,5 g |
| **Röstkartoffeln** | 1 Port. (150 g) | 236 | 4,5 g | 12 g | 27 g | 157 | 8 g |

| Speisen / Gerichte | Portionsgröße / Gewicht | kcal/ Portion | Nährstoffgehalt pro Portion | | | Pro 100 Gramm | |
|---|---|---|---|---|---|---|---|
| | | | EW | Fett | KH | kcal | Fett |
| **Rote Indianerbohnen** (Felix Austria) | 1 Port. (200 g) | 126 | 11 g | 0,6 g | 18 g | 63 | 0,3 g |
| **Rotkohl – Das Original** (Kühne) | 1/2 Glas (185 g) | 96 | 3 g | 0,4 g | 20,4 g | 52 | 0,2 g |
| **Rotkohl Der Leichte** (Kühne) | 1/2 Glas (185 ml) | 52 | 3 g | 0,4 g | 9,3 g | 28 | 0,2 g |
| **Rotkraut** (A) (Iglo) | 1 Port. (225 g) | 128 | 2,7 g | 5,6 g | 16,9 g | 57 | 2,5 g |
| **Rotkraut mit Apfelstücken** (A) (Iglo) | 1 Pkg. (225 g) | 144 | 2,7 g | 5,4 g | 21 g | 64 | 2,4 g |
| **Salzkartoffeln** | 1 Port. (150 g) | 125 | 3,2 g | 0,2 g | 26 g | 83 | 0,1 g |
| **Sauerkraut** | 1 Port. (125 g) | 25 | 1,9 g | 0,4 g | 2,3 g | 20 | 0,3 g |
| **Sauerkraut mit Einbrenn (Mehlschwitze)** | 1 Port. (145 g) | 125 | 3 g | 7,4 g | 9,6 g | 86 | 5,1 g |
| **Sauerkraut Wiener Art** | 1 Port. (150 g) | 84 | 3 g | 6 g | 1,5 g | 56 | 4 g |
| **Schlemmer Grünkohl** (Kühne) | 1 Port. (200 g) | 84 | 5,4 g | 3,2 g | 8,6 g | 42 | 1,6 g |
| **Schlemmer Sauerkraut** (Kühne) | 1 Port. (200 g) | 58 | 2,6 g | 2,6 g | 6 g | 29 | 1,3 g |
| **Schmorgurkengemüse** | 1 Port. (250 g) | 70 | 2 g | 4 g | 6 g | 28 | 1,6 g |
| **Schupfnudeln** (Settele) | 1 Port. (200 g) | 360 | 14 g | 4 g | 66 g | 180 | 2 g |
| **Schwarzwurzel & Co.** (A) (Iglo) | 1 Port. (200 g) | 220 | 5,8 g | 11 g | 24,6 g | 110 | 5,5 g |
| **Schwarzwurzeln in Milchsoße** | 1 Port. (235 g) | 203 | 6 g | 9,8 g | 20 g | 86 | 4,2 g |
| **Schweizer Rösti** | 1 Port. (190 g) | 300 | 3,7 g | 17 g | 29 g | 158 | 8,9 g |
| **Sellerie gebacken** | 1 Port. (100 g) | 142 | 4 g | 7 g | 15 g | 142 | 7 g |
| **Semmelknödel (Bauernland)** | 1 Stk. (150 g) | 313 | 12,6 g | 12 g | 38,9 g | 209 | 8 g |
| **Semmelknödel** (Bofrost) | 1 Stk. (80 g) | 166 | 6,2 g | 3,3 g | 27,9 g | 207 | 4,1 g |
| **Semmelknödel (-kloß)** | 1 Port. (150 g) | 340 | 11 g | 7 g | 54 g | 227 | 4,7 g |
| **Semmelknödel** (Maggi) | 1 Stk. (120 g) | 112 | 3,7 g | 0,5 g | 23,3 g | 93 | 0,4 g |
| **Serviettenknödel (Bauernland)** | 1 Stk. (60 g) | 110 | 4,3 g | 3,7 g | 14,9 g | 183 | 6,2 g |
| **Serviettenknödel (-kloß)** | 1 Stk. (130 g) | 303 | 8,9 g | 19 g | 20 g | 233 | 14,6 g |

| Speisen / Gerichte | Portionsgröße / Gewicht | kcal/ Portion | Nährstoffgehalt pro Portion | | | Pro 100 Gramm | |
|---|---|---|---|---|---|---|---|
| | | | EW | Fett | KH | kcal | Fett |
| **Smoky Bacon Fries** (Bofrost) | 1 Port. (200 g) | 308 | 4,2 g | 15,4 g | 38 g | 154 | 7,7 g |
| **Sommergemüse** (A) (Iglo) | 1 Pkg. (300 g) | 147 | 6,6 g | 3 g | 23,4 g | 49 | 1 g |
| **Spätzle** | 1 Port. (175 g) | 480 | 12 g | 24 g | 49 g | 274 | 13,7 g |
| **Speckfisolen** (A) (Iglo) | 1 Port. (200 g) | 152 | 9 g | 8,8 g | 9,2 g | 76 | 4,4 g |
| **Speckkartoffeln** | 1 Port. (200 g) | 258 | 4 g | 14 g | 26 g | 129 | 7 g |
| **Spinat mit Einbrenn (Mehlschwitze)** | 1 Port. (185 g) | 125 | 5,4 g | 7,4 g | 8,1 g | 68 | 4 g |
| **Spinat mit Rahm** | 1 Port. (185 g) | 80 | 4,8 g | 5,7 g | 1,6 g | 43 | 3,1 g |
| **Spinat, doppelt passiert** (A) (Iglo) | 1 Pkg. (225 g) | 50 | 7 g | 1,8 g | 1,1 g | 22 | 0,8 g |
| **Spinat, passiert** (A) (Iglo) | 1/2 Pkg. (225 g) | 50 | 7 g | 1,8 g | 1,2 g | 22 | 0,8 g |
| **Spinatspätzle** (Settele) | 1 Port. (200 g) | 314 | 12 g | 6 g | 52 g | 157 | 3 g |
| **Steinpilze gedünstet, angedickt** | 1 Port. (100 g) | 71 | 3 g | 6 g | 2 g | 71 | 6 g |
| **Steinpilze in Sahne** | 1 Port. (100 g) | 109 | 3 g | 10 g | 1 g | 109 | 10 g |
| **Streifengemüse Prinzess** (A) (Iglo) | 1 Pkg. (300 g) | 69 | 3 g | 0,9 g | 12 g | 23 | 0,3 g |
| **Suppengemüse** (A) (Iglo) | 1 Pkg. (300 g) | 135 | 5,1 g | 3,6 g | 20,7 g | 45 | 1,2 g |
| **Tsatsiki (Gurken-Jogurt)** | 1 Port. (190 g) | 179 | 8 g | 10 g | 13 g | 94 | 5,3 g |
| **Uncle Ben's Express Chinesisch** | 1 Port. (125 g) | 193 | 4,3 g | 2,6 g | 38 g | 154 | 2,1 g |
| **Uncle Ben's Express Langkorn-Reis & Wildreis** | 1 Port. (125 g) | 183 | 4 g | 1,3 g | 38,6 g | 146 | 1 g |
| **Uncle Ben's Express Mediterran** | 1 Port. (125 g) | 228 | 4,4 g | 5,4 g | 40,6 g | 182 | 4,3 g |
| **Uncle Ben's Express Mexikanisch** | 1 Port. (125 g) | 191 | 4 g | 2,4 g | 38,5 g | 153 | 1,9 g |
| **Uncle Ben's Express Risi Bisi** | 1 Port. (125 g) | 186 | 4,3 g | 2,4 g | 37,1 g | 149 | 1,9 g |
| **Uncle Ben's Express Spitzen-Langkorn-Reis** | 1 Port. (125 g) | 180 | 3,8 g | 1,3 g | 38,5 g | 144 | 1 g |
| **Vollkornnudeln** | 1 Port. (210 g) | 288 | 11 g | 3,1 g | 50 g | 137 | 1,5 g |
| **Vollkornnudeln in Butter geschwenkt** | 1 Port. (215 g) | 326 | 11 g | 7,2 g | 50 g | 152 | 3,3 g |

| Speisen / Gerichte | Portionsgröße / Gewicht | kcal/ Portion | Nährstoffgehalt pro Portion | | | Pro 100 Gramm | |
|---|---|---|---|---|---|---|---|
| | | | EW | Fett | KH | kcal | Fett |
| **Waldviertler Knödel** | 1 Port. (100 g) | 94 | 2,2 g | 0,9 g | 18 g | 94 | 0,9 g |
| **Wasserspatzen** | 1 Port. (165 g) | 387 | 11 g | 3,5 g | 73 g | 235 | 2,1 g |
| **Western Wedges** (McCain), **tiefgefroren** | 1 Port. (200 g) | 316 | 5 g | 11 g | 49 g | 158 | 5,5 g |
| **Wildreis** (Nordsee) | 1 Port. (200 g)* | 330 | 7 g | 6,6 g | 60 g | 165 | 3,3 g |
| **Wirsinggemüse in heller Soße** | 1 Port. (250 g) | 98 | 6 g | 5 g | 7 g | 39 | 2 g |
| **Wok-Gemüse** (A) (Iglo) | 1 Port. (200 g) | 48 | 3,4 g | 0,6 g | 7,4 g | 24 | 0,3 g |
| **Zarte Mischung** (A) (Iglo) | 1 Pkg. (300 g) | 171 | 9 g | 2,4 g | 28,5 g | 57 | 0,8 g |
| **Zarte Sojabohnen** (A) (Iglo) | 1 Pkg. (300 g) | 450 | 36,9 g | 18,9 g | 33 g | 150 | 6,3 g |
| **Zitronen-Spaghetti** (D) (Nordsee) | 1 Port. (175 g) | 284 | 7 g | 8 g | 43 g | 162 | 5,1 g |
| **Zuckererbsen in Butter geschwenkt** | 1 Port. (250 g) | 245 | 8 g | 12 g | 25 g | 98 | 4,8 g |
| **Zuckermais** (A) (Iglo) | 1 Pkg. (300 g) | 270 | 10,2 g | 5,4 g | 45 g | 90 | 1,8 g |
| **Zwiebelgemüse mit Sahne** | 1 Port. (100 g) | 60 | 2 g | 4 g | 5 g | 60 | 4 g |
| **Zwiebelringe, gebacken** | 1 Port. (100 g) | 211 | 3 g | 17 g | 11,2 g | 211 | 17 g |
| **Zwiebelringe, geröstet** | 1 Port. (100 g) | 155 | 1,1 g | 15,2 g | 4,3 g | 155 | 15,2 g |

* lt. Herstellerangaben auf Portionsgröße umgerechnet

# Soßen

| Speisen / Gerichte | Portionsgröße / Gewicht | kcal/ Portion | Nährstoffgehalt pro Portion | | | Pro 100 Gramm | |
|---|---|---|---|---|---|---|---|
| | | | EW | Fett | KH | kcal | Fett |
| **„Die Leichten" Tomatensauce Basilikum** (Bruno Fischer) | 1/2 Glas (175 ml) | 61 | 3,2 g | 0,5 g | 10,5 g | 35 | 0,3 g |
| **„Die Leichten" Vegetarische Bolognese** (Bruno Fischer) | 1/2 Glas (175 ml) | 120 | 7 g | 1,1 g | 20,1 g | 68 | 0,6 g |
| **3 Pfeffer-Sauce** (D) (Knorr, Feinschmecker)**, zubereitet** | 1 Pkg. (250 ml) | 201 | 2,5 g | 15 g | 15 g | 80 | 6 g |
| **Aioli-Sauce** (D) (Nordsee) | 1 Port. (50 g)* | 220 | 1 g | 22 g | 3 g | 440 | 45,1 g |
| **Apfelkren** | 1 Port. (35 g) | 16 | 0,1 g | 0,1 g | 3,1 g | 46 | 0,3 g |
| **Apfelsoße** | 1 Port. (150 g) | 110 | 0,6 g | 2,9 g | 19 g | 73 | 1,9 g |
| **Auflauf-Käse-Sauce** (Maggi, Delikatess)**, zubereitet** | 1 Port. (100 ml) | 159 | 2 g | 13,8 g | 6,5 g | 159 | 13,8 g |
| **Barbecue Sauce** (A) (McDonald's) | 1 Port. (25 ml) | 40 | 0 g | 0 g | 10 g | 160 | 1 g |
| **Barbecue Sauce** (D) (McDonald's) | 1 Port. (25 ml) | 40 | 0 g | 0 g | 10 g | 160 | 1 g |
| **Basis für Kräuter-Butter-Sauce** (A) (Knorr, Feinschmecker)**, zubereitet** | 1 Pkg. (250 ml) | 737 | 12 g | 66 g | 25 g | 295 | 26,4 g |
| **Basis-Sauce für Bolognese** (D) (Buitoni) | 1 Port. (100 g) | 78 | 2 g | 4 g | 8 g | 78 | 4 g |
| **BBQ-Sauce Dip Pot** (A) (Burger King) | 1 Port. (25 g) | 31 | Spuren | Spuren | 7 g | 124 | Spuren |
| **Bechamelsoße** | 1 Port. (150 g) | 191 | 5,1 g | 14 g | 10 g | 127 | 9,3 g |
| **Bolognese Arrabbiata** (Bruno Fischer) | 1/2 Glas (175 ml) | 152 | 4,6 g | 8,8 g | 13,8 g | 87 | 5 g |
| **Bolognese Formaggio vegetarisch** (Bruno Fischer) | 1/2 Glas (175 ml) | 176 | 8,1 g | 7,4 g | 19,2 g | 101 | 4,2 g |
| **Bratenfond Classic** (Maggi) | 1 Port. (100 g) | 6 | 0,7 g | 0,9 g | 0,7 g | 6 | 0,9 g |
| **Bratensaft** (Maggi) | 1 Port. (100 ml) | 38 | 0,7 g | 2,5 g | 3 g | 38 | 2,5 g |

* lt. Herstellerangaben auf Portionsgröße umgerechnet

| Speisen / Gerichte | Portionsgröße / Gewicht | kcal/ Portion | Nährstoffgehalt pro Portion | | | Pro 100 Gramm | |
|---|---|---|---|---|---|---|---|
| | | | EW | Fett | KH | kcal | Fett |
| **Braten-Sauce, vegetarisch** (Vitam) | 1 Port. (100 ml) | 25 | 1,4 g | 0,1 g | 4,6 g | 25 | 0,1 g |
| **Bratensoße Extra** (D) (Knorr), **zubereitet** | 1 Port. (250 ml) | 102 | 3 g | 3 g | 15 g | 41 | 1,2 g |
| **Carbonara al Gusto Sahne-Sauce** (D) (Knorr) | 1 Pkg. (360 ml) | 611 | 7 g | 56 g | 15 g | 170 | 15,6 g |
| **Carbonara Sauce Zwutschgerl** (A) (Iglo) | 1 Pkg. (300 g) | 369 | 13,8 g | 25,2 g | 21,3 g | 123 | 8,4 g |
| **Champignon-Rahm-Sauce** (D) (Knorr, Feinschmecker), **zubereitet** | 1 Pkg. (250 ml) | 227 | 4 g | 17 g | 15 g | 91 | 6,8 g |
| **Champignon-Rahmsauce (mit Sahne)** (Maggi Meisterklasse), **zubereitet** | 1 Port. (100 ml) | 113 | 1,8 g | 9,1 g | 5,9 g | 113 | 9,1 g |
| **Champignon-Rahmsoße zu Schnitzel** (D) (Knorr), **zubereitet mit 50 ml Sahne** | 1 Port. (250 ml) | 263 | 5 g | 20 g | 18 g | 105 | 8 g |
| **Champignon-Sahne-Sauce** (Maggi, Wirtshaus) | 1 Port. (100 ml) | 159 | 1,6 g | 14,5 g | 5,4 g | 159 | 14,5 g |
| **Chili Sauce** (A, D) (Nordsee) | 1 Port. (50 g)* | 71 | 0 g | 0,1 g | 17 g | 142 | 0,2 g |
| **Chilli Dip** (D) (McDonald's) | 1 Port. (25 ml) | 56 | 0 g | 0,3 g | 13 g | 224 | 1 g |
| **Cocktailsauce** (A) (Nordsee) | 1 Port. (50 g)* | 166 | 0 g | 16 g | 4 g | 332 | 32,4 g |
| **Crème-fraîche-Sauce** (D) (Knorr, Feinschmecker), **zubereitet** | 1 Pkg. (250 ml) | 233 | 4 g | 16 g | 18 g | 93 | 6,4 g |
| **Cremige Paprikasauce, bunter Paprika und Mais** (Birkel, Nudel up Be balanced) | 1/2 Glas (200 ml) | 142 | 4 g | 6 g | 18 g | 71 | 3 g |
| **Cumberlandsoße** | 1 Port. (150 g) | 324 | 2,1 g | 11 g | 47 g | 216 | 7,3 g |
| **Curry Sauce** (A) (McDonald's) | 1 Port. (25 ml) | 40 | 0 g | 0,3 g | 10 g | 160 | 1 g |
| **Curry Sauce** (D) (Knorr) | 1 Pkg. (250 ml) | 578 | 3 g | 55 g | 18 g | 231 | 22 g |
| **Curry Sauce** (D) (McDonald's) | 1 Port. (25 ml) | 40 | 0 g | 0,3 g | 10 g | 160 | 1 g |
| **Curry-Frucht-Sauce** (D) (Nordsee) | 1 Port. (80 g)* | 101 | 7 g | 0,5 g | 8 g | 126 | 0,6 g |
| **Curry-Rahmsauce (mit Sahne)** (Maggi Meisterklasse), **zubereitet** | 1 Port. (100 ml) | 110 | 1,5 g | 8,5 g | 6,7 g | 110 | 8,5 g |
| **Curry-Sauce** (A) (Knorr, Feinschmecker), **zubereitet** | 1 Pkg. (250 ml) | 212 | 3 g | 14 g | 19 g | 85 | 5,6 g |

* lt. Herstellerangaben auf Portionsgröße umgerechnet

| Speisen / Gerichte | Portionsgröße / Gewicht | kcal/ Portion | Nährstoffgehalt pro Portion | | | Pro 100 Gramm | |
|---|---|---|---|---|---|---|---|
| | | | EW | Fett | KH | kcal | Fett |
| **Curry-Sauce** (D) (Knorr, Feinschmecker), **zubereitet** | 1 Pkg. (250 ml) | 206 | 5 g | 10 g | 24 g | 82 | 4 g |
| **Curry-Sauce Dip Pot** (A) (Burger King) | 1 Port. (25 g) | 82 | Spuren | 8 g | 3 g | 328 | 32 g |
| **Currysoße** (Maggi Delikatess), **zubereitet** | 1 Port. (100 ml) | 49 | 1,3 g | 2,3 g | 5,8 g | 49 | 2,3 g |
| **Delikatess-Soße zum Braten** (Maggi) | 1 Port. (100 ml) | 37 | 0,7 g | 1,7 g | 4,6 g | 37 | 1,7 g |
| **Dill Sauce** (A) (Knorr, Feinschmecker), **zubereitet** | 1 Pkg. (250 ml) | 185 | 11 g | 6 g | 16 g | 74 | 2,4 g |
| **Dill-Limonen-Sauce** (D) (Nordsee) | 1 Port. (50 g)* | 110 | 0 g | 10 g | 4 g | 219 | 19,9 g |
| **Dillsauce** (A) (Nordsee) | 1 Port. (50 g)* | 90 | 1 g | 8,5 g | 2 g | 179 | 17,1 g |
| **Dillsoße** | 1 Port. (150 g) | 177 | 2,1 g | 11 g | 47 g | 118 | 7,3 g |
| **Edelpilz-Sauce** (D) (Knorr, Feinschmecker), **zubereitet** | 1 Pkg. (250 ml) | 202 | 4 g | 15 g | 13 g | 81 | 6 g |
| **Eierschwammerl-Sauce** (A) (Knorr, Feinschmecker), **zubereitet** | 1 Pkg. (250 ml) | 246 | 10 g | 15 g | 18 g | 98 | 6 g |
| **Eiersoße** | 1 Port. (35 g) | 117 | 1,7 g | 11 g | 0,1 g | 334 | 31,4 g |
| **Essigkren** | 1 Port. (35 g) | 41 | 0,4 g | 2 g | 4,5 g | 117 | 5,7 g |
| **Feine helle Soße, Holländische Art** (Maggi Delikatess), **zubereitet** | 1 Port. (100 ml) | 78 | 1,6 g | 4,7 g | 7,2 g | 78 | 4,7 g |
| **Frit Sauce** (A) (Burger King) | 1 Port. (20 g) | 98 | Spuren | 10 g | 2 g | 490 | 50 g |
| **Garten-Sauce** (Vitam) | 1 Port. (100 ml) | 27 | 1,2 g | 0,1 g | 5,2 g | 27 | 0,1 g |
| **Gemüse-Bolognese** (Zwergenwiese) | 1 Port. (100 g) | 76 | 1,8 g | 3,8 g | 8,7 g | 76 | 3,8 g |
| **Gemüse-Bolognese vegetarisch** (Bruno Fischer) | 1/2 Glas (175 ml) | 117 | 5,1 g | 4,4 g | 14,2 g | 67 | 2,5 g |
| **Gulasch-Saft** (A) (Knorr, Feinschmecker), **zubereitet** | 1 Pkg. (375 ml) | 193 | 7 g | 9 g | 16 g | 52 | 2,4 g |
| **Gurkensoße** | 1 Port. (150 g) | 120 | 4,1 g | 7,7 g | 7,2 g | 80 | 5,1 g |
| **Heidelbeersoße** | 1 Port. (150 g) | 111 | 0,9 g | 0,4 g | 25 g | 74 | 0,3 g |
| **Helle Soße** (Maggi) | 1 Port. (100 ml) | 60 | 0,8 g | 4,6 g | 4 g | 60 | 4,6 g |

* lt. Herstellerangaben auf Portionsgröße umgerechnet

| Speisen / Gerichte | Portionsgröße / Gewicht | kcal/ Portion | Nährstoffgehalt pro Portion | | | Pro 100 Gramm | |
|---|---|---|---|---|---|---|---|
| | | | EW | Fett | KH | kcal | Fett |
| **Helle Soße für Gemüse & Geflügel** (D) (Knorr), **zubereitet** | 1 Port. (250 ml) | 137 | 2 g | 6 g | 19 g | 55 | 2,4 g |
| **Holundersoße** | 1 Port. (150 g) | 122 | 2,4 g | 4,7 g | 16 g | 81 | 3,1 g |
| **Jäger Sauce** (Maggi, Wirtshaus) | 1 Port. (100 ml) | 59 | 1,3 g | 3,1 g | 6,6 g | 59 | 3,1 g |
| **Jäger Soße** (D) (Knorr), **zubereitet** | 1 Port. (250 ml) | 83 | 2 g | 3 g | 12 g | 33 | 1,2 g |
| **Jäger-Sauce** (A) (Knorr, Feinschmecker), **zubereitet** | 1 Pkg. (250 ml) | 105 | 4 g | 3 g | 16 g | 42 | 1,2 g |
| **Jäger-Sauce** (D) (Knorr, Feinschmecker), **zubereitet** | 1 Pkg. (250 ml) | 128 | 3 g | 7 g | 13 g | 51 | 2,8 g |
| **Jäger-Sauce** (Maggi Meisterklasse), **zubereitet** | 1 Port. (100 ml) | 46 | 2,2 g | 1,9 g | 5 g | 46 | 1,9 g |
| **Jägersoße** (Maggi Delikatess), **zubereitet** | 1 Port. (100 ml) | 47 | 1,2 g | 2,6 g | 4,9 g | 47 | 2,6 g |
| **Kalte Schnittlauchsoße** | 1 Port. (35 g) | 106 | 1,6 g | 10 g | 0,2 g | 303 | 28,6 g |
| **Kartoffelsoße** | 1 Port. (150 g) | 143 | 3,1 g | 3,2 g | 23 g | 95 | 2,1 g |
| **Käse-Sauce** (A) (Knorr, Feinschmecker), **zubereitet** | 1 Pkg. (250 ml) | 228 | 8 g | 17 g | 11 g | 91 | 6,8 g |
| **Ketchup** (A) (Burger King) | 1 Port. (15 g) | 16 | Spuren | Spuren | 4 g | 107 | Spuren |
| **Ketchup** (A) (McDonald's) | 1 Port. (25 ml) | 35 | 1 g | 0 g | 8 g | 140 | 0 g |
| **Ketchup** (D) (McDonald's) | 1 Port. (20 ml) | 23 | 0 g | 0 g | 5 g | 116 | 0 g |
| **Ketchup Dip Pot Stk.** (A, D) (Nordsee) | 1 Port. (25 g)* | 27 | 0 g | 0,1 g | 6 g | 107 | 0,4 g |
| **Kinder Tomatensauce ohne Zuckerzusatz** (Zwergenwiese) | 1 Port. (100 g) | 104 | 2,2 g | 4,1 g | 14,6 g | 104 | 4,1 g |
| **Knoblauch-Kräuter-Sauce** (A) (Knorr, Feinschmecker), **zubereitet** | 1 Pkg. (250 ml) | 197 | 3 g | 14 g | 14 g | 79 | 5,6 g |
| **Kräuter Soße** (D) (Knorr), **zubereitet** | 1 Port. (250 ml) | 144 | 2 g | 9 g | 14 g | 58 | 3,6 g |
| **Kräuterbutter** | 1 Port. (10 g) | 64 | 0,2 g | 6,6 g | 0,4 g | 640 | 66 g |
| **Kräuter-Butter-Sauce (mit Butter)** (Maggi Meisterklasse), **zubereitet** | 1 Port. (100 ml) | 596 | 7,5 g | 53,8 g | 20,5 g | 596 | 53,8 g |
| **Kräuter-Käse-Sauce** (D) (Knorr, Feinschmecker), **zubereitet** | 1 Pkg. (250 ml) | 202 | 4 g | 13 g | 16 g | 81 | 5,2 g |

* lt. Herstellerangaben auf Portionsgröße umgerechnet

| Speisen / Gerichte | Portionsgröße / Gewicht | kcal/ Portion | Nährstoffgehalt pro Portion | | | Pro 100 Gramm | |
|---|---|---|---|---|---|---|---|
| | | | EW | Fett | KH | kcal | Fett |
| **Kräuter-Rahm-Sauce** (A) (Knorr, Feinschmecker), **zubereitet** | 1 Pkg. (250 ml) | 183 | 3 g | 14 g | 12 g | 73 | 5,6 g |
| **Kräuter-Sauce mit feiner Dillnote (mit Sahne)** (Maggi Meisterklasse), **zubereitet** | 1 Port. (100 ml) | 129 | 1,4 g | 11 g | 6,1 g | 129 | 11 g |
| **Kräutersoße** (Maggi Delikatess), **zubereitet** | 1 Port. (100 ml) | 51 | 1 g | 2,6 g | 5,8 g | 51 | 2,6 g |
| **Les Sauces Béarnaise** (Thomy) | 1 Port. (100 ml) | 205 | 1 g | 19 g | 7 g | 205 | 19 g |
| **Les Sauces Béchamel** (Thomy) | 1 Port. (100 ml) | 198 | 1 g | 19 g | 6 g | 198 | 19 g |
| **Les Sauces Geflügel-Sahne-Sauce** (Thomy) | 1 Port. (100 ml) | 221 | 1 g | 23 g | 3 g | 221 | 23 g |
| **Les Sauces Hollandaise** (Thomy) | 1 Port. (100 ml) | 233 | 1 g | 23 g | 5 g | 233 | 23 g |
| **Les Sauces Käse-Sahne-Sauce** (Thomy) | 1 Port. (100 ml) | 89 | 3 g | 6 g | 5 g | 89 | 6 g |
| **Les Sauces Pfeffer-Sahne-Sauce** (Thomy) | 1 Port. (100 ml) | 115 | 1 g | 8 g | 11 g | 115 | 8 g |
| **Les Sauces Sahne-Sauce für Lachs** (Thomy) | 1 Port. (100 ml) | 190 | 1 g | 19 g | 4 g | 190 | 19 g |
| **Les Sauces Schinken-Sahne-Sauce** (Thomy) | 1 Port. (100 ml) | 105 | 2 g | 8 g | 6 g | 105 | 8 g |
| **Malteser Soße** | 1 Port. (150 g) | 671 | 5,4 g | 68 g | 4,4 g | 447 | 45,3 g |
| **Mayo Dip Pot Stk.** (D) (Nordsee) | 1 Port. (25 g)* | 70 | 0 g | 6,5 g | 2 g | 282 | 26 g |
| **Mayonnaise 80 %** (D) (McDonald's) | 1 Port. (20 ml) | 147 | 0 g | 16 g | 0 g | 737 | 81 g |
| **Meerettich-Frischkäse** (D) (Nordsee) | 1 Port. (50 g)* | 85 | 2 g | 7 g | 2 g | 170 | 14 g |
| **Mexican Salsa Dip Pot** (A) (Burger King) | 1 Port. (25 g) | 22 | Spuren | Spuren | 5 g | 88 | Spuren |
| **Milde Tomatensauce, Zuckererbsen, Kohlrabi und Karotten** (Birkel, Nudel up Be balanced) | 1/2 Glas (200 ml) | 100 | 2 g | 4 g | 14 g | 50 | 2 g |
| **Mirácoli Pasta Sauce Feine Kräuter** (Kraft) | 1 Port. (100 g) | 72 | 1,4 g | 2,9 g | 9,6 g | 72 | 2,9 g |
| **Mirácoli Pasta Sauce Feines Basilikum** (Kraft) | 1 Port. (100 g) | 72 | 1,5 g | 3,2 g | 9 g | 72 | 3,2 g |
| **Mirácoli Pasta Sauce Kräuter-Knoblauch** (Kraft) | 1 Port. (100 g) | 70 | 1,5 g | 3 g | 8,8 g | 70 | 3 g |
| **Mirácoli Pasta Sauce Pikante Chili** (Kraft) | 1 Port. (100 g) | 69 | 1,5 g | 2,9 g | 8,9 g | 69 | 2,9 g |

* lt. Herstellerangaben auf Portionsgröße umgerechnet

| Speisen / Gerichte | Portionsgröße / Gewicht | kcal/ Portion | Nährstoffgehalt pro Portion | | | Pro 100 Gramm | |
|---|---|---|---|---|---|---|---|
| | | | EW | Fett | KH | kcal | Fett |
| **Oberskren (Sahne-)** | 1 Port. (35 g) | 731 | 0,8 g | 6,8 g | 1,5 g | 2.088 | 19,4 g |
| **Paprika Sauce „Ungarische Art"** (Maggi Meisterklasse), **zubereitet** | 1 Port. (100 ml) | 62 | 1,9 g | 3,7 g | 5,4 g | 62 | 3,7 g |
| **Pasta Asciutta Sauce Zwutschgerl** (A) (Iglo) | 1 Pkg. (300 g) | 315 | 9,6 g | 19,2 g | 25,8 g | 105 | 6,4 g |
| **Pasta asciutta-Sauce im Block** (A) (Iglo) | 1 Pkg. (300 g) | 339 | 13,5 g | 24 g | 17,1 g | 113 | 8 g |
| **Pasta Sauce Arrabbiata** (D) (Buitoni) | 1 Port. (100 g) | 53 | 1 g | 3 g | 6 g | 53 g | 3 g |
| **Pasta Sauce Basilico** (D) (Buitoni) | 1 Port. (100 g) | 67 | 2 g | 4 g | 7 g | 67 | 4 g |
| **Pasta Sauce Basilikum & Oregano** (Dolmio) | 1 Port. (125 g) | 48 | 2 g | 0,1 g | 9,8 g | 38 | 0,1 g |
| **Pasta Sauce Bolognese** (A) (Buitoni) | 1 Port. (100 g) | 117 | 5 g | 7 g | 8 g | 117 | 7 g |
| **Pasta Sauce Classica** (D) (Buitoni) | 1 Port. (100 g) | 74 | 2 g | 4 g | 7 g | 74 | 4 g |
| **Pasta Sauce Classico** (Dolmio) | 1 Port. (125 g) | 65 | 2,1 g | 1,5 g | 10,9 g | 52 | 1,2 g |
| **Pasta Sauce gerösteter Knoblauch** (Dolmio) | 1 Port. (125 g) | 71 | 1,8 g | 1,8 g | 11,9 g | 57 | 1,4 g |
| **Pasta Sauce Napoletana** (A) (Buitoni) | 1 Port. (100 g) | 94 | 2 g | 6 g | 8 g | 94 | 6 g |
| **Pasta Sauce Parmigiano** (A) (Buitoni) | 1 Port. (100 g) | 120 | 4,5 g | 8 g | 6,5 g | 120 | 8 g |
| **Pasta Sauce Tomaten & Basilikum** (Bertolli) | 1 Port. (125 g) | 63 | 2,5 g | 1,3 g | 11,3 g | 50 | 1 g |
| **Pasta Sauce Tomaten, Pecorino, Käse & Knoblauch** (Bertolli) | 1 Port. (125 g) | 90 | 3,8 g | 5 g | 8,8 g | 72 | 4 g |
| **Pasta Sauce Toscana** (D) (Buitoni) | 1 Port. (100 g) | 103 | 2 g | 8 g | 7 g | 103 | 8 g |
| **Pasta Sauce Zucchini e Aubergine** (Barilla) | 1 Port. (100 g) | 62 | 1,5 g | 3,5 g | 6,1 g | 62 | 3,5 g |
| **Pasta-Pizza-Sauce** (Bruno Fischer) | 1/2 Glas (175 ml) | 77 | 2,6 g | 0,5 g | 15,1 g | 44 | 0,3 g |
| **Pastasoße Bolognese** (Bofrost) | 1 Port. (200 g) | 162 | 9,6 g | 6,6 g | 16,2 g | 81 | 3,3 g |
| **Pesto à la Genovese** (Vitam) | 1 Port. (100 g) | 411 | 5,3 g | 40,1 g | 7,8 g | 411 | 40,1 g |
| **Pesto alla Genovese** (Barilla) | 1 Port. (47,5 g) | 281 | 2,9 g | 26,6 g | 7,6 g | 592 | 56 g |
| **Pesto alla Genovese** (D) (Buitoni) | 1 Port. (70 g) | 340 | 5 g | 33 g | 6 g | 486 | 47 g |

| Speisen / Gerichte | Portionsgröße / Gewicht | kcal/ Portion | Nährstoffgehalt pro Portion | | | Pro 100 Gramm | |
|---|---|---|---|---|---|---|---|
| | | | EW | Fett | KH | kcal | Fett |
| **Pesto alla Genovese con Basilikum Fresco** (Barilla) | 1 Port. (47,5 g) | 255 | 2,4 g | 26,6 g | 1,4 g | 536 | 56 g |
| **Pesto Basilico** (D) (Buitoni) | 1 Port. (45 g) | 232 | 3 g | 22 g | 6 g | 516 | 49 g |
| **Pesto Olive** (D) (Buitoni) | 1 Port. (45 g) | 88 | 1 g | 8 g | 4 g | 196 | 18 g |
| **Pesto Rosso** (Barilla) | 1 Port. (67 g) | 220 | 2,7 g | 19,7 g | 8 g | 328 | 29,4 g |
| **Pesto Rosso** (D) (Buitoni) | 1 Port. (45 g) | 230 | 3 g | 21 g | 7 g | 511 | 47 g |
| **Pesto Rosso Pomodora e Basilico** (Barilla) | 1 Port. (50 g) | 165 | 2 g | 14,8 g | 6 g | 330 | 29,5 g |
| **Pfeffer-Rahmsauce** (Maggi Meisterklasse), **zubereitet** | 1 Port. (100 ml) | 111 | 1,6 g | 9 g | 6 g | 111 | 9 g |
| **Pfeffer-Rahmsoße zu Medaillons** (D) (Knorr), **zubereitet mit 50 ml Sahne** | 1 Port. (250 ml) | 280 | 5 g | 23 g | 15 g | 112 | 9,2 g |
| **Pfeffer-Sauce** (A) (Knorr, Feinschmecker), **zubereitet** | 1 Pkg. (250 ml) | 171 | 6 g | 8 g | 18 g | 68 | 3,2 g |
| **Pfeffersoße** (Maggi Delikatess), **zubereitet** | 1 Port. (100 ml) | 47 | 1,5 g | 2,4 g | 4,7 g | 47 | 2,4 g |
| **Pfifferling-Sauce** (D) (Knorr, Feinschmecker), **zubereitet** | 1 Pkg. (250 ml) | 187 | 3 g | 12 g | 17 g | 75 | 4,8 g |
| **Pikante Tomatensauce, Zucchini und getrocknete Tomaten** (Birkel, Nudel up Be balanced) | 1/2 Glas (200 ml) | 160 | 4 g | 8 g | 18 g | 80 | 4 g |
| **Pilzsoße** | 1 Port. (150 g) | 153 | 4,5 g | 12 g | 6 g | 102 | 8 g |
| **Ragu´al Vino** (Barilla) | 1 Port. (100 g) | 111 | 6 g | 6,5 g | 7,2 g | 111 | 6,5 g |
| **Ragu´alla Bolognese Ricetta Speciale** (Barilla) | 1 Port. (100 g) | 105 | 4,5 g | 7,5 g | 4,8 g | 105 | 7,5 g |
| **Rahmbraten-Sauce** (D) (Knorr, Feinschmecker), **zubereitet** | 1 Pkg. (250 ml) | 164 | 4 g | 10 g | 14 g | 66 | 4 g |
| **Rahmsauce** (D) (Knorr) | 1 Pkg. (250 ml) | 588 | 6 g | 58 g | 11 g | 235 | 23,2 g |
| **Rahmsoße für Fleischgerichte** (D) (Knorr), **zubereitet** | 1 Port. (250 ml) | 168 | 2 g | 8 g | 21 g | 67 | 3,2 g |
| **Rahmsoße zu Braten** (Maggi Delikatess), **zubereitet** | 1 Port. (100 ml) | 77 | 1,1 g | 6 g | 4,6 g | 77 | 6 g |
| **Reis- und Nudelsauce Chili** (Zwergenwiese) | 1 Port. (100 g) | 67 | 2,2 g | 0,5 g | 13,5 g | 67 | 0,5 g |
| **Reis- und Nudelsauce Chinesisch** (Zwergenwiese) | 1 Port. (100 g) | 64 | 1,2 g | 0,3 g | 14,2 g | 64 | 0,3 g |

| Speisen / Gerichte | Portionsgröße / Gewicht | kcal/ Portion | Nährstoffgehalt pro Portion | | | Pro 100 Gramm | |
|---|---|---|---|---|---|---|---|
| | | | EW | Fett | KH | kcal | Fett |
| **Reis- und Nudelsauce Curry** (Zwergenwiese) | 1 Port. (100 g) | 84 | 0,8 g | 1,3 g | 17,2 g | 84 | 1,3 g |
| **Remoulade** (D) (Nordsee) | 1 Port. (50 g)* | 233 | 0 g | 24,9 g | 1 g | 465 | 49,8 g |
| **Rindsbraten-Sauce** (A) (Knorr, Feinschmecker), **zubereitet** | 1 Pkg. (375 ml) | 216 | 5 g | 14 g | 18 g | 58 | 3,7 g |
| **Rosa Pfeffer-Rahm-Sauce** (A) (Knorr, Feinschmecker), **zubereitet** | 1 Pkg. (250 ml) | 147 | 4 g | 9 g | 12 g | 59 | 3,6 g |
| **Saft zum Schweinsbraten** (A) (Knorr, Feinschmecker), **zubereitet** | 1 Pkg. (250 ml) | 122 | 5 g | 6 g | 13 g | 49 | 2,4 g |
| **Saft zum Schweinsbraten (Tube)** (A) (Knorr), **zubereitet** | 1 Port. (125 ml) | 86 | 1 g | 7 g | 5 g | 69 | 5,6 g |
| **Salsa al 4 Formaggi** (D) (Buitoni) | 1 Port. (100 g) | 305 | 9 g | 28 g | 5 g | 305 | 28 g |
| **Salsa al Funghi** (D) (Buitoni) | 1 Port. (100 g) | 188 | 4 g | 16 g | 7 g | 188 | 16 g |
| **Salsa Ricotta Spinaci** (D) (Buitoni) | 1 Port. (100 g) | 514 | 7 g | 50 g | 8 g | 514 | 50 g |
| **Sauce Aglio Speciale** (D) (Knorr Spaghetteria), **zubereitet** | 1 Pkg. (250 ml) | 128 | 5 g | < 2,5 g | 25 g | 51 | < 1 g |
| **Sauce ai Quattro Formaggi** (D) (Buitoni) | 1 Port. (100 ml) | 188 | 4 g | 16 g | 7 g | 188 | 16 g |
| **Sauce al Gorgonzola** (D) (Buitoni) | 1 Port. (100 ml) | 156 | 3 g | 14 g | 4 g | 156 | 14 g |
| **Sauce alla Panna** (Maggi, Lust auf Süden), **zubereitet** | 1 Port. (100 ml) | 127 | 1,5 g | 10,3 g | 7,2 g | 127 | 10,3 g |
| **Sauce Arrabbiata** (Barilla) | 1 Port. (100 g) | 47 | 1,5 g | 3 g | 3,5 g | 47 | 3 g |
| **Sauce Arrabbiata** (D) (Knorr Spaghetteria), **zubereitet** | 1 Pkg. (250 ml) | 135 | 5 g | < 2,5 g | 25 g | 54 | < 1 g |
| **Sauce Basilico** (Barilla) | 1 Port. (100 g) | 54 | 1,5 g | 2,3 g | 6,9 g | 54 | 2,3 g |
| **Sauce Béarnaise** (D) (Knorr) | 1 Pkg. (250 ml) | 1.175 | 5 g | 125 g | 8 g | 470 | 50 g |
| **Sauce Béarnaise** (Vitam) | 1 Port. (100 ml) | 257 | 0,6 g | 24,2 g | 9,2 g | 257 | 24,2 g |
| **Sauce Bolognese (ohne Fleisch)** (Maggi, Lust auf Süden), **zubereitet** | 1 Port. (100 ml) | 59 | 1,6 g | 0,8 g | 11,3 g | 59 | 0,8 g |
| **Sauce Carbonara** (A) (Knorr, Feinschmecker), **zubereitet** | 1 Pkg. (250 ml) | 298 | 12 g | 19 g | 20 g | 119 | 7,6 g |
| **Sauce Carbonara** (D) (Buitoni) | 1 Port. (100 ml) | 88 | 3 g | 5 g | 7 g | 88 | 5 g |

* lt. Herstellerangaben auf Portionsgröße umgerechnet

| Speisen / Gerichte | Portionsgröße / Gewicht | kcal/ Portion | Nährstoffgehalt pro Portion | | | Pro 100 Gramm | |
|---|---|---|---|---|---|---|---|
| | | | EW | Fett | KH | kcal | Fett |
| **Sauce Carbonara** (D) (Knorr Spaghetteria)**, zubereitet** | 1 Pkg. (250 ml) | 232 | 7 g | 17 g | 12 g | 93 | 6,8 g |
| **Sauce Chinesische Art Süß-Sauer & Ananas** (Uncle Ben's) | 1 Port. (135 g) | 124 | 0,4 g | 0,4 g | 29,6 g | 92 | 0,3 g |
| **Sauce Chinesische Art Süß-Sauer & Gemüse** (Uncle Ben's) | 1 Port. (135 g) | 124 | 0,5 g | 0,4 g | 29,4 g | 92 | 0,3 g |
| **Sauce Französische Art Provencal & Zucchini** (Uncle Ben's) | 1 Port. (135 g) | 50 | 1,5 g | 0,4 g | 10,1 g | 37 | 0,3 g |
| **Sauce Funghi Porcini** (D) (Buitoni) | 1 Port. (100 ml) | 145 | 1 g | 14 g | 4 g | 145 | 14 g |
| **Sauce Hollandaise** (A, D) (Nordsee) | 1 Port. (50 g)* | 233 | 0 g | 25 g | 1 g | 467 | 50 g |
| **Sauce Hollandaise** (D) (Knorr) | 1 Pkg. (250 ml) | 1.168 | 4 g | 125 g | 8 g | 467 | 50 g |
| **Sauce Hollandaise** (Maggi Meisterklasse)**, zubereitet** | 1 Port. (100 ml) | 437 | 2,5 g | 45,2 g | 5 g | 437 | 45,2 g |
| **Sauce Hollandaise** (Vitam) | 1 Port. (100 ml) | 257 | 0,6 g | 24,2 g | 9,2 g | 257 | 24,2 g |
| **Sauce Hollandaise (zubereitet mit 125 g Butter)** (D) (Knorr, Feinschmecker)**, zubereitet** | 1 Pkg. (250 ml) | 1.083 | 4 g | 114 g | 14 g | 433 | 45,6 g |
| **Sauce Hollandaise „fettarm"** (Maggi Meisterklasse), **zubereitet** | 1 Port. (100 ml) | 44 | 1,9 g | 0,7 g | 7,4 g | 44 | 0,7 g |
| **Sauce Hollandaise light** (D) (Knorr) | 1 Pkg. (250 ml) | 588 | 6 g | 58 g | 11 g | 235 | 23,2 g |
| **Sauce Hollandaise mit Crème fraîche** (D) (Knorr) | 1 Pkg. (250 ml) | 735 | 5 g | 75 g | 10 g | 294 | 30 g |
| **Sauce Hollandaise mit Frühlingskräutern** (D) (Knorr) | 1 Pkg. (250 ml) | 1.148 | 5 g | 123 g | 7 g | 459 | 49,2 g |
| **Sauce Hollandaise mit Frühlingskräutern** (D) (Knorr, Feinschmecker)**, zubereitet mit 125 g Butter** | 1 Pkg. (250 ml) | 1.045 | 5 g | 111 g | 10 g | 418 | 44,4 g |
| **Sauce Hollandaise, fettarm** (D) (Knorr, Feinschmecker), **zubereitet** | 1 Pkg. (250 ml) | 113 | 5 g | 2 g | 20 g | 45 | 0,8 g |
| **Sauce Mediterrane Art Tomaten & Mascarpone** (Uncle Ben's) | 1 Port. (135 g) | 62 | 1,8 g | 2,3 g | 8,2 g | 46 | 1,7 g |
| **Sauce Mediterrane Art Tomaten & Zucchini** (Uncle Ben's) | 1 Port. (135 g) | 68 | 1,4 g | 2,4 g | 10 g | 50 | 1,8 g |

| **Speisen / Gerichte** | Portionsgröße / Gewicht | kcal/ Portion | Nährstoffgehalt pro Portion | | | Pro 100 Gramm | |
|---|---|---|---|---|---|---|---|
| | | | EW | Fett | KH | kcal | Fett |
| **Sauce Mexikanische Art Chili & Rote Bohnen** (Uncle Ben's) | 1 Port. (135 g) | 73 | 2,3 g | 0,8 g | 14,2 g | 54 | 0,6 g |
| **Sauce Mozzarella** (D) (Knorr Spaghetteria), **zubereitet** | 1 Pkg. (250 ml) | 163 | 10 g | 5 g | 20 g | 65 | 2 g |
| **Sauce Napoletana** (Barilla) | 1 Port. (100 g) | 266 | 1,8 g | 3,7 g | 5,8 g | 266 | 3,7 g |
| **Sauce Napoli** (D) (Knorr Spaghetteria), **zubereitet** | 1 Pkg. (250 ml) | 137 | 5 g | 1 g | 25 g | 55 | 0,4 g |
| **Sauce Olive** (Barilla) | 1 Port. (100 g) | 83 | 1,5 g | 5 g | 8 g | 83 | 5 g |
| **Sauce Panna Ricotta** (D) (Buitoni) | 1 Port. (100 ml) | 210 | 3 g | 20 g | 5 g | 210 | 20 g |
| **Sauce Parmarosa** (D) (Knorr Spaghetteria), **zubereitet** | 1 Pkg. (250 ml) | 237 | 6 g | 14 g | 22 g | 95 | 5,6 g |
| **Sauce Quattro Formaggi** (D) (Knorr Spaghetteria), **zubereitet** | 1 Pkg. (250 ml) | 263 | 6 g | 19 g | 16 g | 105 | 7,6 g |
| **Sauce Quattro Formaggi** (Maggi, Lust auf Süden), **zubereitet** | 1 Port. (100 ml) | 166 | 2,9 g | 13,9 g | 7,6 g | 166 | 13,9 g |
| **Sauce Ricotta** (Barilla) | 1 Port. (100 g) | 134 | 3 g | 10 g | 7,9 g | 134 | 10 g |
| **Sauce Sizilianische Art Tomaten & Grüne Oliven** (Uncle Ben's) | 1 Port. (135 g) | 68 | 1,5 g | 2,7 g | 9,5 g | 50 | 2 g |
| **Sauce süßsauer** (A) (McDonald's) | 1 Port. (25 ml) | 50 | 0 g | 0 g | 12 g | 200 | 0 g |
| **Sauce süßsauer** (D) (McDonald's) | 1 Port. (25 ml) | 43 | 0 g | 0,3 g | 10 g | 172 | 1 g |
| **Sauce Tartar** (A) (Nordsee) | 1 Port. (50 g)* | 172 | 0 g | 17,8 g | 2 g | 343 | 35,7 g |
| **Sauce Thailändische Art Curry & Kokosnuss für Reis** (Uncle Ben's) | 1 Port. (135 g) | 139 | 1,9 g | 6,3 g | 18,6 g | 103 | 4,7 g |
| **Sauce Ungarische Art Paprika & Knoblauch** (Uncle Ben's) | 1 Port. (135 g) | 59 | 1,1 g | 1,8 g | 9,7 g | 44 | 1,3 g |
| **Sauce zu Braten „Großmutters Art"** (Maggi Meisterklasse), **zubereitet** | 1 Port. (100 ml) | 44 | 1,3 g | 1,9 g | 5,7 g | 44 | 1,9 g |
| **Sauce zum Rindsbraten (Tube)** (A) (Knorr), **zubereitet** | 1 Port. (125 ml) | 86 | 1 g | 7 g | 5 g | 69 | 5,6 g |
| **Schnitzelsoße** (Maggi Delikatess), **zubereitet** | 1 Port. (100 ml) | 65 | 1,8 g | 3,5 g | 6,5 g | 65 | 3,5 g |
| **Schwammerlsoße** | 1 Port. (150 g) | 112 | 4,6 g | 7,3 g | 5,4 g | 75 | 4,9 g |

* lt. Herstellerangaben auf Portionsgröße umgerechnet

| Speisen / Gerichte | Portionsgröße / Gewicht | kcal/ Portion | Nährstoffgehalt pro Portion | | | Pro 100 Gramm | |
|---|---|---|---|---|---|---|---|
| | | | EW | Fett | KH | kcal | Fett |
| **Semmelkren** | 1 Port. (150 g) | 151 | 6,3 g | 5,6 g | 16 g | 101 | 3,7 g |
| **Senf-Kräuter-Sauce** (D) (Nordsee) | 1 Port. (50 g)* | 113 | 1 g | 11,2 g | 2 g | 226 | 22,3 g |
| **Senfsauce** (D) (McDonald's) | 1 Port. (25 ml) | 54 | 1 g | 3 g | 6 g | 217 | 12 g |
| **Senfsoße** | 1 Port. (35 g) | 108 | 2,5 g | 9,8 g | 0,7 g | 309 | 28 g |
| **Soße Béarnaise** | 1 Port. (150 g) | 520 | 4,3 g | 48 g | 6,3 g | 347 | 32 g |
| **Soße nach Art Hollandaise** (D) (Knorr), **zubereitet mit 50 g Butter** | 1 Port. (250 ml) | 523 | 3 g | 50 g | 16 g | 209 | 20 g |
| **Soße Vinaigrette** | 1 Port. (150 g) | 518 | 6,9 g | 51 g | 2,3 g | 345 | 34 g |
| **Soße zu Geflügel** (D) (Knorr), **zubereitet** | 1 Port. (250 ml) | 101 | 2 g | 5 g | 12 g | 40 | 2 g |
| **Soße zu Geflügel** (Maggi Delikatess), **zubereitet** | 1 Port. (100 ml) | 36 | 0,9 g | 0,9 g | 6,1 g | 36 | 0,9 g |
| **Soße zu Gulasch** (Maggi Delikatess), **zubereitet** | 1 Port. (100 ml) | 44 | 1,1 g | 2 g | 5,5 g | 44 | 2 g |
| **Soße zu Hackbraten** (Maggi Delikatess), **zubereitet** | 1 Port. (100 ml) | 40 | 0,9 g | 1,6 g | 5,5 g | 40 | 1,6 g |
| **Soße zu Rinderbraten** (Maggi Delikatess), **zubereitet** | 1 Port. (100 ml) | 50 | 1 g | 2,7 g | 5,4 g | 50 | 2,7 g |
| **Soße zu Sauerbraten** (Maggi Delikatess), **zubereitet** | 1 Port. (100 ml) | 37 | 1,3 g | 1,4 g | 4,8 g | 37 | 1,4 g |
| **Soße zu Schweinebraten** (D) (Knorr), **zubereitet** | 1 Port. (250 ml) | 96 | 1 g | 4 g | 14 g | 38 | 1,6 g |
| **Soße zu Schweinebraten** (Maggi Delikatess), **zubereitet** | 1 Port. (100 ml) | 40 | 0,5 g | 2,2 g | 4,5 g | 40 | 2,2 g |
| **Soße zum Braten** (D) (Knorr), **zubereitet** | 1 Port. (250 ml) | 83 | 2 g | 2 g | 14 g | 33 | 0,8 g |
| **Soße zum Braten** (Maggi) | 1 Port. (100 ml) | 29 | 0,6 g | 1,1 g | 4,2 g | 29 | 1,1 g |
| **Sour Cream** (A) (Burger King) | 1 Port. (20 g) | 64 | 0 g | 6 g | 2 g | 320 | 30 g |
| **Sour Cream Dip** (A) (McDonald's) | 1 Port. (25 ml) | 110 | 1 g | 11 g | 2 g | 440 | 44 g |
| **Sour Creme Dip** (D) (McDonald's) | 1 Port. (25 ml) | 78 | 0 g | 8 g | 1 g | 301 | 30 g |
| **Spanische Cocktailsauce** (D) (Nordsee) | 1 Port. (50 g)* | 152 | 0 g | 14,3 g | 5 g | 304 | 28,5 g |
| **Steaksoße** (Maggi Delikatess), **zubereitet** | 1 Port. (100 ml) | 69 | 1,5 g | 4 g | 6,7 g | 69 | 4 g |

* lt. Herstellerangaben auf Portionsgröße umgerechnet

| Speisen / Gerichte | Portionsgröße / Gewicht | kcal/ Portion | Nährstoffgehalt pro Portion | | | Pro 100 Gramm | |
|---|---|---|---|---|---|---|---|
| | | | EW | Fett | KH | kcal | Fett |
| **Steinpilz-Rahm-Sauce** (A) (Knorr, Feinschmecker), **zubereitet** | 1 Pkg. (250 ml) | 198 | 3 g | 15 g | 12 g | 79 | 6 g |
| **Sugo al Gorgonzola** (Barilla) | 1 Port. (100 g) | 141 | 2,8 g | 10,5 g | 8,8 g | 141 | 10,5 g |
| **Sugo Arrabbiata** (Recheis) | 1 Port. (100 g) | 53 | 0,8 g | 2,1 g | 7,8 g | 53 | 2,1 g |
| **Sugo Basilico** (Recheis) | 1 Port. (100 g) | 26 | 1,4 g | 0,1 g | 4,9 g | 26 | 0,1 g |
| **Sugo Bolognese** (Recheis) | 1 Port. (100 g) | 80 | 5,5 g | 4,5 g | 4,5 g | 80 | 4,5 g |
| **Sugo mit 5 Kräutern** (Felix) | 1/2 Glas (100 g) | 57 | 1,5 g | 3 g | 6 g | 57 | 3 g |
| **Sugo mit Basilikum** (Felix) | 1/3 Glas (120 g) | 53 | 1,8 g | 1,8 g | 7,2 g | 44 | 1,5 g |
| **Sugo mit feinem Putenfleisch** (Inzersdorfer) | 1 Port. (107 g) | 72 | 5,3 g | 3,2 g | 5,3 g | 67 | 3 g |
| **Sugo mit Fleisch pikant** (Felix) | 1/2 Glas (100 g) | 86 | 5,5 g | 4 g | 7 g | 86 | 4 g |
| **Sugo mit Gemüse** (Felix) | 1/3 Glas (120 g) | 68 | 1,8 g | 3,6 g | 7,2 g | 57 | 3 g |
| **Sugo mit Knoblauch** (Felix) | 1/2 Glas (100 g) | 59 | 1,5 g | 3 g | 6,5 g | 59 | 3 g |
| **Sugo mit Oliven und Kapern** (Felix) | 1/3 Glas (120 g) | 71 | 1,8 g | 3,6 g | 7,8 g | 59 | 3 g |
| **Sugo mit passiertem Gemüse** (Felix) | 1/2 Glas (100 g) | 65 | 1,5 g | 3 g | 8 g | 65 | 3 g |
| **Sugo mit Thunfisch** (Felix) | 1/2 Glas (100 g) | 63 | 5 g | 2,5 g | 5 g | 63 | 2,5 g |
| **Sugo mit zartem Thunfisch und Putenfleisch** (Inzersdorfer) | 1 Port. (107 g) | 72 | 5,3 g | 3,2 g | 5,3 g | 67 | 3 g |
| **Sugo Polpa di Pomodoro** (Recheis) | 1 Port. (100 g) | 26 | 1,4 g | 0,1 g | 5 g | 26 | 0,1 g |
| **Sugo Puttanesca** (Recheis) | 1 Port. (100 g) | 58 | 2 g | 3 g | 5,8 g | 58 | 3 g |
| **Sugo Verdure** (Recheis) | 1 Port. (100 g) | 61 | 1,5 g | 3,2 g | 6,5 g | 61 | 3,2 g |
| **Sweet & Sour Sauce Dip Pot** (Burger King) | 1 Port. (25 g) | 37 | Spuren | Spuren | 9 g | 148 | Spuren |
| **Tomaten Sauce fein** (Bruno Fischer) | 1/2 Glas (175 ml) | 188 | 3,5 g | 9,1 g | 23,1 g | 107 | 5,2 g |
| **Tomaten Sauce fein Familienglas** (Bruno Fischer) | 1/4 Glas (137,5 ml) | 68 | 2,3 g | 2,6 g | 8,7 g | 49 | 1,9 g |
| **Tomaten-Sauce** (A) (Knorr, Feinschmecker), **zubereitet** | 1 Pkg. (375 ml) | 206 | 5 g | 5 g | 33 g | 55 | 1,3 g |

| Speisen / Gerichte | Portionsgröße / Gewicht | kcal/ Portion | Nährstoffgehalt pro Portion | | | Pro 100 Gramm | |
|---|---|---|---|---|---|---|---|
| | | | EW | Fett | KH | kcal | Fett |
| **Tomatensauce Arrabbiata** (Zwergenwiese) | 1 Port. (100 g) | 30 | 1,3 g | 0,1 g | 5,9 g | 30 | 0,1 g |
| **Tomatensauce Mamma Mia** (Zwergenwiese) | 1 Port. (100 g) | 21 | 1,1 g | 0,1 g | 4,2 g | 21 | 0,1 g |
| **Tomatensauce Napoli** (Zwergenwiese) | 1 Port. (100 g) | 83 | 1,8 g | 3,9 g | 10,2 g | 83 | 3,9 g |
| **Tomatensauce Pur** (Zwergenwiese) | 1 Port. (100 g) | 37 | 1,4 g | 0,3 g | 7,1 g | 37 | 0,3 g |
| **Tomatensauce Siziliana** (Zwergenwiese) | 1 Port. (100 g) | 48 | 1,6 g | 0,9 g | 8,4 g | 48 | 0,9 g |
| **Tomatensauce Toskana** (D) (Nordsee) | 1 Port. (50 g)* | 41 | 0 g | 2,4 g | 4 g | 83 | 4,8 g |
| **Tomatensauce Toskana** (Zwergenwiese) | 1 Port. (100 g) | 49 | 1,9 g | 0,1 g | 10,3 g | 49 | 0,1 g |
| **Tomatensoße** | 1 Port. (150 g) | 174 | 3,1 g | 7,8 g | 22 g | 116 | 5,2 g |
| **Tomaten-Soße** (D) (Knorr), **zubereitet** | 1 Port. (250 ml) | 153 | 3 g | 6 g | 20 g | 61 | 2,4 g |
| **Tomatensoße** (Maggi Delikatess), **zubereitet** | 1 Port. (100 ml) | 63 | 1,4 g | 2,8 g | 8,1 g | 63 | 2,8 g |
| **Tomate-Oliven Dip** (D) (McDonald's) | 1 Port. (25 ml) | 40 | 0 g | 0,3 g | 9 g | 139 | 1 g |
| **TomaTina Kinder-Tomatensauce** (Bruno Fischer) | 1/2 Glas (175 ml) | 172 | 3,3 g | 9,5 g | 18,4 g | 98 | 5,4 g |
| **Tomato al Gusto Basilikum** (D) (Knorr) | 1 Pkg. (370 g) | 129 | 4 g | 2 g | 21 g | 35 | 0,5 g |
| **Tomato al Gusto Bolognese** (D) (Knorr) | 1 Pkg. (370 g) | 265 | 15 g | 7 g | 30 g | 72 | 1,9 g |
| **Tomato al Gusto Champignon** (D) (Knorr) | 1 Pkg. (370 g) | 147 | 5 g | 2 g | 25 g | 40 | 0,5 g |
| **Tomato al Gusto Kräuter** (D) (Knorr) | 1 Pkg. (370 g) | 120 | 4 g | 2 g | 20 g | 32 | 0,5 g |
| **Tomato al Gusto Passierte Tomaten** (D) (Knorr) | 1 Pkg. (500 g) | 24 | 1 g | < 1 g | 4 g | 5 | < 1 g |
| **Tomato al Gusto Picante** (D) (Knorr) | 1 Pkg. (370 g) | 157 | 5 g | 2 g | 27 g | 42 | 0,5 g |
| **Tomato al Gusto Tomaten-Stückchen** (D) (Knorr) | 1 Pkg. (500 g) | 19 | 1 g | < 1 g | 3 g | 4 | < 1 g |
| **Tomato Italiano Bolognese mit Fleisch** (Kühne) | 1/3 Pkg. (123 g) | 105 | 5,2 g | 3,9 g | 11,8 g | 85 | 3,2 g |
| **Tomato Italiano mit Knoblauch** (Kühne) | 1/3 Pkg. (123 g) | 43 | 1,9 g | 1,2 g | 7,9 g | 35 | <1 g |
| **Tomato Italiano mit Kräutern** (Kühne) | 1/3 Pkg. (123 g) | 47 | 2 g | 1,2 g | 8,3 g | 38 | <1 g |

* lt. Herstellerangaben auf Portionsgröße umgerechnet

| Speisen / Gerichte | Portionsgröße / Gewicht | kcal/ Portion | Nährstoffgehalt pro Portion | | | Pro 100 Gramm | |
|---|---|---|---|---|---|---|---|
| | | | EW | Fett | KH | kcal | Fett |
| **Tomato Italiano mit Oliven** (Kühne) | 1/3 Pkg. (123 g) | 53 | 1,9 g | 2 g | 6,9 g | 43 | 1,6 g |
| **Tomato Italiano Tomatenstücke** (Kühne) | 1/3 Pkg. (123 g) | 30 | 1,7 g | 1,2 g | 5,1 g | 24 | <1 g |
| **Tsatsiki** (D) (Nordsee) | 1 Port. (50 g)* | 44 | 4 g | 1,8 g | 2 g | 87 | 3,9 g |
| **Vegetarische Bolognese** (Bruno Fischer) | 1/2 Glas (175 ml) | 162 | 5,3 g | 9,1 g | 14,9 g | 93 | 5,2 g |
| **Vegetarische Bolognese** (Zwergenwiese) | 1 Port. (100 g) | 76 | 4,4 g | 0,8 g | 12,8 g | 76 | 0,8 g |
| **Waldpilz-Sauce** (A) (Knorr, Feinschmecker), **zubereitet** | 1 Pkg. (250 ml) | 193 | 4 g | 13 g | 15 g | 77 | 5,2 g |
| **Warme Schnittlauchsoße** | 1 Port. (150 g) | 176 | 5,9 g | 11 g | 10 g | 117 | 7,3 g |
| **Weiße Zwiebelsoße** | 1 Port. (150 g) | 186 | 5,4 g | 10 g | 15 g | 124 | 6,7 g |
| **Zigeuner-Sauce** (A) (Knorr, Feinschmecker), **zubereitet** | 1 Pkg. (250 ml) | 123 | 4 g | 4 g | 16 g | 49 | 1,6 g |
| **Zigeuner-Sauce** (Maggi, Wirtshaus) | 1 Port. (100 ml) | 64 | 0,8 g | 1,4 g | 11,9 g | 64 | 1,4 g |
| **Zitronen-Butter-Sauce** (D) (Knorr, Feinschmecker), **zubereitet** | 1 Pkg. (250 ml) | 245 | 4 g | 13 g | 27 g | 98 | 5,2 g |
| **Zucchini-Sauce** (A) (Knorr, Feinschmecker), **zubereitet** | 1 Pkg. (250 ml) | 163 | 2 g | 11 g | 12 g | 65 | 4,4 g |
| **Zwetschgenpfeffer** | 1 Port. (150 g) | 249 | 2,6 g | 3 g | 48 g | 166 | 2 g |
| **Zwetschgenröster** | 1 Port. (150 g) | 133 | 6,7 g | 0,2 g | 31 g | 89 | 0,1 g |
| **Zwiebelrahmsoße zu Frikadellen** (D) (Knorr), **zubereitet mit 50 ml Sahne** | 1 Port. (250 ml) | 258 | 5 g | 20 g | 15 g | 103 | 8 g |
| **Zwiebel-Sauce** (Maggi Meisterklasse), **zubereitet** | 1 Port. (100 ml) | 44 | 1 g | 1,7 g | 6,3 g | 44 | 1,7 g |
| **Zwiebel-Sauce** (Maggi, Wirtshaus) | 1 Port. (100 ml) | 96 | 1,8 g | 6,3 g | 7,9 g | 96 | 6,3 g |
| **Zwiebelsoße** (Maggi Delikatess), **zubereitet** | 1 Port. (100 ml) | 41 | 1,4 g | 1,9 g | 4,7 g | 41 | 1,9 g |

* lt. Herstellerangaben auf Portionsgröße umgerechnet

# Desserts & Eis

| Speisen / Gerichte | Portionsgröße / Gewicht | kcal/ Portion | Nährstoffgehalt pro Portion | | | Pro 100 Gramm | |
|---|---|---|---|---|---|---|---|
| | | | EW | Fett | KH | kcal | Fett |
| **Ananascreme** | 1 Port. (150 g) | 240 | 6 g | 8 g | 29 g | 160 | 5,3 g |
| **Ananasgelee** | 1 Port. (150 g) | 140 | 2 g | 0 g | 30 g | 93 | 0 g |
| **Apfelgrütze** | 1 Port. (150 g) | 104 | 0 g | 0 g | 22,5 g | 69 | 0 g |
| **Apfelgrütze (mit Honig)**** | 1 Port. (340 g) | 201 | 1 g | 1 g | 45,3 g | 59 | 0,3 g |
| **Apfelgrütze (mit Süßstoff)**** | 1 Port. (340 g) | 170 | 1 g | 1 g | 37,8 g | 50 | 0,3 g |
| **Apfelkompott** | 1 Port. (255 g) | 109 | 0,5 g | 0,8 g | 24 g | 43 | 0,3 g |
| **Apfelkompott** (Odenwald) | 1 Glas (370 ml) | 274 | 0,7 g | 0,4 g | 65,9 g | 74 | 0,1 g |
| **Apfelkompott ohne Zucker** | 1 Port. (250 g) | 85 | 0,5 g | 0,8 g | 18 g | 34 | 0,3 g |
| **Apfelmus** | 1 Port. (260 g) | 143 | 0,6 g | 0,9 g | 31 g | 55 | 0,3 g |
| **Apfelmus** (Odenwald) | 1 Glas (370 ml) | 259 | 0,7 g | 0,4 g | 62,2 g | 70 | 0,1 g |
| **Apfelmus ungezuckert** | 1 Port. (250 g) | 110 | 0,6 g | 0,9 g | 23 g | 44 | 0,4 g |
| **Apfelsinensteifspeise** | 1 Port. (150 g) | 182 | 7,5 g | 6 g | 24 g | 121 | 4 g |
| **Apfelsoufflee**** | 1 Port. (120 g) | 132 | 4,5 g | 2,4 g | 22,7 g | 110 | 2 g |
| **Apfeltasche** (A) (McDonald's) | 1 Stk. (85 g) | 197 | 3 g | 8 g | 28 g | 232 | 9,4 g |
| **Apfeltasche** (D) (McDonald's) | 1 Port. (85 g) | 235 | 2 g | 13 g | 27 g | 276 | 15 g |
| **Aprikosencreme (Crema de albaricoques)** | 1 Port. (170 g) | 243 | 3 g | 13 g | 27 g | 143 | 7,6 g |
| **Aprikosenkompott** (Odenwald) | 1 Port. (190 g) | 201 | 1,7 g | 0,2 g | 45,8 g | 106 | 0,1 g |
| **Bananen-Eisfrappé** | 1 Port. (250 g) | 215 | 6,5 g | 6,7 g | 30 g | 86 | 2,7 g |

** Rezept aus Kochbuch Süße Desserts und Kuchen (SOD-Reihe)

| Speisen / Gerichte | Portionsgröße / Gewicht | kcal/ Portion | Nährstoffgehalt pro Portion | | | Pro 100 Gramm | |
|---|---|---|---|---|---|---|---|
| | | | EW | Fett | KH | kcal | Fett |
| **Bananenfrappé** | 1 Port. (250 g) | 172 | 7,7 g | 8 g | 16 g | 69 | 3,2 g |
| **Bananenmilch** (Milch 3,5% Fett) | 1 Port. (250 g) | 210 | 5,3 g | 4,9 g | 35,8 g | 84 | 2 g |
| **Bananensplit** | 1 Port. (260 g) | 353 | 7,6 g | 18 g | 36 g | 136 | 6,9 g |
| **Bayrische Creme** | 1 Port. (150 g) | 332 | 7,5 g | 24 g | 21 g | 221 | 16 g |
| **Beerengrütze mit Vanillejogurt (mit Honig)*** ** | 1 Port. (250 g) | 190 | 1 g | 1 g | 44 g | 76 | 0,4 g |
| **Beerengrütze mit Vanillejogurt (mit Süßstoff)*** ** | 1 Port. (220 g) | 140 | 1 g | 1 g | 32 g | 64 | 0,4 g |
| **Birne Helene** | 1 Port. (295 g) | 418 | 8,2 g | 18 g | 51 g | 142 | 6,1 g |
| **Birnenkompott** | 1 Port. (255 g) | 123 | 0,9 g | 0,6 g | 27 g | 48 | 0,2 g |
| **Birnenkompott** (Odenwald) | 1 Port. (190 g) | 165 | 0,8 g | 0,2 g | 39,1 g | 87 | 0,1 g |
| **Birnenkompott ungezuckert** | 1 Port. (250 g) | 98 | 0,9 g | 0,6 g | 21 g | 39 | 0,2 g |
| **Biskuitpudding** | 1 Port. (105 g) | 265 | 7,2 g | 8,7 g | 37 g | 252 | 8,3 g |
| **BKOOLLION** (D) (Burger King) | 1 Port. (160 g) | 280 | 6 g | 8 g | 45 g | 175 | 5 g |
| **Brotpudding mit Rosinen** | 1 Port. (150 g) | 267 | 7,5 g | 14 g | 28,5 g | 178 | 9,3 g |
| **Brotpudding süß** | 1 Port. (160 g) | 305 | 7,7 g | 5,8 g | 5 g | 190 | 3,6 g |
| **Buchweizengrütze** | 1 Port. (150 g) | 204 | 4,5 g | 11 g | 21 g | 136 | 7,3 g |
| **Buttermilch-Erdbeer-Sülzchen (mit Honig)** ** | 1 Port. (93 g) | 48 | 2,9 g | 0,7 g | 6,7 g | 52 | 0,8 g |
| **Buttermilch-Erdbeer-Sülzchen (mit Süßstoff)** ** | 1 Port. (93 g) | 36 | 2,9 g | 0,7 g | 3,9 g | 39 | 0,8 g |
| **Buttermilchgelee** | 1 Port. (150 g) | 134 | 7,5 g | 1 g | 22,5 g | 89 | 0,7 g |
| **Cappuccino-Creme*** ** | 1 Port. (165 g) | 170 | 12 g | 1 g | 23 g | 103 | 0,6 g |
| **Donut Chocolate** (D) (Burger King) | 1 Port. (54 g) | 258 | 3 g | 13 g | 23 g | 478 | 24,1 g |
| **Donut Schoko** (A) (McDonald's) | 1 Stk. (50 g) | 209 | 2 g | 11 g | 24 g | 418 | 22 g |
| **Donut Schokolade** (Kochlöffel) | 1 Stk. (65 g) | 268 | 3,8 g | 14,3 g | 31,1 g | 413 | 22 g |

** Rezept aus Kochbuch Süße Desserts und Kuchen (SOD-Reihe) *** Rezept aus gelbem Schlank-ohne-Diät-Kochbuch

| Speisen / Gerichte | Portionsgröße / Gewicht | kcal/ Portion | Nährstoffgehalt pro Portion | | | Pro 100 Gramm | |
|---|---|---|---|---|---|---|---|
| | | | EW | Fett | KH | kcal | Fett |
| **Donut Vanilla** (D) (Burger King) | 1 Port. (54 g) | 243 | 3 g | 13 g | 23 g | 450 | 24,1 g |
| **Donut Zucker** (A) (McDonald's) | 1 Stk. (50 g) | 180 | 3 g | 9 g | 22 g | 360 | 18 g |
| **Edelkastanienmus** | 1 Port. (40 g) | 73 | 1 g | 1 g | 15 g | 183 | 2,5 g |
| **Eis mit Früchten, Schlagobers (-sahne) und Alkohol** | 1 Port. (170 g) | 400 | 5,1 g | 19 g | 47,6 g | 235 | 11,2 g |
| **Eis-Baisertorte** | 1 Port. (200 g) | 502 | 4 g | 24 g | 66 g | 251 | 12 g |
| **Eiskaffee** | 1 Port. (240 g) | 313 | 5,5 g | 19 g | 28 g | 130 | 7,9 g |
| **Eispalatschinke** | 1 Stk. (125 g) | 263 | 8,4 g | 12 g | 27 g | 210 | 9,6 g |
| **Eispalatschinke mit Schlagobers (-sahne)** | 1 Stk. (125 g) 1/2 Port. (28 g) | 338 | 9,1 g | 18 g | 30 g | 221 | 11,8 g |
| **Eistüte** (A) (McDonald's) | 1 Port. (89 g) | 159 | 5 g | 5 g | 25 g | 179 | 5,6 g |
| **Eistüte (ohne Waffel)** (D) (McDonald's) | 1 Port. (90 g) | 111 | 4 g | 5 g | 14 g | 123 | 5 g |
| **Englischer Reispudding** | 1 Port. (250 g) | 345 | 10 g | 12 g | 48 g | 138 | 4,8 g |
| **Erdbeer Milchshake** (D) (McDonald's) | 1 Port. (300 ml) | 300 | 10 g | 8 g | 48 g | 125 | 3 g |
| **Erdbeer Milchshake** (D) (McDonald's) | 1 Port. (500 ml) | 499 | 16 g | 13 g | 79 g | 125 | 3 g |
| **Erdbeer Vanilletasche** (D) (McDonald's) | 1 Port. (83 g) | 231 | 2 g | 13 g | 26 g | 278 | 15 g |
| **Erdbeer-Duo** (D) (McDonald's) | 1 Port. (173 g) | 380 | 4 g | 16 g | 54 g | 220 | 9 g |
| **Erdbeer-Eisfrappé** | 1 Port. (250 g) | 213 | 6,5 g | 6,7 g | 29 g | 85 | 2,7 g |
| **Erdbeerfrappé** | 1 Port. (250 g) | 166 | 7,7 g | 8 g | 14 g | 66 | 3,2 g |
| **Erdbeermilch** (Milch 3,5% Fett) | 1 Port. (250 g) | 187 | 5,9 g | 5,3 g | 28,3 g | 75 | 2,1 g |
| **Erdbeermousse (mit Honig)**** | 1 Port. (98 g) | 58 | 6 g | 0,2 g | 7,3 g | 59 | 0,2 g |
| **Erdbeermousse (mit Süßstoff)**** | 1 Port. (98 g) | 43 | 6 g | 0,2 g | 3,6 g | 44 | 0,2 g |
| **Erdbeerparfait** | 1 Port. (260 g) | 539 | 10 g | 38 g | 35 g | 207 | 14,6 g |
| **Erdbeerpudding** | 1 Port.(150 g) | 165 | 4,5 g | 5 g | 25,5 g | 110 | 3,3 g |

** Rezept aus Kochbuch Süße Desserts und Kuchen (SOD-Reihe)

| Speisen / Gerichte | Portionsgröße / Gewicht | kcal/ Portion | Nährstoffgehalt pro Portion | | | Pro 100 Gramm | |
|---|---|---|---|---|---|---|---|
| | | | EW | Fett | KH | kcal | Fett |
| **Erdbeerschaum** | 1 Port. (200 g) | 320 | 5 g | 20 g | 29 g | 160 | 10 g |
| **Erdbeerschnee** | 1 Port. (150 g) | 113 | 4,5 g | 0 g | 19,5 g | 75 | 0 g |
| **Erdbeersülzchen (mit Honig)**** | 1 Port. (243 g) | 91 | 2,3 g | 0,5 g | 18,1 g | 37 | 0,2 g |
| **Erdbeersülzchen (mit Süßstoff)**** | 1 Port. (243 g) | 45 | 2,3 g | 0,5 g | 6,9 g | 19 | 0,2 g |
| **Erdbeer-Tiramisu (mit Süßstoff)**** | 1 Port. (161 g) | 136 | 8,4 g | 1,9 g | 20,3 g | 84 | 1,2 g |
| **Erdbeer-Tiramisu (mit Zucker)**** | 1 Port. (161 g) | 176 | 8,4 g | 1,9 g | 30,3 g | 109 | 1,2 g |
| **Exotischer Fruchtsalat** (Bofrost) | 1/4 Pkg. (250 g) | 143 | 1,5 g | 0,5 g | 33 g | 57 | 0,2 g |
| **Frankfurter Pudding** | 1 Port. (160 g) | 458 | 11,2 g | 38 g | 49,6 g | 286 | 23,8 g |
| **Frucht Tüte** (D) (McDonald‘s) | 1 Port. (80 g) | 48 | 0 g | 0 g | 11 g | 60 | 0 g |
| **Fruchtcreme** | 1 Port. (185 g) | 167 | 6,1 g | 6,6 g | 19 g | 90 | 3,6 g |
| **Früchteeisbecher** | 1 Port. (255 g) | 484 | 12 g | 22 g | 53 g | 190 | 8,6 g |
| **Früchteterrine** | 1 Port. (160 g) | 295 | 4,8 g | 1,6 g | 57,6 g | 184 | 1 g |
| **Frucht-Joghurt Drink Waldbeere** (D) (McDonald‘s) | 1 Port. (400 ml) | 302 | 9 g | 9 g | 45 g | 93 | 3 g |
| **Fruchtsalat** | 1 Port. (250 g) | 133 | 1,1 g | 0,5 g | 26 g | 53 | 0,2 g |
| **Fruchtsalat mit Schlagobers (-sahne)** | 1 Port. (250 g) 1 Port. (55 g) | 284 | 2,4 g | 13 g | 33 g | 93 | 4,3 g |
| **Fruchtsalat ungezuckert** | 1 Port. (245 g) | 110 | 1,1 g | 0,5 g | 20 g | 45 | 0,2 g |
| **Fruchtsalat ungezuckert mit Schlagobers (-sahne)** | 1 Port. (245 g) 1 Port. (55 g) | 260 | 2,4 g | 13 g | 27 g | 85 | 4,3 g |
| **Fruchtsulze** | 1 Port. (170 g) | 151 | 3,5 g | 11 g | 8,3 g | 89 | 6,5 g |
| **Fruchttüte** (A) (McDonald‘s) | 1 Port. (80 g) | 47 | 0 g | 0 g | 11 g | 59 | 0 g |
| **Fruit & Joghurt** (A) (McDonald‘s) **Danone** | 1 Port. (153 g) | 121 | 4 g | 2 g | 21 g | 79 | 1,3 g |
| **Fruit&Yoghurt** (D) (McDonald‘s) | 1 Port. (153 g) | 153 | 5 g | 3 g | 27 g | 100 | 2 g |
| **Gebrannte Vanillecreme** | 1 Port. (105 g) | 150 | 3,8 g | 5 g | 22 g | 143 | 4,8 g |
| **Gemischtes Eis (3 Kugeln)** | 1 Port. (225 g) | 350 | 6,9 g | 8,6 g | 57 g | 156 | 3,8 g |

** Rezept aus Kochbuch Süße Desserts und Kuchen (SOD-Reihe)

| Speisen / Gerichte | Portionsgröße / Gewicht | kcal/ Portion | Nährstoffgehalt pro Portion | | | Pro 100 Gramm | |
|---|---|---|---|---|---|---|---|
| | | | EW | Fett | KH | kcal | Fett |
| **Gemischtes Eis mit Schlagobers (-sahne)** | 1 Port. (225 g) 1 Port. (55 g) | 500 | 8,2 g | 21 g | 63 g | 164 | 6,9 g |
| **Götterspeise** | 1 Port. (195 g) | 132 | 6,3 g | 0,6 g | 25 g | 54 | 0,2 g |
| **Grießkoch** | 1 Port. (200 g) | 198 | 10 g | 6 g | 26 g | 81 | 2,4 g |
| **Grießpudding** | 1 Port. (150 g) | 278 | 7,5 g | 18 g | 19,5 g | 185 | 12 g |
| **Grießpudding** | 1 Port. (165 g) | 357 | 9 g | 18 g | 35 g | 216 | 10,9 g |
| **Grießpudding auf Mangoragout (mit Honig)**** | 1 Port. (276 g) | 188 | 6,1 g | 0,6 g | 38,2 g | 68 | 0,2 g |
| **Grießpudding auf Mangoragout (mit Süßstoff)**** | 1 Port. (276 g) | 152 | 6,1 g | 0,6 g | 29,5 g | 55 | 0,2 g |
| **Grießpudding mit Schlagobers (-sahne)** | 1 Port. (165 g) 1 Port. (55 g) | 507 | 10 g | 31 g | 42 g | 231 | 14,1 g |
| **Grießschnee** | 1 Port. (150 g) | 78 | 0 g | 0 g | 16,5 g | 52 | 0 g |
| **Grüne Grütze** (Homann) | 1/2 Pkg. (250 g) | 260 | 1 g | 0,3 g | 62,2 g | 104 | 0,1 g |
| **Haselnusscreme** | 1 Port. (150 g) | 288 | 7,5 g | 20 g | 21 g | 192 | 13,3 g |
| **Haselnussflammeri** | 1 Port. (150 g) | 227 | 7,5 g | 12 g | 21 g | 151 | 8 g |
| **Hefepudding** | 1 Port. (150 g) | 414 | 7,5 g | 26 g | 37,5 g | 276 | 17,3 g |
| **Hexenschaum** | 1 Port. (145 g) | 122 | 1,6 g | 0,4 g | 27 g | 84 | 0,3 g |
| **Himbeer-Eis (mit Honig)***** | 1 Port. (235 g) | 100 | 4 g | 1 g | 17 g | 43 | 0,4 g |
| **Himbeer-Eis (mit Süßstoff)***** | 1 Port. (230 g) | 80 | 4 g | 1 g | 12 g | 35 g | 0,4 g |
| **Himbeerfrappé** | 1 Port. (250 g) | 167 | 7,7 g | 8 g | 14 g | 67 | 3,2 g |
| **Himbeer-Jogurt-Creme**** | 1 Port. (315 g) | 133 | 9,5 g | 1,6 g | 16,4 g | 42 | 0,5 g |
| **Himbeerparfait** | 1 Port. (260 g) | 540 | 11 g | 38 g | 35 g | 208 | 14,6 g |
| **Hot Brownie** (A) (Burger King) | 1 Stk. (110 g) | 526 | 6,2 g | 34,9 g | 19,6 g | 478 | 31,7 g |
| **Hot Brownie** (D) (Burger King) | 1 Port. (100 g) | 477 | 6 g | 32 g | 42 g | 477 | 32 g |
| **Hot Brownie mit Eis** (A) (Burger King) | 1 Stk. (150 g) | 587 | 7 g | 38 g | 28 g | 391 | 25,3 g |

* Rezept aus Kochbuch Süße Desserts und Kuchen (SOD-Reihe) *** Rezept aus gelbem Schlank-ohne-Diät-Kochbuch

| Speisen / Gerichte | Portionsgröße / Gewicht | kcal/ Portion | Nährstoffgehalt pro Portion | | | Pro 100 Gramm | |
|---|---|---|---|---|---|---|---|
| | | | EW | Fett | KH | kcal | Fett |
| **Hot Brownie mit Eis** (D) (Burger King) | 1 Port. (140 g) | 533 | 7 g | 34 g | 50 g | 381 | 24,3 g |
| **Johannisbeergelee** | 1 Port. (250 g) | 353 | 6 g | 5 g | 68 g | 141 | 2 g |
| **Kabinettpudding** | 1 Port. (150 g) | 284 | 7,5 g | 6 g | 45 g | 189 | 4 g |
| **Kaffeecreme** | 1 Port. (150 g) | 138 | 6 g | 6 g | 13,5 g | 92 | 4 g |
| **Karamellcreme** | 1 Port. (125 g) | 182 | 5,1 g | 4,9 g | 29 g | 146 | 3,9 g |
| **Karamellflammeri** | 1 Port. (150 g) | 209 | 4,5 g | 4,5 g | 34,5 g | 139 | 3 g |
| **Karamellpudding mit Vanillesoße** | 1 Port. (125 g) | 169 | 3,8 g | 3,8 g | 28 g | 135 | 3 g |
| **Karamell-Vanille-Creme (mit Honig)***** | 1 Port. (265 g) | 205 | 15 g | 1 g | 34 g | 77 | 0,4 g |
| **Karamell-Vanille-Creme (mit Süßstoff)***** | 1 Port. (235 g) | 155 | 15 g | 1 g | 22 g | 66 | 0,4 g |
| **Kastanienpüree** | 1 Port. (190 g) | 410 | 4,8 g | 3,3 g | 86 g | 216 | 1,7 g |
| **Kastanienpüree mit Schlagobers (-sahne)** | 1 Port. (190 g)<br>1 Port. (55 g) | 560 | 6,1 g | 16 g | 93 g | 229 | 6,5 g |
| **Kastanienreis** | 1 Port. (150 g) | 402 | 4,5 g | 15 g | 60 g | 268 | 10 g |
| **Katalanische Creme (Crema catalana)** | 1 Port. (170 g) | 336 | 11 g | 17 g | 35 g | 198 | 10 g |
| **KING Freezie Kirsch** (D) (Burger King) | 1 Port. (100 g) | 58 | 0 g | 0 g | 14 g | 58 | 0 g |
| **KING Freezie Pfirsich-Maracuja** (D) (Burger King) | 1 Port. (100 g) | 58 | 0 g | 0 g | 14 g | 58 | 0 g |
| **KING Freezie Saurer Apfel** (D) (Burger King) | 1 Port. (100 g) | 58 | 0 g | 0 g | 14 g | 58 | 0 g |
| **King Sundae mit Erdbeersauce** (A) (Burger King) | 1 Port. (145 g) | 243 | 4 g | 11 g | 39 g | 168 | 7,6 g |
| **KING Sundae mit Erdbeersauce** (D) (Burger King) | 1 Port. (145 g) | 223 | 6 g | 7 g | 35 g | 154 | 4,8 g |
| **King Sundae mit Karamellgeschmack** (A) (Burger King) | 1 Port. (145 g) | 251 | 4 g | 12 g | 39 g | 173 | 8,3 g |
| **KING Sundae mit Karamellsauce** (D) (Burger King) | 1 Port. (145 g) | 231 | 6 g | 7 g | 35 g | 159 | 4,8 g |
| **King Sundae mit Schokoladensauce** (A) (Burger King) | 1 Port. (145 g) | 243 | 4 g | 11 g | 39 g | 168 | 7,6 g |

*** Rezept aus gelbem Schlank-ohne-Diät-Kochbuch

| Speisen / Gerichte | Portionsgröße / Gewicht | kcal/ Portion | Nährstoffgehalt pro Portion | | | Pro 100 Gramm | |
|---|---|---|---|---|---|---|---|
| | | | EW | Fett | KH | kcal | Fett |
| **KING Sundae mit Schokosauce** (D) (Burger King) | 1 Port. (145 g) | 223 | 6 g | 7 g | 35 g | 154 | 4,8 g |
| **King Sundae mit Vanillegeschmack** (A) (Burger King) | 1 Port. (130 g) | 202 | 4 g | 11 g | 29 g | 155 | 8,5 g |
| **KING Sundae mit Vanillegeschmack** (D) (Burger King) | 1 Port. (130 g) | 182 | 6 g | 7 g | 25 g | 140 | 5,4 g |
| **Kirschenkompott** | 1 Port. (235 g) | 127 | 1,5 g | 0,7 g | 26 g | 54 | 0,3 g |
| **Kirschenkompott ungezuckert** | 1 Port. (230 g) | 95 | 1,5 g | 0,7 g | 18 g | 41 | 0,3 g |
| **Kirschgrütze** | 1 Port. (150 g) | 128 | 0 g | 0 g | 28,5 g | 85 | 0 g |
| **Kokosnussdessert (Cocada)** | 1 Port. (170 g) | 552 | 8 g | 39 g | 38 g | 325 | 22,9 g |
| **Kopenhagener Schnee** | 1 Port. (150 g) | 243 | 3 g | 11 g | 27 g | 162 | 7,3 g |
| **Leichte Götterspeise (mit Honig)*** | 1 Port. (265 g) | 280 | 8 g | 4 g | 47 g | 106 | 1,5 g |
| **Leichte Götterspeise (mit Süßstoff)*** | 1 Port. (245 g) | 245 | 8 g | 4 g | 40 g | 100 | 4 g |
| **Leichtes Schokomousse (mit Süßstoff)*** | 1 Port. (105 g) | 75 | 7 g | 1 g | 9 g | 71 | 1 g |
| **Leichtes Schokomousse*** | 1 Port. (110 g) | 85 | 7 g | 1 g | 12 g | 77 | 0,9 g |
| **Leichtes Tiramisu (mit Zucker)*** | 1 Port. (155 g) | 215 | 11 g | 3 g | 36 g | 139 | 1,9 g |
| **Leichtes Tiramisu (mit Süßstoff)*** | 1 Port. (145 g) | 185 | 11 g | 3 g | 28 g | 128 | 2 g |
| **Mandelpudding** | 1 Port. (115 g) | 447 | 10 g | 30 g | 31 g | 389 | 26,1 g |
| **Mandelpudding mit Schlagobers (-sahne)** | 1 Port. (115 g) 1 Port. (55 g) | 597 | 11 g | 42 g | 38 g | 351 | 24,7 g |
| **Mangoterrine (mit Honig)** | 1 Port. (66 g) | 78 | 3,3 g | 0,9 g | 13,1 g | 118 | 1,4 g |
| **Mangoterrine (mit Süßstoff)** | 1 Port. (66 g) | 66 | 3,3 g | 0,9 g | 10,3 g | 100 | 1,4 g |
| **Marillencreme (Aprikosen-)** | 1 Port. (150 g) | 222 | 10,5 g | 4,5 g | 31,5 g | 148 | 3 g |
| **Marillenkompott (Aprikosen-)** | 1 Port. (225 g) | 125 | 1,2 g | 0,1 g | 28 g | 56 | 0 g |
| **Marillenkompott (Aprikosen-) ungezuckert** | 1 Port. (210 g) | 67 | 1,2 g | 0,1 g | 14 g | 32 | 0 g |
| **Maronen-Schoko-Creme (mit Honig)** | 1 Port. (136 g) | 189 | 9,4 g | 1,6 g | 33,4 g | 139 | 1,2 g |

** Rezept aus Kochbuch Süße Desserts und Kuchen (SOD-Reihe) *** Rezept aus gelbem Schlank-ohne-Diät-Kochbuch

| Speisen / Gerichte | Portionsgröße / Gewicht | kcal/ Portion | Nährstoffgehalt pro Portion | | | Pro 100 Gramm | |
|---|---|---|---|---|---|---|---|
| | | | EW | Fett | KH | kcal | Fett |
| **Maronen-Schoko-Creme (mit Süßstoff)**** | 1 Port. (136 g) | 145 | 9,4 g | 1,6 g | 22,4 g | 107 | 1,2 g |
| **McFlurry Bounty** (A) (McDonald's) | 1 Port. (180 g) | 396 | 8 g | 20 g | 46 g | 220 | 11,1 g |
| **McFlurry KitKat** (A) (McDonald's) | 1 Port. (152 g) | 302 | 8 g | 11 g | 42 g | 199 | 7,2 g |
| **McFlurry KitKat** (D) (McDonald's) | 1 Port. (180 g) | 322 | 9 g | 13 g | 42 g | 179 | 7 g |
| **McFlurry Milka Joghurt-Kirsch** (D) (McDonald's) | 1 Port. (161 g) | 299 | 5 g | 10 g | 47 g | 186 | 6 g |
| **McFlurry Mini Smarties** (A) (McDonald's) | 1 Port. (169 g) | 378 | 7 g | 14 g | 56 g | 224 | 8,3 g |
| **McFlurry Smarties** (D) (McDonald's) | 1 Port. (185 g) | 349 | 8 g | 14 g | 48 g | 189 | 8 g |
| **McSundae Erdbeer** (D) (McDonald's) | 1 Port. (150 g) | 241 | 4 g | 6 g | 42 g | 161 | 4 g |
| **McSundae Karamellsauce** (D) (McDonald's) | 1 Port. (160 g) | 285 | 8 g | 8 g | 45 g | 178 | 5 g |
| **McSundae Schokosauce** (D) (McDonald's) | 1 Port. (160 g) | 285 | 7 g | 11 g | 38 g | 178 | 7 g |
| **Mehlpudding** | 1 Port. (150 g) | 284 | 6 g | 12 g | 37,5 g | 189 | 8 g |
| **Melonen-Birnen-Carpaccio (mit Honig)**** | 1 Port. (225 g) | 128 | 3,2 g | 4,4 g | 18,7 g | 57 | 2 g |
| **Melonen-Birnen-Carpaccio (mit Süßstoff)**** | 1 Port. (225 g) | 120 | 3,2 g | 4,4 g | 16,8 g | 53 | 2 g |
| **Melonenspieße mit Limetten-Minze-Dip (mit Honig)**** | 1 Port. (315 g) | 147 | 4,3 g | 1,5 g | 27,4 g | 47 | 0,5 g |
| **Melonenspieße mit Limetten-Minze-Dip (mit Süßstoff)**** | 1 Port. (315 g) | 124 | 4,3 g | 1,5 g | 21,8 g | 39 | 0,5 g |
| **Milchshake Banane** (A) (McDonald's) | 1 Port. (218 ml) | 263 | 7 g | 7 g | 42 g | 121 | 3,2 g |
| **Milchshake Banane** (A) (McDonald's) | 1 Port. (436 ml) | 526 | 14 g | 14 g | 85 g | 121 | 3,2 g |
| **Milchshake Erdbeere** (A) (McDonald's) | 1 Port. (218 ml) | 264 | 7 g | 7 g | 42 g | 121 | 3,2 g |
| **Milchshake Erdbeere** (A) (McDonald's) | 1 Port. (436 ml) | 527 | 14 g | 14 g | 85 g | 121 | 3,2 g |
| **Milchshake Vanille** (A) (McDonald's) | 1 Port. (218 ml) | 261 | 7 g | 7 g | 42 g | 120 | 3,2 g |
| **Milchshake Vanille** (A) (McDonald's) | 1 Port. (436 ml) | 523 | 14 g | 14 g | 85 g | 120 | 3,2 g |
| **Mousse au Chocolat** | 1 Port. (95 g) | 272 | 6,5 g | 14 g | 27 g | 286 | 14,7 g |

** Rezept aus Kochbuch Süße Desserts und Kuchen (SOD-Reihe)

| Speisen / Gerichte | Portionsgröße / Gewicht | kcal/ Portion | Nährstoffgehalt pro Portion | | | Pro 100 Gramm | |
|---|---|---|---|---|---|---|---|
| | | | EW | Fett | KH | kcal | Fett |
| **Mousse au Chocolat mit Schlagobers (-sahne)** | 1 Port. (95 g)<br>1 Port. (55 g) | 423 | 7,8 g | 27 g | 34 g | 282 | 18 g |
| **Muffin Schokolade** (Kochlöffel) | 1 Stk. (75 g) | 314 | 3,8 g | 17,9 g | 34,1 g | 418 | 23,9 g |
| **Muffin Vanille** (Kochlöffel) | 1 Stk. (85 g) | 338 | 0,7 g | 18,8 g | 38,5 g | 398 | 22,1 g |
| **Nusspudding** | 1 Port. (150 g) | 561 | 15 g | 39 g | 37,5 g | 374 | 26 g |
| **Nusspudding mit Schokosoße (mit Süßstoff)****** | 1 Port. (215 g) | 290 | 13 g | 12 g | 33 g | 135 | 5,6 g |
| **Nusspudding mit Schokosoße (mit Zucker)****** | 1 Port. (220 g) | 315 | 13 g | 13 g | 39 g | 143 | 5,9 g |
| **Obstsülze** | 1 Port. (150 g) | 224 | 4,5 g | 9 g | 28,5 g | 149 | 6 g |
| **Orangenflammeri** | 1 Port. (250 g) | 350 | 7 g | 7 g | 62 g | 140 | 2,8 g |
| **Orangengelee** | 1 Port. (150 g) | 198 | 1,5 g | 0 g | 45 g | 132 | 0 g |
| **Orangen-Kaltschale (mit Honig)****** | 1 Port. (345 g) | 140 | 3 g | 1 g | 29 g | 41 | 0,3 g |
| **Orangen-Kaltschale (mit Süßstoff)****** | 1 Port. (340 g) | 115 | 3 g | 1 g | 23 g | 34 | 0,3 g |
| **Orangen-Karamell-Creme (mit Honig/Zucker)****** | 1 Port. (200 g) | 165 | 10 g | 0 g | 25 g | 83 | 0 g |
| **Orangen-Karamell-Creme (mit Süßstoff)****** | 1 Port. (185 g) | 150 | 10 g | 0 g | 20 g | 81 | 0 g |
| **Parfait** | 1 Port. (210 g) | 524 | 10 g | 38 g | 32 g | 250 | 18,1 g |
| **Pfirsich Melba** | 1 Port. (195 g) | 350 | 7,8 g | 21 g | 29 g | 180 | 10,8 g |
| **Pfirsichkompott** | 1 Port. (225 g) | 117 | 1 g | 0,1 g | 27 g | 52 | 0 g |
| **Pfirsichkompott** (Odenwald) | 1 Port. (190 g) | 198 | 1,5 g | 0,2 g | 46,4 g | 104 | 0,1 g |
| **Pfirsichkompott ungezuckert** | 1 Port. (210 g) | 58 | 1 g | 0,1 g | 12 g | 28 | 0 g |
| **Plumpudding** | 1 Port. (160 g) | 440 | 8 g | 21 g | 51,2 g | 275 | 13,1 g |
| **Preiselbeerschaum** | 1 Port. (80 g) | 54 | 1,5 g | 0,3 g | 11 g | 68 | 0,4 g |
| **Pudding** | 1 Port. (150 g) | 175 | 4,2 g | 4,6 g | 29 g | 117 | 3,1 g |
| **Pudding mit Schlagobers (-sahne)** | 1 Port. (150 g)<br>1 Port. (55 g) | 326 | 5,5 g | 17 g | 36 g | 159 | 8,3 g |

*** Rezept aus gelbem Schlank-ohne-Diät-Kochbuch

| Speisen / Gerichte | Portionsgröße / Gewicht | kcal/ Portion | Nährstoffgehalt pro Portion | | | Pro 100 Gramm | |
|---|---|---|---|---|---|---|---|
| | | | EW | Fett | KH | kcal | Fett |
| **Pudding ungezuckert** | 1 Port. (135 g) | 127 | 4,2 g | 4,6 g | 17 g | 94 | 3,4 g |
| **Pudding ungezuckert mit Schlagobers (-sahne)** | 1 Port. (135 g) 1 Port. (55 g) | 278 | 5,5 g | 17 g | 23 g | 146 | 8,9 g |
| **Reispudding** | 1 Port. (160 g) | 338 | 8,2 g | 18 g | 32 g | 211 | 11,3 g |
| **Reispudding mit Schlagobers (-sahne)** | 1 Port. (160 g) 1 Port. (55 g) | 489 | 9,5 g | 31 g | 39 g | 227 | 14,4 g |
| **Rhababer-Erdbeer Grütze** (Homann) | 1/2 Pkg. (250 g) | 235 | 1 g | 0,3 g | 56,2 g | 94 | 0,1 g |
| **Rhabarber-Erdbeer-Grütze (mit Honig)**** | 1 Port. (190 g) | 45 | 1,2 g | 0,2 g | 8,5 g | 24 | 0,1 g |
| **Rhabarber-Erdbeer-Grütze (mit Süßstoff)**** | 1 Port. (190 g) | 22 | 1,2 g | 0,2 g | 2,9 g | 12 | 0,1 g |
| **Rhabarber-Erdbeer-Kompott (mit Honig)**** | 1 Port. (160 g) | 116 | 1,5 g | 0,4 g | 24,1 g | 73 | 0,2 g |
| **Rhabarber-Erdbeer-Kompott (mit Süßstoff)**** | 1 Port. (160 g) | 40 | 1,5 g | 0,4 g | 5,3 g | 25 | 0,2 g |
| **Rhabarbergrütze** | 1 Port. (150 g) | 108 | 0 g | 0 g | 24 g | 72 | 0 g |
| **Rhabarberkaltschale** | 1 Port. (1/4 l | 93 | 0,3 g | 0,5 g | 8,4 g | 37 | 0,2 g |
| **Rhabarberkompott** | 1 Port. (245 g) | 124 | 0,7 g | 0,2 g | 29 g | 51 | 0,1 g |
| **Rhabarberkompott** (Odenwald) | 1 Port. (190 g) | 164 | 1,1 g | 0,2 g | 37,1 g | 86,2 | 0,1 g |
| **Rhabarberkompott ungezuckert** | 1 Port. (220 g) | 17 | 0,7 g | 0,2 g | 2,2 g | 8 | 0,1 g |
| **Rhabarbersulze** | 1 Port. (215 g) | 215 | 6 g | 4,8 g | 35 g | 100 | 2,2 g |
| **Rote Grütze** | 1 Port. (140 g) | 78 | 1,8 g | 0,2 g | 16 g | 56 | 0,1 g |
| **Rote Grütze** (Homann) | 1/2 Pkg. (250 g) | 233 | 1,5 g | 0,5 g | 53,2 g | 93 | 0,2 g |
| **Rote Grütze aus Fruchtsaft** | 1 Port. (250 g) | 250 | 1 g | 0 g | 59 g | 100 | 0 g |
| **Rote Grütze aus ganzen Früchten** | 1 Port. (250 g) | 173 | 1 g | 0 g | 38 g | 69 | 0 g |
| **Rote Grütze Gartenfrucht** (Kühne) | 1 Port. (100 g) | 90 | 0,6 g | 0,2 g | 21,8 g | 90 | 0,2 g |
| **Rote Grütze Gartenfrucht leicht** (Kühne) | 1 Port. (100 g) | 51 | 0,6 g | 0,2 g | 11,9 g | 51 | 0,2 g |
| **Rote Grütze mit Vanillesoße** (D) (Nordsee) | 1 Port. (180 g)* | 208 | 2 g | 8 g | 31 g | 115 | 4,5 g |
| **Rotweinbirne mit Vanillesoße (mit Honig)**** | 1 Port. (335 g) | 154 | 4,9 g | 0,4 g | 32,6 g | 46 | 0,1 g |

* lt. Herstellerangaben auf Portionsgröße umgerechnet ** Rezept aus Kochbuch Süße Desserts und Kuchen (SOD-Reihe)

| Speisen / Gerichte | Portionsgröße / Gewicht | kcal/ Portion | Nährstoffgehalt pro Portion | | | Pro 100 Gramm | |
|---|---|---|---|---|---|---|---|
| | | | EW | Fett | KH | kcal | Fett |
| **Rotweinbirne mit Vanillesoße (mit Süßstoff)**** | 1 Port. (335 g) | 123 | 4,9 g | 0,4 g | 25,1 g | 37 | 0,1 g |
| **Rotweinmousse** | 1 Port. (100 g) | 186 | 3 g | 8 g | 22 g | 186 | 8 g |
| **Russische Creme mit Schlagobers (-sahne)** | 1 Port. (150 g) | 290 | 6 g | 14 g | 33 g | 193 | 9,3 g |
| **Schoko Milchshake** (D) (McDonald's) | 1 Port. (300 ml) | 299 | 10 g | 8 g | 46 g | 125 | 3 g |
| **Schoko Milchshake** (D) (McDonald's) | 1 Port. (500 ml) | 498 | 17 g | 13 g | 77 g | 125 | 3 g |
| **Schokoladecreme** | 1 Port. (160 g) | 160 | 6,3 g | 7,1 g | 16 g | 100 | 4,4 g |
| **Schokoladen-Soufflee***** | 1 Port. (150 g) | 345 | 17 g | 20 g | 26 g | 230 | 13,3 g |
| **Schokoladesulze** | 1 Port. (140 g) | 349 | 9,4 g | 19 g | 32 g | 249 | 13,6 g |
| **Schokopudding** | 1 Port. (150 g) | 458 | 10,5 g | 20 g | 58,5 g | 305 | 13,3 g |
| **Schokopudding mit Schlagobers (-sahne)** | 1 Port. (145 g)<br>1 Port. (55 g) | 679 | 11 g | 51 g | 40 g | 340 | 25,5 g |
| **Schoko-Soja-Creme (mit Honig/Zucker)**** | 1 Port. (158 g) | 128 | 7,3 g | 2,1 g | 14,6 g | 81 | 1,3 g |
| **Schoko-Soja-Creme (mit Süßstoff)**** | 1 Port. (158 g) | 116 | 7,3 g | 2,1 g | 11,8 g | 73 | 1,3 g |
| **Schwarzbrotpudding** | 1 Port. (125 g) | 282 | 6,3 g | 13 g | 35 g | 226 | 10,4 g |
| **Semmelpudding** | 1 Port. (245 g) | 611 | 13 g | 25 g | 77 g | 249 | 10,2 g |
| **Semmelpudding mit Schlagobers (-sahne)** | 1 Port. (245 g)<br>1 Port. (55 g) | 761 | 14 g | 38 g | 84 g | 381 | 19 g |
| **Shake Erdbeergeschmack** (A) (Burger King) | 1 Port. (200 ml) | 236 | 3 g | 11 g | 31 g | 118 | 5,5 g |
| **Shake Erdbeergeschmack** (A) (Burger King) | 1 Port. (400 ml) | 469 | 6 g | 22 g | 61 g | 117 | 5,5 g |
| **Shake Erdbeergeschmack** (D) (Burger King) | 1 Port. (100 g) | 141 | 3 g | 4 g | 23 g | 141 | 4 g |
| **Shake Schokoladengeschmack** (A) (Burger King) | 1 Port. (200 ml) | 250 | 3,3 g | 11,3 g | 34 g | 125 | 5,7 g |
| **Shake Schokoladengeschmack** (A) (Burger King) | 1 Port. (400 ml) | 496 | 6,6 g | 22,5 g | 66 g | 124 | 5,6 g |
| **Shake Schokoladengeschmack** (D) (Burger King) | 1 Port. (100 g) | 150 | 3 g | 5 g | 24 g | 150 | 5 g |
| **Shake Vanillegeschmack** (A) (Burger King) | 1 Port. (200 ml) | 187 | 3 g | 11 g | 19 g | 94 | 5,5 g |

** Rezept aus Kochbuch Süße Desserts und Kuchen (SOD-Reihe) *** Rezept aus gelbem Schlank-ohne-Diät-Kochbuch

| Speisen / Gerichte | Portionsgröße / Gewicht | kcal/ Portion | Nährstoffgehalt pro Portion | | | Pro 100 Gramm | |
|---|---|---|---|---|---|---|---|
| | | | EW | Fett | KH | kcal | Fett |
| **Shake Vanillegeschmack** (A) (Burger King) | 1 Port. (400 ml) | 374 | 6 g | 22 g | 37 g | 94 | 5,5 g |
| **Shake Vanillegeschmack** (D) (Burger King) | 1 Port. (100 g) | 130 | 3 g | 5 g | 17 g | 130 | 5 g |
| **Stachelbeergrütze mit Schlagobers (-sahne)** | 1 Port. (150 g) | 134 | 0 g | 3 g | 24 g | 89 | 2 g |
| **Stachelbeer-Kompott** | 1 Port. (235 g) | 125 | 1,5 g | 0,7 g | 26 g | 54 | 0,3 g |
| **Sundae Eis-Caramel** (A) (McDonald's) | 1 Port. (141 g) | 281 | 5 g | 7 g | 49 g | 199 | 5 g |
| **Sundae Eis-Erdbeer** (A) (McDonald's) | 1 Port. (143 g) | 238 | 5 g | 5 g | 42 g | 166 | 3,5 g |
| **Sundae Eis-Schokolade** (A) (McDonald's) | 1 Port. (139 g) | 282 | 6 g | 10 g | 43 g | 203 | 7,2 g |
| **Tiramisu** | 1 Port. (125 g) | 303 | 11 g | 18 g | 19 g | 242 | 14,4 g |
| **Topfen (quark-) creme mit Schlagobers (-sahne)** | 1 Port. (230 g)<br>1 Port. (55 g) | 522 | 14 g | 34 g | 33 g | 183 | 11,9 g |
| **Topfen- (Quark-) Früchte-Creme** | 1 Port. (190 g) | 300 | 8,1 g | 9,4 g | 40 g | 158 | 4,9 g |
| **Topfen- (Quark-) Früchte-Creme mit Schlagobers (-sahne)** | 1 Port. (210 g)<br>1 Port. (55 g) | 375 | 7,9 g | 17 g | 41 g | 142 | 6,4 g |
| **Topfen-(Quark-)pudding** | 1 Port. (100 g) | 325 | 7,9 g | 24 g | 18 g | 325 | 24 g |
| **Topfen-(Quark-)pudding mit Schlagobers (-sahne)** | 1 Port. (100 g)<br>1 Port. (55 g) | 476 | 9,2 g | 36 g | 25 g | 307 | 23,2 g |
| **Topfencreme (Quark-)** | 1 Port. (230 g) | 368 | 14 g | 18 g | 31 g | 160 | 7,8 g |
| **Topfensoufflee mit Erdbeersoße (mit Süßstoff)***** | 1 Port. (290 g) | 218 | 21 g | 7 g | 15 g | 75 | 2,4 g |
| **Topfensoufflee mit Erdbeersoße (mit Zucker)***** | 1 Port. (315 g) | 320 | 21 g | 7 g | 40 g | 101 | 2,2 g |
| **Topfensoufflee**** | 1 Port. (114 g) | 186 | 8,6 g | 6,7 g | 22,3 g | 163 | 5,9 g |
| **Vanille Milchshake** (D) (McDonald's) | 1 Port. (300 ml) | 296 | 10 g | 8 g | 47 g | 123 | 3 g |
| **Vanille Milchshake** (D) (McDonald's) | 1 Port. (500 ml) | 493 | 16 g | 13 g | 78 g | 123 | 3 g |
| **Vanillecreme** | 1 Port. (85 g) | 140 | 4,7 g | 5,5 g | 17 g | 165 | 6,5 g |
| **Vanillecreme mit Erdbeeren (mit Süßstoff)***** | 1 Port. (325 g) | 190 | 18 g | 1 g | 26 g | 58 g | 0,3 g |
| **Vanillecreme mit Erdbeeren***** | 1 Port. (340 g) | 240 | 18 g | 1 g | 38 g | 71 | 0,2 g |

** Rezept aus Kochbuch Süße Desserts und Kuchen (SOD-Reihe) *** Rezept aus gelbem Schlank-ohne-Diät-Kochbuch

| Speisen / Gerichte | Portionsgröße / Gewicht | kcal/ Portion | Nährstoffgehalt pro Portion | | | Pro 100 Gramm | |
|---|---|---|---|---|---|---|---|
| | | | EW | Fett | KH | kcal | Fett |
| **Vanilleeis mit heißen Himbeeren** | 1 Port. (200 g) | 230 | 3 g | 11 g | 27 g | 115 | 5,5 g |
| **Vanillepudding** | 1 Port. (100 g) | 110 | 3 g | 3,3 g | 17 g | 110 | 3,3 g |
| **Vanille-Schoko-Schichtcreme (mit Honig)**** | 1 Port. (227 g) | 171 | 21,6 g | 1,8 g | 18,8 g | 75 | 0,7 g |
| **Vanille-Schoko-Schichtcreme (mit Süßstoff)**** | 1 Port. (227 g) | 158 | 21,6 g | 1,8 g | 15,6 g | 70 | 0,7 g |
| **Vanille-Topfen-Mousse (mit Honig)**** | 1 Port. (92 g) | 55 | 7 g | 0,1 g | 5,8 g | 60 | 4,2 g |
| **Vanille-Topfen-Mousse (mit Süßstoff)**** | 1 Port. (92 g) | 47 | 7 g | 0,1 g | 3,9 g | 51 | 4,2 g |
| **Weinchadeau** | 1 Port. (65 g) | 134 | 2,2 g | 4,2 g | 15 g | 206 | 6,5 g |
| **Weincreme** | 1 Port. (150 g) | 212 | 3 g | 11 g | 27 g | 141 | 7,3 g |
| **Weingelee** | 1 Port. (150 g) | 128 | 3 g | 0 g | 27 g | 85 | 0 g |
| **Weingelee mit Früchten** | 1 Port. (250 g) | 267 | 5 g | 0 g | 53 g | 107 | 0 g |
| **Welfencreme** | 1 Port. (250 g) | 400 | 11 g | 15 g | 55 g | 160 | 6 g |
| **Westfälischer Pudding** | 1 Port. (150 g) | 239 | 6 g | 9 g | 34,5 g | 159 | 6 g |
| **Zitronengraspudding (mit Süßstoff)**** | 1 Port. (139 g) | 82 | 4,3 g | 0,1 g | 15,3 g | 59 | 0 g |
| **Zitronengraspudding (mit Zucker)**** | 1 Port. (139 g) | 97 | 4,3 g | 0,1 g | 19,1 g | 70 | 0 g |
| **Zitronenpudding** | 1 Port.(150 g) | 165 | 4,5 g | 5 g | 25,5 g | 110 | 3,3 g |
| **Zwetschgenkompott** | 1 Port. (280 g) | 151 | 1,2 g | 0,3 g | 33 g | 54 | 0,1 g |
| **Zwetschgenkompott ungezuckert** | 1 Port. (270 g) | 112 | 1,2 g | 0,3 g | 23 g | 42 | 0,1 g |
| **Zwiebackpudding mit Himbeersoße** | 1 Port. (160 g) | 258 | 6,4 g | 6,4 g | 41,6 g | 161 | 4 g |

** Rezept aus Kochbuch Süße Desserts und Kuchen (SOD-Reihe)

# Süße Speisen

| Speisen / Gerichte | Portionsgröße / Gewicht | kcal/ Portion | Nährstoffgehalt pro Portion | | | Pro 100 Gramm | |
|---|---|---|---|---|---|---|---|
| | | | EW | Fett | KH | kcal | Fett |
| Apfel im Schlafrock | 1 Port. (150 g) | 275 | 4,5 g | 7,5 g | 46,5 g | 183 | 5 g |
| Apfelkrapferl | 1 Stk. (245 g) | 315 | 7,4 g | 15 g | 34 g | 129 | 6,1 g |
| Apfelküchle | 1 Port. (165 g) | 365 | 9 g | 14 g | 52 g | 220 | 8,5 g |
| Apfelnocken (mit Honig)** | 1 Port. (120 g) | 131 | 1,1 g | 5,4 g | 19,1 g | 109 | 4,5 g |
| Apfelnocken (mit Süßstoff)** | 1 Port. (120 g) | 122 | 1,1 g | 5,4 g | 16,8 g | 101 | 4,5 g |
| Apfelnockerln mit Holundersoße (mit Honig)** | 1 Port. (288 g) | 177 | 8,5 g | 1,7 g | 30,8 g | 61 | 0,6 g |
| Apfelnockerln mit Holundersoße (mit Süßstoff)** | 1 Port. (288 g) | 141 | 8,5 g | 1,7 g | 21,9 g | 49 | 0,6 g |
| Apfelringe gebacken | 1 Port. (200 g) | 320 | 10 g | 6 g | 56 g | 160 | 3 g |
| Apfelschaum (mi Honig)*** | 1 Port. (265 g) | 200 | 5 g | 1 g | 39 g | 75 | 0,4 g |
| Apfelschaum (mit Süßstoff)*** | 1 Port. (250 g) | 140 | 5 g | 1 g | 24 g | 56 | 0,4 g |
| Apfelschlangel | 1 Stk. (105 g) | 239 | 3,5 g | 7,8 g | 36 g | 228 | 7,4 g |
| Apfelschlangel (Vollkorn) | 1 Stk. (105 g) | 231 | 3,8 g | 8,2 g | 33 g | 220 | 7,8 g |
| Apfelschlangel (Vollkorn) mit Schlagobers (-sahne) | 1 Stk. (105 g) 1 Port. (55 g) | 379 | 5,2 g | 21 g | 38 g | 237 | 13,1 g |
| Apfelschlangel mit Schlagobers (-sahne) | 1 Stk. (105 g) 1 Port. (55 g) | 387 | 4,8 g | 21 g | 41 g | 242 | 13,1 g |
| Apfelschmarren | 1 Port. (200 g) | 374 | 10 g | 20 g | 40 g | 187 | 10 g |
| Apfelschnee | 1 Port. (200 g) | 172 | 2 g | 0 g | 38 g | 86 | 0 g |
| Apfelstrudel | 1 Port. (180 g) | 345 | 5 g | 13 g | 48 g | 192 | 7,2 g |

** Rezept aus Kochbuch Süße Desserts und Kuchen (SOD-Reihe) *** Rezept aus gelbem Schlank-ohne-Diät-Kochbuch

| Speisen / Gerichte | Portionsgröße / Gewicht | kcal/ Portion | Nährstoffgehalt pro Portion | | | Pro 100 Gramm | |
|---|---|---|---|---|---|---|---|
| | | | EW | Fett | KH | kcal | Fett |
| **Apfelstrudel aus Blätterteig** (Toni Kaiser) | 1 Stk. 200 g) | 500 | 6,6 g | 27,2 g | 57 g | 250 | 13,6 g |
| **Apfelstrudel mit Schlagobers (-sahne)** | 1 Port. (180 g) 1 Port. (55 g) | 493 | 6,3 g | 26 g | 53 g | 210 | 11,1 g |
| **Apfel-Topfen-Auflauf (-Quark)** | 1 Port. (230 g) | 345 | 12 g | 15 g | 38 g | 150 | 6,5 g |
| **Arme Ritter*** ** | 1 Port. (150 g) | 205 | 8 g | 7 g | 26 g | 137 | 4,7 g |
| **Armer Ritter** | 1 Port. (150 g) | 585 | 9 g | 15 g | 97,5 g | 390 | 10 g |
| **Backobst** | 1 Port. (150 g) | 155 | 1,5 g | 0 g | 33 g | 103 | 0 g |
| **Bananen gebacken** | 1 Port. (50 g) | 55 | 1 g | 2,5 g | 6,5 g | 110 | 5 g |
| **Beeren-Topfen-Schichtspeise (mit Honig)**** | 1 Port. (223 g) | 130 | 13,7 g | 0,7 g | 15,2 g | 58 | 0,3 g |
| **Beeren-Topfen-Schichtspeise (mit Süßstoff)**** | 1 Port. (223 g) | 107 | 13,7 g | 0,7 g | 9,6 g | 48 | 0,3 g |
| **Berliner Pfannkuchen** | 1 Stk. (60 g) | 120 | 3 g | 4,8 g | 15 g | 200 | 8 g |
| **Birnen-Pistazien-Strudel***** | 1 Port. (100 g) | 100 | 2 g | 2 g | 19 g | 100 | 2 g |
| **Biskuitomelette** | 1 Port. (245 g) | 462 | 22 g | 18 g | 47 g | 189 | 7,3 g |
| **Blätterteig Apfelstrudel** (Mann) | 1 Stk. (150 g) | 422 | 10,8 g | 21 g | 51,9 g | 281 | 14 g |
| **Blätterteig Topfenstrudel** (Mann) | 1 Stk. (150 g) | 534 | 19,2 g | 30,3 g | 52,1 g | 356 | 20,2 g |
| **Bratäpfel mit Vanillesoße** | 1 Port. (120 g) | 95 | 2,4 g | 2,4 g | 15,6 g | 79 | 2 g |
| **Buchteln** | 1 Stk. (90 g) | 315 | 6 g | 13 g | 44 g | 350 | 14,4 g |
| **Buchteln mit Marillenfüllung** (Toni Kaiser) | 1 Stk. (80 g) | 185 | 4,6 g | 2,3 g | 36,2 g | 231 | 2,9 g |
| **Buchteln mit Vanillesoße** | 1 Port. (420 g) | 896 | 20 g | 29 g | 132 g | 213 | 6,9 g |
| **Buchweizenauflauf** | 1 Port. (260 g) | 447 | 12 g | 19 g | 52 g | 172 | 7,3 g |
| **Crêpe Suzette** | 1 Port. (120 g) | 318 | 4,2 g | 11 g | 30 g | 265 | 9,2 g |
| **Dinkelauflauf mit Äpfeln** | 1 Port. (340 g) | 449 | 11 g | 21 g | 50 g | 132 | 6,2 g |
| **Erdbeerknödel aus Brandteig** | 1 Stk. (75 g) | 164 | 3,1 g | 8,9 g | 16 g | 219 | 11,9 g |

** Rezept aus Kochbuch Süße Desserts und Kuchen (SOD-Reihe) *** Rezept aus gelbem Schlank-ohne-Diät-Kochbuch

| Speisen / Gerichte | Portionsgröße / Gewicht | kcal/ Portion | Nährstoffgehalt pro Portion | | | Pro 100 Gramm | |
|---|---|---|---|---|---|---|---|
| | | | EW | Fett | KH | kcal | Fett |
| **Erdbeerknödel aus Kartoffelteig** | 1 Stk. (85 g) | 153 | 3,1 g | 5 g | 22 g | 180 | 5,9 g |
| **Erdbeerknödel aus Topfenteig (Quark-)** | 1 Stk. (80 g) | 212 | 4,3 g | 13 g | 17 g | 265 | 16,2 g |
| **Erdbeerknödel*** ** | 1 Stk. (75 g) | 105 | 6 g | 1 g | 18 g | 140 | 1,3 g |
| **Erdbeerstrudel (mit Honig)*** ** | 1 Port. (100 g) | 80 | 2 g | 2 g | 14 g | 80 | 2 g |
| **Erdbeerstrudel (mit Süßstoff)*** ** | 1 Port. (100 g) | 75 | 2 g | 2 g | 13 g | 75 | 2 g |
| **Erdbeer-Vanille-Flammeri (mit Süßstoff)*** ** | 1 Port. (200 g) | 140 | 6 g | 2 g | 23 g | 70 | 1 g |
| **Erdbeer-Vanille-Flammeri (mit Zucker/Honig)*** ** | 1 Port. (210 g) | 150 | 6 g | 2 g | 25 g | 71 | 1 g |
| **Feine Schokocreme (mit Honig)*** ** | 1 Port. (250 g) | 210 | 17 g | 0 g | 33 g | 84 | 0 g |
| **Feine Schokocreme (mit Süßstoff)*** ** | 1 Port. (235 g) | 160 | 17 g | 0 g | 21 g | 68 | 0 g |
| **Flammeri aus Grieß mit Himbeersaft** | 1 Port. (210 g) | 228 | 10 g | 6,1 g | 31 g | 109 | 2,9 g |
| **Flammeri aus Mehl mit Himbeersaft** | 1 Port. (210 g) | 233 | 10 g | 8 g | 27 g | 111 | 3,8 g |
| **Früchtepizza*** ** | 1 Port. (340 g) | 200 | 13 g | 3 g | 27 g | 59 g | 0,9 g |
| **Früchtereis** | 1 Port. (300 g) | 624 | 12 g | 30 g | 78 g | 208 | 10 g |
| **Fruchtknödel Erdbeer** (Toni Kaiser) | 1 Stk. (60 g) | 120 | 5,4 g | 3,3 g | 17,4 g | 200 | 5,2 g |
| **Fruchtknödel Marille** (Toni Kaiser) | 1 Stk. (60 g) | 122 | 5,4 g | 3,1 g | 17,9 g | 203 | 5,2 g |
| **Gebratene Tollatschen** | 1 Port. (115 g) | 415 | 5,8 g | 13,3 g | 65,1 g | 359 | 11,5 g |
| **Germknödel (Hefe-)** | 1 Port. (140 g) | 481 | 11 g | 21 g | 57 g | 344 | 15 g |
| **Germstrudel (Hefe-)** | 1 Port. (110 g) | 317 | 6,2 g | 5,8 g | 57 g | 288 | 5,3 g |
| **Germstrudel (Vollkorn)** | 1 Port. (110 g) | 297 | 6,4 g | 6,1 g | 51 g | 270 | 5,5 g |
| **Gezogener Topfen-Heidelbeer-Strudel** (Toni Kaiser) | 1 Port. (150 g) | 266 | 9,6 g | 8,9 g | 36,3 g | 177 | 5,9 g |
| **Gezogener Topfenstrudel** (Toni Kaiser) | 1 Port. (150 g) | 272 | 13,8 g | 8,6 g | 34,5 g | 181 | 5,7 g |
| **Grießauflauf** | 1 Port. (250 g) | 455 | 17,5 g | 27,5 g | 37,5 g | 182 | 11 g |

*** Rezept aus gelbem Schlank-ohne-Diät-Kochbuch

| Speisen / Gerichte | Portionsgröße / Gewicht | kcal/ Portion | Nährstoffgehalt pro Portion | | | Pro 100 Gramm | |
|---|---|---|---|---|---|---|---|
| | | | EW | Fett | KH | kcal | Fett |
| **Grießbrei mit Zucker und Zimt** | 1 Port. (370 g) | 359 | 14 g | 12 g | 46 g | 97 | 3,2 g |
| **Grießkoch** (Knorr, Sweety), **zubereitet** | 1 Port. (335 g)* | 360 | 13 g | 11 g | 50 g | 107 | 3,3 g |
| **Grießkoch aus dreierlei Grießsorten (mit Honig)*** ** | 1 Port. (190 g) | 190 | 8 g | 1 g | 35 g | 100 | 0,5 g |
| **Grießkoch aus dreierlei Grießsorten (mit Süßstoff)*** ** | 1 Port. (185 g) | 175 | 8 g | 1 g | 24 g | 95 | 0,5 g |
| **Grießschmarren** | 1 Port. (205 g) | 783 | 26 g | 23 g | 101 g | 382 | 11,2 g |
| **Grießschmarren** (Knorr, Sweety), **zubereitet (ohne Butter)** | 1 Port. (235 g)* | 440 | 13 g | 13 g | 68 g | 187 | 5,5 |
| **Grießschmarren gebacken** | 1 Port. (260 g) | 599 | 17 g | 21 g | 78 g | 230 | 8,1 g |
| **Grießschmarren mit Beeren (mit Honig)** ** | 1 Port. (324 g) | 348 | 14 g | 4,1 g | 61,2 g | 107 | 1,3 g |
| **Grießschmarren mit Beeren (mit Süßstoff)** ** | 1 Port. (324 g) | 285 | 14 g | 4,1 g | 46 g | 88 | 1,3 g |
| **Haferflockenauflauf** | 1 Port. (300 g) | 615 | 18 g | 33 g | 57 g | 205 | 11 g |
| **Haferflockenauflauf mit Kakao** | 1 Port. (230 g) | 481 | 13,8 g | 23 g | 50,6 g | 209 | 10 g |
| **Heidelbeernocken** | 1 Stk. (290 g) | 499 | 12 g | 18 g | 67 g | 172 | 6,2 g |
| **Heidelbeer-Pfannkuchen** (Bofrost) | 1 Stk. (85 g) | 111 | 4,8 g | 1,1 g | 20,2 g | 130 | 1,3 g |
| **Heidelbeerstrudel** | 1 Port. (155 g) | 375 | 5,3 g | 13 g | 54 g | 242 | 8,4 g |
| **Heidelbeerstrudel mit Schlagobers (-sahne)** | 1 Port. (155 g)<br>1 Port. (55 g) | 523 | 6,6 g | 26 g | 59 g | 249 | 12,4 g |
| **Himbeer-Buttermilch-Drink*** ** | 1 Port. (250 ml) | 75 | 5 g | 1 g | 9 g | 30 | 0,4 g |
| **Himbeerpalatschinke** | 1 Stk. (115 g) | 179 | 4,1 g | 5,4 g | 26 g | 156 | 4,7 g |
| **Himbeerpalatschinke mit Schlagobers (-sahne)** | 1 Stk. (115 g)<br>1/2 Port. (28 g) | 242 | 4,7 g | 12 g | 26 g | 169 | 8,4 g |
| **Himbeerreis** | 1 Port. (300 g) | 525 | 9 g | 30 g | 54 g | 175 | 10 g |
| **Himmel und Erde*** ** | 1 Port. (380 g) | 250 | 6 g | 1 g | 52 g | 66 | 0,3 g |
| **Hirse-Apfel-Auflauf (mit Honig)** ** | 1 Port. (393 g) | 317 | 25,3 g | 4,6 g | 41,6 g | 81 | 1,2 g |

* lt. Herstellerangaben auf Portionsgröße umgerechnet ** Rezept aus Kochbuch Süße Desserts und Kuchen (SOD-Reihe)

| Speisen / Gerichte | Portionsgröße / Gewicht | kcal/ Portion | Nährstoffgehalt pro Portion | | | Pro 100 Gramm | |
|---|---|---|---|---|---|---|---|
| | | | EW | Fett | KH | kcal | Fett |
| **Hirse-Apfel-Auflauf (mit Süßstoff)**** | 1 Port. (393 g) | 294 | 25,3 g | 4,6 g | 35,9 g | 75 | 1,2 g |
| **Hirseauflauf** | 1 Port. (260 g) | 446 | 14 g | 20 g | 49 g | 172 | 7,7 g |
| **Hirsepalatschinken mit Mohn** | 1 Port. (300 g) | 615 | 18 g | 36 g | 51 g | 205 | 12 g |
| **Jogurt mit Fruchtsoßen (mit Honig)***** | 1 Port. (335 g) | 155 | 9 g | 3 g | 20 g | 46 | 0,9 g |
| **Jogurt mit Fruchtsoßen (mit Süßstoff)***** | 1 Port. (330 g) | 135 | 9 g | 3 g | 16 g | 41 | 0,9 g |
| **Jogurt-Mousse mit Fruchtspiegel (mit Honig)***** | 1 Port. (215 g) | 105 | 5 g | 2 g | 15 g | 49 | 0,9 g |
| **Jogurt-Mousse mit Fruchtspiegel (mit Süßstoff)***** | 1 Port. (200 g) | 88 | 5 g | 2 g | 11 g | 44 | 1 g |
| **Kaiserreis** | 1 Port. (150 g) | 198 | 4,5 g | 10,5 g | 21 g | 132 | 7 g |
| **Kaiserschmarren** | 1 Port. (155 g) | 463 | 12 g | 28 g | 36 g | 299 | 18,1 g |
| **Kaiserschmarren mit Rosinen** (Knorr, Sweety), **zubereitet** | 1 Port. (235 g)* | 462 | 15 g | 16 g | 63 g | 197 | 6,8 g |
| **Kaiserschmarren ohne Rosinen** (Knorr, Sweety), **zubereitet (ohne Butter)** | 1 Port. (225 g)* | 425 | 15 g | 16 g | 64 g | 189 | 7,1 g |
| **Kaiserschmarrn** | 1 Port. (155 g) | 463 | 12 g | 28 g | 36 g | 299 | 18,1 g |
| **Kaiserschmarrn mit Zwetschkenröster** (A) (Iglo) | 1 Pkg. (300 g) | 570 | 12,6 g | 13,8 g | 99,3 g | 190 | 4,6 g |
| **Kapuzinerstrudel mit Früchtefüllung** | 1 Stk. (95 g) | 361 | 5,6 g | 11 g | 55 g | 380 | 11,6 g |
| **Kapuzinerstrudel mit Früchtefüllung und Schokoglasur** | 1 Stk. (105 g) | 421 | 6,8 g | 13 g | 64 g | 401 | 12,4 g |
| **Kapuzinerstrudel mit Nussfülle** | 1 Stk. (80 g) | 318 | 6,1 g | 16 g | 34 g | 398 | 20 g |
| **Kapuzinerstrudel mit Nussfülle und Schokoglasur** | 1 Stk. (95 g) | 364 | 6,7 g | 18 g | 41 g | 383 | 18,9 g |
| **Kartoffelpuffer (Reibekuchen) mit Apfelkompott** | 1 Port. (400 g) | 411 | 8,4 g | 14,7 g | 54,6 g | 102 | 3,7 g |
| **Kastanienreis** (A) (Iglo) | 1 Pkg. (125 g) | 240 | 3,3 g | 2,4 g | 51,5 g | 192 | 1,9 g |
| **Kerscheplotzer, pfälzisch** | 1 Port. (200 g) | 285 | 7,9 g | 11,4 g | 35,8 g | 145 | 5,8 g |
| **Kirschenknödel** | 1 Stk. (80 g) | 138 | 2,4 g | 5,6 g | 17,6 g | 173 | 7 g |

** Rezept aus Kochbuch Süße Desserts und Kuchen (SOD-Reihe) *** Rezept aus gelbem Schlank-ohne-Diät-Kochbuch

| Speisen / Gerichte | Portionsgröße / Gewicht | kcal/ Portion | Nährstoffgehalt pro Portion | | | Pro 100 Gramm | |
|---|---|---|---|---|---|---|---|
| | | | EW | Fett | KH | kcal | Fett |
| **Kirschenstrudel** | 1 Stk. (155 g) | 328 | 5,5 g | 10 g | 49 g | 212 | 6,5 g |
| **Kirschenstrudel mit Schlagobers (-sahne)** | 1 Stk. (155 g) 1 Port. (55 g) | 476 | 6,8 g | 24 g | 54 g | 227 | 11,4 g |
| **Kirschmichel** | 1 Port. (200 g) | 406 | 8 g | 12 g | 64 g | 203 | 6 g |
| **Maisauflauf** | 1 Port. (260 g) | 436 | 13 g | 18 g | 53 g | 168 | 6,9 g |
| **Maisschmarren** | 1 Port. (305 g) | 706 | 14 g | 36 g | 74 g | 232 | 11,8 g |
| **Maistommerl mit Äpfeln** | 1 Port. (325 g) | 432 | 8,7 g | 12 g | 65 g | 133 | 3,7 g |
| **Marillenknödel** (A) (Iglo) | 1 Stk. (66 g) | 137 | 5,1 g | 3,4 g | 21,8 g | 207 | 5,1 g |
| **Marillenknödel** (D) (Iglo) | 1 Stk. (66 g) | 137 | 5,1 g | 3,4 g | 21,8 g | 207 | 5,1 g |
| **Marillenknödel** (Toni Kaiser) | 1 Stk. (65 g) | 61 | 3,1 g | 1,4 g | 8,6 g | 94 | 2,2 g |
| **Marillenknödel aus Brandteig** | 1 Stk. (90 g) | 175 | 3,2 g | 8,8 g | 19 g | 194 | 9,8 g |
| **Marillenknödel aus Kartoffelteig** | 1 Stk. (95 g) | 163 | 3,3 g | 4,9 g | 24 g | 172 | 5,2 g |
| **Marillenknödel aus Topfenteig (Quark-)** | 1 Stk. (95 g) | 222 | 4,5 g | 13 g | 19 g | 234 | 13,7 g |
| **Marillenknödel*** ** | 1 Stk. (105 g) | 130 | 8 g | 1 g | 22 g | 124 | 1 g |
| **Marillenpalatschinken (Pfannkuchen)** (Toni Kaiser) | 1 Stk. (120 g) | 211 | 4,8 g | 8,4 g | 26,4 g | 176 | 7 g |
| **Mehlspeistraum Mozartknödel** (A) (Iglo) | 1 Stk. (70 g) | 237 | 5,5 g | 9,7 g | 31,9 g | 339 | 13,9 g |
| **Milchfaverl** | 1 Port. (385 g) | 392 | 17 g | 13 g | 47 g | 102 | 3,4 g |
| **Milchkoch mit Zucker und Zimt** | 1 Port. (380 g) | 405 | 15 g | 12 g | 55 g | 107 | 3,2 g |
| **Milchnudeln** | 1 Port. (370 g) | 367 | 15 g | 12 g | 46 g | 99 | 3,2 g |
| **Milchrahmstrudel mit Vanillesauce** (Toni Kaiser) | 1 Port. (300 g) | 405 | 12,9 g | 13,2 g | 57,9 g | 135 | 4,4 g |
| **Milchreis** (Knorr, Sweety), **zubereitet** | 1 Port. (330 g)* | 425 | 9 g | 10 g | 73 g | 129 | 3 g |
| **Milchreis (Risógalo)** | 1 Port. (250 g) | 421 | 13 g | 11 g | 69 g | 168 | 4,4 g |
| **Milchreis mit Kirschen** | 1 Port. (250 g) | 365 | 11,4 | 8,8 | 56 g | 145 | 3,5 g |
| **Milchreis mit Zucker und Zimt** | 1 Port. (250 g) | 421 | 13 g | 11 g | 69 g | 168 | 4,4 g |

* lt. Hersteller auf Portionsgröße umgerechnet *** Rezept aus gelbem Schlank-ohne-Diät-Kochbuch

| Speisen / Gerichte | Portionsgröße / Gewicht | kcal/ Portion | Nährstoffgehalt pro Portion | | | Pro 100 Gramm | |
|---|---|---|---|---|---|---|---|
| | | | EW | Fett | KH | kcal | Fett |
| **Milchreis mit Früchten** | 1 Port. (200 g) | 218 | 4 g | 4 g | 38 g | 109 | 2 g |
| **Milchstrudel** | 1 Stk. (180 g) | 367 | 8,5 g | 16 g | 43 g | 204 | 8,9 g |
| **Mohnknödel** (Toni Kaiser) | 1 Stk. (80 g) | 188 | 5,8 g | 7,4 g | 24,7 g | 235 | 9,2 g |
| **Mohnnudeln** | 1 Port. (80 g) | 354 | 7,8 g | 14 g | 47 g | 443 | 17,5 g |
| **Mohnnudeln** (A) (Iglo) | 1 Port. (250 g) | 478 | 13,8 g | 6,5 g | 90,8 g | 191 | 2,6 g |
| **Mohnnudeln aus Kartoffelteig** | 1 Port. (210 g) | 636 | 14 g | 35 g | 60 g | 303 | 16,7 g |
| **Mohnstrudel** | 1 Stk. (120 g) | 367 | 9,7 g | 16 g | 42 g | 306 | 13,3 g |
| **Mohnstrudel (Vollkorn)** | 1 Stk. (120 g) | 348 | 9,9 g | 16 g | 37 g | 290 | 13,3 g |
| **Mohr im Hemd** (A) (Iglo) | 1 Stk. (100 g) | 328 | 6 g | 18,1 g | 35,7 g | 328 | 18,1 g |
| **Nougattascherl** (A) (Iglo) | 1 Stk. (22 g) | 63 | 1,3 g | 2 g | 9,8 g | 286 | 9,1 g |
| **Nussauflauf aus Rührteig** | 1 Port. (230 g) | 651 | 16,1 g | 39,1 g | 57,5 g | 283 | 17 g |
| **Nussnudeln** | 1 Port. (80 g) | 383 | 7,7 g | 17 g | 46 g | 479 | 21,2 g |
| **Nussnudeln aus Kartoffelteig** | 1 Port. (205 g) | 639 | 11 g | 38 g | 57 g | 312 | 18,5 g |
| **Nussnudeln**** | 1 Port. (233 g) | 394 | 13,4 g | 15,3 g | 49,8 g | 169 | 6,6 g |
| **Nusspalatschinken (Pfannkuchen)** | 1 Stk. (120 g) | 295 | 6,7 g | 19,2 g | 24 g | 246 | 16 g |
| **Nusspalatschinken (Pfannkuchen) mit Sahne** | 1 Stk. (120 g)<br>1 Port. (28 g) | 340 | 7 g | 24 g | 24,4 g | 230 | 16,2 g |
| **Nusspalatschinken** (Toni Kaiser) | 1 Stk. (120 g) | 299 | 6,7 g | 19,2 g | 24 g | 249 | 16 g |
| **Obstmichel mit gemischtem Obst** | 1 Port. (230 g) | 380 | 9,2 g | 16,1 g | 48,3 g | 165 | 7 g |
| **Omelette (Vollkorn) mit Marmelade** | 1 Stk. (130 g) | 280 | 5,1 g | 4,7 g | 52 g | 215 | 3,6 g |
| **Omelette (Vollkorn) ohne Fülle** | 1 Stk. (80 g) | 148 | 4,7 g | 4,7 g | 20 g | 185 | 5,9 g |
| **Omelette mit Marmelade** | 1 Stk. (130 g) | 301 | 5,5 g | 5,1 g | 56 g | 232 | 3,9 g |
| **Omelette mit Topfenfülle (Quark-)** | 1 Stk. (140 g) | 303 | 8,7 g | 14 g | 33 g | 216 | 10 g |
| **Omelette ohne Fülle** | 1 Stk. (80 g) | 169 | 5 g | 5,1 g | 24 g | 211 | 6,4 g |

** Rezept aus Kochbuch Süße Desserts und Kuchen (SOD-Reihe)

| Speisen / Gerichte | Portionsgröße / Gewicht | kcal/ Portion | Nährstoffgehalt pro Portion | | | Pro 100 Gramm | |
|---|---|---|---|---|---|---|---|
| | | | EW | Fett | KH | kcal | Fett |
| **Original Wiener Apfelstrudel** (Toni Kaiser) | 1 Port. (150 g) | 257 | 3,6 g | 3,9 g | 51,1 g | 171 | 2,6 g |
| **Palatschinke (Pfannkuchen) ohne Fülle** | 1 Stk. (50 g) | 114 | 3,4 g | 5,2 g | 12 g | 228 | 10,4 g |
| **Palatschinken (Pfannkuchen) mit Marmelade** | 1 Port. (250 g) | 459 | 18 g | 23 g | 45 g | 184 | 9,2 g |
| **Palatschinken (Pfannkuchen) mit Marmelade und Zucker** | 1 Port. (250 g) | 470 | 17,6 g | 22,5 g | 48 g | 195 | 9 g |
| **Pfannkuchen (Berliner)** | 1 Stk. (60 g) | 195 | 5 g | 8 g | 26 g | 325 | 13,3 g |
| **Pfitzauf, schwäbisch** | 1 Stk. (170 g) | 293 | 12 g | 12,1 g | 33,8 g | 172 | 7,1 g |
| **Pflaumen-Reis-Auflauf*** ** | 1 Port. (245 g) | 265 | 18 g | 4 g | 39 g | 108 | 1,6 g |
| **Polenta-Apfel-Auflauf** ** | 1 Port. (280 g) | 271 | 11 g | 4 g | 46,6 g | 97 | 1,4 g |
| **Powidltascherl** | 1 Stk. (65 g) | 125 | 2,8 g | 3,2 g | 20 g | 192 | 4,9 g |
| **Powidltascherl** (A) (Iglo) | 1 Stk. (22 g) | 41 | 0,9 g | 0,2 g | 8,7 g | 184 | 1 g |
| **Püfferchen, westfälisch** | 1 Stk. (50 g) | 158 | 3,1 g | 9,1 g | 15,9 g | 325 | 18,7 g |
| **Quarkauflauf mit Äpfeln** | 1 Port. (300 g) | 396 | 18 g | 9 g | 60 g | 132 | 3 g |
| **Quarkauflauf mit Fruchtsoße** | 1 Port. (200 g) | 292 | 14 g | 4 g | 48 g | 146 | 2 g |
| **Quarkkeulchen, sächsisch** | 1 Stk. (60 g) | 110 | 3,1 g | 4,6 g | 13,5 g | 191 | 8,1 g |
| **Quarkklöße (-knödel)** | 1 Port. (150 g) | 355 | 12 g | 14 g | 43 g | 237 | 9,3 g |
| **Quarkmaultaschen** | 1 Port. (150 g) | 416 | 16,5 g | 18 g | 45 g | 277 | 12 g |
| **Rahmstrudel** | 1 Stk. (150 g) | 350 | 8 g | 16 g | 39 g | 233 | 10,7 g |
| **Reisauflauf** | 1 Port. (260 g) | 449 | 12 g | 20 g | 51 g | 173 | 7,7 g |
| **Reisauflauf mit Äpfeln** | 1 Port. (230 g) | 226 | 4,6 g | 9,2 g | 29,9 g | 98 | 4 g |
| **Reisauflauf mit Rosinen** | 1 Port. (275 g) | 496 | 12 g | 20 g | 61 g | 180 | 7,3 g |
| **Reisauflauf mit Schokolade** | 1 Port. (250 g) | 448 | 12,5 g | 17,5 g | 57,5 g | 179 | 7 g |
| **Reisbrei (Vollreis) mit Zucker und Zimt** | 1 Port. (375 g) | 382 | 14 g | 12 g | 51 g | 102 | 3,2 g |

** Rezept aus Kochbuch Süße Desserts und Kuchen (SOD-Reihe)   *** Rezept aus gelbem Schlank-ohne-Diät-Kochbuch

| Speisen / Gerichte | Portionsgröße / Gewicht | kcal/ Portion | Nährstoffgehalt pro Portion | | | Pro 100 Gramm | |
|---|---|---|---|---|---|---|---|
| | | | EW | Fett | KH | kcal | Fett |
| **Reisbrei mit Zucker und Zimt** | 1 Port. (375 g) | 385 | 13 g | 12 g | 53 g | 103 | 3,2 g |
| **Reispfannkuchen mit Kompott** | 1 Port. (200 g) | 286 | 6 g | 12 g | 36 g | 143 | 6 g |
| **Reisquarkauflauf (Reis-Topfen-Auflauf)** | 1 Port. (300 g) | 402 | 12 g | 6 g | 75 g | 134 | 2 g |
| **Reisschmarren** | 1 Port. (360 g) | 692 | 16 g | 25,6 g | 92 g | 192 | 7,1 g |
| **Rhabarberstrudel** | 1 Stk. (165 g) | 341 | 5,2 g | 13 g | 48 g | 207 | 7,9 g |
| **Ribiselknödel (Johannisbeer-)** | 1 Stk. (80 g) | 169 | 3,2 g | 8 g | 20 g | 211 | 10 g |
| **Riesen Germknödel mit Mohn-Zucker-Mischung** (D) (Iglo) | 1 Stk. (167 g) | 448 | 13,4 g | 8,4 g | 86,8 g | 268 | 5 g |
| **Riesen-Germknödel** (A) (Iglo) | 1 Stk. (167 g) | 458 | 11,7 g | 7,5 g | 85,7 g | 274 | 4,5 g |
| **Riesen-Germknödel mit Heidelbeerfülle** (Toni Kaiser) | 1 Stk. (170 g) | 371 | 12,6 g | 3,6 g | 72,1 g | 218 | 2,1 g |
| **Riesen-Germknödel mit Powidl und Mohn und Zucker** (Toni Kaiser) | 1 Stk. (170 g) | 418 | 10,9 g | 4,8 g | 79,1 g | 246 | 2,8 g |
| **Rosinengermstrudel** | 1 Stk. (120 g) | 353 | 6,3 g | 5,9 g | 65 g | 294 | 4,9 g |
| **Rosinengermstrudel (Vollkorn)** | 1 Stk. (120 g) | 333 | 6,6 g | 6,1 g | 60 g | 278 | 5,1 g |
| **Sächsische Quarkkeulen (mit Süßstoff)***** | 1 Port. (205 g) | 275 | 14 | 10 g | 31 g | 134 | 4,8 g |
| **Sächsische Quarkkeulen (mit Zucker)***** | 1 Port. (225 g) | 355 | 14 | 10 g | 51 g | 158 | 4,4 g |
| **Salzburger Nockerl** | 1 Port. (80 g) | 206 | 7,2 g | 16 g | 5,2 g | 258 | 20 g |
| **Scheiterhaufen** | 1 Port. (285 g) | 347 | 8,2 g | 12 g | 49 g | 122 | 4,2 g |
| **Scheiterhaufen** | 1 Port. (300 g) | 567 | 18 g | 12 g | 90 g | 189 | 4 g |
| **Schlummeräpfel mit Haferflocken** | 1 Port. (200 g) | 378 | 10 g | 16 g | 46 g | 189 | 8 g |
| **Schmankerl Germknödel mit Mohn, Zucker und Butter** (A) (Iglo) | 1 Pkg. (200 g) | 650 | 11 g | 27,2 g | 90 g | 325 | 13,6 g |
| **Schmarren** | 1 Port. (315 g) | 680 | 19 g | 23 g | 92 g | 216 | 7,3 g |
| **Schneeballen** | 1 Port. (300 g) | 1.407 | 24 g | 99 g | 99 g | 469 | 33 g |
| **Schokoladeauflauf** | 1 Port. (195 g) | 407 | 11 g | 18 g | 47 g | 209 | 9,2 g |

*** Rezept aus gelbem Schlank-ohne-Diät-Kochbuch

| Speisen / Gerichte | Portionsgröße / Gewicht | kcal/ Portion | Nährstoffgehalt pro Portion | | | Pro 100 Gramm | |
|---|---|---|---|---|---|---|---|
| | | | EW | Fett | KH | kcal | Fett |
| **Schokoladepalatschinken (Pfannkuchen)** | 1 Stk. (80 g) | 252 | 5,5 g | 13 g | 20 g | 315 | 16,2 g |
| **Schokoladepalatschinken (Pfannkuchen) mit Sahne** | 1 Stk. (80 g) 1/2 Port. (28 g) | 327 | 6,2 g | 19 g | 23 g | 303 | 17,6 g |
| **Schokomilchreis** | 1 Port. (220 g) | 262 | 6,6 g | 11 g | 30,8 g | 119 | 5 g |
| **Schokopflaumen*** ** | 1 Stk. (12 g) | 35 | 1 g | 1 g | 6 g | 292 | 8,3 g |
| **Semmelauflauf** | 1 Port. (200 g) | 490 | 12 g | 24 g | 56 g | 245 | 12 g |
| **Semmelkrusteln** | 1 Port. (200 g) | 430 | 12 g | 22 g | 46 g | 215 | 11 g |
| **Semmelschmarren** | 1 Port. (250 g) | 475 | 13 g | 22 g | 52 g | 190 | 8,8 g |
| **Süße Grießnocken auf Erdbeermus (mit Honig)**** | 1 Port. (248 g) | 171 | 7,2 g | 1 g | 31,8 g | 69 | 0,4 g |
| **Süße Grießnocken auf Erdbeermus (mit Süßstoff)**** | 1 Port. (248 g) | 148 | 7,2 g | 1 g | 26,2 g | 60 | 0,4 g |
| **Topfen-(Quark-)nockerln mit Schlagobers (-sahne)** | 1 Port. (205 g) 1 Port. (55 g) | 579 | 15 g | 33 g | 50 g | 223 | 12,7 g |
| **Topfen-(Quark-)nudeln aus Kartoffelteig** | 1 Port. (150 g) | 315 | 10 g | 13 g | 34 g | 210 | 8,7 g |
| **Topfenauflauf (Quark-)** | 1 Port. (220 g) | 520 | 12 g | 29 g | 49 g | 236 | 13,2 g |
| **Topfen-Grieß-Auflauf (Quark-)** | 1 Port. (200 g) | 444 | 16 g | 22 g | 44 g | 222 | 11 g |
| **Topfen-Grieß-Knödel (Quark-)** | 1 Stk. (80 g) | 248 | 7,2 g | 16,8 g | 16 g | 310 | 21 g |
| **Topfen-Heidelbeerstrudel aus Blätterteig** | 1 Stk. (200 g) | 570 | 14,2 g | 29,2 g | 62,8 g | 285 | 14,6 g |
| **Topfenknödel** (Knorr, Sweety), **zubereitet** | 3 Stk. (200 g)* | 353 | 11 g | 16 g | 41 g | 177 | 8 g |
| **Topfenknödel (Quark-)** | 1 Stk. (95 g) | 244 | 8 g | 12 g | 24 g | 257 | 12,6 g |
| **Topfenknödel** (Toni Kaiser) | 1 Stk. (50 g) | 189 | 3,7 g | 7,2 g | 27,3 g | 377 | 14,4 g |
| **Topfenknödel mit Erdbeerfülle** (A) (Iglo) | 1 Stk. (60 g) | 128 | 6,2 g | 3,5 g | 17,9 g | 214 | 5,9 g |
| **Topfenknödel mit Holunder-Ragout (mit Honig/ Zucker)*** ** | 1 Port. (245 g) | 285 | 14 g | 1 g | 53 g | 116 | 0,4 g |
| **Topfenknödel mit Holunder-Ragout (mit Süßstoff)*** ** | 1 Port. (240 g) | 235 | 14 g | 1 g | 43 g | 98 | 0,4 g |
| **Topfenknödel mit Waldbeerfülle** (A) (Iglo) | 1 Stk. (53 g) | 144 | 3,7 g | 3,4 g | 24,4 g | 271 | 6,5 g |

* lt. Hersteller auf Portionsgröße umgerechnet ** Rezept aus Kochbuch Süße Desserts und Kuchen (SOD-Reihe)

| Speisen / Gerichte | Portionsgröße / Gewicht | kcal/ Portion | Nährstoffgehalt pro Portion | | | Pro 100 Gramm | |
|---|---|---|---|---|---|---|---|
| | | | EW | Fett | KH | kcal | Fett |
| **Topfennockerl** (Toni Kaiser) | 1 Stk. (25 g) | 44 | 2,5 g | 1,5 g | 1,5 g | 175 | 6,1 g |
| **Topfennockerl auf Beerenmus (mit Honig)**** | 1 Port. (167 g) | 86 | 6,5 g | 0,5 g | 11,8 g | 51 | 0,3 g |
| **Topfennockerl auf Beerenmus (mit Süßstoff)**** | 1 Port. (167 g) | 75 | 6,5 g | 0,5 g | 9 g | 45 | 0,3 g |
| **Topfennockerl mit Vanille-Beerensauce** (A) (Iglo) | 1/2 Pkg. (150 g) | 281 | 6 g | 9 g | 42 g | 187 | 6 g |
| **Topfennockerln** | 1 Stk. (25 g) | 46 | 2,5 g | 1,5 g | 1,5 g | 184 | 6,1 g |
| **Topfennockerln (Quark-)** | 1 Port. (205 g) | 428 | 13 g | 21 g | 43 g | 209 | 10,2 g |
| **Topfenpalatschinken (Quark-)** | 1 Stk. (90 g) | 222 | 6,4 g | 13 g | 18 g | 247 | 14,4 g |
| **Topfenpalatschinken** (Toni Kaiser) | 1 Stk. (120 g) | 242 | 9,5 g | 12,7 g | 22,3 g | 202 | 10,6 g |
| **Topfenpalatschinken mit Vanillesauce** (A) (Iglo) | 1/2 Pkg. (150 g) | 204 | 7,5 g | 7,5 g | 24 g | 136 | 5 g |
| **Topfenscheiterhaufen (Quark-)** | 1 Port. (250 g) | 593 | 15 g | 35 g | 50 g | 237 | 14 g |
| **Topfenschmarren (Quark-)** | 1 Port. (195 g) | 556 | 15 g | 25 g | 62 g | 285 | 12,8 g |
| **Topfenstrudel (Quark-)** | 1 Stk. (155 g) | 370 | 10 g | 18 g | 38 g | 239 | 11,6 g |
| **Topfenstrudel aus Blätterteig** (Toni Kaiser) | 1 Stk. (200 g) | 598 | 17,4 g | 32,8 g | 58,2 g | 299 | 16,4 g |
| **Topfenstrudel mit Vanillesoße (mit Süßstoff)***** | 1 Port. (150 g) | 125 | 10 g | 2 g | 16 g | 83 | 1,3 g |
| **Topfenstrudel mit Vanillesoße (mit Zucker)***** | 1 Port. (160 g) | 160 | 10 g | 2 g | 25 g | 100 | 1,3 g |
| **Topfentascherln (Quarktaschen)** | 1 Port. (200 g) | 622 | 16 g | 44 g | 40 g | 311 | 22 g |
| **Topfentommerl** | 1 Port. (195 g) | 358 | 12 g | 19 g | 32 g | 184 | 9,7 g |
| **Topfen-Vanille-Auflauf (mit Süßstoff)***** | 1 Port. (270 g) | 265 | 29 g | 7 g | 21 g | 98 | 2,6 g |
| **Topfen-Vanille-Auflauf (mit Zucker)***** | 1 Port. (300 g) | 355 | 29 g | 7 g | 46 g | 118 | 2,3 g |
| **Vanilleäpfel** | 1 Port. (250 g) | 225 | 3 g | 3 g | 40 g | 90 | 1,2 g |
| **Weizentommerl mit Äpfeln** | 1 Port. (325 g) | 422 | 9,6 g | 12 g | 64 g | 130 | 3,7 g |
| **Windbeutel mit Sahne und Obst** | 1 Port. (100 g) | 315 | 8 g | 20 g | 27 g | 315 | 20 g |
| **Zwetschgenknödel** (D) (Iglo) | 1 Stk. (66 g) | 137 | 4 g | 3,4 g | 22,4 g | 207 | 5,1 g |

** Rezept aus Kochbuch Süße Desserts und Kuchen (SOD-Reihe) *** Rezept aus gelbem Schlank-ohne-Diät-Kochbuch

| Speisen / Gerichte | Portionsgröße / Gewicht | kcal/ Portion | Nährstoffgehalt pro Portion | | | Pro 100 Gramm | |
|---|---|---|---|---|---|---|---|
| | | | EW | Fett | KH | kcal | Fett |
| **Zwetschgenknödel aus Brandteig** | 1 Stk. (70 g) | 167 | 3 g | 8,8 g | 17 g | 239 | 12,6 g |
| **Zwetschgenknödel aus Kartoffelteig** | 1 Stk. (80 g) | 156 | 3,1 g | 4,9 g | 23 g | 195 | 6,1 g |
| **Zwetschgenknödel aus Topfenteig (Quark-)** | 1 Stk. (75 g) | 215 | 4,3 g | 13 g | 18 g | 287 | 17,3 g |
| **Zwetschgenstrudel** | 1 Stk. (155 g) | 325 | 5,2 g | 10 g | 49 g | 210 | 6,5 g |
| **Zwetschkenknödel** (Toni Kaiser) | 1 Stk. (65 g) | 85 | 2,9 g | 3,5 g | 11,4 g | 130 | 5,4 g |
| **Zwetschkenknödel mit Bröseln** (A) (Iglo) | 1 Stk. (66 g) | 137 | 4 g | 3,4 g | 22,6 g | 207 | 5,1 g |

# Mehlspeisen

| Speisen / Gerichte | Portionsgröße / Gewicht | kcal/ Portion | Nährstoffgehalt pro Portion | | | Pro 100 Gramm | |
|---|---|---|---|---|---|---|---|
| | | | EW | Fett | KH | kcal | Fett |
| **Alt-Böhmischer Apfelkuchen** (Coppenrath & Wiese) | 1 Stk. (104 g) | 248 | 2,9 g | 9,2 g | 38,4 g | 238 | 8,8 g |
| **Alt-Böhmischer Kirschkuchen** (Coppenrath & Wiese) | 1 Stk. (92 g) | 234 | 4,7 g | 10,4 g | 30,8 g | 254 | 11,3 g |
| **Alt-Böhmischer Zupfkuchen** (Coppenrath & Wiese) | 1 Stk. (104 g) | 333 | 7 g | 17,6 g | 36,6 g | 320 | 16,9 g |
| **Alt-Wiener Gugelhupf mit Mohn** | 1 Stk. (100 g) | 323 | 8,1 g | 13 g | 40 g | 323 | 13 g |
| **Alt-Wiener Gugelhupf mit Nüssen** | 1 Stk. (100 g) | 334 | 7,7 g | 15 g | 40 g | 334 | 15 g |
| **Amerikaner** | 1 Stk. (100 g) | 319 | 5 g | 9 g | 53 g | 319 | 9 g |
| **Amerikaner** (Müller Brot) | 1 Stk. (115 g) | 354 | 6,4 g | 4 g | 72,9 g | 308 | 3,5 g |
| **Amerikanischer Käsekuchen** (New York Cheese Cake) | 1 Stk. (150 g) | 617 | 11 g | 45 g | 44 g | 411 | 30 g |
| **Ananas-Kokos-Tarte (mit Honig)**** | 1 Port. (149 g) | 211 | 7,8 g | 8,9 g | 24,5 g | 142 | 5,9 g |
| **Ananas-Kokos-Tarte (mit Süßstoff)**** | 1 Port. (149 g) | 173 | 7,8 g | 8,9 g | 15,1 g | 116 | 5,9 g |
| **Apfel im Schlafrock** | 1 Stk. (200 g) | 554 | 7,9 g | 31 g | 54 g | 277 | 15,5 g |
| **Apfelbissen** (Müller Brot) | 1 Stk. (112 g) | 423 | 6,3 g | 23,3 g | 47,2 g | 378 | 20,8 g |
| **Apfelbutterstreusel** (Mann) | 1 Stk. (220 g) | 462 | 3,3 g | 16,5 g | 71,9 g | 210 | 7,5 g |
| **Apfelgolatsche** | 1 Stk. (215 g) | 428 | 8,5 g | 14 g | 62 g | 199 | 6,5 g |
| **Apfelgolatsche (Vollkorn)** | 1 Stk. (215 g) | 411 | 9,2 g | 15 g | 56 g | 191 | 7 g |
| **Apfelkrapferl** | 1 Stk. (200 g) | 359 | 7,7 g | 14 g | 46 g | 180 | 7 g |
| **Apfelkuchen** | 1 Stk. (90 g) | 186 | 4,6 g | 2,3 g | 35 g | 207 | 2,6 g |

** Rezept aus Kochbuch Süße Desserts und Kuchen (SOD-Reihe)

| Speisen / Gerichte | Portionsgröße / Gewicht | kcal/ Portion | Nährstoffgehalt pro Portion | | | Pro 100 Gramm | |
|---|---|---|---|---|---|---|---|
| | | | EW | Fett | KH | kcal | Fett |
| **Apfelkuchen aus Germteig (Hefe-)** | 1 Stk. (115 g) | 189 | 4,1 g | 6,5 g | 26 g | 164 | 5,7 g |
| **Apfelkuchen aus Germteig (Vollkorn)** | 1 Stk. (115 g) | 200 | 3,9 g | 6,3 g | 29 g | 174 | 5,5 g |
| **Apfelkuchen aus Rührteig** | 1 Stk. (150 g) | 210 | 4 g | 5 g | 35 g | 140 | 3,3 g |
| **Apfelkuchen mit Schlagobers (-sahne)** | 1 Stk. (90 g)<br>1 Port. (55 g) | 334 | 5,9 g | 16 g | 40 g | 230 | 11 g |
| **Apfel-Pie (Apple Pie)** | 1 Stk. (120 g) | 289 | 3 g | 14 g | 38 g | 241 | 11,7 g |
| **Apfelsandkuchen** (Müller Brot) | 1 Stk. 154 g) | 582 | 8,1 g | 31,4 g | 66,8 g | 378 | 20,4 g |
| **Apfelstreuselkuchen** | 1 Stk. (150 g) | 360 | 3 g | 17 g | 45 g | 240 | 11,3 g |
| **Apfelstreuselkuchen aus Mürbteig** | 1 Stk. (150 g) | 350 | 3 g | 17 g | 47 g | 233 | 11,3 g |
| **Apfeltorte** | 1 Stk. (150 g) | 298 | 3,9 g | 9,8 g | 46 g | 199 | 6,5 g |
| **Apfeltorte (Vollkorn)** | 1 Stk. (150 g) | 292 | 4,2 g | 10 g | 44 g | 195 | 6,7 g |
| **Apfeltorte (Vollkorn) mit Schlagobers (-sahne)** | 1 Stk. (150 g)<br>1 Port. (55 g) | 439 | 5,5 g | 23 g | 49 g | 214 | 11,2 g |
| **Apfeltorte mit Schlagobers (-sahne)** | 1 Stk. (150 g)<br>1 Port. (55 g) | 446 | 5,2 g | 23 g | 51 g | 218 | 11,2 g |
| **Apfel-Walnuss-Kuchen (mit Süßstoff)**** | 1 Port. (89 g) | 142 | 5 g | 4,5 g | 20,1 g | 159 | 5,1 g |
| **Apfel-Walnuss-Kuchen (mit Zucker)**** | 1 Port. (89 g) | 166 | 5 g | 4,5 g | 26,1 g | 187 | 5,1 g |
| **Armer Ritter** | 1 Stk. (170 g) | 406 | 11 g | 13 g | 57 g | 239 | 7,6 g |
| **Armer Ritter mit Zimt und Zucker** | 1 Stk. (180 g) | 447 | 11 g | 13 g | 67 g | 248 | 7,2 g |
| **Baisertorte** | 1 Stk. (120 g) | 385 | 3 g | 17 g | 51 g | 321 | 14,2 g |
| **Bananenrolle** | 1 Stk. (95 g) | 194 | 5,2 g | 5,9 g | 28 g | 204 | 6,2 g |
| **Bananenrolle mit Schlagobers (-sahne)** | 1 Stk. (95 g)<br>1 Port. (55 g) | 342 | 6,5 g | 19 g | 33 g | 228 | 12,7 g |
| **Bananenschnitten (mit Süßstoff)**** | 1 Port. (156 g) | 180 | 9,1 g | 3,3 g | 27,7 g | 115 | 2,1 g |
| **Bananenschnitten (mit Zucker)**** | 1 Port. (156 g) | 200 | 9,1 g | 3,3 g | 32,7 g | 128 | 2,1 g |
| **Bananen-Schokolade-Kuchen (mit Süßstoff)***** | 1 Port. (85 g) | 140 | 6 g | 2 g | 23 g | 165 | 2,4 g |
| **Bananen-Schokolade-Kuchen (mit Zucker)***** | 1 Stk. (100 g) | 190 | 6 g | 2 g | 36 g | 190 | 2 g |

** Rezept aus Kochbuch Süße Desserts und Kuchen (SOD-Reihe) *** Rezept aus gelbem Schlank-ohne-Diät-Kochbuch

| Speisen / Gerichte | Portionsgröße / Gewicht | kcal/ Portion | Nährstoffgehalt pro Portion | | | Pro 100 Gramm | |
|---|---|---|---|---|---|---|---|
| | | | EW | Fett | KH | kcal | Fett |
| **Baumkuchen** | 1 Stk. (75 g) | 312 | 3 g | 15 g | 38 g | 416 | 20 g |
| **Baumstamm** | 1 Stk. (95 g) | 392 | 6,6 g | 25 g | 32 g | 413 | 26,3 g |
| **Bienenstich** | 1 Stk. (90 g) | 347 | 5,5 g | 18 g | 39 g | 386 | 20 g |
| **Bienenstich** (Müller Brot) | 1 Stk. (125 g) | 430 | 7,3 g | 16,6 g | 63,3 g | 344 | 13,3 g |
| **Bienenstich aus Hefeteig** | 1 Stk. (100 g) | 330 | 6 g | 18 g | 33 g | 330 | 18 g |
| **Birnen-Topfen-Kuchen (mit Süßstoff)**** | 1 Port. (96 g) | 91 | 6,7 g | 2,3 g | 10,4 g | 95 | 2,4 g |
| **Birnen-Topfen-Kuchen (mit Zucker)**** | 1 Port. (96 g) | 131 | 6,7 g | 2,3 g | 20,4 g | 136 | 2,4 g |
| **Bischofsbrot** | 1 Stk. (60 g) | 168 | 4,5 g | 5,1 g | 24 g | 280 | 8,5 g |
| **Biskuitmasse für Torten**** | 1 Stk. (25 g) | 83 | 7,1 g | 1,2 g | 16,1 g | 332 | 4,8 g |
| **Biskuitmasse mit Mandeln für Torten**** | 1 Stk. (25 g) | 95 | 2,3 g | 3,4 g | 13,8 g | 380 | 13,6 g |
| **Biskuitroulade (Vollkorn) mit Marmeladefüllung** | 1 Stk. (40 g) | 97 | 3,1 g | 2,1 g | 16 g | 243 | 5,3 g |
| **Biskuitroulade mit Erdbeercreme** | 1 Stk. (65 g) | 138 | 3,7 g | 4 g | 21 g | 212 | 6,2 g |
| **Biskuitroulade mit Erdbeer-Topfen-Fülle (mit Süßstoff)**** | 1 Port. (109 g) | 143 | 8 g | 2,5 g | 21,3 g | 131 | 2,3 g |
| **Biskuitroulade mit Erdbeer-Topfen-Fülle (mit Zucker)**** | 1 Port. (109 g) | 163 | 8 g | 2,5 g | 26,3 g | 150 | 2,3 g |
| **Biskuitroulade mit Früchte-Topfen-(Quark-) Creme** | 1 Stk. (105 g) | 209 | 5,7 g | 11 g | 20 g | 199 | 10,5 g |
| **Biskuitroulade mit Kaffeecreme** | 1 Stk. (50 g) | 133 | 3,6 g | 3,9 g | 20 g | 266 | 7,8 g |
| **Biskuitroulade mit Marmeladefüllung** | 1 Stk. (40 g) | 99 | 3 g | 2 g | 16 g | 248 | 5 g |
| **Biskuitroulade mit Nusscreme** | 1 Stk. (80 g) | 318 | 4,8 g | 22 g | 22 g | 398 | 27,5 g |
| **Biskuitroulade mit Schokoladecreme** | 1 Stk. (55 g) | 172 | 4,2 g | 5,3 g | 26 g | 313 | 9,6 g |
| **Biskuittorte mit Schlagsahnefülle und Schokoladeglasur** | 1 Stk. (85 g) | 254 | 6,1 g | 12 g | 28 g | 299 | 14,1 g |
| **Biskuitwandl** (Mann) | 1/4 Stk. (95 g) | 369 | 3,9 g | 16,6 g | 48 g | 388 | 17,5 g |
| **Brandteigkrapfen mit Cremefüllung** | 1 Stk. (50 g) | 216 | 2,9 g | 16 g | 13 g | 432 | 32 g |

** Rezept aus Kochbuch Süße Desserts und Kuchen (SOD-Reihe)

| Speisen / Gerichte | Portionsgröße / Gewicht | kcal/ Portion | Nährstoffgehalt pro Portion | | | Pro 100 Gramm | |
|---|---|---|---|---|---|---|---|
| | | | EW | Fett | KH | kcal | Fett |
| **Brandteigkrapfen mit Vanillecreme (mit Süßstoff)**** | 1 Port. (58 g) | 70 | 3,8 g | 2,9 g | 7,1 g | 121 | 5 g |
| **Brandteigkrapfen mit Vanillecreme (mit Zucker)**** | 1 Port. (58 g) | 78 | 3,8 g | 2,9 g | 9,1 g | 134 | 5 g |
| **Brauner Kirschkuchen** | 1 Stk. (80 g) | 256 | 4,6 g | 17 g | 18 g | 320 | 21,2 g |
| **Brioche** | 1 Stk. (105 g) | 372 | 6,7 g | 17 g | 44 g | 354 | 16,2 g |
| **Briocheknopf** (Mann) | 1 Stk. (100 g) | 336 | 8,1 g | 9,8 g | 51,6 g | 336 | 9,8 g |
| **Brottorte** | 1 Stk. (90 g) | 264 | 7,6 g | 13,8 g | 26 g | 293 | 15,3 g |
| **Brottorte mit Kakaoglasur** | 1 Stk. (120 g) | 374 | 8 g | 14,2 g | 52 g | 312 | 11,8 g |
| **Brottorte mit Kakaoglasur und Schlagobers (-sahne)** | 1 Stk. (120 g) 1 Port. (55 g) | 522 | 9,4 g | 27,1 g | 57 g | 298 | 15,5 g |
| **Buchteln mit Powidlfüllung** | 1 Stk. (105 g) | 316 | 6,8 g | 11 g | 44 g | 301 | 10,5 g |
| **Buchteln ohne Füllung** | 1 Stk. (95 g) | 289 | 6,7 g | 11 g | 37 g | 304 | 11,6 g |
| **Bunter-Sahne-Zauber** (Coppenrath & Wiese) | 1 Stk. (80 g) | 218 | 3,7 g | 12,9 g | 21,8 g | 272 | 16,1 g |
| **Buttercremetorte** | 1 Stk. (100 g) | 319 | 4 g | 19 g | 31 g | 319 | 19 g |
| **Butterkrapfen aus Blätterteig** | 1 Stk. (65 g) | 309 | 3,2 g | 21 g | 22 g | 475 | 32,3 g |
| **Butterkuchen** | 1 Stk. (100 g) | 378 | 6 g | 18 g | 47 g | 378 | 18 g |
| **Butternussschnecke** (Mann) | 1 Stk. (100 g) | 403 | 11,7 g | 24,2 g | 37,2 g | 403 | 24,2 g |
| **Butterplundergolatsche** (Mann) | 1 Stk. (100 g) | 323 | 10,2 g | 18,7 g | 32,1 g | 323 | 18,7 g |
| **Butterstangerl** (Mann) | 1 Stk. (75 g) | 271 | 5,7 g | 8,8 g | 40,4 g | 361 | 11,7 g |
| **Cappuccino-Sahne-Schnitte** (Coppenrath & Wiese) | 1 Stk. (100 g) | 284 | 5,3 g | 16,8 g | 28,2 g | 284 | 16,8 g |
| **Charlotte Royal** | 1 Stk. (90 g) | 229 | 8,1 g | 9,3 g | 26 g | 254 | 10,3 g |
| **Cookies mit Schokoladestückchen** (Chocolate Chip Cookies) | 1 Stk. (30 g) | 125 | 2 g | 5 g | 19 g | 417 | 16,7 g |
| **Cremeschnitte** | 1 Stk. (85 g) | 382 | 4,7 g | 26 g | 29 g | 449 | 30,6 g |
| **Cremetorte** | 1 Stk. (100 g) | 319 | 4 g | 19 g | 31 g | 319 | 19 g |

** Rezept aus Kochbuch Süße Desserts und Kuchen (SOD-Reihe)

| Speisen / Gerichte | Portionsgröße / Gewicht | kcal/ Portion | Nährstoffgehalt pro Portion | | | Pro 100 Gramm | |
|---|---|---|---|---|---|---|---|
| | | | EW | Fett | KH | kcal | Fett |
| **Croissant** (Mann) | 1 Stk. (80 g) | 377 | 9,9 g | 23,4 g | 33,2 g | 471 | 29,2 g |
| **Croissant** (Müller Brot) | 1 Stk. (62 g) | 275 | 4,1 g | 16,7 g | 27,1 g | 444 | 27 g |
| **Dänischer Apfelkuchen** | 1 Stk. (100 g) | 176 | 4 g | 6 g | 26 g | 176 | 6 g |
| **Diät Himbeer-Rahmkäsekuchen** (Bofrost) | 1 Stk. (62,5 g) | 97 | 5,6 g | 2,8 g | 11,9 g | 155 | 4,5 g |
| **Diät Mini-Éclairs** (Bofrost) | 1 Stk. (12 g) | 35 | 0,7 g | 2,2 g | 3 g | 289 | 18,3 g |
| **Diät Sahnetorte** (Bofrost) | 1 Stk. (60 g) | 176 | 2,6 g | 12,2 g | 12,3 g | 293 | 20,3 g |
| **Diät-Apfel-Kuchen** (Coppenrath & Wiese) | 1 Stk. (63 g) | 161 | 2,5 g | 6,9 g | 23,7 g | 256 | 10,9 g |
| **Diät-Erdbeer-Rolle** (Coppenrath & Wiese) | 1 Stk. (100 g) | 235 | 5,8 g | 12,2 g | 27,1 g | 235 | 12,2 g |
| **Diät-Schwarzwälder-Kirsch-Torte** (Coppenrath & Wiese) | 1 Stk. (63 g) | 170 | 2,4 g | 9,3 g | 19,8 g | 269 | 14,8 g |
| **Dobostorte** | 1 Stk. (100 g) | 328 | 5 g | 14 g | 44 g | 328 | 14 g |
| **Donauwelle** (Bofrost) | 1 Stk. (95 g) | 375 | 3,9 g | 24,8 g | 34 g | 395 | 26,1 g |
| **Donauwellen** | 1 Stk. (100 g) | 313 | 4 g | 19 g | 31 g | 313 | 19 g |
| **Donauwellen Torte** (Coppenrath & Wiese) | 1 Stk. (92 g) | 287 | 4 g | 19 g | 25,2 g | 312 | 20,6 g |
| **Doughnuts (Donuts)** | 1 Stk. (100 g) | 245 | 5 g | 9 g | 34 g | 245 | 9 g |
| **Dresdner Eierschecke** | 1 Stk. (115 g) | 359 | 9,2 g | 18,8 g | 37,8 g | 309 | 16,2 g |
| **Dresdner Stollen** | 1 Stk. (100 g) | 410 | 6 g | 22 g | 47 g | 410 | 22 g |
| **Dunkle Biskuitroulade mit Maroni-Schoko-Creme (mit Süßstoff)*** | 1 Port. (60 g) | 140 | 7 g | 4 g | 18 g | 233 | 6,6 g |
| **Dunkle Biskuitroulade mit Maroni-Schoko-Creme*** | 1 Port. (70 g) | 175 | 7 g | 4 g | 27 g | 250 | 5,7 g |
| **Éclair mit Schlagobers (-sahne) und Schokoladeglasur** | 1 Stk. (80 g) | 251 | 4,4 g | 16 g | 20 g | 314 | 20 g |
| **Eierlikör-Sahne-Schnitte** (Coppenrath & Wiese) | 1 Stk. (100 g) | 289 | 6,2 g | 16 g | 30,4 g | 289 | 16 g |
| **Eierlikör-Torte** (Coppenrath & Wiese) | 1 Stk. (75 g) | 239 | 5 g | 13,1 g | 25,1 g | 318 | 17,5 g |
| **Englischer Zwieback** | 1 Stk. (95 g) | 308 | 5,1 g | 12 g | 41 g | 324 | 12,6 g |

*** Rezept aus gelbem Schlank-ohne-Diät-Kochbuch

| Speisen / Gerichte | Portionsgröße / Gewicht | kcal/ Portion | Nährstoffgehalt pro Portion | | | Pro 100 Gramm | |
|---|---|---|---|---|---|---|---|
| | | | EW | Fett | KH | kcal | Fett |
| **Ennstaler Krapfen** | 1 Stk. (65 g) | 192 | 4,4 g | 9,5 g | 20 g | 295 | 14,6 g |
| **Erdbeer-Jogurt-Törtchen (mit Honig)***** | 1 Port. (235 g) | 110 | 7 g | 2 g | 16 g | 47 | 0,9 g |
| **Erdbeer-Jogurt-Törtchen (mit Süßstoff)***** | 1 Port. (230 g) | 95 | 7 g | 2 g | 12 g | 41 | 0,9 g |
| **Erdbeer-Jogurt-Torte** | 1 Stk. (120 g) | 150 | 5,8 g | 1,8 g | 26 g | 125 | 1,5 g |
| **Erdbeer-Jogurt-Torte mit Schlagobers (-sahne)** | 1 Stk. (120 g)<br>1 Port. (55 g) | 297 | 7,2 g | 15 g | 31 g | 170 | 8,6 g |
| **Erdbeerkuchen** | 1 Stk. (65 g) | 149 | 3,1 g | 4,7 g | 22 g | 229 | 7,2 g |
| **Erdbeerkuchen aus Mürbteig** | 1 Stk. (100 g) | 184 | 3,3 g | 7,8 g | 23 g | 184 | 7,8 g |
| **Erdbeerkuchen aus Mürbteig (Vollkorn)** | 1 Stk. (100 g) | 177 | 3,6 g | 8,1 g | 20 g | 177 | 8,1 g |
| **Erdbeerkuchen mit Schlagobers (-sahne)** | 1 Stk. (65 g)<br>1 Port. (55 g) | 297 | 4,5 g | 18 g | 27 g | 248 | 15 g |
| **Erdbeer-Rhabarber-Schnitten (mit Honig)**** | 1 Port. (68 g) | 56 | 2,3 g | 1,1 g | 8,8 g | 82 | 1,6 g |
| **Erdbeer-Rhabarber-Schnitten (mit Süßstoff)**** | 1 Port. (68 g) | 51 | 2,3 g | 1,1 g | 7,6 g | 75 | 1,6 g |
| **Erdbeer-Sahne-Rolle** (Coppenrath & Wiese) | 1 Stk. (100 g) | 238 | 6 g | 10,2 g | 31 g | 238 | 10,2 g |
| **Erdbeersahnetorte** | 1 Stk. (100 g) | 205 | 3 g | 11 g | 24 g | 205 | 11 g |
| **Erdbeer-Sahne-Torte** (Coppenrath & Wiese) | 1 Stk. (117 g) | 273 | 4,4 g | 13,1 g | 34,3 g | 233 | 11,2 g |
| **Erdbeerschnitte** (Müller Brot) | 1 Stk. (190 g) | 306 | 3,8 g | 8,4 g | 55,9 g | 161 | 4,4 g |
| **Faschingskrapfen mit Marmeladefüllung** | 1 Stk. (60 g) | 236 | 3,1 g | 12 g | 28 g | 393 | 20 g |
| **Faschingskrapfen ohne Marmeladefüllung** | 1 Stk. (45 g) | 197 | 3 g | 12 g | 18 g | 438 | 26,7 g |
| **Feine Schokoladetorte** | 1 Stk. (90 g) | 338 | 5,6 g | 15 g | 40 g | 376 | 16,7 g |
| **Feine Schokoladetorte mit Schlagobers (-sahne)** | 1 Stk. (90 g)<br>1 Port. (55 g) | 486 | 7 g | 29 g | 45 g | 335 | 20 g |
| **Feiner Gugelhupf** | 1 Stk. (65 g) | 246 | 4,3 g | 14 g | 23 g | 379 | 21,5 g |
| **Feiner Rahmkäsekuchen** (Bofrost) | 1 Stk. (112,5 g) | 291 | 7,3 g | 17,6 g | 26,1 g | 259 | 15,6 g |
| **Feiner Zopf** (Müller Brot) | 1 Stk. (100 g) | 315 | 8,6 g | 7,6 g | 52,4 g | 315 | 7,6 g |
| **Feines Kartoffelbrot mit Germ (Hefe)** | 1 Stk. (80 g) | 209 | 5,3 g | 5,8 g | 32 g | 261 | 7,3 g |

** Rezept aus Kochbuch Süße Desserts und Kuchen (SOD-Reihe) *** Rezept aus gelbem Schlank-ohne-Diät-Kochbuch

| Speisen / Gerichte | Portionsgröße / Gewicht | kcal/ Portion | Nährstoffgehalt pro Portion | | | Pro 100 Gramm | |
|---|---|---|---|---|---|---|---|
| | | | EW | Fett | KH | kcal | Fett |
| **Feinste Sahne Himbeer-Torte** (Coppenrath & Wiese) | 1 Stk. (150 g) | 350 | 6,2 g | 16,1 g | 45,2 g | 233 | 10,7 g |
| **Feinste Sahne Marzipan-Torte** (Coppenrath & Wiese) | 1 Stk. (104 g) | 369 | 6,8 g | 18,2 g | 44,5 g | 355 | 17,5 g |
| **Feinste Sahne Mozart-Torte** (Coppenrath & Wiese) | 1 Stk. (113 g) | 382 | 7,6 g | 19,4 g | 43,9 g | 338 | 17,2 g |
| **Feinste Sahne Walnuss-Torte** (Coppenrath & Wiese) | 1 Stk. (100 g) | 320 | 5,7 g | 23,6 g | 21,2 g | 320 | 23,6 g |
| **Florida-Schnitten** (Bofrost) | 1 Stk. (83 g) | 200 | 2,7 g | 11,3 g | 21,8 g | 241 | 13,6 g |
| **Frankfurter Kranz, hessisch** | 1 Port. (90 g) | 378 | 5,3 g | 24 g | 34,4 g | 412 | 26,1 g |
| **Französische Apfeltorte aus Blätterteig** | 1 Stk. (100 g) | 218 | 2 g | 9 g | 30 g | 218 | 9 g |
| **Früchtebrot** | 1 Stk. (60 g) | 173 | 3,4 g | 4,9 g | 26 g | 288 | 8,2 g |
| **Fruchtkuchen** (Müller Brot) | 1 Stk. (100 g) | 401 | 5,5 g | 23,5 g | 42,6 g | 401 | 23,5 g |
| **Gebackene Mäuse** | 1 Stk. (40 g) | 167 | 2,4 g | 11 g | 13 g | 418 | 27,5 g |
| **Gedeckter Apfelkuchen, westfälisch** | 1 Stk. (175 g) | 411 | 6,5 g | 18,9 g | 53,3 g | 237 | 10,9 g |
| **Geflochtener Kranzkuchen** | 1 Stk. (80 g) | 271 | 6,6 g | 11 g | 33 g | 339 | 13,8 g |
| **Germkipferl (Hefe-) mit Marmeladefüllung** | 1 Stk. (75 g) | 212 | 5,3 g | 4,2 g | 36 g | 283 | 5,6 g |
| **Germkipferl mit Mohnfüllung** | 1 Stk. (80 g) | 235 | 6,9 g | 8,5 g | 30 g | 294 | 10,6 g |
| **Germkipferl mit Nussfüllung** | 1 Stk. (80 g) | 247 | 6,5 g | 10 g | 29 g | 309 | 12,5 g |
| **Germkipferl mit Topfenfüllung (Quark-)** | 1 Stk. (70 g) | 194 | 5,6 g | 5,4 g | 29 g | 277 | 7,7 g |
| **Germkipferl ohne Füllung** | 1 Stk. (60 g) | 172 | 4,9 g | 4,2 g | 27 g | 287 | 7 g |
| **Germstrauben (Hefe-)** | 1 Stk. (85 g) | 252 | 6,6 g | 8,4 g | 35 g | 297 | 9,9 g |
| **Gewürzkuchen** | 1 Stk. (75 g) | 258 | 4,9 g | 10 g | 34 g | 344 | 13,3 g |
| **Grießkrapfen** | 1 Stk. (110 g) | 254 | 13 g | 25 g | 51 g | 231 | 22,7 g |
| **Grießkuchen aus Mürbteig** | 1 Stk. (155 g) | 311 | 8,9 g | 14 g | 34 g | 201 | 9 g |
| **Grießkuchen aus Mürbteig (Vollkorn)** | 1 Stk. (155 g) | 305 | 9,2 g | 14 g | 31 g | 197 | 9 g |
| **Grießtorte** | 1 Stk. (80 g) | 230 | 7 g | 8,6 g | 30 g | 288 | 10,8 g |

| Speisen / Gerichte | Portionsgröße / Gewicht | kcal/ Portion | Nährstoffgehalt pro Portion | | | Pro 100 Gramm | |
|---|---|---|---|---|---|---|---|
| | | | EW | Fett | KH | kcal | Fett |
| **Grießtorte mit Schlagobers (-sahne)** | 1 Stk. (80 g)<br>1 Port. (55 g) | 378 | 8,4 g | 21,5 g | 35 g | 280 | 15,9 g |
| **Grießtorte mit Zitronenglasur** | 1 Stk. (55 g) | 180 | 3,5 g | 4,3 g | 31 g | 327 | 7,8 g |
| **Gugelhupf** | 1 Stk. (85 g) | 242 | 6,6 g | 6,3 g | 37 g | 285 | 7,4 g |
| **Gugelhupf mit Backpulver** | 1 Stk. (60 g) | 198 | 4,6 g | 8,2 g | 24 g | 330 | 13,7 g |
| **Halwa** | 1 Port. (50 g) | 190 | 1 g | 1 g | 44 g | 380 | 2 g |
| **Haselnusskuchen** | 1 Stk. (75 g) | 285 | 5,4 g | 14 g | 31 g | 380 | 18,7 g |
| **Haselnusstorte mit Schokoladeglasur** | 1 Stk. (105 g) | 372 | 10 g | 21 g | 33 g | 354 | 20 g |
| **Haselnusstorte mit Schokoladeglasur und Schlagobers (-sahne)** | 1 Stk. (105 g)<br>1 Port. (55 g) | 520 | 11 g | 34 g | 38 g | 325 | 21,2 g |
| **Hasenöhrl** | 1 Stk. (35 g) | 174 | 2,4 g | 9,9 g | 17 g | 497 | 28,3 g |
| **Hasenöhrl aus Kartoffelteig** | 1 Stk. (40 g) | 162 | 2,1 g | 9,6 g | 15 g | 405 | 24 g |
| **Haustorte mit Schokoladeglasur** | 1 Stk. (140 g) | 530 | 10,2 g | 28 g | 54 g | 379 | 20 g |
| **Haustorte mit Schokoladeglasur und Schlagobers (-sahne)** | 1 Stk. (140 g)<br>1 Port. (55 g) | 678 | 11,6 g | 40,9 g | 59 g | 348 | 21 g |
| **Hefeplinsen** | 1 Stk. (150 g) | 339 | 12 g | 13 g | 44 g | 226 | 8,7 g |
| **Heidelbeermuffins (Blueberry Muffins)** | 1 Stk. (100 g) | 296 | 5 g | 17 g | 34 g | 296 | 17 g |
| **Heidentorte** | 1 Stk. (75 g) | 207 | 5,1 g | 9,9 g | 23 g | 276 | 13,2 g |
| **Heidentorte mit Schlagobers (-sahne)** | 1 Stk. (70 g)<br>1 Port. (55 g) | 355 | 6,4 g | 23 g | 28 g | 284 | 18,4 g |
| **Herrenzwieback** | 1 Stk. (45 g) | 166 | 4,2 g | 7,8 g | 18 g | 369 | 17,3 g |
| **Himbeer-Mohn-Torte (mit Süßstoff)**** | 1 Stk. (102 g) | 177 | 9,9 g | 7,4 g | 16,8 g | 173 | 7,2 g |
| **Himbeer-Mohn-Torte (mit Zucker)**** | 1 Stk. (102 g) | 200 | 9,9 g | 7,4 g | 22,6 g | 196 | 7,2 g |
| **Himbeer-Sahne-Schnitte** (Coppenrath & Wiese) | 1 Stk. (100 g) | 250 | 4,9 g | 14 g | 26,1 g | 250 | 14 g |
| **Himbeerschnitte** (Mann) | 1 Stk. (190 g) | 388 | 12 g | 8,2 g | 73,2 g | 204 | 4,3 g |
| **Holunderstrauben** | 1 Stk. (25 g) | 56 | 1,9 g | 0,9 g | 9,3 g | 224 | 3,6 g |

** Rezept aus Kochbuch Süße Desserts und Kuchen (SOD-Reihe)

| Speisen / Gerichte | Portionsgröße / Gewicht | kcal/ Portion | Nährstoffgehalt pro Portion | | | Pro 100 Gramm | |
|---|---|---|---|---|---|---|---|
| | | | EW | Fett | KH | kcal | Fett |
| **Honigkuchen** | 1 Stk. (100 g) | 359 | 7 g | 6 g | 68 g | 359 | 6 g |
| **Indianer-Krapfen** | 1 Stk. (90 g) | 307 | 5 g | 19 g | 27 g | 341 | 21,1 g |
| **Jogurtkuchen** | 1 Stk. (75 g) | 224 | 5,6 g | 10 g | 25 g | 299 | 13,3 g |
| **Jogurttorte** | 1 Stk. (120 g) | 270 | 4,8 g | 20,3 g | 16,1 g | 225 | 16,9 g |
| **Johannisbeerkuchen aus Hefeteig** | 1 Stk. (150 g) | 374 | 8 g | 13 g | 55 g | 249 | 8,7 g |
| **Johannisbeer-Streusel-Taler** (Müller Brot) | 1 Stk. (150 g) | 549 | 9,5 g | 16,1 g | 91,7 g | 366 | 10,7 g |
| **Kaffee-Nuss-Kuchen (mit Süßstoff)**** | 1 Stk. (55 g) | 136 | 5 g | 7,3 g | 12,4 g | 247 | 13,3 g |
| **Kaffee-Nuss-Kuchen (mit Zucker)**** | 1 Stk. (55 g) | 170 | 5 g | 7,3 g | 20,8 g | 309 | 13,3 g |
| **Kaffeetorte mit Kaffeecreme** | 1 Stk. (100 g) | 350 | 9 g | 21,3 g | 30,7 g | 350 | 21,3 g |
| **Kaffeetorte mit Kaffeecreme und Schlagobers (-sahne)** | 1 Stk. (100 g)<br>1 Port. (55 g) | 498 | 10,4 g | 34,2 g | 35,7 g | 321 | 22,1 g |
| **Kaisergugelhupf** | 1 Stk. (75 g) | 320 | 4,5 g | 18 g | 31 g | 427 | 24 g |
| **Kaiserkuchen** (Mann) | 1/4 Stk. (100 g) | 400 | 3,7 g | 21 g | 46,2 g | 400 | 21 g |
| **Kardinalschnitte** | 1 Stk. (95 g) | 207 | 6,3 g | 3,2 g | 36 g | 218 | 3,4 g |
| **Kärntner Reindling** | 1 Stk. (110 g) | 355 | 7,3 g | 14 g | 47 g | 323 | 12,7 g |
| **Kärntner Reindling (Vollkorn)** | 1 Stk. (110 g) | 335 | 7,5 g | 14 g | 42 g | 305 | 12,7 g |
| **Karottenkuchen (mit Süßstoff)**** | 1 Stk. (81 g) | 137 | 4,8 g | 2,3 g | 23,4 g | 169 | 2,8 g |
| **Karottenkuchen (mit Zucker)**** | 1 Stk. (81 g) | 196 | 4,8 g | 2,3 g | 38,3 g | 242 | 2,8 g |
| **Karotten-Nuss-Kuchen***** | 1 Port. (65 g) | 180 | 5 g | 12 g | 13 g | 277 | 18,5 g |
| **Karottentorte** | 1 Stk. (130 g) | 402 | 9,6 g | 24 g | 32 g | 309 | 18,5 g |
| **Karottentorte mit Schlagobers (-sahne)** | 1 Stk. (130 g)<br>1 Port. (55 g) | 550 | 11 g | 36,9 g | 37 g | 297 | 19,9 g |
| **Kartoffelbrot** | 1 Stk. (80 g) | 255 | 6 g | 8,2 g | 36 g | 319 | 10,3 g |
| **Kartoffelbrot (Vollkorn)** | 1 Stk. (80 g) | 242 | 6,6 g | 8,8 g | 32 g | 303 | 11 g |
| **Käseknusperchen aus Mürbteig** | 1 Stk. (150 g) | 252 | 6 g | 18 g | 16 g | 168 | 12 g |

** Rezept aus Kochbuch Süße Desserts und Kuchen (SOD-Reihe) *** Rezept aus gelbem Schlank-ohne-Diät-Kochbuch

| Speisen / Gerichte | Portionsgröße / Gewicht | kcal/ Portion | Nährstoffgehalt pro Portion | | | Pro 100 Gramm | |
|---|---|---|---|---|---|---|---|
| | | | EW | Fett | KH | kcal | Fett |
| **Käsekuchen aus Hefeteig** | 1 Stk. (150 g) | 308 | 13,5 g | 4,5 g | 51 g | 205 | 3 g |
| **Käsekuchen aus Mürbteig** | 1 Stk. (150 g) | 329 | 15 g | 15 g | 33 g | 219 | 10 g |
| **Käse-Sahne-Torte** (Coppenrath & Wiese) | 1 Stk. (117 g) | 295 | 5,6 g | 15,6 g | 32,9 g | 252 | 13,3 g |
| **Käsetorte** | 1 Stk. (120 g) | 335 | 11 g | 17 g | 33 g | 279 | 14,2 g |
| **Kastanientorte mit Schlagsahnefülle** | 1 Stk. (100 g) | 256 | 5,9 g | 8,1 g | 38 g | 256 | 8,1 g |
| **Kastanientorte mit Schokoladeglasur** | 1 Stk. (100 g) | 255 | 6,1 g | 11 g | 32 g | 255 | 11 g |
| **Kastanientorte mit Schokoladeglasur und Schlagobers (-sahne)** | 1 Stk. (100 g)<br>1 Port. (55 g) | 403 | 7,4 g | 24 g | 37 g | 260 | 15,5 g |
| **Kirschblätterteig** (Müller Brot) | 1 Stk. (110 g) | 440 | 5,2 g | 27,4 g | 43,3 g | 400 | 24,9 g |
| **Kirschenklotzer** | 1 Port. (250 g) | 495 | 9 g | 26 g | 55 g | 198 | 10,4 g |
| **Kirschenmichel/ Kerscheplotzer** | 1 Port. (200 g) | 404 | 8 g | 12 g | 64 g | 202 | 6 g |
| **Kirschkuchen** | 1 Stk. (65 g) | 129 | 3,7 g | 2,2 g | 22 g | 199 | 3,4 g |
| **Kirschkuchen aus Mürbteig** | 1 Stk. (120 g) | 211 | 3,6 g | 7,9 g | 28 g | 176 | 6,6 g |
| **Kirschkuchen aus Mürbteig (Vollkorn)** | 1 Stk. (120 g) | 205 | 3,9 g | 8,2 g | 26 g | 171 | 6,8 g |
| **Kirschkuchen mit Schlagobers (-sahne)** | 1 Stk. (65 g)<br>1 Port. (55 g) | 277 | 5 g | 15 g | 27 g | 231 | 12,5 g |
| **Kirsch-Pie (Cherry Pie)** | 1 Stk. (135 g) | 412 | 5 g | 17 g | 62 g | 305 | 12,6 g |
| **Kletzenbrot** | 1 Stk. (55 g) | 174 | 3,4 g | 2,3 g | 32 g | 316 | 4,2 g |
| **Kneipptorte** | 1 Stk. (100 g) | 322 | 9,8 g | 14,8 g | 34 g | 322 | 14,8 g |
| **Kneipptorte mit Schlagobers (-sahne)** | 1 Stk. (100 g)<br>1 Port. (55 g) | 470 | 11,2 g | 27,7 g | 39 g | 303 | 17,9 g |
| **Knusper-Schnitten (Rice Crispie Bars)** | 1 Stk. (28 g) | 124 | 2 g | 5 g | 18 g | 443 | 17,9 g |
| **Königskuchen** | 1 Stk. (95 g) | 398 | 5,9 g | 23 g | 38 g | 419 | 24,2 g |
| **Krapfen** | 1 Stk. (45 g) | 166 | 2,7 g | 10 g | 14 g | 369 | 22,2 g |
| **Krapfen** (Mann) | 1 Stk. (65 g) | 200 | 3,5 g | 6,8 g | 30 g | 308 | 10,4 g |

| Speisen / Gerichte | Portionsgröße / Gewicht | kcal/ Portion | Nährstoffgehalt pro Portion | | | Pro 100 Gramm | |
|---|---|---|---|---|---|---|---|
| | | | EW | Fett | KH | kcal | Fett |
| **Krapfen** (Müller Brot) | 1 Stk. (96 g) | 459 | 5,4 g | 29,4 g | 43 g | 478 | 30,6 g |
| **Krapfen mit Marmeladefüllung** | 1 Stk. (55 g) | 205 | 2,9 g | 10 g | 23 g | 373 | 18,2 g |
| **Linzer Torte** | 1 Stk. (120 g) | 500 | 9 g | 28 g | 52 g | 417 | 23,3 g |
| **Makronentorte** | 1 Stk. (120 g) | 535 | 10 g | 30 g | 55 g | 446 | 25 g |
| **Mandel-Bienenstich** (Bofrost) | 1 Stk. (83 g) | 233 | 3,6 g | 13,9 g | 23,2 g | 279 | 16,7 g |
| **Mandel-Bienenstich-Torte** (Coppenrath & Wiese) | 1 Stk. (67 g) | 207 | 4,5 g | 13,1 g | 18 g | 309 | 19,5 g |
| **Mandelgebäck** | 1 Port. (50 g) | 255 | 4 g | 15 g | 26 g | 510 | 30 g |
| **Mandelhörnchen** | 1 Port. (50 g) | 179 | 4 g | 10 g | 17 g | 358 | 20 g |
| **Mandelmakronen** | 1 Port. (25 g) | 117 | 3 g | 8 g | 9 g | 468 | 32 g |
| **Mandelstollen** | 1 Stk. (90 g) | 338 | 13 g | 30 g | 81 g | 376 | 33,3 g |
| **Mandelstollen (Vollkorn)** | 1 Stk. (90 g) | 325 | 14 g | 31 g | 72 g | 361 | 34,4 g |
| **Mandeltorte mit Butter-Schokolade-Creme** | 1 Stk. (135 g) | 586 | 9,1 g | 36 g | 51 g | 434 | 26,7 g |
| **Mango-Schoko-Schnitten***** | 1 Port. (100 g) | 120 | 4 g | 2 g | 20 g | 120 | 2 g |
| **Marillenkuchen (Aprikosen-)** | 1 Stk. (65 g) | 152 | 3,1 g | 4,6 g | 23 g | 234 | 7,1 g |
| **Marillenkuchen** (Mann) | 1 Stk. (125 g) | 303 | 4,5 g | 10,5 g | 45,5 g | 242 | 8,4 g |
| **Marillenkuchen mit Schlagobers (-sahne)** | 1 Stk. (65 g) 1 Port. (55 g) | 300 | 4,5 g | 18 g | 28 g | 250 | 15 g |
| **Marillenkuchen**** | 1 Stk. (74 g) | 106 | 3,2 g | 1,4 g | 19,7 g | 143 | 1,9 g |
| **Marmorgugelhupf** | 1 Stk. (80 g) | 270 | 5,8 g | 12 g | 33 g | 338 | 15 g |
| **Marmorierte Pfirsichtorte (mit Süßstoff)**** | 1 Stk. (149 g) | 151 | 9,6 g | 1,7 g | 23,1 g | 101 | 1,1 g |
| **Marmorierte Pfirsichtorte (mit Zucker)**** | 1 Stk. (149 g) | 176 | 9,6 g | 1,7 g | 29,3 g | 118 | 1,1 g |
| **Marmorkuchen** | 1 Stk. (75 g) | 238 | 5,1 g | 11 g | 28 g | 317 | 14,7 g |
| **Marmorkuchen mit Schokoladeglasur** | 1 Stk. (85 g) | 299 | 6,3 g | 13 g | 37 g | 352 | 15,3 g |
| **Marzino** (Mann) | 1 Stk. (100 g) | 466 | 8 g | 31,5 g | 37,7 g | 466 | 31,5 g |

** Rezept aus Kochbuch Süße Desserts und Kuchen (SOD-Reihe) *** Rezept aus gelbem Schlank-ohne-Diät-Kochbuch

| Speisen / Gerichte | Portionsgröße / Gewicht | kcal/ Portion | Nährstoffgehalt pro Portion | | | Pro 100 Gramm | |
|---|---|---|---|---|---|---|---|
| | | | EW | Fett | KH | kcal | Fett |
| **Marzipanstollen** | 1 Stk. (100 g) | 390 | 6 g | 19 g | 47 g | 390 | 19 g |
| **Maxi-Nussschnecke** (Müller Brot) | 1 Stk. (150 g) | 638 | 9,2 g | 33,6 g | 74,6 g | 425 | 22,4 g |
| **Milchbrot** | 1 Stk. (75 g) | 217 | 5,3 g | 4,8 g | 35 g | 289 | 6,4 g |
| **Millirahmstrudel** (Müller Brot) | 1 Stk. (235 g) | 529 | 16 g | 30,5 g | 37,6 g | 225 | 14,9 g |
| **Mini-Amerikaner** (Coppenrath & Wiese) | 1 Port. (100 g) | 398 | 5,4 g | 16,7 g | 56,6 g | 398 | 17 g |
| **Mini-Berliner** (Coppenrath & Wiese) | 1 Port. (100 g) | 401 | 5,2 g | 21,8 g | 45,9 g | 401 | 21,8 g |
| **Minis** (Müller Brot) | 1 Stk. (16 g) | 89 | 1,1 g | 6,7 g | 5,6 g | 554 | 43 g |
| **Mini-Sahnewindbeutel** (Bofrost) | 1 Stk. (16 g) | 57 | 0,8 g | 4,5 g | 3,3 g | 357 | 28,4 g |
| **Mini-Schnecken** (Coppenrath & Wiese) | 1 Port. (100 g) | 453 | 6,7 g | 24 g | 45,6 g | 453 | 24 g |
| **Mini-Windbeutel-Vanille** (Coppenrath & Wiese) | 1 Port. (100 g) | 247 | 5,8 g | 16 g | 19,8 g | 247 | 16 g |
| **Mohn-Kartoffel-Kuchen**** | 1 Stk. (68 g) | 141 | 4,5 g | 6,5 g | 16 g | 207 | 9,5 g |
| **Mohnkipferl** | 1 Stk. (115 g) | 489 | 10 g | 30 g | 40 g | 425 | 26,1 g |
| **Mohnkrone** | 1 Stk. (120 g) | 385 | 6,5 g | 17,9 g | 49,6 g | 321 | 14,9 g |
| **Mohnkuchen** | 1 Stk. (60 g) | 218 | 5,1 g | 10 g | 24 g | 363 | 16,7 g |
| **Mohnkuchen mit Schlagobers (-sahne)** | 1 Stk. (60 g) 1 Port. (55 g) | 366 | 6,5 g | 23 g | 29 g | 318 | 20 g |
| **Mohnkuchen mit Zitronenglasur** | 1 Stk. (80 g) | 283 | 5,1 g | 10 g | 41 g | 354 | 12,5 g |
| **Mohnkuchen mit Zitronenglasur und Schlagobers (-sahne)** | 1 Stk. (80 g) 1 Port. (55 g) | 431 | 6,5 g | 23 g | 46 g | 319 | 17 g |
| **Mohntorte** | 1 Stk. (140 g) | 528 | 11,8 g | 38 g | 32 g | 377 | 27,1 g |
| **Mohntorte mit Schlagobers (-sahne)** | 1 Stk. (140 g) 1 Port. (55 g) | 676 | 13,2 g | 50,9 g | 37 g | 347 | 26,1 g |
| **Mohr im Hemd** | 1 Stk. (85 g) | 297 | 4,9 g | 18 g | 26 g | 349 | 21,2 g |
| **Mohr im Hemd** (Toni Kaiser) | 1 Stk. (100 g) | 318 | 6,1 g | 27 g | 12,9 g | 318 | 27 g |
| **Mozartkuchen** | 1 Stk. (85 g) | 255 | 4,7 g | 9,2 g | 36 g | 300 | 10,8 g |

** Rezept aus Kochbuch Süße Desserts und Kuchen (SOD-Reihe)

| Speisen / Gerichte | Portionsgröße / Gewicht | kcal/ Portion | Nährstoffgehalt pro Portion | | | Pro 100 Gramm | |
|---|---|---|---|---|---|---|---|
| | | | EW | Fett | KH | kcal | Fett |
| **Mürbe Apfeltorte (mit Süßstoff)*** ** | 1 Stk. (120 g) | 160 | 5 g | 7 g | 21 g | 133 | 5,8 g |
| **Mürbe Apfeltorte (mit Zucker)*** ** | 1 Stk. (130 g) | 177 | 5 g | 7 g | 25 g | 136 | 5,4 g |
| **Napfkuchen aus Hefeteig** | 1 Stk. (100 g) | 350 | 6 g | 17 g | 43 g | 350 | 17 g |
| **Nougatkrapfen** (Mann) | 1 Stk. (80 g) | 354 | 10,3 g | 21 g | 32,2 g | 442 | 26,3 g |
| **Nussbiskuittorte mit Nusscreme** | 1 Stk. (125 g) | 496 | 8,7 g | 29 g | 47 g | 397 | 23,2 g |
| **Nusskipferl** | 1 Stk. (105 g) | 420 | 8,2 g | 24 g | 38 g | 400 | 22,9 g |
| **Nusskrone** | 1 Stk. (120 g) | 425 | 9,5 g | 24,2 g | 49,6 g | 354 | 20,2 g |
| **Nussring** (Mann) | 1/4 Stk. (87,5 g) | 377 | 6,1 g | 21,9 g | 38,9 g | 431 | 25 g |
| **Nussrolle** | 1 Stk. (55 g) | 140 | 4,2 g | 7,7 g | 12 g | 255 | 14 g |
| **Nussrolle mit Schlagobers (-sahne)** | 1 Stk. (55 g)<br>1 Port. (55 g) | 288 | 5,5 g | 21 g | 17 g | 262 | 19,1 g |
| **Nussrolle mit Kaffeeglasur** | 1 Stk. (85 g) | 270 | 4,2 g | 7,7 g | 45 g | 318 | 9,1 g |
| **Nussrolle mit Kaffeeglasur und Schlagobers (-sahne)** | 1 Stk. (85 g)<br>1 Port. (55 g) | 418 | 5,5 g | 21 g | 50 g | 299 | 15 g |
| **Nuss-Sahne-Torte** (Coppenrath & Wiese) | 1 Stk. (108 g) | 332 | 5,5 g | 23,1 g | 25,4 g | 307 | 21,4 g |
| **Nusstorte** | 1 Stk. (110 g) | 364 | 9,8 g | 19,6 g | 34 g | 331 | 17,8 g |
| **Nusstorte mit Schlagobers (-sahne)** | 1 Stk. (110 g)<br>1 Port. (55 g) | 512 | 11,2 g | 32,5 g | 39 g | 310 | 19,7 g |
| **Nusstorte mit Schokoladeglasur** | 1 Stk. (140 g) | 486 | 12,2 g | 24 g | 52 g | 347 | 17,1 g |
| **Nusstorte mit Schokoladeglasur und Schlagobers (-sahne)** | 1 Stk. (140 g)<br>1 Port. (55 g) | 634 | 13,6 g | 36,9 g | 57 g | 325 | 18,9 g |
| **Obstfleck aus Germteig (Hefe-) mit Äpfeln** | 1 Stk. (110 g) | 250 | 5,3 g | 8,8 g | 35 g | 227 | 8 g |
| **Obstfleck aus Germteig mit Zwetschgen** | 1 Stk. (110 g) | 254 | 5,4 g | 8,7 g | 35 g | 231 | 7,9 g |
| **Obstkuchen aus Hefeteig** | 1 Stk. (150 g) | 218 | 4 g | 5 g | 38 g | 145 | 3,3 g |
| **Obstkuchen aus Mürbteig** | 1 Stk. (150 g) | 421 | 5 g | 25 g | 43 g | 281 | 16,7 g |
| **Obstkuchen aus Rührteig** | 1 Stk. (150 g) | 322 | 5 g | 14 g | 43 g | 215 | 9,3 g |

*** Rezept aus gelbem Schlank-ohne-Diät-Kochbuch

| Speisen / Gerichte | Portionsgröße / Gewicht | kcal/ Portion | Nährstoffgehalt pro Portion | | | Pro 100 Gramm | |
|---|---|---|---|---|---|---|---|
| | | | EW | Fett | KH | kcal | Fett |
| **Obstmichel** | 1 Stk. (250 g) | 439 | 9 g | 17 g | 60 g | 176 | 6,8 g |
| **Obsttörtchen aus Mürbteig** | 1 Stk. (100 g) | 200 | 2 g | 10 g | 25 g | 200 | 10 g |
| **Obsttorte** | 1 Stk. (100 g) | 128 | 3,1 g | 1,6 g | 24 g | 128 | 1,6 g |
| **Obsttorte aus Mürbteig** | 1 Stk. (120 g) | 241 | 3 g | 12 g | 29 g | 201 | 10 g |
| **Obsttorte mit Schlagobers (-sahne)** | 1 Stk. (100 g)<br>1 Port. (55 g) | 276 | 4,5 g | 15 g | 29 g | 178 | 9,7 g |
| **Oma's Kirsch-Schnitten** (Bofrost) | 1 Stk. (117 g) | 308 | 5,1 g | 13,5 g | 41,3 g | 264 | 11,6 g |
| **Orangentorte** | 1 Stk. (120 g) | 432 | 5,6 g | 20 g | 55 g | 360 | 16,7 g |
| **Orangentorte mit Schlagobers (-sahne)** | 1 Stk. (120 g)<br>1 Port. (55 g) | 580 | 6,9 g | 33 g | 60 g | 331 | 18,9 g |
| **Original schwedische Mandeltorte** (Bofrost) | 1 Stk. (87,5 g) | 401 | 8,3 g | 28 g | 28,9 g | 458 | 32 g |
| **Osterbrot** | 1 Stk. (35 g) | 101 | 2,7 g | 1,8 g | 17 g | 289 | 5,1 g |
| **Osterfladen** (Müller Brot) | 1 Stk. (100 g) | 306 | 7,4 g | 8,3 g | 50,2 g | 306 | 8,3 g |
| **Osterpinze** | 1 Stk. (45 g) | 160 | 3,3 g | 6,8 g | 20 g | 356 | 15,1 g |
| **Panamatorte** | 1 Stk. (90 g) | 347 | 6,6 g | 22 g | 28 g | 386 | 24,4 g |
| **Panamatorte mit Schlagobers (-sahne)** | 1 Stk. (90 g)<br>1 Port. (55 g) | 495 | 8 g | 35 g | 33 g | 341 | 24,1 g |
| **Panamatorte mit Nusscreme** | 1 Stk. (105 g) | 418 | 7,6 g | 31 g | 24 g | 398 | 29,5 g |
| **Panamatorte mit Nusscreme und Schlagobers (-sahne)** | 1 Stk. (105 g)<br>1 Port. (55 g) | 566 | 8,9 g | 44 g | 28 g | 354 | 27,5 g |
| **Pariser Spitz** | 1 Stk. (65 g) | 267 | 3,5 g | 14 g | 28 g | 411 | 21,5 g |
| **Patzerlgugelhupf** | 1 Stk. (55 g) | 164 | 4,1 g | 4,3 g | 25 g | 298 | 7,8 g |
| **Patzerlgugelhupf mit Mohnfülle** | 1 Stk. (65 g) | 207 | 5,5 g | 7,2 g | 28 g | 319 | 11,1 g |
| **Patzerlgugelhupf mit Nussfülle** | 1 Stk. (65 g) | 216 | 5,2 g | 8,4 g | 27 g | 332 | 12,9 g |
| **Patzerlgugelhupf mit Powidlfülle** | 1 Stk. (60 g) | 186 | 4,2 g | 4,3 g | 31 g | 310 | 7,2 g |
| **Patzerlgugelhupf mit Topfenfülle (Quark-)** | 1 Stk. (60 g) | 179 | 4,6 g | 5,1 g | 26 g | 298 | 8,5 g |
| **Pfannenkuchen aus Mürbteig** | 1 Stk. (100 g) | 215 | 3 g | 9 g | 27 g | 215 | 9 g |

| Speisen / Gerichte | Portionsgröße / Gewicht | kcal/ Portion | Nährstoffgehalt pro Portion | | | Pro 100 Gramm | |
|---|---|---|---|---|---|---|---|
| | | | EW | Fett | KH | kcal | Fett |
| **Pfirsich-Maracuja-Sahne-Torte** (Coppenrath & Wiese) | 1 Stk. (117 g) | 307 | 5,7 g | 15,2 g | 36,9 g | 262 | 13 g |
| **Pflaumenkuchen** | 1 Stk. (120 g) | 211 | 3,3 g | 7,7 g | 29 g | 176 | 6,4 g |
| **Pischingertorte** | 1 Stk. (105 g) | 540 | 4,5 g | 39 g | 52 g | 514 | 37,1 g |
| **Pischingertorte mit Schokoladeglasur** | 1 Stk. (90 g) | 482 | 5,4 g | 28 g | 46 g | 536 | 31,1 g |
| **Plunderhörndl** (Müller Brot) | 1 Stk. (92 g) | 360 | 6,2 g | 21,2 g | 36,2 g | 391 | 23 g |
| **Polsterzipf** | 1 Stk. (35 g) | 174 | 2,4 g | 9,9 g | 17 g | 497 | 28,3 g |
| **Polsterzipf** (Mann) | 1 Stk. (23 g) | 101 | 1,7 g | 6 g | 10,2 g | 438 | 26,3 g |
| **Potize** | 1 Stk. (80 g) | 217 | 6,6 g | 5,6 g | 32 g | 271 | 7 g |
| **Potize (Vollkorn)** | 1 Stk. (80 g) | 197 | 6,8 g | 5,8 g | 27 g | 246 | 7,3 g |
| **Potize mit Nussfüllung** | 1 Stk. (125 g) | 438 | 9,3 g | 18 g | 56 g | 350 | 14,4 g |
| **Prinzregententorte** | 1 Stk. (100 g) | 388 | 4 g | 26 g | 35 g | 388 | 26 g |
| **Puddingkrapfen** (Mann) | 1 Stk. (100 g) | 208 | 10,7 g | 4,4 g | 36,7 g | 208 | 4,4 g |
| **Pudding-Schneckchen** (Bofrost) | 1 Stk. (25 g) | 77 | 1,5 g | 3,9 g | 8,8 g | 307 | 15,7 g |
| **Punschkrapfen** | 1 Stk. (105 g) | 305 | 7,1 g | 5 g | 53 g | 291 | 4,8 g |
| **Punschtorte** | 1 Stk. (110 g) | 284 | 4,8 g | 5,2 g | 50 g | 258 | 4,7 g |
| **Quarkschnitten** | 1 Port. (120 g) | 410 | 11,6 g | 18 g | 51,5 g | 340 | 15 g |
| **Quarktasche (Vollkorn)** | 1 Stk. (135 g) | 370 | 7,5 g | 22,4 g | 35,5 g | 274 | 16,6 g |
| **Rahmkuchen** | 1 Stk. (80 g) | 205 | 5 g | 3,8 g | 36 g | 256 | 4,8 g |
| **Rehrücken mit Schokoladeglasur** | 1 Stk. (95 g) | 304 | 5,9 g | 11 g | 44 g | 320 | 11,6 g |
| **Rehrücken mit Schokoladeglasur und Schlagobers (-sahne)** | 1 Stk. (95 g)<br>1 Port. (55 g) | 452 | 7,3 g | 24 g | 49 g | 301 | 16 g |
| **Reindling (Reinderl)** | 1 Stk. (110 g) | 355 | 7,3 g | 14 g | 47 g | 323 | 12,7 g |
| **Rhabarberkuchen** (Bofrost) | 1 Stk. (83 g) | 193 | 3,6 g | 9,2 g | 25 g | 231 | 11 g |

| Speisen / Gerichte | Portionsgröße / Gewicht | kcal/ Portion | Nährstoffgehalt pro Portion | | | Pro 100 Gramm | |
|---|---|---|---|---|---|---|---|
| | | | EW | Fett | KH | kcal | Fett |
| **Rhabarberkuchen aus Mürbteig** | 1 Stk. (110 g) | 219 | 3,6 g | 7,8 g | 32 g | 199 | 7,1 g |
| **Rhabarberkuchen aus Mürbteig (Vollkorn)** | 1 Stk. (110 g) | 212 | 3,9 g | 8 g | 29 g | 193 | 7,3 g |
| **Ribiselschnitte (Johannisbeer-)** | 1 Stk. (100 g) | 238 | 3,7 g | 9,1 g | 33 g | 238 | 9,1 g |
| **Rosenkuchen** | 1 Stk. (100 g) | 376 | 6 g | 16 g | 50 g | 376 | 16 g |
| **Rosinenkuchen** | 1 Stk. (70 g) | 216 | 4 g | 6 g | 35 g | 309 | 8,6 g |
| **Rosinenschnecke** (Müller Brot) | 1 Stk. (110 g) | 543 | 6,6 g | 26,4 g | 72,6 g | 494 | 24 g |
| **Rosinenstollen** | 1 Stk. (90 g) | 308 | 12 g | 23 g | 83 g | 342 | 25,6 g |
| **Rosinenstollen (Vollkorn)** | 1 Stk. (90 g) | 295 | 13 g | 24 g | 73 g | 328 | 26,7 g |
| **Rotweingugelhupf** | 1 Stk. (140 g) | 549 | 9 g | 28 g | 60 g | 392 | 20 g |
| **Rüblitorte** | 1 Stk. (120 g) | 325 | 7 g | 12 g | 47 g | 271 | 10 g |
| **Rumschnitte** | 1 Stk. (125 g) | 493 | 6,8 g | 20 g | 64 g | 394 | 16 g |
| **Russischer Zupfkuchen** | 1 Stk. (150 g) | 285 | 7 g | 12 g | 35 g | 190 | 8 g |
| **Sacher Torte** (Coppenrath & Wiese) | 1 Stk. (83 g) | 304 | 4,5 g | 12,8 g | 42,7 g | 366 | 15,4 g |
| **Sachergugelhupf mit Schokoladeglasur** | 1 Stk. (95 g) | 357 | 5,6 g | 14 g | 48 g | 376 | 14,7 g |
| **Sachertorte** | 1 Stk. (140 g) | 600 | 10 g | 34 g | 60 g | 429 | 24,3 g |
| **Sachertorte** (Toni Kaiser) | 1 Stk. (125 g) | 455 | 5,6 g | 18,9 g | 65,5 g | 364 | 15,1 g |
| **Sachertorte mit Schlagobers (-sahne)** | 1 Stk. (140 g)<br>1 Port. (55 g) | 748 | 11,4 g | 46,9 g | 65 g | 384 | 24,1 g |
| **Sahnetorte** | 1 Stk. (100 g) | 309 | 4 g | 20 g | 28 g | 309 | 20 g |
| **Sandtorte** | 1 Stk. (95 g) | 344 | 4,9 g | 16 g | 44 g | 362 | 16,8 g |
| **Sandtorte mit Schlagobers (-sahne)** | 1 Stk. (95 g)<br>1 Port. (55 g) | 492 | 6,2 g | 29 g | 49 g | 328 | 19,3 g |
| **Sandtorte mit Schokoladeglasur** | 1 Stk. (110 g) | 405 | 6,1 g | 17 g | 53 g | 368 | 15,5 g |
| **Sandtorte mit Schokoladeglasur und Schlagobers (-sahne)** | 1 Stk. (110 g)<br>1 Port. (55 g) | 553 | 7,4 g | 31 g | 58 g | 335 | 18,8 g |

| Speisen / Gerichte | Portionsgröße / Gewicht | kcal/ Portion | Nährstoffgehalt pro Portion | | | Pro 100 Gramm | |
|---|---|---|---|---|---|---|---|
| | | | EW | Fett | KH | kcal | Fett |
| **Schaumrolle** | 1 Stk. (80 g) | 364 | 3,6 g | 27 g | 23 g | 455 | 33,8 g |
| **Schlosserbuben** | 1 Stk. (70 g) | 145 | 2,8 g | 8,5 g | 13 g | 207 | 12,1 g |
| **Schlosserbuben aus Germteig (Hefe-)** | 1 Stk. (35 g) | 158 | 2 g | 10 g | 12 g | 451 | 28,6 g |
| **Schnecke** | 1 Stk. (95 g) | 320 | 6,6 g | 12 g | 44 g | 337 | 12,6 g |
| **Schneeballen** | 1 Stk. (60 g) | 273 | 4,1 g | 18 g | 20 g | 455 | 30 g |
| **Schnürkrapfen** | 1 Stk. (65 g) | 287 | 3,9 g | 18 g | 25 g | 442 | 27,7 g |
| **Schober** | 1 Stk. (80 g) | 228 | 5,7 g | 7,3 g | 32 g | 285 | 9,1 g |
| **Schokocroissant** (Müller Brot) | 1 Stk. (92 g) | 429 | 5,9 g | 25,1 g | 40,3 g | 466 | 27,3 g |
| **Schokokuchen (mit Süßstoff)**** | 1 Stk. (54 g) | 90 | 4,2 g | 2,4 g | 12,8 g | 167 | 4,4 g |
| **Schokokuchen (mit Zucker)**** | 1 Stk. (54 g) | 115 | 4,2 g | 2,4 g | 19 g | 213 | 4,4 g |
| **Schokoladebrot** | 1 Stk. (30 g) | 96 | 2,7 g | 3,5 g | 12 g | 320 | 11,7 g |
| **Schokoladecremetorte** | 1 Stk. (150 g) | 552 | 12,4 g | 32 g | 48 g | 368 | 21,3 g |
| **Schokoladecremetorte mit Schlagobers (-sahne)** | 1 Stk. (150 g) 1 Port. (55 g) | 700 | 13,8 g | 44,9 g | 53 g | 342 | 21,9 g |
| **Schokoladen-Donuts** (Bofrost) | 1 Stk. (53 g) | 221 | 3,7 g | 14,3 g | 19,3 g | 416 | 27 g |
| **Schokoladen-Sahne-Torte** (Coppenrath & Wiese) | 1 Stk. (117 g) | 349 | 6 g | 21,6 g | 32,8 g | 298 | 18,5 g |
| **Schokoladerolle** | 1 Stk. (70 g) | 179 | 5 g | 5,9 g | 25 g | 256 | 8,4 g |
| **Schokoladeschnitten (Brownies)** | 1 Stk. (50 g) | 163 | 3 g | 8 g | 21 g | 326 | 16 g |
| **Schokomaus** (Mann) | 1 Stk. (65 g) | 253 | 5,6 g | 12 g | 28,9 g | 389 | 18,4 g |
| **Schokomuffins (mit Süßstoff)**** | 1 Stk. (60 g) | 100 | 3,7 g | 1 g | 18,8 g | 167 | 1,7 g |
| **Schokomuffins (mit Zucker)**** | 1 Stk. (60 g) | 123 | 3,7 g | 1 g | 24,5 g | 205 | 1,7 g |
| **Schokoschnitten mit Fruchtspieß**** | 1 Port. (225 g) | 120 | 3,3 g | 0,9 g | 23,6 g | 53 | 0,4 g |
| **Schokotörtchen** (Mann) | 1 Stk. (130 g) | 454 | 11,1 g | 9,8 g | 77,9 g | 349 | 7,5 g |
| **Schwarzwälder Kirsch-Schnitten** (Bofrost) | 1 Stk. (108 g) | 223 | 3,2 g | 11,7 g | 26,1 g | 206 | 10,8 g |

** Rezept aus Kochbuch Süße Desserts und Kuchen (SOD-Reihe)

| **Speisen / Gerichte** | Portionsgröße / Gewicht | kcal/ Portion | Nährstoffgehalt pro Portion | | | Pro 100 Gramm | |
|---|---|---|---|---|---|---|---|
| | | | EW | Fett | KH | kcal | Fett |
| **Schwarzwälder Kirschtorte** | 1 Stk. (125 g) | 387 | 6,8 g | 26 g | 26 g | 310 | 20,8 g |
| **Schwarzwälder Kirsch-Torte** (Coppenrath & Wiese) | 1 Stk. (117 g) | 297 | 4,6 g | 14,2 g | 37,8 g | 254 | 12,1 g |
| **Schwarzwälder Kirschtorte mit Schlagobers (-sahne)** | 1 Stk. (125 g) 1 Port. (55 g) | 535 | 8,1 g | 39 g | 31 g | 297 | 21,7 g |
| **Schwarzwälder-Kirsch-Rolle** (Coppenrath & Wiese) | 1 Stk. (100 g) | 241 | 6,3 g | 12 g | 27,2 g | 241 | 12 g |
| **Schwedische Mandeltorte** (Coppenrath & Wiese) | 1 Stk. (75 g) | 233 | 5,4 g | 13,9 g | 21,5 g | 310 | 18,5 g |
| **Schweizer Küchli** | 1 Stk. (60 g) | 220 | 4,8 g | 11 g | 24 g | 367 | 18,3 g |
| **Sesam-Halva (Halva me tahini)** | 1 Port. (80 g) | 309 | 6 g | 20 g | 30 g | 386 | 25 g |
| **Stefanietorte** | 1 Stk. (120 g) | 464 | 8,9 g | 26 g | 45 g | 387 | 21,7 g |
| **Stefanietorte mit Schlagobers (-sahne)** | 1 Stk. (120 g) 1 Port. (55 g) | 612 | 10 g | 39 g | 50 g | 350 | 22,3 g |
| **Stefanietorte mit Buttercreme und Schokoladeglasur** | 1 Stk. (100 g) | 436 | 7 g | 31 g | 29 g | 436 | 31 g |
| **Stefanietorte mit Buttercreme, Schokoladeglasur und Schlagobers (-sahne)** | 1 Stk. (100 g) 1 Port. (55 g) | 584 | 8,3 g | 44 g | 34 g | 377 | 28,4 g |
| **Stollen** | 1 Stk. (90 g) | 273 | 11 g | 15 g | 85 g | 303 | 16,7 g |
| **Stollen (Vollkorn)** | 1 Stk. (90 g) | 261 | 12 g | 16 g | 75 g | 290 | 17,8 g |
| **Streuselkuchen** | 1 Stk. (135 g) | 565 | 8,4 g | 30 g | 61 g | 419 | 22,2 g |
| **Teekuchen** | 1 Stk. (60 g) | 235 | 4,9 g | 13 g | 23 g | 392 | 21,7 g |
| **Toni Kaiser Snax Banana** | 1 Stk. (25 g) | 52 | 1,1 g | 0,6 g | 11 g | 206 | 2,3 g |
| **Toni Kaiser Snax Heidelbeer** | 1 Stk. (25 g) | 51 | 1 g | 0,6 g | 10,3 g | 203 | 2,4 g |
| **Toni Kaiser Snax Vanilla** | 1 Stk. (25 g) | 57 | 1 g | 1 g | 10,9 g | 227 | 4 g |
| **Topfenbällchen** (Mann) | 1 Stk. (32 g) | 116 | 5,6 g | 6,8 g | 10 g | 361 | 21,1 g |
| **Topfengolatsche (Quarktasche)** | 1 Stk. (170 g) | 432 | 12 g | 16 g | 56 g | 254 | 9,4 g |
| **Topfengolatsche (Quarktasche) Vollkorn** | 1 Stk. (170 g) | 418 | 12 g | 17 g | 50 g | 246 | 10 g |

| Speisen / Gerichte | Portionsgröße / Gewicht | kcal/ Portion | Nährstoffgehalt pro Portion | | | Pro 100 Gramm | |
|---|---|---|---|---|---|---|---|
| | | | EW | Fett | KH | kcal | Fett |
| **Topfenkuchen mit Mohn (mit Süßstoff)**** | 1 Stk. (130 g) | 152 | 14,5 g | 4,6 g | 12,4 g | 117 | 3,5 g |
| **Topfenkuchen mit Mohn (mit Zucker)**** | 1 Stk. (130 g) | 178 | 14,5 g | 4,6 g | 18,7 g | 137 | 3,5 g |
| **Topfen-Mandarinen-Schnitten (mit Süßstoff)***** | 1 Port. (185 g) | 180 | 15 g | 3 g | 22 g | 97 | 1,6 g |
| **Topfen-Mandarinen-Schnitten (mit Zucker)***** | 1 Port. (190 g) | 200 | 15 g | 3 g | 27 g | 105 | 1,6 g |
| **Topfenmarillenstreusel** (Mann) | 1 Stk. (150 g) | 375 | 10,8 g | 12,5 g | 54,9 g | 250 | 8,3 g |
| **Topfenneger** | 1 Stk. (100 g) | 305 | 5,6 g | 18 g | 28 g | 305 | 18 g |
| **Topfenschnitten** | 1 Port. (120 g) | 410 | 11,6 g | 18 g | 51,5 g | 340 | 15 g |
| **Topfensouffleeschnitten**** | 1 Stk. (165 g) | 179 | 5,6 g | 2,3 g | 33,8 g | 108 | 1,4 g |
| **Topfentarte mit Erdbeeren (mit Süßstoff)***** | 1 Port. (160 g) | 150 | 10 g | 5 g | 15 g | 94 | 3,1 g |
| **Topfentarte mit Erdbeeren (mit Zucker)***** | 1 Port. (165 g) | 220 | 10 g | 5 g | 31 g | 133 | 3 g |
| **Topfentascherl/Quarktasche (Vollkorn)** | 1 Stk. (135 g) | 370 | 7,5 g | 22,4 g | 35,5 g | 274 | 16,6 g |
| **Topfentorte (mit Süßstoff)***** | 1 Port. (155 g) | 235 | 13 g | 6 g | 31 g | 152 | 3,9 g |
| **Topfentorte (mit Zucker)***** | 1 Port. (165 g) | 275 | 13 g | 6 g | 41 g | 167 | 3,6 g |
| **Topfentorte aus Biskuit, Magerquark** | 1 Stk. (125 g) | 281 | 9,3 g | 11 g | 34 g | 225 | 8,8 g |
| **Topfentorte aus Mürbteig, Magerquark** | 1 Stk. (165 g) | 361 | 9,9 g | 16 g | 42 g | 219 | 9,7 g |
| **Trichterstrauben** | 1 Stk. (74 g) | 211 | 8,4 g | 19 g | 49 g | 285 | 25,7 g |
| **Trüffeltorte** | 1 Stk. (100 g) | 371 | 7 g | 17 g | 49 g | 371 | 17 g |
| **Vollmehltorte mit Mandelfülle und Schokoladeglasur** | 1 Stk. (135 g) | 539 | 9,8 g | 31 g | 51 g | 399 | 23 g |
| **Wachauer Torte** | 1 Stk. (140 g) | 462 | 12,4 g | 22 g | 48 g | 330 | 15,7 g |
| **Wachauer Torte mit Schlagobers (-sahne)** | 1 Stk. (140 g)<br>1 Port. (55 g) | 610 | 13,8 g | 34,9 g | 53 g | 313 | 17,9 g |
| **Waldbeeren-Törtchen** (Bofrost) | 1 Stk. (75 g) | 153 | 2 g | 8,6 g | 17 g | 204 | 11,5 g |
| **Weichseltorte (mit Süßstoff)**** | 1 Stk. (138 g) | 181 | 8,6 g | 3,5 g | 26,5 g | 131 | 2,5 g |

** Rezept aus Kochbuch Süße Desserts und Kuchen (SOD-Reihe) *** Rezept aus gelbem Schlank-ohne-Diät-Kochbuch

| Speisen / Gerichte | Portionsgröße / Gewicht | kcal/ Portion | Nährstoffgehalt pro Portion | | | Pro 100 Gramm | |
|---|---|---|---|---|---|---|---|
| | | | EW | Fett | KH | kcal | Fett |
| **Weichseltorte (mit Zucker)**** | 1 Stk. (138 g) | 201 | 8,6 g | 3,5 g | 31,4 g | 147 | 2,5 g |
| **Wespennester** | 1 Stk. (100 g) | 340 | 7 g | 15 g | 41 g | 340 | 15 g |
| **Wespennester mit Zuckerglasur** | 1 Stk. (105 g) | 372 | 7 g | 15 g | 49 g | 354 | 14,3 g |
| **Wiener Gugelhupf** | 1 Stk. (70 g) | 243 | 4,8 g | 11 g | 30 g | 347 | 15,7 g |
| **XXL-Quarktasche** (Müller Brot) | 1 Stk. (135 g) | 502 | 10,3 g | 29,8 g | 47,9 g | 372 | 22,1 g |
| **XXL-Schoko-Muffin** (Müller Brot) | 1 Stk. (100 g) | 475 | 6,2 g | 30,5 g | 43,8 g | 475 | 30,5 g |
| **Zitronenkuchen** | 1 Stk. (60 g) | 313 | 4 g | 20 g | 30 g | 522 | 33,3 g |
| **Zitronen-Sahne-Rolle** (Coppenrath & Wiese) | 1 Stk. (100 g) | 273 | 6,3 g | 14,6 g | 29,5 g | 273 | 14,6 g |
| **Zitronentorte (mit Süßstoff)**** | 1 Stk. (109 g) | 147 | 10,6 g | 2,8 g | 19 g | 135 | 2,7 g |
| **Zitronentorte (mit Zucker)**** | 1 Stk. (109 g) | 162 | 10,6 g | 2,8 g | 22,7 g | 149 | 2,7 g |
| **Zuckerkuchen, niedersächsisch** | 1 Port. (100 g) | 359 | 6,4 g | 16,5 g | 45,4 g | 354 | 16,5 g |
| **Zuger Kirschtorte** | 1 Stk. (100 g) | 334 | 5 g | 19 g | 22 g | 334 | 19 g |
| **Zwetschgenfleck** | 1 Stk. (110 g) | 254 | 5,4 g | 8,7 g | 35 g | 231 | 7,9 g |
| **Zwetschgenkuchen (Pflaumen-)** | 1 Stk. (120 g) | 211 | 3,3 g | 7,7 g | 29 g | 176 | 6,4 g |
| **Zwetschgenkuchen aus Hefeteig** | 1 Stk. (150 g) | 255 | 6 g | 6 g | 42 g | 170 | 4 g |
| **Zwetschgenkuchen aus Mürbteig** | 1 Stk. (120 g) | 211 | 3,3 g | 7,7 g | 29 g | 176 | 6,4 g |
| **Zwetschgenkuchen aus Mürbteig (Vollkorn)** | 1 Stk. (120 g) | 205 | 3,6 g | 8 g | 27 g | 171 | 6,7 g |

** Rezept aus Kochbuch Süße Desserts und Kuchen (SOD-Reihe)

# Kekse

| Speisen / Gerichte | Portionsgröße / Gewicht | kcal/ Portion | Nährstoffgehalt pro Portion | | | Pro 100 Gramm | |
|---|---|---|---|---|---|---|---|
| | | | EW | Fett | KH | kcal | Fett |
| **Aachener Printen, rheinländisch** | 1 Stk. (30 g) | 104 | 1,3 g | 1,5 g | 21,1 g | 343 | 4,8 g |
| **Anisbäckerei** | 1 Stk. (15 g) | 45 | 1,1 g | 0,4 g | 8,9 g | 300 | 2,7 g |
| **Anisbögen** | 1 Stk. (10 g) | 28 | 0,7 g | 0,4 g | 5,1 g | 280 | 4 g |
| **Anisstangerln** | 1 Stk. (18 g) | 49 | 1,1 g | 0,8 g | 9,3 g | 272 | 4,4 g |
| **Apfelvollkornkeks** | 1 Stk. (10 g) | 41 | 1 g | 2 g | 5 g | 410 | 20 g |
| **Baiserplätzchen** | 1 Stk. (5 g) | 21 | 0 g | 0 g | 4 g | 420 | 0 g |
| **Biskotten** | 1 Stk. (10 g) | 37 | 0,5 g | 1 g | 6,3 g | 370 | 10 g |
| **Brüssler Schnitten** | 1 Stk. (25 g) | 110 | 1,8 g | 8 g | 6,8 g | 440 | 32 g |
| **Butterbrezeln** | 1 Stk. (14 g) | 54 | 0,9 g | 2,4 g | 6,6 g | 386 | 17,1 g |
| **Butterbrote** | 1 Stk. (17 g) | 71 | 1,2 g | 2,9 g | 9,6 g | 418 | 17,1 g |
| **Butterkeks** | 1 Stk. (5 g) | 24 | 0 g | 1 g | 3 g | 480 | 20 g |
| **Christbaumringerln** | 1 Stk. (8 g) | 21 | 0 g | 0 g | 5 g | 263 | 0 g |
| **Domino** | 1 Stk. (15 g) | 64 | 1,3 g | 4 g | 5,3 g | 427 | 26,7 g |
| **Dotterlaibchen** | 1 Stk. (26 g) | 97 | 2,5 g | 3,7 g | 12 g | 373 | 14,2 g |
| **Dukatenplätzchen** | 1 Stk. (10 g) | 53 | 1 g | 3 g | 5 g | 530 | 30 g |
| **Elisenlebkuchen** | 1 Stk. (25 g) | 105 | 2 g | 5 g | 12 g | 420 | 20 g |
| **Engländer** | 1 Stk. (21 g) | 94 | 1,7 g | 5,7 g | 8,4 g | 448 | 27,1 g |
| **Falsche Leberwurst** | 1 Stk. (14 g) | 63 | 0,9 g | 3,4 g | 6,9 g | 450 | 24,3 g |

| Speisen / Gerichte | Portionsgröße / Gewicht | kcal/ Portion | Nährstoffgehalt pro Portion | | | Pro 100 Gramm | |
|---|---|---|---|---|---|---|---|
| | | | EW | Fett | KH | kcal | Fett |
| **Falsche Mozartkugeln** | 1 Stk. (18 g) | 101 | 1,3 g | 6,3 g | 8,6 g | 561 | 35 g |
| **Falsche Salami** | 1 Stk. (15 g) | 68 | 1,1 g | 3,4 g | 7,8 g | 453 | 22,7 g |
| **Gefüllter Lebkuchen** | 1 Stk. (42 g) | 94 | 2,5 g | 1,8 g | 16 g | 224 | 4,3 g |
| **Haferflockenbusserln** | 1 Stk. (13 g) | 46 | 0,8 g | 1,3 g | 7,3 g | 354 | 10 g |
| **Haferflocken-Nussgebäck** | 1 Stk. (10 g) | 47 | 1 g | 3 g | 4 g | 470 | 30 g |
| **Haferflockenplätzchen** | 1 Stk. (10 g) | 42 | 1 g | 2 g | 5 g | 420 | 20 g |
| **Haselnussbögen** | 1 Stk. (25 g) | 85 | 2 g | 4,5 g | 8,7 g | 340 | 18 g |
| **Haselnussschnitten** | 1 Stk. (26 g) | 94 | 2,3 g | 3,4 g | 13 g | 362 | 13,1 g |
| **Haselnussstangerln** | 1 Stk. (14 g) | 59 | 1 g | 3,1 g | 6,4 g | 421 | 22,1 g |
| **Hausfreunde** | 1 Stk. (18 g) | 60 | 1,2 g | 2 g | 8,4 g | 333 | 11,1 g |
| **Honigkuchen** | 1 Stk. (61 g) | 232 | 5,2 g | 6 g | 37 g | 380 | 9,8 g |
| **Honig-Lebkuchen** | 1 Stk. (43 g) | 150 | 3,3 g | 3 g | 26 g | 349 | 7 g |
| **Husarenkrapferln** | 1 Stk. (10 g) | 42 | 0,6 g | 2,4 g | 4,2 g | 420 | 24 g |
| **Ischler Bäckerei** | 1 Stk. (21 g) | 102 | 1,4 g | 6,1 g | 9,5 g | 486 | 29 g |
| **Ischler Törtchen** | 1 Stk. (30 g) | 161 | 2,3 g | 11 g | 12 g | 537 | 36,7 g |
| **Kaffeenusstaler** | 1 Stk. (9 g) | 46 | 0,8 g | 3,1 g | 3,5 g | 511 | 34,4 g |
| **Karlsbader Ringerln** | 1 Stk. (13 g) | 64 | 0,8 g | 3,6 g | 6,7 g | 492 | 27,7 g |
| **Kekse (Vollkorn)** | 1 Stk. (14 g) | 45 | 1,2 g | 1,2 g | 7 g | 321 | 8,6 g |
| **Kokosbusserln** | 1 Stk. (10 g) | 31 | 0,4 g | 1,4 g | 4,1 g | 310 | 14 g |
| **Kokosmakronen** | 1 Stk. (25 g) | 112 | 1 g | 7 g | 11 g | 448 | 28 g |
| **Lebkuchen** | 1 Stk. (45 g) | 124 | 3,9 g | 1,5 g | 23 g | 276 | 3,3 g |
| **Linzer Auge** (Müller Brot) | 1 Stk. 95 g) | 446 | 4,8 g | 21,5 g | 58,2 g | 469 | 22,6 g |
| **Linzer Kipferln** | 1 Stk. (15 g) | 83 | 0,8 g | 5,9 g | 5,9 g | 553 | 39,3 g |

| Speisen / Gerichte | Portionsgröße / Gewicht | kcal/ Portion | Nährstoffgehalt pro Portion | | | Pro 100 Gramm | |
|---|---|---|---|---|---|---|---|
| | | | EW | Fett | KH | kcal | Fett |
| **Linzer Krapferln** | 1 Stk. (33 g) | 175 | 2,3 g | 13 g | 10 g | 530 | 39,4 g |
| **Makronen** | 1 Stk. (15 g) | 61 | 1,1 g | 3,2 g | 6,7 g | 407 | 21,3 g |
| **Mandelbäckerei** | 1 Stk. (19 g) | 89 | 1,6 g | 5,9 g | 6,9 g | 468 | 31,1 g |
| **Mandelschnitten** | 1 Stk. (16 g) | 55 | 1,4 g | 2,1 g | 7 g | 344 | 13,1 g |
| **Marzipankartoffeln** | 1 Stk. (13 g) | 67 | 0,9 g | 3,9 g | 6,8 g | 515 | 30 g |
| **Mürbe Kipferln** | 1 Stk. (11 g) | 53 | 0,7 g | 3,1 g | 4,9 g | 482 | 28,2 g |
| **Nougatkugeln** | 1 Stk. (19 g) | 88 | 1,3 g | 4 g | 11 g | 463 | 21,1 g |
| **Nürnberger Lebkuchen** | 1 Stk. (40 g) | 100 | 3 g | 6 g | 25 g | 250 | 15 g |
| **Nussecken** | 1 Stk. (38 g) | 199 | 2,4 g | 13 g | 16 g | 524 | 34,2 g |
| **Nussecken aus Mürbteig** | 1 Stk. (50 g) | 270 | 3 g | 18 g | 24 g | 540 | 36 g |
| **Nusshörnchen** | 1 Stk. (50 g) | 198 | 3 g | 11 g | 20 g | 396 | 22 g |
| **Nusskipferln** | 1 Stk. (22 g) | 119 | 1,6 g | 8,3 g | 8,6 g | 541 | 37,7 g |
| **Nusskrapferln** | 1 Stk. (13 g) | 56 | 1,1 g | 3,4 g | 4,8 g | 431 | 26,2 g |
| **Nussplätzchen** | 1 Stk. (18 g) | 90 | 1,7 g | 6,3 g | 6 g | 500 | 35 g |
| **Nussprinten** | 1 Port. (20 g) | 95 | 2 g | 4 g | 12 g | 475 | 20 g |
| **Nussschifferln** | 1 Stk. (43 g) | 162 | 3,1 g | 8,9 g | 16 g | 377 | 20,7 g |
| **Nusssternchen** | 1 Stk. (22 g) | 90 | 2,1 g | 5,9 g | 6,2 g | 409 | 26,8 g |
| **Nusswürfel** | 1 Stk. (29 g) | 107 | 2,5 g | 5,2 g | 12 g | 369 | 17,9 g |
| **Pariser Stangerln** | 1 Stk. (19 g) | 76 | 1 g | 3 g | 11 g | 400 | 15,8 g |
| **Pfefferkuchen** | 1 Port. (50 g) | 192 | 3 g | 5 g | 33 g | 384 | 10 g |
| **Pfeffernüsse** | 1 Stk. (16 g) | 56 | 1 g | 0,5 g | 11 g | 350 | 3,1 g |
| **Plätzchen** | 1 Stk. (6 g) | 18 | 0,5 g | 0,2 g | 3,4 g | 300 | 3,3 g |
| **Rumkugeln** | 1 Stk. (10 g) | 41 | 0,4 g | 0,9 g | 6,7 g | 410 | 9 g |

| Speisen / Gerichte | Portionsgröße / Gewicht | kcal/ Portion | Nährstoffgehalt pro Portion | | | Pro 100 Gramm | |
|---|---|---|---|---|---|---|---|
| | | | EW | Fett | KH | kcal | Fett |
| **Schokoladebrezerln** | 1 Stk. (21 g) | 96 | 1,5 g | 4,6 g | 11 g | 457 | 21,9 g |
| **Schokoladekipferln** | 1 Stk. (10 g) | 50 | 0,7 g | 2,8 g | 5,2 g | 500 | 28 g |
| **Schokoladeschnitten** | 1 Stk. (35 g) | 145 | 2,6 g | 8,5 g | 13 g | 414 | 24,3 g |
| **Schokoladesterne** | 1 Stk. (5 g) | 19 | 0,2 g | 0,2 g | 4,1 g | 380 | 4 g |
| **Schokoladewurst** | 1 Stk. (15 g) | 68 | 1,1 g | 3,6 g | 7,4 g | 453 | 24 g |
| **Schwarz-Weiß-Bäckerei** | 1 Stk. (20 g) | 99 | 1,1 g | 5,3 g | 11 g | 495 | 26,5 g |
| **Spanische Kipferln** | 1 Stk. (38 g) | 155 | 3,2 g | 6,9 g | 19 g | 408 | 18,2 g |
| **Spekulatius** | 1 Stk. (15 g) | 68 | 1 g | 3,5 g | 7,7 g | 453 | 23,3 g |
| **Spitzbuben** | 1 Stk. (23 g) | 112 | 1,4 g | 6,6 g | 10 g | 487 | 28,7 g |
| **Teegebäck** | 1 Stk. (5 g) | 27 | 0 g | 1 g | 3 g | 540 | 20 g |
| **Topfenkipferln (Quark-)** | 1 Stk. (17 g) | 71 | 1 g | 4,8 g | 5,3 g | 418 | 28,2 g |
| **Vanillekipferln** | 1 Stk. (12 g) | 53 | 0,8 g | 2,9 g | 5,6 g | 442 | 24,2 g |
| **Vanillekipferln (Vollkorn)** | 1 Stk. (12 g) | 51 | 0,8 g | 2,9 g | 5 g | 425 | 24,2 g |
| **Wespennester** | 1 Stk. (22 g) | 89 | 1,6 g | 4,4 g | 10 g | 405 | 20 g |
| **Windbäckerei** | 1 Stk. (9 g) | 21 | 0 g | 0 g | 5 g | 233 | 0 g |
| **Windkipferln** | 1 Stk. (13 g) | 56 | 1 g | 3,1 g | 5,7 g | 431 | 23,8 g |
| **Windkrapferln** | 1 Stk. (10 g) | 49 | 0,9 g | 3,2 g | 3,9 g | 490 | 32 g |
| **Witwenküsse** | 1 Stk. (12 g) | 43 | 0,8 g | 1,8 g | 5,8 g | 358 | 15 g |
| **Zimtsterne** | 1 Stk. (29 g) | 127 | 2,4 g | 7,8 g | 11 g | 438 | 26,9 g |
| **Zuckernüsse** | 1 Stk. (10 g) | 36 | 0,8 g | 0,8 g | 6,1 g | 360 | 8 g |

# Kalzium (Ca)

**Funktion:** wird für die Bildung von Knochen und Zähnen benötigt. Beeinflusst die Erregbarkeit der Nerven und Muskeln und ist unerlässlich für die Blutgerinnung. Beeinflusst auch die Durchlässigkeit der Zellmembran. Die Aufnahme aus dem Darm in den Organismus wird durch Vitamin D, Milchzucker und Fruchtsäuren (z. B. Citrat) gesteigert, durch hohe Fettmenge, Oxalat (im Spinat), Phytat (im Getreide) und Phosphor aber vermindert. Eine eiweißreiche Kost, viel Speisesalz, hohe Koffeinmengen und regelmäßiger Alkoholkonsum fördern die Kalziumausscheidung mit dem Harn.

**Erhöhter Bedarf:** während der Schwangerschaft und Stillzeit.

**Mangel:** Entmineralisierung des Skelettes (Osteoporose bei Erwachsenen, Rachitis bei Kindern), Krämpfe, erhöhte Blutungsneigung, schlechte Zahnqualität. Die Mindestzufuhrmenge für Erwachsene sollte 400 bis 500 mg pro Tag nicht unterschreiten.

**Überversorgung:** krankhafte Kalziumeinlagerungen (= »Gicht-Kalk«) in den verschiedenen Organen (über 3 g pro Tag), ab 2.500 mg/Tag erhöht sich das Risiko für eine Harnsteinbildung bei Menschen mit Neigung zu Nierensteinen und weiters kann es zur Verstopfung kommen.

## Kalzium-Gehalt ausgewählter Lebensmittel

| Lebensmittel | mg pro 100 g |
|---|---|
| Mohn, gemahlen | 1.475 |
| Parmesan | 1.200 |
| Emmentaler, 45 % F. i. T. | 1.000 |
| Hartkäse | 900 |
| Schnittkäse | 800 |
| Gouda, 45 % F. i. T. | 750 |
| Sesam, frisch | 738 |
| Edamer, 45 % F. i. T. | 700 |
| Bierkäse, 15 % F. i. T. | 600 |
| Schlosskäse, 35 % F. i. T. | 450 |
| Schafkäse | 450 |
| Mozzarella | 403 |
| Weichkäse | 400 |
| Brie, 70 % F. i. T. | 250 |
| Feigen, getrocknet | 224 |
| Milchschokolade | 214 |
| Haselnüsse, geröstet | 209 |
| Brunnenkresse | 180 |
| Jogurt, 1% | 140 |
| Mandeln, geschält | 128 |
| Spinat, gekocht | 123 |
| Magermilch, 0,03 % | 120 |
| Buttermilch, 1 % | 120 |
| Brokkoli, gekocht | 112 |
| Fenchel | 109 |
| Gervais, 65 % F. i. T. | 100 |
| Marillen (Aprikosen), getrocknet | 100 |
| Cottage Cheese | 95 |
| Pflaumen, getrocknet | 78 |
| Fisolen (grüne Bohnen), gekocht | 62 |

# Cholesterin

Cholesterin ist Bestandteil von biologischen Membranen und Vorstufe von Hormonen, Vitamin D und Gallensäure. Daneben kann Cholesterin auch Ablagerungen an den Wänden der Blutgefäße bilden.

Es entsteht die Atherosklerose (Gefäßverkalkung). Werden die Ablagerungen massiv, kann die Durchblutung einer Arterie gestört oder ganz unterbrochen werden, Herzinfarkt oder Schlaganfall ist die Folge.

Der Blutcholesterinspiegel ist das Resultat der Balance von körpereigenem und mit der Nahrung aufgenommenem Cholesterin und der Cholesterinausscheidung. Da der Körper auch bei einer cholesterinfreien Ernährung seinen Bedarf selbst produzieren kann, sollte die tägliche Aufnahme 300 mg nicht wesentlich überschreiten.

## Cholesteringehalt ausgewählter Speisen

| Speise | mg pro Portion |
| --- | --- |
| Austern (1 Stück) | 10 |
| Backhuhn | 241 |
| Bienenstich | 55 |
| Beuschel | 366 |
| Camembert, paniert | 141 |
| Eiernockerln | 352 |
| Fleischlaibchen (1 Stück) | 85 |
| Forelle, blau | 92 |
| Geröstete Knödel mit Ei | 287 |
| Hühnerbrust, gebraten | 90 |
| Hirschschnitzel | 90 |
| Kalbshirn mit Ei | 1.446 |
| Leberknödelsuppe (Rind) | 151 |
| Putenschnitzel, natur | 81 |
| Scholle, gebraten | 47 |
| Schweinebraten | 107 |
| Speck mit Ei (2 Eier) | 448 |
| Schweineleber, gebacken | 375 |
| Topfengolatsche | 105 |
| Wiener Schnitzel (Kalb) | 126 |

# Fette / Fettsäuren

Fette bestehen, chemisch gesehen, aus einer Verbindung von Glyzerin mit Fettsäuren. Man unterscheidet nach Sättigungsgrad zwischen gesättigten und ungesättigten Fettsäuren.

Gesättigte Fettsäuren haben in ihrem chemischen Aufbau der Kohlenstoffkette keine Doppelbindung. Demgegenüber haben ungesättigte Fettsäuren eine (einfach ungesättigte Fettsäure), zwei (zweifach ungesättigte Fettsäure) oder mehrere Doppelbindungen (mehrfach ungesättigte Fettsäure).

Diese chemische Unterscheidung ist wichtig für die Wirkung der Fette im Organismus. Fette mit einem hohen Anteil an mehrfach ungesättigten Fettsäuren können den Cholesterinspiegel im Blut senken. Sie sollten deshalb anstelle von gesättigten Fettsäuren, die vor allem in tierischen Produkten sowie Kokosfett enthalten sind und den Cholesterinspiegel erhöhen können, konsumiert werden.

Einfach ungesättigte Fettsäuren verhalten sich bezüglich des Cholesterinspiegels neutral, sie können ihn aber auch günstig beeinflussen, wenn sie anstatt gesättigter Fettsäuren gegessen werden.

Die Differenz zwischen Gesamtfettgehalt und der Summe der gesättigten, einfach und mehrfach ungesättigten Fettsäuren ergibt sich durch die in den Lebensmitteln enthaltenen sonstigen Fettbestandteile wie Glyzerin und Lipide.

## Gehalt an mehrfach ungesättigten Fettsäuren

| Speise | Gesamtfettgehalt pro Portion | Gesättigte Fettsäuren pro Portion | Einfach ungesättigte Fettsäuren pro Portion | Mehrfach ungesättigte Fettsäuren pro Portion |
|---|---|---|---|---|
| Backhuhn | 43 | 10,7 | 15,5 | 14,3 |
| Camembert paniert | 41 | 22,4 | 12,0 | 2,7 |
| Forelle gebraten | 8,5 | 2,7 | 2,3 | 3,0 |
| Hirschbraten | 24 | 9,0 | 10,5 | 3,1 |
| Karfiol paniert | 29 | 11,0 | 12,1 | 3,8 |
| Krautfleckerln | 2,1 | 0,9 | 1 | 0,2 |
| Lachssteak | 27 | 6,9 | 11,3 | 6,9 |
| Putenschnitzel natur | 8,7 | 6,2 | 1,2 | 0,5 |
| Sachertorte | 34 | 17,2 | 12,1 | 2,4 |
| Schaumrolle | 27 | 15,6 | 8,2 | 1,5 |
| Schollenfilet gebraten | 8,1 | 1,0 | 1,8 | 3,9 |
| Schweinsbraten | 27 | 10,3 | 12,7 | 2,9 |
| Spagetti Carbonara | 24 | 12,5 | 8,4 | 1,8 |
| Tiramisu | 18 | 10,9 | 5,4 | 0,7 |
| Tofu gebraten | 14 | 2,0 | 2,5 | 8,5 |
| Topfenpalatschinken, 1 Stk. | 13 | 6,4 | 4,4 | 1,1 |
| Wiener Schnitzel (vom Kalb) | 23 | 5,9 | 7,6 | 6,4 |
| Wurstknödel, 1 Stk. | 20 | 6,5 | 8,7 | 3,1 |

# Ballaststoffe

Ballaststoffe können im Verdauungstrakt nicht oder kaum zur Energiegewinnung herangezogen werden. Auf Grund ihrer verschiedenen Wirkung unterscheidet man zwischen löslichen und unlöslichen Ballaststoffen.

Die löslichen (vor allem in Obst und Gemüse) binden Wasser und quellen dabei sehr stark auf. Sie senken auf natürliche Weise den Cholesterinspiegel, schützen vor Gallensteinen und verhindern starke Schwankungen des Blutzuckerspiegels. Die unlöslichen (vorwiegend im Getreide) sind für eine normale Darmtätigkeit unentbehrlich.

Täglich sollten mindestens 30 g Ballaststoffe (ca. 50 % lösliche und 50 % unlösliche) gegessen werden.

Während einer Gewichtsreduktion gilt: pro 1.000 kcal mindestens 12,5 g Ballaststoffe.

## Ballaststoffgehalt

| Speise | Gesamt-Ballaststoffe in Gramm | davon lösliche Ballaststoffe in Gramm | davon unlösliche Ballaststoffe in Gramm |
|---|---|---|---|
| Apfelkompott | 4,4 | 1,7 | 2,7 |
| Blaukraut | 3,6 | 1,3 | 2,3 |
| Champignons, paniert | 4,6 | 1,0 | 3,6 |
| Cornflakes mit Magermilch | 1,0 | 0,3 | 0,7 |
| Fisolen, natur (grüne Bohnen) | 3,7 | 1,9 | 1,8 |
| Gefüllte Paprika, 1 Stück | 3,7 | 0,7 | 3,0 |
| Gemüseplatte | 25,0 | 6,7 | 18,3 |
| Griechischer Bauernsalat | 4,4 | 0,8 | 3,6 |
| Hirselaibchen, 1 Stück | 6,0 | 2,4 | 2,6 |
| Krautstrudel | 2,1 | 0,7 | 1,4 |
| Müsli mit Jogurt | 3,3 | 1,0 | 2,3 |
| Müsli mit Jogurt und Früchten | 6,7 | 2,0 | 4,7 |
| Reis, gedünstet | 0,2 | 0,1 | 0,1 |
| Reis (Vollreis), gedünstet | 0,7 | 0,2 | 0,5 |
| Rindsgulasch | 1,2 | 0,5 | 0,7 |
| Salatplatte | 3,7 | 0,9 | 2,8 |
| Sauerkrauteintopf | 5,5 | 2,1 | 3,4 |
| Schwarzwurzelsalat | 3,8 | 1,0 | 2,8 |
| Semmelknödel, 1 Stück | 2,1 | 0,8 | 1,3 |
| Vollkornnudeln | 7,4 | 1,9 | 5,5 |

# Kochsalz

Kochsalz besteht chemisch gesehen aus Natrium und Chlor (Natriumchlorid). Das im Kochsalz enthaltene Natrium spielt für Menschen mit erhöhtem Blutdruck eine Rolle.

Natrium ist ein Mineralstoff, der für die Regelung des Wasserhaushaltes unentbehrlich ist. Es hat die Eigenschaft, Wasser im Körper zu binden.

Wird zu viel aufgenommen, zum Beispiel durch stark gesalzene Speisen, wird das Blutvolumen unnötig vergrößert und der Blutdruck kann steigen.

Täglich werden durchschnittlich 12 – 15 Gramm Kochsalz durch die Nahrung aufgenommen. Der Körper benötigt aber nur ca. 1 Gramm pro Tag, deshalb sollte die tägliche Kochsalzaufnahme auf höchstens 5 Gramm reduziert werden.

## Kochsalzgehalt

| Speise | mg pro Portion |
|---|---|
| Apfeltorte | 37 |
| Augsburger, gebraten | 2.437 |
| Burenwurst | 3.977 |
| Camembert, paniert | 1.291 |
| Doppelrahm-Schmelzkäse, 1 Portion = 30 g | 445 |
| Emmentaler, 1 Sch. = 30 g | 381 |
| Frankfurter, 1 Paar | 2.410 |
| Gemüseplatte mit Ei | 2.050 |
| Gratinierter Brokkoli | 442 |
| Leberkäse, gebraten | 647 |
| Linzer Torte | 21 |
| Nudelsuppe (aus Suppenwürfel) | 4.539 |
| Pizza Cardinale | 1.355 |
| Pizza Frutti di Mare | 2.603 |
| Putenschnitzel, natur | 848 |
| Salami, 1 Sch. = 5 g | 145 |
| Schinken, gekocht, 1 Sch. = 30 g | 733 |
| Semmel, 1 Stück | 517 |
| Spagetti Gorgonzola | 2.269 |
| Tiroler Knödel, 1 Stück | 544 |
| Topfenstrudel (Quark-) | 112 |
| Vollkornbrot, 1 Sch. = 40 g | 626 |
| Wiener Schnitzel (Kalb) | 1.117 |
| Wurzelrostbraten | 465 |

| **Beispiele Tagespläne** | **1.000 kcal** | **kcal** |
|---|---|---|
| Frühstück | Tee / Kaffee ohne Zucker<br>Müsli mit Jogurt 1 % und Früchten (1 Portion) | 0<br><br>349 |
| 2. Frühstück | Birne (1 Stück) | 87 |
| Mittagessen | Salatplatte mit Ei (290 g) und Jogurtdressing<br>Schwarzbrot (1 Scheibe) | 195<br>105 |
| Jause | Kiwi (1 Stück) | 40 |
| Abendessen | Buttermilch (1/4 l)<br>Vollkornbrot (1 Scheibe)<br>Extrawurst leicht (30 g) | 98<br>91<br>51 |
| Gesamt | EW: 42 g / 18 %<br>F: 26 g / 25 %<br>KH: 135 g / 57 %<br>Cholesterin: 234 mg<br>Ballaststoffe: 20 g<br>Kalzium: 692 mg | **1.016** |
| | | |

| **Beispiele Tagespläne** | **1.000 kcal** | **kcal** |
|---|---|---|
| Frühstück | Tee / Kaffee ohne Zucker<br>Knäckebrot mit Leichtmargarine und Leichtkonfitüre (1 Scheibe) | 0<br><br>75 |
| 2. Frühstück | Fruchtjogurt 1 % (180 g) | 142 |
| Mittagessen | Putenbrust, gebraten (155 g)<br>Petersilkartoffeln (170 g)<br>Gemischtes Gemüse, natur (150 g)<br>Grüner Salat mit Jogurtdressing (105 g) | 225<br>241<br>98<br><br>43 |
| Jause | Kiwi (1 Stück) | 40 |
| Abendessen | Buttermilch (1/4 l)<br>Orange (1 Stück) | 98<br>53 |
| Gesamt | EW: 66 g / 28 %<br>F: 30 g / 29 %<br>KH: 102 g / 43 %<br>Cholesterin: 145 mg<br>Ballaststoffe: 21 g<br>Kalzium: 1.019 mg | **1.015** |
| | | |

| **Beispiele Tagespläne** | **1.500 kcal** | **kcal** |
|---|---|---|
| Frühstück | Tee / Kaffee ohne Zucker<br>Müsli mit Jogurt 1 % und<br>Früchten (1 Portion) | 0<br><br>349 |
| 2. Frühstück | Birne (1 Stück) | 87 |
| Mittagessen | *Lauchsuppe mit Einbrenn, Rind (1/4 l)*<br>Salatplatte mit Ei (290 g) und<br>Jogurtdressing<br>Schwarzbrot (1 Scheibe) | 199<br><br>195<br>105 |
| Jause | *Banane (1 Stück)*<br>Kiwi (1 Stück) | 89<br>40 |
| Abendessen | Buttermilch (1/4 l)<br>*Vollkornbrot (2 Scheiben)*<br>Extrawurst leicht (30 g)<br>*Edamer 30 % F. i. T. (1 Scheibe)*<br>*Tomate (1 Stück)*<br>*Essiggurkerl (1 Stück)* | 98<br>182<br>51<br>79<br>23<br>10 |
| Gesamt | EW: 64 g / 18 %<br>F: 48 g / 31 %<br>KH: 181 g / 51 %<br>Cholesterin: 267 mg<br>Ballaststoffe: 32 g<br>Kalzium: 1.069 mg | **1.507** |
| | | |

| **Beispiele Tagespläne** | **1.500 kcal** | **kcal** |
|---|---|---|
| Frühstück | Tee / Kaffee ohne Zucker<br>*Vollkornbrot mit Leichtmargarine (1 Scheibe)* | 0<br>125 |
| 2. Frühstück | Fruchtjogurt 1 % (180 g) | 142 |
| Mittagessen | Putenbrust, gebraten (155 g)<br>Petersilkartoffeln (170 g)<br>Gemischtes Gemüse, natur (150 g)<br>Grüner Salat mit Jogurtdressing (105 g)<br>*Pfirsichkompott, ungezuckert (210 g)* | 225<br>241<br>98<br>43<br>58 |
| Jause | Kiwi (1 Stück)<br>*Apfel (1 Stück)* | 40<br>75 |
| Abendessen | Buttermilch (1/4 l)<br>*Vollkornbrot (1 Scheibe)*<br>*Schinken (60 g)*<br>*Edamer 30 % F. i. T. (30 g)*<br>*Tomate (1 Stück)*<br>*Essiggurkerl (1 Stück)* | 98<br>91<br>169<br>79<br>22<br>10 |
| Gesamt | EW: 94 g / 26 %<br>F: 51 g / 33 %<br>KH: 146 g / 41 %<br>Cholesterin: 207 mg<br>Ballaststoffe: 32 g<br>Kalzium: 1.323 mg | **1.516** |
| | | |